U0942246

聖經通識叢書

剛強壯膽回應上帝的應許

約書亞記析讀

黃嘉樑 著

基道出版社

▼

聖經通識叢書

剛強壯膽回應上帝的應許

約書亞記析讀

Rediscovering the Bible
Book of Joshua

作者
黃嘉樑 Wong, Ka-Leung

舊約系列主編
蔡定邦 Tsoi, Jonathan Ting Pong

責任編輯
許寶瑩、林諾欣

裝幀設計
奇文雲海 · 設計顧問

■

出版／發行
基道出版社
香港沙田火炭坳背灣街 26 號富騰工業中心 10 樓 1011 室
LOGOS PUBLISHERS
Unit 1011, 10/F, Fo Tan Ind. Centre, 26 Au Pui Wan St., Shatin, Hong Kong
電話：(852) 2687-0331 傳真：(852) 2687-0281
網址：https://www.logos.com.hk

承印
雅聯印刷有限公司

●

12/2013 初版
Cat. No. LP189
ISBN: 978-962-457-470-8

刷次	12	11	10	9	8	7	6	5	4	3
年份	2033	2032	2031	2030	2029	2028	2027	2026	2025	2024

經書卷析讀——舊約系列

無庸諱言，現代人閱讀聖經這部經典，實在有不少困難：語言的隔閡，文化背景的差異，以至歷世歷代以來讀者對經文迥然不同的解釋，凡此皆成為信徒讀經的障礙，更不要說非信徒了。恰如其名，基道出版的「聖經通識叢書」的整體目的，正是為聖經讀者提供一種通識教育，讓閱讀這部經典的讀者，可以面對其中的困難，從中得到屬靈生命的餵養。筆者作為本叢書的舊約主編，在此重申整套叢書的理念，並且校正焦點，讓往後的出版更為讀者認識和接受。

「聖經通識」

甚麼叫「通識」？眾所周知，現代通識教育並不注重資料的灌輸，或者要求學員生吞活剝一些所謂標準答案；而是要以多角度去剖析問題，從而建立批判思考，讓學員在這個後現代多元社會，可以明辨是非，不致人云亦云。那麼，為何閱讀聖經需要通識的向度？聖經不是上帝所默示的嗎？是信徒生活行事為人的最高權威，又豈容批判？要解答這連串問題，並澄清當中的誤解，我們需要縱覽聖經研究的現況，並指出由此引申的問題和對應方法。

聖經研究現況

聖經研究經歷現代不同鑑別方法，現今可說是百花齊放，不同的研究方法各有追隨者。準確來說，聖經（歷史）鑑別只是一些工具，藉以窺見聖經文本背後不同的問題。過去聖經研究最重要的方法分別為來源鑑別法

(source criticism)、形式鑑別法(form criticism)、編輯鑑別法(redaction criticism),這些方法大大增進我們對於聖經書卷的形成,以至它們背後世界的了解。但最為人詬病的,是它們都將聖經經文肢解成不同時期的殘篇,並且它們著重的都是經文背後的歷史,過於經文最後文本的神學信息。

聖經研究演變至近代,可說是回歸到文本這個最重要的解釋對象,而文本背後的歷史,不是不重要,但並非具有不可或缺的優先性,要讀者先去面對不可。這裏所說的文本,是指正典形成時的最後文本(final text)。不論這個形式的文本背後有多麼複雜的歷史,但都不是我們關心的對象。正典的文本正是歷世歷代信徒所信奉的聖經,具有絕對的權威,其他形式都只是假設。

叢書的理念

聖經通識叢書每一卷書的作者,都是以最後文本為優先,並且奉聖經為信仰權威的學者。他們熟悉上述的鑑別方法,但亦不會盲從傳統,而會對一些過分保守的看法提出適當的質疑。筆者相信惟有具備這種態度的作者,才能帶領信徒在閱讀聖經時培養一種批判的思考,去辨別不同的解釋,從而找出上帝對信徒生命的旨意。

整套叢書仍然維持3個層次:第一個層次是「聖經鳥瞰」,處理一些聖經基本的問題,如聖經的正典、版本、不同書卷的編排、分類,以至基本的聖經史地資料等,黃錫木博士這方面的兩本著作(基礎篇和進深篇)為我們提供了清晰的大綱,日後我們會打算各自出版一本舊約和新約導論,將最新研究的成果帶給讀者。第二個層次是「聖經書卷要領」,這是對每一組書卷的特寫,將每組別的特色和閱讀時要注意的事項向讀者說明。新約的要領基本上已經完成,舊約的各組則尚待努力。目前只有先知書要領,我們計劃有五經、歷史書和詩歌智慧書等要領。第三個層次是「聖經書卷析讀」,即每卷書的註釋。承接上述對於聖經正典的理解，我們著重經文的整體，解釋的單元並不在於其中的一字一句，故此我們要求作者盡量不以一節為單位，而是以一整段具有脈胳、而又自成一體的經文為單元。在遇到一些重要的主題鑰字以至神學課題，我們會以格子附加資料或專欄作討論，並有釋經短註處理一些較為棘手的經文。這種表達方式是為免妨礙讀者閱讀註釋時的流暢而影響思路。此外，仍須一提的是，除特別標明，本書所引的經文，均參自「和合本修訂版」(「和修版」)，並且析讀書卷的經文，無論是一段，或其中的短語及詞彙，皆以「標楷體」標示，以求易於翻閱。而在這本書中，凡附有下加線的經文詞句，乃作者按原文再修改「和修版」的經文。

叢書的目標

聖經通識叢書的一貫特色，就是以淺顯的文字，交代最新的學術研究討論，並以進深建立信徒為目標，期望在這個彎曲悖謬的世代，讓聖經的信息能夠光照信徒的生命，得以長大成人，作上帝無瑕疵的兒女。

蔡定邦

「聖經通識叢書」舊約主編

言

本書源於在中國神學研究院所教授的延伸課程「約書亞記」。約書亞記這書卷所記載的不只是約書亞怎樣帶領以色列人一次又一次的戰勝迦南人，畢竟記述打仗的篇幅只是由六至十二章為止，只佔全書卷24章中的7章。約書亞記所記敍的是以色列人對耶和華應許的回應。當中記載約書亞如何在耶和華的僕人摩西離世後承擔作以色列人的領袖，他如何在「約旦河的水漲滿兩岸」（三15）的情況下帶領以色列人越過約旦河。此外，也記載以色列人如何在無論軍隊人數或是武裝兵器都遠遜於迦南人的情況下戰勝敵人，以及記載以色列人如何在「還有極多剩下的未得之地」（十三1）的事實之前作出分地的行動。這一切都顯明以色列人在約書亞的帶領下如何剛強壯膽地回應耶和華的應許。約書亞在他的遺言中多次鼓勵以色列人要大大壯膽遵行摩西律法書上的話語，提醒他們重視自己為耶和華子民的身分，因此而要與列國分別出來，更要在任何情況下都要選擇事奉耶和華。因此，要回應上帝的應許，我們就要壯膽，認清自己的身分，並選擇跟從祂。

我在這裏特別多謝中國神學研究院給予我6個月的研究寫作休假，讓我可以完成這本書的初稿。其次，在2012至2013年度上學期的「講道實踐（一）」這科目中，我選擇了以約書亞記作為同學的講道經文。在此多謝每位修讀這科目的同學。從釋經到信息，再由信息到宣講整個過程中我們都有不少掙扎和思考，在這過程中，他們幫助我對約書亞記有更深的認識。我也要多謝這系列書的主編蔡定邦博士接受我撰寫此書，並許寶瑩姊妹的仔細編輯、校對和文字潤飾。

撰寫《剛強壯膽回應上帝的應許 —— 約書亞記析讀》本身就是一個以剛強壯膽的心回應上帝呼召和應許的行動。求上帝使用這本著作，讓弟兄姊妹更明白聖經，更了解祂的心意，也更勇敢作出回應。最後，謹將此書獻給每一位回應上帝應許，勇於走出去，並把腳掌踏在應許之地之上的弟兄姊妹。願上帝祝福並堅立你們手所作的工，阿們！

黃嘉樑

2013 年 9 月

目錄

第三篇・結語（二十三 1～二十四 33）

專欄目錄

第一章

約書亞記導論

- 名稱角色
- 內容結構
- 正典位置
- 神學主題
- 參考書目

1.1 名稱角色

希臘文「七十士譯本」把約書亞這名字翻譯為 *Iēsous*，與「耶穌」的希臘文相同。

「約書亞記」這個名稱反映書中的主要角色乃**約書亞**，他承繼摩西而成為以色列人的領袖（參民二十七 15～23），完成摩西未能完成的使命，帶領以色列人進入迦南地，並把地土分予他們為產業。

有關約書亞這人物的生平，除了約書亞記，也記載在五經及士師記裏。約書亞出身於以法蓮支派（民十三 8）。從五經的記載中，他的事迹最早出現在以色列人與亞瑪力人的戰爭中（出十七 8～14）。他與摩西關係密切，是摩西的助手（出三十三 11），「和修版」形容他「年輕時就作摩西的助手」（民十一 28），他也曾與摩西登上西奈山（出二十四 13）。在曠野時期，他是摩西差去窺探迦南地 12 名探子其中之一，在回報窺探結果時，只有他與迦勒堅持報告正面的信息（民十三～ 十四章）。後來，因著摩西的要求，耶和華吩咐摩西按手在約書亞身上，指明約書亞為他的繼承者（民二十七 15～23；參申三十一 14）。約書亞也被吩咐要帶領以色列人——特別是迦得和呂便支派——越過約旦河與迦南人爭戰（民三十二 28～30），並給以色列人分地為業（民三十四 17）。他終年 110 歲，被埋葬在「自己地業的境內」（二十四 29～31；士二 8～9）。

摩西母親「約基別」（*yôḵeḇeḏ*；意思是「耶和華是能力」）應是最早在聖經中以「耶和華」的縮略字作為名字一部分的人。

約書亞原名「何西亞」（*hôšēac*；參民十三 8；申三十二 44），意思是「拯救」。後來，摩西替他改名為「約書亞」（*yəhôšūac*），意思是「耶和華拯救」（約書亞是由「耶和華」的縮略字〔*yəhô-*〕與「拯救」〔*yəšûʿāh*〕組合而成的複合詞），可算是**很早期**以「耶和華」作為名字一部分的人物之一。藉著這樣的改動，約書亞的名字由普遍性的「拯救」轉為特殊性的「拯救」，指出耶和華才是拯救的那位，而這正好符合約書亞記的內容。此外，民數記指出約書亞擁有兩個作領袖的特質：他是個心中有靈的人（民二十七 18），也是個專心跟從耶和華的人（民三十二 12）。在約書亞記裏，經文用不同的方法把約書亞描繪成為第二位摩西，現列出以下 4 點：

- 經文直接將約書亞和摩西作比較。例如耶和華應許「我怎樣與摩西同在，也必照樣與你同在」(一5，三7)；以色列人對待他像對待摩西那樣(一17，四14)；摩西**多次**被稱為「耶和華的僕人」，約書亞最終也有相同的稱號(二十四29)。

在約書亞記，經文多次稱摩西為「耶和華的僕人」(參一1、2、7、13、15，八31、33，九24，十一12、15，十二6等)。

- 經文多次指出約書亞按摩西所吩咐的而行，他所做的事情，摩西在生之時也會做(參四10，八35，十一15、23，十四2，二十2)。
- 約書亞有不少做過的事情與摩西所作的相似，其中包括差派探子(二章；民十三章)、越過約旦河(三～四章)與越過紅海(出十四章)、帶領以色列人守逾越節(五10；出十二章)、受到吩咐要在所站的聖地之上脫去鞋子(五13～15；出三2～5)、佔領河西之地(十二7～24)與佔領河東之地(參十二1～6；民二十一章)，約書亞和摩西同樣地把地土分予以色列人。下表說明這些相似之處：❶

約書亞記一至五章		五經	
一1	耶和華的僕人摩西死了	申三十四5	耶和華的僕人摩西死了
一1～9	摩西死後，耶和華鼓勵約書亞，命令他進應許之地，並應許與他同在	申三十一1～7	摩西死前鼓勵百姓，說明耶和華應許會與他們同在，約書亞會帶領他們進應許之地
一12～18	約書亞要求河東支派遵守他們向摩西所承諾的事情	民三十二章	摩西准許兩個半支派以河東之地為業，但他們要承諾先助其他支派得地
二章	約書亞差派探子到耶利哥	民十三～十四章	耶和華吩咐摩西派人窺探迦南地
三1～五1	越過約旦河	出十四章	越過紅海
四5～7、19～24	兩次立石及預先解釋日後子孫將會有的兩次詢問	出十二21～27，十三11～16	設立逾越節及預先解釋日後子孫將會有的兩次詢問
五2～12	行割禮，然後守逾越節	出十二章	行割禮，然後守逾越節
五13～15	約書亞遇見耶和華軍隊的元帥，被命令在聖地之上脫去鞋子	出三1～5	摩西遇見耶和華，被命令在聖地之上脫去鞋子

- 約書亞和摩西離世前有類似的講話（二十三 1～二十四 28；參申三十一～三十三章），他們的埋葬也有類似的記錄（二十四 29～30；參申三十四 5～8），書卷編者在他們死後也有類似的評價（二十四 31；參申三十四 10～12）。

綜合以上各點，我們便會發現經文刻意把約書亞繪畫為第二位摩西。約書亞既是摩西的繼承者，完成摩西未能完成的使命，也帶著從耶和華而來獨特的使命，並且得著耶和華的同在和看顧，他也受到以色列人的尊重。

1.2 內容結構

1.2.1 內容簡介

約書亞記主要記載以色列人在約書亞的帶領下進入、佔領和分配耶和華所應許給他們的迦南地。書卷以摩西的離世，以及耶和華對約書亞作為以色列新領袖的肯定，作為開始。耶和華吩咐約書亞帶領以色列人越過約旦河，踏遍祂按應許已經賜給他們的迦南地，並使他們承受這地為業。於是，約書亞一方面吩咐人民預備越過約旦河，另一方面則差派兩名探子到耶利哥。這兩名探子從耶利哥城中一位名為喇合的妓女的口中得到確據，知道耶和華已經把地賜給他們。以色列民按著耶和華的吩咐，跟著約櫃越過約旦河，經歷河水中斷的神蹟，並以石頭為記。過河後，約書亞在吉甲立石為記，宣告耶和華的大能。他又為以色列人行割禮並守逾越節，確立他們作為耶和華子民的身分(一 1～五 12)。

接著，在耶利哥城附近，約書亞得見耶和華軍隊的元帥。這事之後，耶和華講出約書亞攻打耶利哥城的策略。約書亞按吩咐叫「士兵」和「祭司」繞城 7 日，城牆至終便倒塌下來。耶利哥城被攻陷後，城中所有人都要被殺掉，但金屬器皿則歸入會幕，而其餘的物件卻要全部燒毀。耶利哥一役之後，便是艾城之戰，但以色列人戰敗了。約書亞這才知道他們中間有人犯罪，偷去「當滅之物」，其後查出這事屬亞干所為，於是吩咐以色列人以石頭打死他和他的親屬，並以火焚燒他們，又以火燒滅他家中所有財產。約書亞對待他們如同那些「當滅之物」一樣。以色列人後來按耶和華所吩咐的計策再次進攻艾城，最終他們也得以勝利。此事之後，他們在以巴路山上宣讀摩西的律法（五 13～八 35）。

耶利哥城和艾城相繼陷落，令到迦南諸王組成聯軍與以色列人作戰。不過，其中的基遍人卻選擇不作戰，並欺騙以色列人與他們立約，而他們則願意成為以色列人的僕人。以色列人雖事後發覺受騙，但已不能反悔了。立約之事，促使迦南以南的國家聯軍對基遍發動攻擊。約書亞因為按立約要求，於是帶兵保護基遍。整場戰事得著耶和華的參與及幫助，大大擊敗聯軍，並順勢攻佔南地多座城鎮。不過，迦南北地的聯軍以更強大的軍力和戰車戰馬，起來攻打以色列人。約書亞得著耶和華的應許，帶領以色列人在米倫水邊，突然攻擊聯軍，並按吩咐擊殺他們，最後佔領北地多座城鎮，也除滅了多座城鎮的王（九 1～十一 23）。

雖然約書亞已帶領以色列人攻入迦南地，但他們仍未正式佔據所有地土。然而，耶和華卻吩咐約書亞進行第二階段的工作，就是把地分給以色列人為產業。分地的記載先以重述迦得、呂便和瑪拿西半個支派在河東得地作為開始，接著是記載河西支派的分地，並有兩次之多。第一次在吉甲舉行，為分地予猶大支派和約瑟子孫。然而，經文卻多次指出以色列人未趕出在他們中間的迦南人；第二次分地在示羅舉行，分地予其餘的 7 個支派。不過，地土的處理仍未完畢，以色列仍需要在所得之地中設下逃城（即庇護城）和把城鎮分予沒有地業的利未人，讓他們有地方居住和放牧。至此，分地才算完成。然而，經文在接著的內容記載了河東與河西支派因築建祭壇之事而險釀戰爭這一件事。他們的對話反映了，原來他們對約旦河這個天然界線與他們合一的關係有不同的看法。經過澄清之後，雙方終於互相明白，便不再提及戰爭之事（十二 1～二十二 34）。

全卷書最後以約書亞離世前的兩段講話和 3 段埋葬的記錄作結束。第一段講話的內容是針對以色列領袖。約書亞勸勉他們，既然認定了為他們爭戰的是耶和華，就要緊緊跟隨祂，並警告他們不可與列國來往。第二段講話的內容是針對以色列全民。約書亞重述耶和華昔日曾以無條件的恩典對待以色列人，並以此作為基礎，來勸勉他們選擇敬拜耶和華，並與他們立約，以立石作為立約的見證。全卷書以埋葬約書亞、約瑟的骸骨，以及埋葬祭司以利亞撒作為結束，標誌著這個時代的終結（二十三 1～二十四 33）。

1.2.2 結構大綱

全卷約書亞記在結構上的主要骨幹十分清晰，可以分為如下段落：

1. 佔領迦南地土（一 1～十二 24）
2. 分配地土（十三 1～二十二 34）
3. 結語（二十三 1～二十四 33）

這 3 部分是由一些鑰字貫穿內容。須留意的是，所列出的鑰字並不表示只在相應的部分出現，它可能同時出現於整卷約書亞記，只是出現的次數比其他部分的多。

鑰字出現的位置	鑰字	次數	參考經文
佔領迦南地土	「過」（*ʿbr*；一～五章）	33 次	參一 2、11、14、15，二 10、23，三 1、2 等。
	「奪」、「取」（*lāqaḥ*；六～十二章）	14 次	參六 18，七 1、11、21、23、24，八 1、12 等。
分配地土	「分」❷ 動詞「分」：*ḥālaq* 名詞「分」：*ḥēleq*	17 次 *	參十三 7，十四 4、5，十五 13 等。
	「佔領、趕出」（*yāraš*）	16 次 **	參十三 12，十四 12，十五 14 等。
結語	「事奉」（*ʿāḇaḏ*）	20 次 ***	參二十三 7、16，二十四 2、14、15 等。

* 這詞無論是動詞或名詞，雖然多次出現在舊約聖經的不同書卷（共 140 多次）中，但出現在約書亞記的次數最多。

** 這詞在約書亞記共出現 30 次。

*** 這詞在約書亞記共出現 21 次。

1.2.3 寫作特色

約書亞記主要以敘事的形式表達，在理解上並不困難。不過，此卷書的一些寫作風格是值得留意的。若能夠明白這些寫作特色，便可以更掌握經文所要傳遞的信息。這裏提出兩點作簡單討論。

一、重複內容的記載

約書亞記常出現重複的內容，其重複的方法可以簡單分為兩個類別。第一類是單純的重複，以此來強調順服和遵命。經文中可常見的，就是耶和華吩咐約書亞，然後約書亞吩咐百姓，接著是事情的執行，每次記載都重複記述同一事件。例如當百姓過約旦河之後，耶和華吩咐約書亞叫祭司從約旦河中上來（四 15～16），約書亞就這樣吩咐祭司上來（四 17），而祭司也確實按吩咐從河中上來（四 18）。這類重複的模式著意表達人民的順服。第二類是同中有異的重複。例如耶和華一次過很詳細地吩咐約書亞應如何圍繞耶利哥城（六 2～5），而約書亞則按步就班，每日只吩咐當天實際的行動（六 6～7、10、16 下），經文也按百姓每日執行命令的情況，分數段作記述（六 8～9、11～16 上、20～21）。這樣的表達形式，當然是用以強調約書亞和以色列民的順服。不過，在這些情況中，耶和華的講話、約書亞的吩咐，以及實際的執行這 3 段記載的內容並不單純是重複，甚至也會有明顯的差異。這可能是此卷書的寫作手法，為了避免內容作多次單純的重複。不過，這亦有可能是經文要透過同中有異來凸顯約書亞在事件中的角色，表達他個人主動的參與。究竟如何凸顯這情況，就需要按著上下文的分析，才能作出正確的判斷（在析讀的部分會詳細解釋）。

二、非順時序的記載

約書亞記有好些敘事並不是順著時序記錄下來的。例如在越過約旦河的記載中，三章 17 節記載以色列「全國都過了約旦河」，四章 1 節上和四章 11 節也都提及「全民」/「全體百姓」都過了河。不過，四章 1 節下至 10 節則記述以色列人仍在過河中。另外，四章 11 節提及約櫃和祭司也過了河，且到了百姓的前面；然而，四章 15 至 18 節卻記錄耶和華吩咐祭司從河中上來。這些經文容易令人感到混淆，懷疑究竟事情實際上是怎樣發生的。要正確理解這些經文或類似的情況，最重要的原則就是要明白，這些記載很多時候都不是順著故事發生的時序而被記錄下來的。意思就是說，四章1節下至10節所記載的事情，在時序上並不是發生在四章1節上之後的。同樣地，四章15至18節所記載的事情，在時序上也不是發生在四章11節之後的。須留意的是，經文的記述當然有順著時序的，但也有不按時序，而是按著主題記述的。在越過約旦河的記載中，三章7至17節強調的是耶和華所行的奇事，即約櫃在約旦河中對河水所造成的影響，而四章1至14節則是記載約櫃在約旦河中對以色列人的影響。這兩段經文看似重複的記載，實質是包含不同的主題。所以，讀者不能一概而論地，以時序方式來作詮釋。此外，即使經文沒有以重複內容來表明非順時序的記載，讀者也可以從上下文得知這個情況。其中一個例子是，在記載探子與喇合的敘事中，喇合應該是在耶利哥王差派人到她家查問之前已把探子藏起來（二3～4），而她也應該是在回答來者的查問之前已把探子帶上屋頂（二4～6）；但是，經文卻先記述有人向耶利哥王告密（二2）。類似的情況會在析讀時再特別提及。

1.3 正典位置

在基督教舊約聖經裏，約書亞記位於五經之後，也是歷史書之首。在內容上，它有不少是與五經有關的；在敘事上，它是與接著的士師記，甚至是與列王紀有關的。以下會簡述它這兩方面的關係。

1.3.1 約書亞記與五經

在敘事上，約書亞記是緊接五經之後的歷史記載。有關「約瑟的骸骨安葬在示劍」這記錄（二十四32），明顯為達成創世記約瑟離世前的吩咐（創五十22～26），帶出在族長時期所應許的，會在約書亞時期得到應驗。由此可見，這節經文把約書亞記與五經連繫起來。上文已提及過約書亞記有一些與出埃及記及申命記相關的內容，其重點是指出約書亞是第二位摩西。在此再次提及約書亞記與五經相關之處，而這些相關之處的重點在於約書亞記的內容與五經內容相似的地方。它可以分為兩類，第一類是相似行動的記載，而第二類則是事情的開始與結束。❸

一、相似的行動：

- 約書亞立 12 塊石頭（四 20）；摩西在山下按著以色列 12 支派立柱子（出二十四 4）；
- 約書亞向艾城伸出短槍（八 18）；摩西向紅海伸出杖（出九 22～23，十 12～13 等）；
- 耶和華使約書亞的敵人的心剛硬（十一 20）；耶和華使法老的心剛硬（出四 21，七 13 等）。

二、開始和結束：

- 停止嗎哪（五 12）與賜予嗎哪（出十六章）；
- 把地賜予迦勒（十四 6～15）與應許把地賜予迦勒（民十四 24、29～30；申一 36）；
- 西羅非哈女兒得產業（十七 3～6）與決定有關她們產業的問題（民三十六章）；
- 負責分地（十八～十九章）與分地的指令（民三十四章）；
- 庇護城的設立（二十 1～9）與吩咐設立庇護城（民三十五章）；
- 河東支派完成他們協助其餘以色列民佔領迦南地的責任（二十二 1～12）與河東支派承擔這個責任（民三十二章；申三 12～20）。

在五經中，申命記與約書亞記的關係尤其密切。約書亞記經常記載約書亞或以色列人如何按著摩西在申命記中的吩咐而行，其中有兩項主要事情：第一，要除滅迦南地上的 7 個民族（三 10，十二 7～8；申七 1～2，二十 16～18）；第二，分配迦南地土予以色列各支派（十四 2、5，十八 10；申三十一 7）。摩西在申命記中曾提及耶和華會賜以色列人安寧、不受敵人攪擾的生活，這也可見於約書亞記（一 13，二十一 44，二十二 4，二十三 1；申三 20，二十五 19）；尤其值得留意的是摩西吩咐以色列人要「愛」和「事奉」耶和華（二十二 5，二十四 14；申十 12，十一 13、22）。其餘相關的事可包括以下 4 項：

- 處理亞干事件的方式參自申命記（七 25；申十三 6～17）；
- 在以巴路山和基利心山上的禮儀參自申命記（八 30～35；申二十七 1～8）；
- 基遍人誘使以色列人與他們立約的理由參自申命記（九 6、9～13；申二十 10～18）；
- 河西之戰的記載是依據申命記中所記載的河東之戰（參 5.2.3「附篇：河西之戰與河東之戰」）。

此外，約書亞記二十三至二十四章與申命記二十八至三十四章有不少在內容和結構上相似的地方。結構上的相似包括以下 3 點：

- 約書亞離世前的講話（二十三 1～16）與摩西離世前的講話（申二十九 2～三十 20）；
- 在示劍立約（二十四 1～28）與在摩押地立約（申三十一 1～29）；
- 約書亞的死及埋葬（二十四 29～30）與摩西的死及埋葬（申三十四 1～8）。

至於具體內容上的相似，則包括以下 6 點：

- 召以色列人來聆聽領袖離世前的講話（二十三 2，二十四 1；申二十九 2，三十一 28）；
- 耶和華賜下祝福和降下災禍（二十三 15；申二十八 63）；
- 若以色列人事奉別的神明，耶和華必向他們發怒，及至遭消滅（二十三 16；申二十九 25～28，三十一 16～18）；
- 指責以色列人的見證（二十四 26～27；申三十一 26）；
- 立約（二十四 25；申二十九 1）；
- 立約內容寫在律法書上（二十四 26；申二十八 58、61，二十九 20、21，三十一 24）。

要特別留意的是，約書亞記和申命記在結束時都提及立約和以色列人要面臨的選擇。在申命記中，摩西臨終前的言論強調以色列人要作生與死的選擇。同樣地，約書亞最後的言論要求以色列人作出事奉耶和華或事奉別的神明的選擇，而他們能否長久安居在這地則是與他們所作的抉擇有關。

總結而言，我們可留意以下 3 點：第一，約書亞承繼摩西，完成摩西未能完成的事情，所以得地及佔地是要完成出埃及的目的。第二，摩西在摩押平原再次與第二代以色列人立約；同樣地，約書亞在示劍與進入迦南的第二代（或第三代）以色列人立約。因此，是否對耶和華忠誠是每一代以色列人都要作出的選擇，而能否安居地上就視乎他們是否忠誠。第三，約書亞記提及，餘下的迦南人將會成為以色列人的荊棘和圈套（二十三 13），這隱含著以色列人將會違背耶和華這個主題，預告士師記的內容。

1.3.2 約書亞記與歷史書

約書亞記開始了聖經歷史書卷的系列。它結束的部分銜接著士師記敘事的開始，而且兩者有好些相似或關連之處，這記載了由約書亞作領導的時期到他離世後以色列人的情況。有學者以類似扇形結構來帶出兩卷書的連繫：❹

A　耶和華會趕出剩下的列國，但若以色列人與他們結盟，祂就會使以色列人滅亡（二十三章）

B　約書亞重述由族長以來以色列人的故事，並挑戰以色列人作出抉擇：事奉耶和華抑或其他神明；人民與約書亞立約事奉耶和華（二十四 1～27）

C　約書亞解散人民；他的死及埋葬；他在世時以色列人事奉耶和華（二十四 28～31）

D　埋葬約瑟的骸骨；以利亞撒的死及埋葬（二十四 32～33）

E　猶大支派攻擊迦南人，得希伯崙（士一 1～10）

F　基尼人住在猶大支派中（士一 16）

E'　猶大支派爭戰，把希伯崙給予迦勒；便雅憫支派未能趕出耶路撒冷的耶布斯人（士一 17～21）

A'　其他支派未能趕出餘下的迦南人（士一 22～36）

B'　耶和華的使者重述由出埃及起以色列人的歷史，指責他們與當地的居民立約，而迦南神明成為他們的圈套；人民放聲大哭和獻祭（士二 1～5）

C’　約書亞解散人民；他的死和埋葬；當時的人民事奉耶和華（十二 6～9）

D’　新一代以色列人不認識耶和華（十二 10）

這些關聯首先指出原先正面的景況（A, B），與後來實際的慘況（A’, B’）形成對比。以色列人在約書亞在生時未能完全佔有應許之地，即使在他死後，以色列人依然是這樣。留在迦南地的外族人所拜的神明成了以色列人的圈套，以致以色列人背約離棄耶和華，新一代的以色列人更是不認識耶和華。由此可見，對耶和華忠誠是每一代人所要作的選擇，守約也是每一代人應負的責任。

約書亞記以以色列人佔領和居住在迦南地作為結束，開啟了以色列人在迦南地的歷史。相對而言，列王紀就是記載以色列人如何失去迦南地這段歷史。從約書亞記到列王紀中間所記載的，都是以色列人如何活在這片地土上的歷史。有學者認為由申命記起，經約書亞記直到列王紀是一部完整的歷史記載。基於這記載滿有申命記神學的色彩，故稱之為「申典歷史」。❺ 這個「申典歷史」包含以下主題：第一，耶和華立約的恩典；第二，敬拜偶像與在耶和華所指定的地點以外敬拜祂，都是違背祂的命令；第三，聽命是會蒙福，而違命則會遭禍，經文強調遵守摩西律法的重要性。這理論引來不少學者的評論和修正。不過，無論如何，這理論指出約書亞記與申命記及接著來的歷史書的關係。

1.4 神學主題

1.4.1 成就應許的耶和華

約書亞記所描述的耶和華，是賜下應許，也是使應許得應驗的耶和華。這卷書的開始就記下耶和華對以色列人所宣告的 4 個應許，包括賜地（一 2～4）、與約書亞同在（一 5、9）、無人能站在約書亞面前（一 5），以及以色列人得享安寧（一 13、15）。緊接著宣告之後的內容，便是記述這些應許如何得以應驗。賜地這個應許可追溯到以色列人的先祖亞伯拉罕（創十二 7，十五 18～21）、以撒（創二十六 3～4）和雅各（創二十八 4）。這賜地的應許不但普遍地應驗在以色列人身上，也特殊地應驗在瑪拿西半個支派（十七 1～2）、迦勒（十四 6～12）、西羅非哈的女兒（十七 3～6；參民二十七 7～11），以及利未人身上（二十一 1～3）。至於耶和華與約書亞同在這應許，在約書亞帶領以色列人入迦南，甚至在爭戰的過程中，處處可見。耶和華不只藉著各樣處境與約書亞講話（包括吩咐、指責、提醒、鼓勵等），表明祂的同在，祂也讓約書亞在以色列人面前尊為大，讓以色列人知道祂與他同在（三 7，四 14）。

耶和華應許約書亞「沒有一人能在你【指約書亞】面前站立得住」（十 8），這應許在約書亞與迦南人多次的戰爭中應驗了。從耶利哥城及艾城之戰，至迦南以南的聯軍和以北的聯軍之戰，約書亞都能帶領以色列人戰勝敵人（參十一章）。耶和華應許以色列人可「得享安寧」（一 13），是首先於申命記中出現（申十二 10，二十五 19；「和修版」在此譯作「得享太平／得享平靜」），但在約書亞記重複地出現。這「安寧」是指縱然在地上仍有敵人，但以色列人仍可使他們免於攻擊，得以平安居住在這地上。書中指出以色列人戰勝迦南地的聯軍，以及在除滅亞納族人之後，就國中太平，免了戰爭（十一 23，十四 15）。到了分地完畢，經文也總結指出耶和華賜予以色列人「全境安寧」（二十一 44）。河東支派也因為他們使河西的弟兄得到安寧，以致他們可以回歸到河東地（二十二 4；參一 15）。以色列得以安寧這情況也維持了一段很長的日子（二十三 1）。

耶和華向以色列人所應許的至終得以應驗，這表明耶和華的信實和能力。這點於二十一章 43 至 45 節清楚地記載下來，特別是 45 節指出「耶和華應許賜福給以色列家的話，一句都沒有落空，全都應驗了」。

1.4.2 回應應許的以色列民

耶和華是賜下應許，又使應許得以應驗的上帝，然而，人仍需要作出一些回應行動，不能只有耶和華行事便可以領受應許。更重要的是，祂所應許的必然使人作出回應，也要求人作出回應。在回應方面，有人選擇以正面方式回應，相信耶和華的應許必會實現，並參與在過程中；但是，亦有人選擇以負面方式回應，他們敵對耶和華的應許和作為。正因如此，若以色列人期望耶和華在他們身上的應許得以應驗，是不能不付諸任何行動，等待應許得以應驗。反之，耶和華亦不斷要求他們作出正面的回應。

以色列人要以行動正面回應耶和華的應許，除了為要使應許得以應驗，同時也要表明他們的順服。約書亞記常提及的就是以色列人按約書亞或耶和華所吩咐的去行，以此回應耶和華的應許，也以此參與在耶和華的計劃中。除此以外，經文也有提到以色列人要遵守摩西的律法。「律法」（*tôrā^h*）一詞在約書亞記共出現 9 次（一 7、8，八 31、32、34〔2 次〕，二十二 5，二十三 6，二十四 26），全都是與摩西及遵從律法有關。約書亞就是首位由耶和華吩咐他要遵守摩西律法的人（一 7 ~ 8）。當河東支派回歸河東地以前，約書亞同樣吩咐河東支派要這樣守律法（二十二 5）。他在離世前的講話中，也呼籲全體以色列民守律法（二十三 6）。

從這個角度思考，有兩件事情是值得留意的。第一，耶和華的應許得以成就與人的回應是有互相關係的，一章 2 至 4 節就指出這一點。從耶和華的角度來看，祂所應許賜予以色列人的地土是已經賜予他們了（一 3）。不過，祂仍要對他們說將這地「賜給」他們（一 2）。這樣的表達，像仍未賜予般。這是因為他們仍未以行動去實現這應許。耶和華的應許既是已經實現，同時也需要以色列人回應才可真正實現。甚至，這應許之地實際的大小，也視乎以色列人有多大勇氣去爭取。第二，正面回應耶和華的應許並不只是遵從耶和華的吩咐或遵守摩西律法，更是選擇耶和華作為事奉的對象（參二十四 1 ~ 28），並以祂的應許作為行事生活的導引（參二十三 1 ~ 7）。凡正面回應耶和華應許的，不能只停留在遵守任何律例或吩咐之上，更要為整個人生態度和價值取向作出回應。

其實，對耶和華應許作出正面回應的不只是以色列人，還有一些外邦人，喇合和基遍人就是明顯的例子。因著耶和華賜地給以色列人的應許，喇合就主動作出回應，選擇站在以色列人那邊而拯救探子，以致最終能夠一家得救，住在以色列人中間，使她得著一個新的身分。同樣地，基遍人也是因為相信耶和華賜地的應許必會實現，以致以詭計欺騙以色列人與他們立約。他們最終也得以住在以色列人中間，在耶和華的聖所中為以色列人擔任劈柴挑水的工作。他們的回應，反映出他們的價值取向，並願意以此來改變自己的人生。

不過，並不是所有人都正面回應耶和華的應許。無論是迦南地上的民族或是以色列人，都曾負面回應耶和華的應許。迦南地的人像喇合般知道耶和華給以色列人的應許，但他們卻選擇與喇合不同的回應——對抗以色列人。他們相信憑著自己的力量與以色列人戰爭，是可以勝過耶和華的。他們的結果當然是失敗。以色列人中也有人未能正面回應耶和華的應許。以法蓮和瑪拿西支派沒有按吩咐趕出住在他們地土上的迦南人（參十六 10，十七 12～13），他們甚至不敢攻擊有戰車的迦南人（參十七 14～18）。除此以外，經文記載以色列中 7 個支派甚至耽延不去得地（參十八 2～3），而其中但支派甚至離開所分予他們的地土，遠走到北方，另覓地方居住（參十九 47）。

耶和華的應許催使人作出回應。作出正面回應的人，不但相信祂的應許定必實現，他們更以剛強壯膽的態度來參與在耶和華使應許得以應驗的作為之中，以祂的應許作為人生的方向，並選擇事奉耶和華。那些作出負面回應的人，並不相信祂的應許可以實現，也不相信祂的大能，不以祂為敬拜的對象，也不願意向祂委身。

1.4.3 戰爭與當滅之物的關係

「當滅之物」（七 1）或「永獻」（六 17）的原文是 *ḥērem*，它與「滅絕」這動詞有相同字根（*ḥrm*）。這動詞在約書亞記共出現 14 次（在聖經共出現 50 次，另外 2 次是同形異義字），名詞則有 13 次（在聖經共出現 29 次，另外 10 次是同形異義字）。在聖經中，這詞（無論是動詞或名詞）在約書亞記出現的次數最多，顯明這詞對約書亞記的重要性。

「滅絕」這個動詞（*ḥrm*；在約書亞記只以 ***hiphil*** 及 ***hophal*** 語態形式出現；八 26，二十四 8、20）及其名詞「當滅之物」（*ḥērem*）在聖經中多出現在以下兩個處境中。

> *hiphil 及 hophal 是希伯來文語法其中兩種動詞形式。簡單而言，hiphil 是表達一個帶有主動語態的使役動作；hophal 表達一個帶有被動語態的使役動作。*

第一是獻祭的處境，這與神聖的概念有關（參利二十七 28）。經文指出人一切「永獻」的，都不可賣，也不可贖，無論永獻之物是牲畜或是田地，因為已經是屬於耶和華的。所以，物主不能把它賣給別人，也不能用錢或以其他物件把它贖回，再歸自己所有。

第二個處境是戰爭，其基本意思是「滅絕、盡行毀滅」。所涉及的對象可以是活物(申十三 15;希伯來文聖經是十三章 16 節)、城鎮(申三 6)或國家(王下十九 11)。申命記七章 1 至 6 節指出必須把迦南地 7 國「完全毀滅」。再者,以色列人不能與當地的人有任何交往,包括立約和聯婚。不過,若真的要完全毀滅這些國家,這些禁令則似乎是多餘的,因為按現實情況幾乎是不可能的。可能摩西在此是對比理想和現實的情況。摩西接著解釋為何要以「滅絕」的方法處理列國,最重要的原因是列國會引誘以色列人離開耶和華(申七 4)。所以,經文強調的是若不滅絕,這些國家會威脅以色列人獨特的身分,因為「耶和華—你【指以色列人】的上帝從地面上的萬民中揀選了你,作自己寶貴的子民」(申七 6)。若以色列人與列國有邦交,則會受到玷污,自己也成為當滅之物(申七 26)。這個吩咐也再次出現在申命記二十章 16 至 18 節,而以色列人的城鎮也會因跟隨別的神明而成為「當滅之物」(參申十三 12～18)。

從這個角度來看,*ḥrm* 這詞的意義,就像定下了一條不可越過的界線,這是對以色列要成為耶和華產業的要求。約書亞記六章所記載以色列人對待耶利哥城的方式就是一個例子。以色列人不只要把這座城焚燒,也要把其中的活物(包括人和牲畜)全都殺死。

有學者指出不應把上述兩個不同處境作嚴格的區分。因為 *ḥrm* 這詞在這兩個處境中都可以理解為「把該事物分別出來,完全的歸給耶和華,或是把它歸於聖所,或是把它毀滅,不能再作其他用途」。在以色列人的思想體系中,無論是不潔之物或是神聖之物,在不同程度上,都可以把這個特質傳染給與它接觸的人或物身上。所以,凡物件是要「滅絕」,以色列人就不能擁有它,以免受到感染,令自己也成為「滅絕」。不過,只是接觸而不是擁有它,並不必然會令自己成為「滅絕」。這個對不潔或神聖的關注,也是耶和華對以色列的要求。申命記七章 1 至 6 節清楚指出執行「滅絕」的行動,是因為迦南人定會使以色列人離棄耶和華,事奉別的神明。所以,上述以色列人的獨特身分也可從神聖這個概念來看。以色列人因為要保持神聖的身分而必須除去任何引誘他們敬拜偶像的「迦南元素」。這「迦南元素」可以是內在的,例如存在於以色列人羣體之內的亞干事件,也可以是外在的,例如迦南人本身。

以上的理解,尤其是有關滅絕這個用法,引起不少討論。有學者認為約書亞記中的耶和華是個非常暴力的神明，因為祂吩咐以色列徹底消滅外邦人，不留活口。歷來不少學者提出這個質疑，也有不少人對此作出回應。他們的回應可以簡單地分為以下 4 類：

- 加爾文及與他同等看法的學者強調上帝的主權，並同時指出迦南人是敗壞的（參申九 5），是應該受到審判的。
- 有些人從以色列人的思想在歷史中的演化出發，指出這個好殺戮的耶和華和聖戰的理念是屬於以色列早期的思想。後來，這些理念都屬靈化，理解為耶和華對抗邪惡。
- 有看法強調聖經的記載是不符合歷史的。根據考古學和社會學的分析研究得出來的結論，以色列人並不是如約書亞記所記載那樣以暴力的戰爭佔領迦南地，而是以別的方法，或是以逐漸滲透的模式入迦南，或是像原居地農民起義般推翻欺壓他們的地主。這個看法並沒有完全解決問題，但至少指出歷史中的上帝並不如約書亞記所記載那麼暴力。
- 另有學者指出必須留意約書亞記如何看待這個問題。有關喇合和基遍人的記載正正指出迦南人也不全是對抗耶和華的。迦南人也可以認信耶和華，並因此而得救。不同的迦南人都「聽見」（參二 10，五 1）耶和華或以色列人的事迹，但他們可以有不同的反應，可以認信耶和華的大能，或以敵意作為回應。耶和華在吩咐以色列人殺絕迦南人這事上，也有作區分。

值得留意的是，約書亞記明顯地記載的罪，卻只有由以色列人亞干所犯的事。耶和華也沒有因為亞干是以色列人就放過他，反而在他身上施行「完全消滅」（七 12，參二 10）的吩咐。換言之，耶和華吩咐以色列人要「完全消滅」迦南人（二 10），並不是不加區別地應用在所有迦南人身上。若仔細研究經文便可發現，雖然經文有記載以色列人沒有留下倖存者（參十 40 ～ 43），但約書亞最終也沒有除滅所有迦南人（參 5.1.1「以色列人藉爭戰奪地土〔十一 16 ～ 20〕」）。反而，在他的遺言中，他更強調的是以色列要有別於列國（二十三 1 ～ 16），並且揀選耶和華作為他們終身敬拜的對象（二十四 1 ～ 28）。

1.4.4 耶和華作為神聖的戰士

與戰爭有關的就是耶和華作為戰士這個主題。約書亞記3次指出耶和華為以色列人作戰(十14、42,二十三3),而這是照著祂所應許的去作(二十三10)。這些經文指出,即使迦南人在人數和兵器方面都遠遠優勝過以色列人,以色列人仍可以得勝,這是基於耶和華的應許。在約書亞記裏,耶和華的參與多以祂把敵人「交在以色列人手中」(六2,八1,十8)這個公式表達出來。至於祂為以色列人作戰,則常以兩個方式出現。第一,耶和華以神蹟奇事來幫助以色列人。這些奇事包括使用自然現象或非自然現象;前者包括降下冰雹或讓太陽停住(十11~13),後者則如命令祭司抬著約櫃圍繞耶利哥城而行(六1~21)、吩咐約書亞伸出手中所拿著的標槍,直接使敵人潰亂(八18~26)。第二,耶和華給約書亞或以色列人提供具方向性的作戰策略,由他們按著策略以具體的方式執行出來,以致能擊敗敵人。在對付艾城這事中,耶和華命令約書亞要在城的後面設下伏兵(八4~8)。至於其具體處理方法,則似乎是由約書亞全權計劃和安排。所以,無論是藉著奇事或是軍事策略,耶和華參與在以色列人的戰爭中,為他們爭戰,也與他們爭戰。

與耶和華作為戰士有關的,就是祂的大能和同在。在這個主題下,約櫃的角色就特別明顯。從希伯來文的文法看,經文甚至把「櫃」和「全地的主」並列,是同位的(三11),表明櫃與耶和華的關係密切。約櫃當然代表著耶和華的同在,也同時顯明耶和華的能力。在越過約旦河時,約櫃使河水中斷,而這也成為以色列人立石作記念的事情(四6~7)。在攻打耶利哥城之時,約櫃的同在似乎是令城牆倒塌的原因。因此,約櫃既代表耶和華打敗那洶湧的河水,同時也擊倒那高聳堅固的城牆。

1.4.5 以色列人合一的身分

約書亞記中以「全、所有」(*kol*)結合多個詞彙來表明對以色列人合一的關注。

約書亞記出現 *kol* 這詞的結合詞	
詞彙	參考經文
「全以色列」	三 7、17，四 14，七 24、25，八 15、21、24、33，十 15、29、31、34、36、38、43，二十三 2
「全國」	三 17，四 1，五 8
「全以色列〔人〕會眾」	十八 1，二十二 12、18、20
「以色列全會眾」	八 35
「全國能打仗的人」	五 6
「以色列所有支派」	二十二 14，二十四 1
「所有作戰的人民」	八 1、3，十 7，十一 7

這些經文一方面指出以色列人的整體行動，另一方面則指出以色列人中不同羣體的合作，以致各樣事情得以順利完成。這些以色列人一起作的行動包括越過約旦河、受割禮、處死犯事的亞干、第二次攻打艾城、與迦南南地聯軍作戰、攻打南地多座城鎮、與北地聯軍作戰、聚集在示羅預備分地，以及聚集聆聽約書亞離世前的遺言。

除了採用上述詞彙講出以色列人的合一外，約書亞記中多次提及「十二」這個數字，指出以色列人是由 12 支派所組成的。例如在越過約旦河時，約書亞要從「十二」支派中選出「十二」個人來抬「十二」塊石頭，安放在過河後住宿的地方（四 2～3）。藉此，經文表明以色列是由「十二」支派（而不是將會留在河西的 9 個半支派）所組成的。與此相關的，就是約書亞記關注到河東與河西支派的合一。這可見於以下 6 樣事件中：

- 在河東支派的人要越過約旦河與將會住在河西的人一同爭戰；
- 在戰爭過程中，從沒有分別河東或河西的戰士；
- 在分地的記載中，先重述分地予河東支派（十三 8～33），然後才是河西支派，以示分地是包括河東和河西支派的；在第二次分地的記述中，約書亞在示羅也提及 12 個支派的分地（十八 8～10）；
- 至於有關利未人得地的問題，經文亦指出他們既沒有在河東得地，也沒有在河西得地；因此，這件事對河東與河西支派是同等的；

- 在安排城鎮給予利未人的記載中，雖然經文記下各支派所交出來的城鎮的數目，卻沒有區分河東支派或河西支派。經文指出是「以色列人」從各支派中把城鎮給予利未人。這強調的是以色列人整體的行動；
- 書中惟一關注到河東與河西支派之間的衝突的經文是二十二章。河西支派似乎認為河東之地是不潔的，也因為河東支派築壇之事而打算攻打河東。這衝突後來得以化解，河西與河東在地域的差異並不影響他們的合一，更重要的是他們同樣地敬拜耶和華，視祂為他們的上帝。

經文這樣強調以色列人合一，指出他們的身分是要在整個羣體裏才得以建立的，而耶和華所呼召的，也就是他們整個羣體。正面而言，他們當中雖有不同支派、職事、身分的人，但卻需要合作才可以成事。即使是提及分地，也不只是個別支派或人物的得地，而是整個國家在地土上分地，在不同位置仍有相互的關係。負面而言，亞干事件就指出，縱然是一人犯罪，全以色列人也受到影響。因此，他們的身分是建基在整個羣體之中，而他們的命運是彼此相連的。

1.5 參考書目

以下列出的專論及註釋書，其主要內容都是與約書亞記有關的。至於這本書其他曾參考過的專論或專文，則大都在「釋經短註」中列出，供有興趣的讀者作進一步的研讀。

1.5.1 專論

Brueggemann, Walter. *Divine Presence amid Violence: Contextualizing the Book of Joshua*. Eugene, Ore.: Cascade Books, 2009.

Earl, Douglas S. *Reading Joshua as Christian Scripture*. Journal of Theological Interpretation Supplement 2. Winona Lake, Ind.: Eisenbrauns, 2010.

Hall, Sarah L. *Conquering Character: The Characterization of Joshua in Joshua*

1~11. Library of Hebrew Bible / Old Testament Studies 512. London: T & T Clark, 2010.

Lee, Eun-Woo. *Crossing the Jordan: Diachrony versus Synchrony in the Book of Joshua*. Library of Hebrew Bible / Old Testament Studies 578. London: Bloomsbury, 2013.

Mitchell, Gordon. *Together in the Land: A Reading of the Book of Joshua*. Journal for the Study of the Old Testament Supplement Series 134. Sheffield: Sheffield Academic Press, 1993.

Rowlett, Lori L. *Joshua and the Rhetoric of Violence: A New Historicist Analysis*. Journal for the Study of the Old Testament Supplement Series 226. Sheffield: Sheffield Academic Press, 1996.

Svensoon, Jan. *Towns and Toponyms in the Old Testament with Special Emphasis on Joshua 14~21*. Coniectanea Biblica: Old Testament Series 38. Stockholm: Almqvist & Wiksell International, 1994.

Van Bekkum, Koert. *From Conquest to Coexistence*. Culture and History of the Ancient Near East 45. Leiden: E. J. Brill, 2011.

Younger, K. Lawson, Jr. *Ancient Conquest Accounts: A Study in Ancient Near Eastern and Biblical History Writing*. Journal for the Study of the Old Testament Supplement Series 98. Sheffield: JSOT, 1990.

1.5.2 註釋書

Boling, Robert G. *Joshua*. Anchor Bible 6. Garden City, N.Y.: Doubleday, 1982.

Butler, Trent C. *Joshua*. Word Biblical Commentary 7. Waco, Tex.: Word Books Publishers, 1983.

Coote, Robert B. "The Book of Joshua." Pages 553~719 in vol. 2 of *The New Interpreter's Bible*. Edited by Leander E. Keck et. al. 12 vols. Nashville, Tenn.: Abingdon Press, 1998.

Creach, Jerome F. D. *Joshua*. Interpretation. Louisville, Ky.: Westminster / John

Knox, 2003.

Davis, Dale R. *No Falling Words: Expositions of the Book of Joshua*. Grand Rapids, Mich.: Baker, 1988.

Drucker, Reuven. *The Book of Joshua: A New Translation with a Commentary Anthologized from Talmudic, Midrashic, and Rabbinic Sources*. ArtScroll Tanach Series 6. Brooklyn, N.Y.: Mesorah, 1982.

Gangel, Kenneth O. *Joshua*. Holman Old Testament Commentary 4. Nashville, Tenn.: Broadman & Holman, 2002.

Hamlin, E. John. *Inheriting the Land: A Commentary on the Book of Joshua*. International Theological Commentary. Grand Rapids, Mich.: Eerdmans, 1983.

Harstad, Adolph L. *Joshua*. Concordia Commentary. Saint Louis, Mo.: Concordia, 2004.

Hawk, L. Daniel. *Joshua*. Berit Olam. Collegeville, Minn.: Liturgical Press, 2000.

_______. *Joshua in 3-D: A Commentary on Biblical Conquest and Manifest Destiny*. Eugene, Ore.: Cascade, 2010.

Hess, Richard S. *Joshua*. Tyndale Old Testament Commenaries 6. Downers Grove, Ill.: InterVarsity, 1996.（中文譯本：希斯：《約書亞記》。劉良淑譯。丁道爾舊約聖經注釋。台北：校園，2001。）

Howard, David M. *Joshua*. New American Commentary 5. Nashville, Tenn.: Broadman & Holman, 1998.

Hubbard, Robert L., Jr. *Joshua*. NIV Application Commentary. Grand Rapids, Mich.: Zondervan, 2009.

Huffman, John A., Jr. *Joshua*. The Communicator's Commentary. Waco, Tex.: Word Books Publishers, 1986.

Nelson, Richard D. *Joshua*. Old Testament Library. Louisville, Ky.: Westminster / John Knox, 1997.

Pitkänen, Pekka M. *Joshua*. Apollos Old Testament Commentary 6. Nottingham: Apollos, 2010.

Rösel, Hartmut N. *Joshua*. Historical Commentary on the Old Testament. Leuven: Peeters, 2011.

Woudstra, Marten H. *Joshua*. New International Commentary on the Old Testament. Grand Rapids, Mich.: Eerdmans, 1981.

丘恩處：《約書亞記》。中文聖經注釋 7。香港：基督教文藝，1994。

張慕皚：《約書亞記：大時代的屬靈爭戰》。生命信息系列。香港：天道書樓，1996。

釋經短註

❶ 此表列參自 E. Assis, "Divine Versus Human Leadership: Joshua's Succession," in *Saints and Role Models in Judaism and Christianity* (ed. M. Poorthuis and J. Schwartz; Leiden: E. J. Brill, 2004), 25～42。

❷ 雖然十一章 17 節有出現同形異義詞「哈拉」(*ḥālāq*)，「和修版」譯為一座山的名稱，它是一個形容詞，意思是「光禿」(參撒上十七 40)。

❸ 此分類説法參自：Mark E. Biddle, "Literary Structures in the Book of Joshua," *Review and Expositor* 95 (1998)：189～201。

❹ 此列表參自：David M. Gunn, "Joshua and Judges," in *The Literary Guide to the Bible* (ed. Robert Alter and Frank Kermode; Cambridge, Mass.: Belknap Press, 1990), 102～121 [111]。

❺ 所謂「申典歷史」是指帶著申命記歷史觀來記載歷史。關於這討論，可參 Martin Noth, *The Deuteronomistic History* (2d ed. JSOTSup 15; Sheffield: JSOT, 1991)。

第一篇
佔領迦南地土（一1～十二24）

申命記結束時提及兩位重要人物。第一位是摩西，經文記載他登上尼波山，看見耶和華指示給他看的應許之地後，就死在摩押地（申三十四 1～5）。第二位是約書亞，經文記載他滿有智慧的靈（申三十四 9），因為摩西按手在他身上，而以色列人也聽從他的吩咐而行。約書亞記開始時，這兩位人物再次出現。經文重提摩西的離世（一 1），但進一步指出耶和華吩咐約書亞要起來帶領以色列人進入迦南地，完成摩西所未有完成的工作（一 2）。

這一篇論述約書亞記第一部分（一 1～十二 24）的內容。這部分記載以色列人如何在約書亞的帶領之下，攻佔迦南地。這部分同樣可以分為兩大段落的敘事。第一大段落記載約書亞帶領以色列人預備越過約旦河，進入迦南地（一 1～五 12），這是本書第二章的內容。第二大段落則記載約書亞佔領迦南地的過程，其中記述由耶利哥城和艾城開始侵佔迦南地中部，接著依次是迦南以南和迦南以北一帶地區。這個段落以所佔領的地區和戰勝的君王名單作為整個佔領迦南地的記敘的總結（五 13～十二 24）。這是本書第三至第五章的內容。經文分段為：五章 13 節至八章 35 節（第三章）、九章 1 節至十一章 15 節（第四章）、十一章 16 節至十二章 24 節（第五章）。

第二章
預備進入迦南地（一1～五12）

- 吩咐要得地為業
- 探子與喇合事件
- 全民越過約旦河
- 在吉甲重定身分

這一章的重點講述以色列人在進入迦南地以先所作的預備。首先耶和華在摩西離世以後，吩咐約書亞作以色列人的領袖，帶領以色列人進入迦南地。接著他們的官長、全百姓，包括河東兩個半支派（呂便、迦得和瑪拿西半個支派），都要預備越過約旦河，得那地為業（一 1～18）。在越過約旦河以前，約書亞差派兩個探子窺探迦南地的耶利哥城（二 1～24）。然後，約書亞命祭司抬著約櫃引領以色列人越過約旦河，讓他們經驗耶和華奇妙的作為（三 1～四 24）。過河後，他們在耶利哥東面的吉甲安營。約書亞在那裏與以色列人行割禮和守逾越節，重新確定那屬耶和華子民的身分，而他自己也同樣地經歷耶和華的顯現，確立自己的位置（五 1～12）。

2.1 吩咐要得地為業（一1～18）

除引言外，這段經文包含 4 段講話，分別是耶和華對約書亞說的，約書亞對百姓的官長說的，約書亞對呂便、迦得和瑪拿西半個支派的人說的，以及眾百姓對約書亞的回應。經文可以分段如下：

分段大綱（一1～18）

一、耶和華對約書亞的吩咐（一 1～9）

1. 引言（一 1）
2. 耶和華對約書亞的吩咐（一 2～9）

二、約書亞對官長的吩咐（一 10～11）

三、約書亞對河東支派的吩咐（一 12～15）

四、全以色列人的回應（一 16～18）

2.1.1 耶和華對約書亞的吩咐（一1～9）

這段經文以引言（一 1）為開始，然後是耶和華對約書亞的吩咐（一 2～9）。接著是詳細分析這兩方面的內容。

2.1.1.1 引言（一1）

約書亞記開首寫的第一句話就是「耶和華的僕人摩西死了」，這標誌著一個重要時代的結束。經文稱呼摩西為「耶和華的僕人」（*ʿebed YHWH*），表示他的身分是以他與耶和華的關係來定義的。「耶和華的僕人」並不是一個簡單的稱謂，它在舊約聖經中共出現23次（有5次以複數表達）。在這23次中，有18次是指摩西，2次指約書亞（二十四29；士二8），2次指大衛（參詩十八篇及三十六篇的標題），1次是負面地指以色列人（賽四十二19）。在約書亞記共出現15次（14次是指摩西，1次是指約書亞）。從這稱謂在約書亞記的使用所見，得稱為「耶和華的僕人」並不是隨意的，而約書亞都只是在全書的結尾部分，當提及他離世時才得這個稱呼。

摩西在以色列人歷史中的地位當然不容忽視。不過，一代偉人如摩西也不會永遠活在以色列人中間。然而，即使他離世而去，但全卷書多次提及摩西的名字（共58次）或他所吩咐的話，由此可見，他依然影響著以色列人。雖然如此，耶和華的工作卻不會停留在這位領袖的影子裏。耶和華會興起另一個人來延續祂的工作，成就祂的旨意，這個人就是約書亞。經文以兩個稱謂來描述約書亞的身分：

一、「摩西的助手」

聖經中有4次稱呼約書亞為摩西的「助手」（*məšārēṯ*；一1；出二十四13，三十三11；民十一28）。「助手」的希伯來文基本詞形（*šrṯ*）解作「事奉、服事」，可以指在禮祭中的服事（撒上二11）、皇室裏的侍從（王上十5）、伺候君王的軍事人員（代下十七19），或是先知的助手（王上十九21）。約書亞在這裏的角色是摩西個人的助手，而這身分是由他們的關係來定義的。然而，摩西的身分卻是由他與耶和華的關係而得來，因為他是「耶和華的僕人」。在聖經裏，這是最後一次稱呼約書亞為「助手」。隨著摩西的離去，約書亞成了摩西的繼承者（正如以利沙原本是以利亞的助手，後來承繼了以利亞那樣），成為以色列人的領袖。不過，究竟約書亞有否同樣承繼摩西那「耶和華的僕人」這身分呢？就著約書亞記的記載，約書亞沒有即時得到這稱號，但在約書亞離世時，因著他一生的行事為人，就證明他配得有這樣的身分。

二、「嫩的兒子」

> 歷代志上七章 27 節有提及約書亞是嫩的兒子（*yəhôšūᵃᶜ bənô*），但沒有使用這稱謂，而且原文的「嫩」（*nôn*）也與聖經其他地方所出現的不同。

「**嫩的兒子**」（*bin-nûn*）這稱謂在聖經中出現 **29 次**。出現 1 次的書卷有出埃及記、士師記、列王紀上，以及尼希米記；另外有 4 次在申命記，11 次在民數記，而約書亞記則有 10 次之多。這表示經文當提及約書亞之時，多數會連繫於他的家族。這樣的次數有點不尋常，即使如大衞也只有 16 次被稱為「耶西的兒子」。因此，多次稱呼約書亞為「嫩的兒子」一方面可以反映約書亞是一個很普遍的名字，經文要指出他有別於其他稱為「約書亞」的人，如伯．示麥人約書亞（撒上六 14）、市長約書亞（王下二十三 8），以及大祭司約書亞（該一 1）；另一方面，若從家譜看，這是強調約書亞在以色列人歷史中的位置，他是屬於那些出埃及後第二代的以色列人，也是第二代領袖。

2.1.1.2 耶和華對約書亞的吩咐（一 2～9）

這段落的內容有不少與申命記相同或相似。這段經文可以分兩部分討論。第一部分是耶和華對約書亞作為以色列人領袖的吩咐（2～4 節）。這部分內容與全以色列人有關，所以經文 3 次提及「你們」，分別是「你們腳掌」（3 節）、「賜給你們」（3 節）和「你們的疆土」（4 節）。再者，經文以「照」（*kaʾăšer*；3 節）這詞帶出耶和華照著祂所應許摩西的而行，把地土賜予以色列人。第二部分是與約書亞個人有關（5～9 節），經文以「照樣」（*kaʾăšer*；5 節）這詞帶出耶和華如何應許與摩西同在，也必應許與約書亞同在。此外，經文還引出遵守律法與凡事順利如何相連。

一、耶和華對約書亞作為領袖的吩咐（2～4 節）

在這部分裏，耶和華開始直接與約書亞講話，如祂與摩西講話那樣。在舊約聖經的記載中，耶和華首次與約書亞講話是在**申命記三十一章23節**。在約書亞記裏，耶和華先指出他的僕人摩西死了，再以「現在」作過渡，帶出約書亞接著要做的事情，然後連續以兩個命令語氣的話，吩咐約書亞要「起來」和「過」這「約旦河」(2節)。「現在」(*wəʿattāh*)有譯作「如今」，常有「所以」的意思；因著摩西死了，「所以」約書亞就要起來。同時，這指出約書亞起來的時間，是迫切不容怠慢的。

耶和華第一次與約書亞講話，都是以鼓勵他為主，祂說：「你當剛強壯膽，因為你必領以色列人進入我所起誓應許他們的地，我必與你同在。」

「過」(*ʿḇr*)這動詞原文在一章出現4次(2、11〔2次〕、14節)，但在三章1節至五章1節卻出現23次，成為該段經文的鑰詞。整個行動的目的是要與「眾百姓」往耶和華「所要賜給以色列人的地去」(2節)。那地就是他們的目標，而越過約旦河是必須的途徑。「眾百姓」原文應為「這所有人民」(*ḵol-hāʿām*)。在這段經文中，「所有」(*kōl*)這個詞共出現14次(「和修版」有不同的翻譯)，既用來指涉百姓(「眾百姓」；一2)，也指地方(「全地」；一4)、日子(「一生的日子」；一5)、律法(「一切律法」；一7)、要去的地方(「無論往哪裏去」；一7)、大能的勇士(「所有大能的勇士」；一14)、約書亞所吩咐的話(「凡你吩咐我們的」；一16、18)、聽從摩西吩咐的事上(「一切事上」；一17)，以及不聽從的人(「無論甚麼人」；一18)。藉著多次使用「所有」，經文強調人物或事件的整全性，所有人都遵從所有摩西和約書亞所吩咐的，以致能夠得著所有應許之地。

3至4節則以兩個不同的角度來談及這地。❶ 3節指出耶和華會照祂應許摩西的話，將所有以色列人腳掌所踏的地賜給他們。這節經文有3點值得留意的地方：

- 耶和華賜地是照著祂應許摩西的話成就的。耶和華看重祂的應許，也看重祂曾應許摩西的話。而且，祂所應許的，祂必定成就。
- 耶和華把地「賜給……了」他們。這明顯是與2節提及的「所要賜」作對比。「所要賜」(*nōṯēn*)在原文是一個分詞，意指「正在賜予」或「快將賜予」，表示這行動是未完成的；但「賜給……了」(*nəṯattîw*；3節)則是完成式的動詞。這兩個不同的用法正好表達耶和華賜地的兩個角度。❷ 耶和華一方面「即將賜予」這地，只是以色列人仍未過約旦河，也未曾進入迦南取地。耶和華另方面卻已按祂的應許把地賜了他們，那地已經屬於他們，只是耶和華仍等待他們去領取而已。

- 經文仍未指出這地的具體面積有多大，但卻強調，他們把腳掌踏在哪個地方之上是重要的。這裏帶出一個重點，就是耶和華應許的成就和人的回應之間的互動關係。以色列人若要得著耶和華應許的地，就要有正面的回應，他們要走在其上。所以，這地既「已」是耶和華賜予的，同時也是耶和華「所要」賜予的。

經文是指「這黎巴嫩」，似乎不是指整個黎巴嫩，而是指約書亞可見到的黎巴嫩區域。

4節是從地理角度來談及這地。這個描述比較籠統，先提及「從曠野和這黎巴嫩」。「曠野」(指南面的曠野)是南面邊界，「黎巴嫩」是指以「**黎巴嫩**」為記的北面邊界。不過，曠野所指的具體地方則沒有清楚說明。接著，經文就指出「直到大河，就是幼發拉底河，赫人的全地，又到大海日落的方向」。「幼發拉底河」是指以「幼發拉底河」(聖經常稱之為「大河」；參二十四2；創三十一21；出二十三31等)為記的東面邊界。「大海日落的方向」即是地中海。這地方亦被稱為「赫人的全地」。❸ 正因為地界是如此的廣闊及不具體，以色列人得地的決心就來得重要。只要他們肯把腳掌踏在這地上，這地就會按應許賜給他們。

二、耶和華對約書亞個人的吩咐(5～9節)

第二部分(5～9節)的內容全是與約書亞有關的。從內容出發，我們可以用扇形結構表達出來如下：

A　[5]你一生的日子，必無人能在你面前站立得住。我怎樣與摩西同在，也必照樣與你同在；我必不撇下你，也不丟棄你。

　B　[6]你當剛強壯膽，因為你必使這百姓承受那地為業，就是我向他們列祖起誓要給他們的地。

　　C　[7]只要剛強，大大壯膽，謹守遵行我僕人摩西所吩咐你的一切律法，不可偏離左右，使你無論往哪裏去，都可以順利。

D [8]這律法書不可離開你的口，總要晝夜思想，

C’ 好使你謹守遵行這書上所寫的一切話。如此，你的道路就可以亨通，凡事順利。

B’ [9]我豈沒有吩咐你嗎？你當剛強壯膽，不要懼怕，也不要驚惶，

A’ 因為你無論往哪裏去，耶和華你的上帝必與你同在。

A與A’指出這段落的首尾都強調耶和華與約書亞「同在」，這段經文也只有這兩處提及耶和華的同在。接著的B與B’是吩咐約書亞面對耶和華的使命時要「剛強壯膽」。中間位置的C–D–C’則帶出「守……律法」這主題。C與C’指出約書亞要「謹守遵行」，並且出現「使、好使」（*ləmaʿan*）這連接詞，表示若能「謹守遵行」，就能凡事順利；D更指出約書亞該如何實踐「謹守」律法書。整段經文把約書亞帶領以色列人進地得地與他遵守律法書連結起來。

由於約書亞所面對的是這麼大的挑戰，耶和華就給予他所需要的幫助。祂應允他在「你【指約書亞】一生的日子」，都沒有人可以在他「面前站立得住」（5節），其意思是沒有人可以與他抗衡，或成功地擊敗他。❹ 經文似是回應申命記九章2節曾經有人發出的提問：「誰能在亞衲族人面前站立得住呢？」在此，耶和華提供答案，指出這人就是「約書亞」。他之所以能夠這樣，是因為耶和華與約書亞同在（參申三十一8、23），而這個同在也是對照著耶和華與摩西的同在。耶和華的同在也以兩句反義的講法說明出來，就是「不撇下」和「不丟棄」（5節），在聖經中這兩個詞同時出現的只有5次（一5；申三十一6、8；代上二十八20；詩三十七8〔「止住……離棄……」〕）。「撇下」（*rāpā*^{h}；以*hiphil*語態形式表達，表示一種主動語態的使役動作）這詞是指「棄之於危難之中」；「丟棄」（*ʿāzaḇ*）這詞可視為「與一個人沒有任何關係」。因此，耶和華的同在就是指不會在危難時不理會約書亞，也不會和他斷絕關係（參申三十一6、8；說出了耶和華對以色列人和對約書亞的應許）。無論周遭環境如何，耶和華仍應允與他同在。

接著，耶和華吩咐約書亞要「剛強壯膽」(6節)。既然耶和華已應許與約書亞同在，並使他爭戰得勝，以及奪得地土，祂為何仍要吩咐約書亞「剛強壯膽」呢？「剛強」在聖經中出現約290次，「壯膽」則只有41次，兩詞並用共有18次。這兩個詞意思十分相近，當兩詞連在一起並以命令式語態使用時，多數用在面對戰爭或敵人的情境中(一6、9、18，十25；申三28，三十一6、7、23；代下三十二7；詩二十七14，三十一24)。這吩咐正暗示了約書亞將面臨困難，而他的結局是與他如何作出回應有直接關係。值得留意的是，經文並不是說約書亞要剛強壯膽，以致他可以使以色列人得地，而是因為約書亞自己要成為「**使**」以色列人得以「**承受那地為業**」(6節)的工具，他就要剛強壯膽。故此，應當先有所認同和擁抱的使命，然後人就要以改變作為回應。耶和華的應許要求人作出回應，要求人遵命，也就是要求人作出改變。「承受那地為業」(*nḥl*)原文是有承繼作為產業的意思，這詞再次在約書亞記中出現，就只有在十三至十九章有關約書亞分地予各支派的處境中，而一章6節預示他最終會做到的事。最後，經文再次強調這地是耶和華主動向以色列人先祖起誓要給予他們的，暗指耶和華必會這樣成就。

「使……承受那地為業」(tanḥîl)這動詞本身已隱含一個代名詞「你」，但經文仍在這動詞之前加上一個代名詞 ʾattāʰ(「你」)作為強調之用。

在一章5至9節中，「剛強壯膽」出現3次(6、7、9節)，但惟有在7節有「大大」作為加強語氣之用。更特別的是，這是用於遵行律法書一事之上。需留意這吩咐以「只要」作為開始，進一步帶出這吩咐的重要性，指出忠於律法書對約書亞所要完成的使命來說是必須的。經文甚至有這樣的含意：耶和華應許的同在、得勝、使以色列人得地，只是因為約書亞謹慎遵行一切律法，才會發生的。面對將臨的戰爭時，耶和華的講話中竟然用了約一半的篇幅來談及守律法，因為遵守律法才是得以順利的鑰匙，而不是軍事策略或個人才能。「謹守」和「遵行」在聖經中並置出現共40次，它們的賓語都是耶和華的話語(除了申命記二十三章23節)，其意思可理解為「謹慎遵行」。「律法」(*tôrāʰ*)原文的基本意思是「教導、指示」，廣義上可指耶和華的話語，狹義上可指摩西的教導或傳講的律法、吩咐，以及誡命。那麼，「謹慎遵行」律法是甚麼意思呢？就是指不可向右或向左偏離律法，「左右」(7節)是重言法，表示「一切」，意即一點都不能偏離律法。後來，約書亞就以相同的用語鼓勵以色列人(二十三6)，而經文也曾評價他為「凡耶和華所吩咐摩西的，約書亞沒有一件偏離不做的」(十一15)。沒有偏離律法的結果就是「無論往哪裏去，都可以順利」。「**順利**」原文(*taśkîl*；*hiphil* 語態形式，表示一種主動語態的使役動作)多指「有悟性、有洞見」，也可有「順利、成功」的意思。「無論往哪裏去」這短語中的「無論」並不是指任何事情或任何方面(例如經濟方面)的成就，而是特指所有與耶和華使命有關的事情。

除了約書亞記，也有其他經卷指出「順利」是出於遵守耶和華的話語或是耶和華與他同在(參申二十九9；撒上十八14；王上二3；王下十八7)。

怎樣才能謹守遵行律法呢？8節就以正反兩個命令來說明這點。反面來說，就是「律法書不可離開你【指約書亞】的口」。「律法書」這名稱在約書亞記共出現10次。申命記三十一章24至26節指出這是由摩西寫下的，可以用來見證以色列人的不是。「離開」多數意思是指「從一處地方抽離，不再停留在其中」，又或指「止息」。所以，這由摩西寫下來的律法書不應從約書亞的口中抽離，而要停留在其中。從正面來說，就是要「晝夜思想」。「晝夜」是重言法，指所有時間。「思想」並不是指在腦海中的思想，而是有從「喃喃自語」到「宣讀、宣告」的意思。所以，這不只是在口中背誦律法，也要向人宣講，這樣，就能幫助約書亞謹慎遵行律法。經文再以兩次「**如此**」(8節)帶出邏輯性的結論，就是道路「亨通」和「順利」。「亨通」(*ṣlḥ*)的意思是「成功」，多是因耶和華的幫助而達致的。聖經中惟有這節經文將「亨通」與「順利」並列。經文再次強調，事情在耶和華所吩咐的使命中得以順利成功，是因為約書亞遵守了一切的律法。

「和修版」在「凡事順利」前沒有譯「如此」；另外原文只有「順利」，沒有「凡事」這詞。

9節以耶和華的提問「我豈沒有吩咐你嗎」作為開始，指出所講的話是出自這位有主權的上帝。這裏第三次出現「剛強壯膽」，並同時以兩個反面說法作為對比和強調。「懼怕」和「驚惶」的原文都不是聖經中最常用來表達這類情緒的字眼。「懼怕」(*ʿrṣ*)在聖經中只出現15次，多指人面對強大的敵人，又或面對耶和華的威嚴及作為，因受到威脅而退縮時所產生的感受。「驚惶」(*ḥṯṯ*)則出現了53次，有「被動搖、沮喪、氣餒」等意思。兩詞並用可能指心靈和肉體兩方面的崩潰。這次，耶和華以祂的同在作為約書亞要剛強壯膽的原因。值得留意的是耶和華以「你的上帝」這身分來強調祂與約書亞的同在。在約書亞記中，「你的上帝」(*ʾĕlōheʸḵā*)只出現過4次(一9、17，九9、24)，其中3次是特指約書亞的上帝。

在這段經文中，耶和華對約書亞的吩咐有兩方面是與以色列人有關的，第一是帶領他們過約旦河到那地，第二是使他們承受那地為業。然而，約書亞在這些事上擔當著領導的位置。因此，耶和華應許他會獲得勝利，並吩咐他要剛強壯膽，更重要的是要謹慎地遵守律法。為此，經文多次並置兩個意思相近的用詞，作為加強語氣之用，包括「剛強」和「壯膽」、「不撇下」和「不丟棄」、「謹守」和「遵行」、「亨通」和「順利」，以及「不要懼怕」和「不要驚惶」。

有學者認為這段經文屬於「就職體裁」(installation genre)，當中包括吩咐差派、鼓勵、勸勉遵守律法，以及應許同在與幫助。另有學者指出這些元素可出現在不同的處境中，難以把它們侷限為屬於設立體裁。不過，無論如何，這些元素使約書亞成為第一個以摩西律法為行事基礎的以色列人領袖。

2.1.2 約書亞對官長的吩咐（一 10～11）

耶和華「吩咐」摩西，也「吩咐」約書亞。所以，約書亞也「吩咐」以色列「百姓的官長」。「官長」(*šōṭēr*)在聖經中多以複數出現(25次中有23次)，指「公務員、行政人員」，而非軍事人員，當中有些曾接受摩西的靈，協助摩西管理百姓(民十一16)。所以，約書亞所吩咐他們的工作也是非軍事性的。他們要「走遍」營中，吩咐百姓「預備食物」。「走遍」(*ʿḇr*)與「過〔約旦河〕」(*ʿḇr*；參一2)是同一個詞，官長的「走遍」預示以色列民將有「過」的行動。「食物」(*ṣêḏāʰ*)並不是常用的詞(在聖經中只出現10次)，是指在旅程中所需的食物(參創四十二25，四十五21)。按聖經所記，當時以色列人應該還是主要依靠嗎哪，但這裏所指的「食物」很可能是指水或打獵而來的肉食。

「三日之內」這詞曾引起不少議論。第一，「之內」(*bəʿôḏ*)原文在聖經中出現20次，它可以解作「之內」（參創四十13）或是「仍然」（撒下三35；「太陽未下山」可譯作「太陽仍然在」）；第二，該如何理解這裏的「三日」？因為二章1節提及從什亭差派探子，然後探子躲藏三日（二16、22），三章1節則是約書亞與以色列人離開什亭，而三章2節則指過了三日，官長走遍營中，然後才講述過約旦河一事。究竟當中過了多少日子呢？它主要有3個可能性：

- 約書亞的原意是「三日之內」就越過約旦河，但因探子意外地要躲藏3日，於是逼於延遲起行。由此算起，很可能前後需要7日（或更長）。
- 差派探子、官長走遍營中，以及從什亭起行是同日發生的事件，亦即二章所記錄的事情並不是按時序接續著上一章，而是同日發生的。所以前後也只是3日，並在第四日越過約旦河。
- 「三日」不應作字面理解，而應解作「短時間內」。

筆者較為認同第二個可能性。所以，約書亞指出在三日之內，以色列人就會「**過**這約旦河」，意思是3日之內，他們就會起行，將要「越過」約旦河。他們過河是要「得……為業」之地。「得……為業」（*yrš*）原文可解作「佔領（地土）、承繼（地土）作為產業、使人失去產業/逐出」等意思。這字在約書亞記出現了29次，帶出了這卷書一個重要主題。經文在這處所強調的應是佔領和逐出，而不是「承繼為產業」，有別於6節「使……承受那地為業」（*nḥl*）的字眼。原文兩次使用「佔領」這動詞，11節下可翻譯為「……進去要佔領這地，就是耶和華你們的上帝所將要**賜給**你們去佔領的〔地〕」，就是強調以色列人所要做的行動。

「過」一字原文乃是分詞，意指「正在越過、快將越過」。

「賜給」一字原文乃是分詞，參上文一章3節的解釋。

2.1.3 約書亞對河東支派的吩咐（一12～15）

接著，約書亞轉而對呂便、迦得和瑪拿西半個支派講話。❺ 約書亞以摩西吩咐的話作開始（13節），然後重提當年他們與摩西的協定（14～15節）。值得留意的是，摩西被引用的話，難以被視為「吩咐」，因為內容基本上是應許，而約書亞正是要他們先「記得」耶和華的應許，然後才提醒他們曾許下的承諾。

所引用摩西的話並沒有完全相同地出現在聖經其他地方，但與申命記三章18至20節的用字和意思相近（另參民三十二20～22）。這些話指出耶和華正使他們「得享安寧」，並必賜「這地」給他們。「這地」所指的當然是河東之地，有別於上文所指的迦南地，這亦是約書亞在一章15節下所特別指出的。「享安寧」（*mēnîaḥ*；13節）和「享平靜」（*yānîaḥ*；15節）這兩個詞原文的**基本詞形**「安頓、休息」（*nûaḥ*）是相同的。當以色列人得地為業，且不受敵人侵擾，他們就得享安寧。從這角度看，這安寧出自外在環境的平穩。然而，經文同時強調這安寧是耶和華所給予的，並不是他們自己可以爭取回來的。

從這基本詞形延伸出來的詞，在約書亞記共出現9次。它有兩個不同意思，一是「安置、置放」（三13〔踏〕，四3、8，六23），二是「安寧、平靜」（一13、15，二十一44，二十二4，二十三1）。

約書亞接著就提及他們當年的協議（14～15節）。當年以色列人打敗位於約旦河東的亞摩利王西宏和巴珊王噩之時，有兩個半支派請求摩西將這河東之地給予他們為業，他們有這樣要求，暗示了他們不打算越過約旦河。經過商討後，摩西與他們有一個約定，他們可以先把妻子、孩兒和牲畜好好安置在河東，然後要與其他支派一齊過河打仗，直到其他支派已各自得地為業後，他們才可以返回河東（參民三十二章）。14至15節的內容基本上與民數記三十二章及申命記三章18至20節相同，但有以下幾點差異，是值得關注的。

第一，這裏特別提及兩個半支派中間「所有大能的勇士都要帶著兵器」，在其他支派前面「過去」，「幫助」這些支派的人。須留意的是，經文提及「所有」（一14；參2.1.1.2「耶和華對約書亞的吩咐〔一2～9〕」的討論）。「大能的勇士」（*gibbôrê haḥayil*）這短語在聖經中只出現9次（一14，六2，八3，十7；士六12；王下十五20〔「和修版」譯作「大富戶」〕，二十四14；代上十一26，十二9〔「和修版」是十二章8節〕）。這有別於申命記三章18至20節所使用的「所有的勇士」（*bənê-ḥāyil*），前者似是更加強調他們的能力，也是約書亞對這兩個半支派的期望。「帶著兵器」（*ḥămūšîm*）的意思有點含糊，但由於原文字根與「五、五十」有關，故有學者認為這是指以50人為單位的行軍排列。此外，有別於民數記三十二章及申命記三章18至20節，也只有在這裏才特別使用「幫助」（*ʿzr*；14 節）這個詞來形容兩個半支派與其餘支派一同打仗的這個行動。

第二，無論是民數記三十二章 20 至 24 節或申命記三章 18 至 20 節中摩西的講話，都是先提及兩個半支派過河打仗，然後才保護家眷。然而，這兩個半支派兩次提出要求時，都是先講保護家眷，後打仗（民三十二 16～19，25～27）。在約書亞記裏，則是先提及保護家眷，後才是打仗（14～15 節）。

第三，以「向日出的方向」形容「約旦河那邊」（「和修版」譯作「約旦河東」；14、15 節），也是約書亞在這裏特別使用的，❻ 目的為要清楚說明，這是指約旦河的東面。約書亞有這樣的表達，是由於當時（參一 14～15）他是從河西的角度來看。

從以上各點看來，約書亞對兩個半支派所說的話是經過細心鋪排，以取得他們的支持。首先，他提到這是耶和華的應許而不是他們的責任，為的是要得到他們的同意和好感。接著，他從他們所關注的角度來講出他們的責任，先是保護家眷，後才是打仗。再者，他稱呼他們那些可以打仗的人為「大能的勇士」，再以「幫助」來形容他們的行動，為表示鼓勵。最後，他澄清「約旦河那邊」是這兩個半支派所關心的約旦河東，而不是約旦河西。

2.1.4 全以色列人的回應（一 16～18）

> 「他們」是指全以色列人。

這段經文記載「**他們**」（16 節）的回應。這回應可以分為兩部分，分別是 16 至 17 節和 18 節。這兩部分都以正面地表示遵命作為開始，後以「惟願」或「只要」（這兩個詞的原文同是 *raq*）這兩詞來帶出與約書亞有關的兩件事。

> 「所有」（*kōl*）這詞在 16 至 17 節共出現 3 次，「和修版」譯作「凡」、「一切」。

全以色列人首先表示他們必會遵行約書亞「**所有**」的吩咐，也必會去他差他們去的「所有」地方，聽從他如同他們在「所有」事上聽從摩西般（16～17 節上），這似是指出他們的手（做）、腳（去）和耳（聽），即他們的全人，都會順服於約書亞。不過，歷史卻指出他們的先祖並不是這樣的順服。出埃及記和民數記多次指出他們的先祖沒有聽從摩西，縱然曾經作出過類似的宣稱（參出二十四 3、7）。

既然如此，這一代的以色列人是否也會這樣呢？當留意 17 節的「惟願」，它應翻譯為「只要」，這帶出與上文宣稱內容的對比，就是「耶和華『會與』你同在，正如他『曾與』摩西同在」（17 節下）。❼ 這正是指出，耶和華會與約書亞同在，這比以色列人所作的任何善意或誠懇的承諾更為重要。

「所有」（kōl）這詞在 18 節共出現兩次，「和修版」譯作「無論甚麼」、「一切」。

全以色列人再宣稱，「**所有**」違背約書亞命令的人，不聽從他吩咐的「所有」話的人，都會被處死（18 節上）。「違背你的命令」（原文 *ʾăšer-yamreʰ ʾeṯ-pîḵā* 可直譯為「違背你的口」）這短語在聖經中出現 11 次，其中 10 次都是指違背耶和華的命令（民二十 24，二十七 14；申一 26、43，九 23；撒上十二 14、15；王上十三 21、26；哀一 18），惟有在這裏是指違背一個人——約書亞——的命令。因此，以色列人似是非常尊重約書亞的權威。然而，他們也指出約書亞「要剛強壯膽」（18 節下）。「剛強壯膽」在這卷書裏已是第四次出現，前 3 次都是出自耶和華的口，現在卻出自以色列人。這表示重點在於約書亞自己要剛強壯膽，而非因為有沒有人違背他而要受到處死這事。

2.1.5 小結

這一段經文呈現一個模式，就是先由耶和華吩咐約書亞，然後約書亞再吩咐以色列人，最後就是以色列人遵命而行。這種三重模式也可見於以後的經文，例如三章 7 至 8 節（耶和華吩咐約書亞）、三章 9 至 13 節（約書亞吩咐百姓）和三章 14 節（百姓遵命）。

約書亞記一章可以說是有回顧和前瞻的作用。作為回顧，經文有不少內容與申命記相似，其中包括約書亞是摩西的繼承者，使以色列人得地為業（參申一 38，三 21～28）；經文多次提及摩西與約書亞的吩咐，他們的講話內容有不少相同或相近之處。因此，約書亞所要成就的，就被置在申命記所記載摩西的領導和他所教導的律法這個處境之中。耶和華所吩咐約書亞要作的，原本是吩咐摩西的（參民十四 16）。因此，約書亞成功與否，似乎與他能否承繼摩西所已經成就的有關。作為前瞻，經文帶出數個主題，是在接著的內容中繼續發展出來，其中包括越過約旦河（參三～四章）；佔地為業（參二章，六章，八章，十~十二章);分配地土(參十二1~6,十三~二十一章);耶和華應許與約書亞同在(參三7,六27);約書亞遵守摩西律法,如行割禮(五2~9)、守逾越節(五10~11)、築壇(八30~31)、宣讀摩西所吩咐的(八34~35);處死違背約書亞吩咐的人,如亞干事件(七1~26)。

信仰反省

這一章的經文,無論對作為領袖或跟從者,都有以下5點值得反思的地方。

第一,上帝的應許比我們想像的更大更多,也是沒有確實的界限。我們得到的少,不是因為上帝給我們的少,而是在於我們踏出的是少;若我們踏出的多,上帝賜給我們的也多。因此,祂所應許賜予的與人的回應是有密切關係的。

第二,既然如此,能夠剛強壯膽地踏出才是重要的。不過,人為何會不敢踏出呢?這是由於我們未能真正擁抱上帝給我們的使命,並以此為我們人生的方向。我們未能擁抱使命,也是因為我們未有經歷上帝的同在。假若這個使命是我們所願意承擔的,也是屬於我們整個人的,那麼,我們就會樂意挺身而出,勇敢面對各樣的困難,以完成使命為我們人生的目標。其次,我們或許經驗過被(所愛的)人撇下丟棄,或未有親身體會上帝的同在,以致對所應許的同在不予寄望,或感到難以理解,也因此得不到上帝同在所帶來的平安穩妥,不能勇敢踏上。經文清楚說明,上帝不與人同在並不是人不行動的藉口。相反,上帝的鼓勵是要使人起來行動,就是作出回應上帝應許的行動。

第三,雖然踏出需要人剛強壯膽,就如要與敵人爭戰打仗需要人剛強壯膽般,但原來遵守上帝的話語更需要我們大大剛強壯膽。在我們面對困難挑戰時,很容易曲解上帝的吩咐,或是置若罔聞。因此,我們要謹守遵行律法書,重要的就是讓它成為我們的一部分,不可離開我們的口,並要我們晝夜思想。這就是幫助我們的方法。

第四,一代會過去,另一代就要起來,承繼前人未能完成的,而繼續完成上帝所吩咐的。我們都必須成為有使命的信徒,勇於起來踏上那看來是艱難的,且極需要我們剛強壯膽的道路,但卻是滿有上帝同在的道路,為要得上帝已經賜予給我們的應許之地。約書亞是摩西的繼承者,他的行事建基於承接摩西的教導,但這並不表示他與摩西是相同的。經文正正指出約書亞有他獨特的使命和處事的方法。我們行事未必要與我們的前輩盡同,以為這才是繼承者應有的特質,反而要按著上帝的帶領,完成祂所吩咐的。這才是繼承者應作之事。

第五，作為領袖最重要的是甚麼呢？領袖必須自己擁抱上帝的使命和應許，以致剛強壯膽，也要幫助跟隨者有同樣的見識，並起來實踐。領袖需要在生命中經驗上帝的同在，以思想誦讀聖經為他首要的屬靈操練。

2.2 探子與喇合事件（二 1～24）

這段經文記載約書亞差派兩名探子窺探耶利哥城，以及他們如何得到當地一個稱為喇合的妓女的保護，並起誓與她立下協議。這個故事在約書亞記六章的記載中繼續發展，以耶利哥城被毀，並喇合得救且住在以色列中為結束。

這段經文有很多關於行動的字眼，包括「去」（1 節等）、「上去」（6 節等）、「下去」（15 節等）、「出去」（5 節等）、「走」（16 節等），以及「回去」（22 節等）。這些字眼強調以色列人已經在起動。不過，經文更多的篇幅是用來記載對話。若留意「她說」或「他們說」，便發現一共出現 7 次對話（4、9、14、16、17、21、24 節），其中以喇合的講話尤為重要，其內容正反映出經文的重點所在。這章經文可以用扇形結構作為分段（參分段大綱）。經文可以分段如下：

分段大綱（二1～24）

一、約書亞差派探子（二 1）

二、妓女喇合助探子（二 2～7）

三、喇合認信和要求（二 8～14）

1. 喇合的認信（二 8～11）
2. 喇合的請求（二 12～14）

四、探子允保護喇合（二 15～22）

五、探子回報約書亞（二 23～24）

2.2.1 約書亞差派探子（二 1）

這節經文可以分為兩小部分。第一部分記載約書亞差派兩名探子，並吩咐他們去耶利哥城；第二部分則記載他們的到達，並留在妓女喇合家中。這正以倒影方式對應二章 23 至 24 節（在那裏第一部分是記載他們回去，第二部分是他們對約書亞講話）。

有些學者對約書亞和探子的行動都給予負面的評價，其中的質疑包括為何耶和華應許得地後，約書亞仍然派探子到耶利哥城呢？他是否仍然未夠剛強壯膽呢？那些探子為何會到妓女之家？他們的行動為何那麼容易被耶利哥王發現呢？他們窺探到關於那地的甚麼事情呢？他們為何違反摩西的吩咐（參申二十10～18），與迦南人喇合協議不殺她的家人呢？他們為何容讓這迦南人住在他們中間呢？事實上，這節經文有某些內容確實暗示以色列人的不忠。首先，喇合是一名「妓女」（*zônāh*），其基本詞形的意思為「行淫」（*zōnāh*），聖經常用這個動詞來比喻以色列人敬拜偶像（參申三十一 16）。其次，什亭正是當年以色列人與摩押女子行淫，敬拜巴力．毗珥的地方，以致他們遭受瘟疫，第一代出埃及的以色列人因此幾乎完全滅亡（民二十五 1～9）。

除了以上提出的問題外，理解這節經文時，也不能忽略把這件事與早年摩西差派探子的事件（民十三～十四章）作出比較，以觀察其中的差異。現特別提出以下 5 點：

- 摩西差派探子是出自耶和華的吩咐（民十三 1～2；但申命記一章 22 節指出是以色列人的建議），約書亞則主動作出差派。
- 摩西差派 12 名探子，分別來自各支派，而且都是首領，他們的名字都列出來（民十三 2～15）；但約書亞只差派兩個無名探子，經文中也沒有描述他們的身分。
- 這節經文特別強調約書亞的行動是「暗中」進行的，而摩西差派探子卻明顯是全以色列所知道的。
- 摩西的探子行程為 40 天，似是窺探了不少地方（民十三 17～25），但這裏只用了 3 天，且只在耶利哥城。
- 摩西的探子回報分為正反兩面，報噩耗的有 10 位，正面的只有兩位，而約書亞的探子則只有兩位，都是報好信息的。

上文討論到約書亞差派探子、吩咐百姓的官長，以及離開什亭是同日發生的事（下文會再多解釋有關這些日期的問題）。若是這樣，約書亞就是主動地以積極的行動，回應耶和華的吩咐。「什亭」（*haššiṭṭîm*；原文有定冠詞，意思是「皂莢樹」）位處於摩押平原，在耶利哥東南偏東約16公里。因此，若探子在日間出發，他們晚上就應可到達耶利哥（參二2）。這次差派行動是在「**暗中**」（*ḥereš*）進行的，意思當然不是指對耶利哥城的人來說，而是對以色列人而言。這也解釋了為何這次並不是那樣張揚的從各支派中取出一人作探子，因為從一開始約書亞就不想以色列人知道這事。所以，探子回來後也只是向約書亞報告（23～24節）。相對而言，當年的探子回來是向摩西、亞倫和全會眾作報告的（民十三26）。須留意的是，約書亞在差派探子當日就起行離開什亭，朝約旦河出發（參2.1.2「約書亞對官長的吩咐〔一10～11〕」有關「三日」的討論），那麼，無論探子回報的信息是怎樣，約書亞已定意向前行，也已開始起行了。既然如此，不讓以色列人知道的目的是甚麼呢？這很可能是想避免像上次摩西差派探子的情況再次出現，就是有人遊說以色列人不進入迦南地。如此，差派探子的意義究竟是甚麼呢？

「暗中」在聖經只在這裏出現，其字根意思是「聾、沉靜無聲」。

約書亞吩咐探子「**窺探**那地**和**耶利哥」（1節），意思應為「去和看那地，就是耶利哥」（參「新譯本」的翻譯）。約書亞並不要求他們窺探全地，而只是耶利哥城。為何是耶利哥城呢？約書亞自己曾經窺探迦南地，也稍為認識當地的情況，因此他很可能知道耶利哥城所處位置的獨特性。這城是從東邊進入迦南地的門檻，控制著通往迦南各地的通道，從這城向南可以往耶路撒冷，向北可以往俄弗拉（參撒上十三17），向西往伯特利，而且它也有充足的水源。所以，它是個具戰略性的地點，因此也成為一個要塞。相對於稱為「大城」（十2）的基遍，或「在這些王國中是為首的」（十一10）夏瑣，耶利哥城很可能不是座大城，但卻是迦南地一個相當重要的要塞。約書亞

「窺探」原文不是一個動詞，而是「去」（ləḵû）和「看」（rəʾû）這兩個動詞。「和」的原文應理解為「就是」的意思。

並不再需要這兩名探子去獲取這些資料，他想要知道的是耶利哥人如何看以色列民。在此，可能約書亞還需要一點確據，就如探子後來所回報的「耶和華果然將那全地交在我們手中了」(24 節)。

這兩名探子就「去了」(1 節)，並來到「名叫喇合的妓女家裏」。這句子原文用字的次序是「一個女子的房子，一個妓女，她的名字是喇合」。經文刻意指出她作為「妓女」的身分，帶出她是一位處於社會邊緣的人，她沒有和家人同住(參 18 節)。至於她的房子，似乎像是一所妓院，但更可能是一間小客棧或飯店。這房子位於城牆邊(15 節)，應該是一個方便來往的地方，因此有不少人出入。所以，探子認為這是一個沒有人會特別留意他們的身分，同時又是容易得到資訊的地方。事實上，這也是容易暴露他們行蹤的地方，他們很可能輕看了耶利哥城對以色列人的警覺。

「喇合」(*rāḥāḇ*)這詞的**字根**意思是「寬闊」。有學者認為名字已暗帶正面的信息，因為耶和華賜給以色列人的地土是「寬闊的」(出三 8)，祂也使他們的境界「寬闊」(出三十四 24；「和修版」將之譯為「擴張」)。然而，重要的是經文把有名字的妓女對比無名字的探子，展示出她是一位有個性的角色。事實上，她很主動，這有別於處處被動的探子。

亦有學者認為她名字的字根可理解為「張開」，暗喻女性的性器官。

他們「在那裏睡覺」，這很可能應該理解為他們「在那裏躺臥」。❽ 事實上他們沒有睡覺，因為 8 節指出在他們睡覺之前已經發生不少事情。❾

2.2.2 妓女喇合助探子（二 2～7）

這段經文記載喇合如何保護這兩名探子，段落開始就立即把重點從探子的行動轉移到喇合身上，探子只擔當被動的角色。很明顯，探子來耶利哥城這事很快就為人所知，因此有人告訴耶利哥王「今夜有以色列人到這裏來窺探此地」(2 節)。這句子原文直譯為「今夜有些人來到這裏，從以色列人中，要窺探這地」。除「此地」外，傳信息的人還提及「到這裏」，以帶出迫切感。2 至 3 節出現的「窺探」(*ḥpr*)與 1 節的原文不同，這裏出現的詞常被用來指「挖〔井〕」(參創二十一 30，二十六 15)，它可以引申為「尋找蹤迹」(另一處用作「窺探」

的意思的，是申命記一章22節有關摩西差派探子一事中）。耶利哥王收到消息後，就「派人」去搜尋那被派來的探子，這些人也曉得要到喇合家裏去捉人。由此可見，耶利哥城作為要塞，城內的人對於以色列人有可能入侵一事，甚為關注，因此對進出這城的外人及所逗留的地方必多加留意。來人先命令喇合「交出那來到你這裏、進了你家的人」（2節）。這句子直譯為「把那些人帶出來，就是來到你這裏，也就是來到你房子的人」。第一句短語「那些人……來到你這裏」（*hāʾănāšîm habbāʾîm ʾēlayiḵ*）可以有發生性關係的意思（參本章釋經短註❾），第二句短語「來到你房子的人」就指出其焦點是地點，而不是喇合的妓女身分。最後，來人解釋要交人的原因，就是那些人要來「窺探全地」（3節）。他們提出一個合理的原因，以為喇合若知道探子的身分，便會樂意將人交出來。他們提及「全地」，這種描述若不是因為他們的資訊有誤，就可能反映耶利哥人對以色列人來襲一事反應過敏。

接著，經文打斷事情的發展，倒敘前些時候的事情，記述「女人已把二人藏起來」（4節），讓讀者知道探子的情況不太惡劣。經文清楚指出探子人數是兩位，這是追捕者所不知道的。除了約書亞記，「**藏**」（*ṣpn*）在聖經敘事裏只出現在出埃及記二章2至3節，是指摩西的母親違背法老的命令，把摩西「藏」起來3個月。喇合所做的就好像摩西的母親般違背王的命令。前者的行動預示出埃及，後者則預示入迦南，這兩件事都是以色列人歷史中最重要的事情，也被看為一整件事情的兩個部分。喇合把探子藏起，表明她已知道他們的身分，甚至知道必會有人來查問。值得留意的是她回答來人的說話，可以分為5點來簡單論述（4～5節）：

> *其他聖經書卷出現「藏」這詞的是在智慧文學、詩歌書，以及先知書。主要出現在智慧文學。*

- 她承認那些人「確實」到過她家，這表明她認同來人所知道的。
- 她同樣用「**那些人**」這個詞來回應他們，表示她沒有透露自己所知道其實只有兩個人。
- 她複述來人所說「到我這裏來過」，而沒有像來人般說「到我的房子」，暗指按她所知「那些人」是來召妓的顧客，以此爭取來人的信任。這也合理地引出下一點。

> *「和修版」將「那些人」誤譯為「那兩個人」。*

- 喇合兩次說「不知道」來表明她對於這些「客人」的來歷和行程都不知情。
- 喇合誤導來人要立時作出追趕的行動。她欺哄來人說探子只是剛在城門要關上之前離開，因此，若「快去」追趕，「就必追上」。事實上，當追趕者一出城，城門就關上了。

經文再次打斷故事的發展，在6節倒敘早些時候發生的事。4節只提及喇合藏起探子，6節就進一步指出她已領他們「上了屋頂……藏在……亞麻稭中」。「屋頂」有多個用途，可作為生活空間或儲物室。「亞麻稭」在埃及種植，高達一米，是用來製造麻衣或繩索。不過，在舊約時期迦南地並沒有人工培植這類植物，所以這些植物應是野生的，而喇合採集回來並「擺列」在房頂待乾，也因此表示耶和華的特別看顧。6節的「藏」（*ṭmn*）與4節的「藏」是兩個不同的詞彙，這裏通常指「埋藏在沙土中」（參創三十五4；出二12），這用法明顯是對應3至4節的「窺探」（即「挖」）。經文這樣描述喇合收藏探子的行動，可見喇合的細心。

7節繼續敘事，原文是以「那些人【即探子】，他們追趕他們【即探子】」作為開始，⑩ 然後接著的一句是「就往約旦河的路上」，這樣才讓讀者知道追趕者接納喇合的建議，已經離去，並合理地往約旦河方向追趕探子。追趕者一出城，城門就關上，這表示他們相信喇合的講話，並認為探子不會逃得太遠，以為大有可能會追上探子。

2.2.3 喇合認信和請求（二8～14）

第一次閱讀喇合故事的讀者，到目前為止恐怕仍然未能明白喇合保護探子的動機是甚麼，8至14節為此提供答案。這段經文可以分為兩部分，第一部分是喇合的認信（8～11節），也成為她向探子提出請求的原因，第二部分是她請求探子容讓她一家存活（12～14節）。

2.2.3.1 喇合的認信（二8～11）

待追趕者離去後，喇合就上到房頂，到探子那裏。她的認信以「我知道」

作為開始（這與5節的「我不知道」作對比），而經文以3個*kî*這連接詞帶出她知道的3件事（9節），然後，第四個*kî*（解作「因為」）講出她知道的原因（10節），接著的第五個*kî*（「因為」，或更合適地理解為「實在地」）帶出對耶和華的認信（11節下）。作為總結，這部分可以用以下扇形結構表達出來（稍為修改「和修版」的字眼）：

A　[9]對他們說：「我知道耶和華已經把這地賜給你們了，

　B　並且我們也都懼怕你們。

　　C　這地所有的居民在你們面前都融化了。

　　　D　[10]因為我們聽見你們出埃及的時候，耶和華怎樣在你們前面使紅海的水乾了，並且你們怎樣處置約旦河東的兩個亞摩利王，西宏和噩，把他們完全消滅。

　　　D'　[11]我們一聽見

　　C'　就膽戰心驚，

　B'　人人因你們的緣故勇氣全失。

A'　實在地，耶和華——你們的上帝是天上地下的上帝。

A和A'都是喇合對耶和華的認信，A是她知道的具體事情，而A'是普遍的事情；B和B'都是指迦南人的恐懼；C和C'則有「融化」這主題；D和D'都提及懼怕的原因是因「聽見」以色列人的往事。從這編排看來，不應以D和D'為這講話的中心點，反而，更多學者認為重點是在於喇合對耶和華的認信。所以，這扇形結構的目的只是強調整體內容彼此的關連，並與下文（12～14節）稍作區分出來。

當仔細分析9節，我們便發現喇合「知道」的有3件事。第一件事是「耶和華已經把這地賜給你們【指以色列人】了」。值得留意的是她竟然知道以色列人所信的耶和華的名字，並且用「賜給……了」一詞，表示這是已經發生的事。第二件事是「我們也都懼怕你們」。這短句原文可直譯為「對你們的懼怕已落在我們身上」，須留意的是「我們」所指的只是耶利哥城的人，或更可能是指迦南地的人，其重點是喇合表明這不只是她個人，而是眾人都體驗到的事。「懼怕」

（$^{\supset}$êmā^{h}；9 節）可指耶和華以戰士的身分為祂的子民打仗時，受威脅的敵人的情況（參出十五 16，二十三 27）。第三件事提及「這地所有的居民」。這很可能是指迦南地的人，他們「**在你們面前**」（*mippənêḵem*），這也可理解為他們「因為你們」（參 11 節），「融化」（*mûḡ*）可理解為「失望、絕望」。⓫ 這節經文與摩西之歌（出十五章）相近：

「在你們面前」這短語的原文在聖經共出現 19 次，其中 12 次在約書亞記，這詞多次強調耶和華在他們（即以色列人）「面前」或是「因為」他們而行事。

……並且我們也都懼怕你們。這地所有的居民在你們面前都融化了（二 9）。
……迦南所有的居民都融化。**驚駭恐懼臨到他們**……（出十五 15～16）。

出埃及記十五章 16 節「驚駭恐懼臨到他們」可直譯為「懼怕落在他們身上」，與約書亞記二章 9 節「對你們的懼怕已落在我們身上」的原文相當接近。

這相似點暗指佔地與出埃及是相關的，出埃及時的預告也開始應驗了。

在 10 節，喇合解釋迦南人懼怕的原因是他們「聽見」（而不是看見）以色列在曠野中的兩段歷史，分別是與開始和結束曠野生涯有關的事情。前者是耶和華在他們出埃及時，「在你們【指以色列人】面前」（*mippənêḵem*；或作「因為你們」，9 節曾出現這詞）使紅海的水乾了，後者是以色列人戰勝西宏和噩兩位王，將他們「完全消滅」。這裏首次提及「完全消滅」（*ḥrm*）這詞，它是這書卷多次出現的詞（參 1.4.3「戰爭與當滅之物的關係」的討論）。迦南人「聽見」以色列人的行事，也是個多次重複的主題（參五 1，九 1，十 1，十一 1），同時帶出他們「聽見」後的不同回應，或是懼怕，或是聚集軍隊與以色列人作戰。

在 11 節，喇合重提聽見這些事情對他們的影響。「膽戰心驚」（*wayyimmas*）亦可以譯為「我們的心就融化了」，這是指面對強敵如耶和華之時所產生的絕望和膽怯（參五 1，七 5；詩二十二 14；賽十三 7，十九 1；結二十一 7；鴻二 11）。這裏的「**融化**」（*mss*；即「膽戰心驚」）與 9 節（*mûḡ*）

「融化」也出現在「如蠟融化」這短句中（參詩二十二 14，六十八 2，九十七 5）。

不同，但意思相近。在申命記一章28節中，這詞是指以色列人因為探子的噩耗，以致心都融化了，這事正好與這裏迦南人因以色列人而心都融化成為對比。而且，「因你們的緣故」(*mip-pənêḵem*；9、10節曾出現這詞)，迦南人「**勇氣全失**」。

「勇氣全失」原文可直譯為「在人中間的靈（或勇氣）不再起來」。這短語在聖經中只在這裏出現。

最後，喇合以「實在地」帶出對耶和華的另外一個認信，這個認信與申命記四章39節完全相同。從9節的耶和華賜地到11節這裏，祂是「天上地下的上帝」，喇合顯明她對這位耶和華的認識並不只侷限於一件歷史事實。「天上地下」是重言法，表示全世界，她認為這位耶和華是全世界的上帝。「天上地下的上帝」在聖經其他地方共出現兩次(申四39；王上八23；另參出二十4；申五8)，都是強調「只有這位才是真正的上帝」的意思。⓬ 因此，喇合的宣告可以理解為「實在地，耶和華－你們的上帝，只有祂是天上地下的上帝」，而她同時也是在宣告迦南地的諸神明其實都不是真正的上帝。從這看來，喇合的行動並不只是想得著救助，更是反映出她願意敬拜和效忠耶和華，縱然到目前為止，她仍稱呼耶和華為「你們的上帝」，而不是「我的上帝」。

綜合喇合的講話，可以分為兩個向度作分析。第一，她多次強調迦南人懼怕的是以色列人，也因以色列人而融化，也因以色列人所行的事迹而心驚；第二，相對其他迦南人而言，喇合似是提出另一個向度，就是耶和華。這位耶和華除了已經把地賜給以色列人，祂也是「天上地下的上帝」。這點指出喇合與其他迦南人並不相同。當然，在近東文化中，人普遍相信一個民族的興衰與他們的神明的能力有莫大關係，故嚴格把兩者分割並不合宜。不過，喇合的講話似乎更著重第二個度向。

2.2.3.2 喇合的請求（二 12～14）

雖說第一部分是喇合的認信，但對探子來說，這些卻是他們所需要的肯定和信息(參二24)。這部分內容以喇合的請求作為開始。她所用第一個詞就是「現在」(*wəʿattā*^{h})，與一章2節所用的詞相同，這裏的「現在」有「所以」的意思。基於她對耶和華和以色列人的認識和他們的作為，並這些事對迦南人的影響，喇合就提出接下來的請求。

她先要求探子指著他們的上帝——耶和華——向她起誓，表明她十分著重這件事（12節）。然後，她以「因為」（*kî*；「和修版」譯作「既然」）這字帶出探子需要同意的理據，就是她以「恩慈」（*ḥeseḏ*；「和修版」譯作「恩」，在14節譯作「慈愛」）對待他們，所以，他們也應該以「恩慈」對待她「父家」。這種恩慈不是出自法律責任，而是道德責任，與對人的忠誠和憐憫是相關連的。⓭

她也要求一個「確實的憑據」（12節）。「確實」（*ʾĕmeṯ*）也有「誠實、誠信、忠誠、真理」等意思，也是探子在14節所用的「誠信」一字。「憑據」（*ʾôṯ*）亦可作「**記號**」（四6），意思是一件指向自身以外的其他人或物的事情。這憑據很可能就是指探子所要起的誓言。因為喇合恩待探子，就是把他們救活脱離耶利哥王的手，所以，喇合要求他們「救活」（*ḥyh*）所有屬於她父親家裏的人。為表示鄭重其事，喇合重複説「拯救我們的性命脱離死亡」。值得留意的是，喇合提及她的家人，就是她的「父母、兄弟、姊妹，和所有屬他們的」，表示她關注她家中每一個人並他們的一切，比自己的更多。

出埃及記中耶和華藉摩西所行的「神蹟」，也就是這用詞（另參二十四17）。

探子的首句回應對應喇合所關注的「性命」，而且他們也發出一個誓言，直接地説：「我們的性命代替你們，甚至到死！」連接於這個承諾的是他們提出的條件，就是「**你們若不洩漏我們這件事**」。探子要求的是「你們」，因此這條件並不只在喇合身上，也指她的家人。不過，「我們這件事」是指甚麼呢？誰是「我們」呢？既然耶利哥王已知道以色列人會來侵襲，也知有探子來過喇合處窺探，喇合也不可能立時再舉報探子的行蹤，因此，「這件事」就不可能指探子來到耶利哥這事情。「我們」很可能是指探子和喇合，而「這件事」可指他們之間的協議，以及與此相關的具體內容。須留意的是，探子後來再次提出這個警告（二20），而當時正論及他們的約定和朱紅線的處理方法。所以，「這件事」是用來避免其他耶利哥人同樣地以朱紅線來混水摸魚，以此欺騙以色列人。最後，探子答允喇合，指出「當耶和華將這地賜給」他們時，他們就會以「恩慈」（「和修版」譯作「慈愛」）和「誠信」待她。特別的是，從喇合的認信，她早已相

「和修版」在「你們若不洩漏我們這件事」之前加了句號，是錯誤地把這句連於下一句。

信耶和華已經把地賜給他們，但探子的表達，卻似乎認為這仍是「將來」的事。

2.2.4 探子允保護喇合（二 15～22）

這段經文進一步指出喇合和探子之間的「恩待」是怎樣實行出來的。對喇合來說，她不只保護探子，還幫助探子安全離去。對探子來說，他們要設法保證喇合一家的安全，得以免除誓言對他們自己性命的威脅。經文可以用扇形結構表達：

A　喇合讓探子離去，吩咐他們躲藏 3 日才回去（15～16 節）

B　17 二人對她說：「你叫我們所起的誓與我們無關，

C　18 除非，看哪，當我們來到這地的時候，你把這條朱紅線繩子繫在縋我們下去的窗戶上，並要叫你的父母、兄弟和你父的全家都聚集在你家中。

D　19 凡離開你家門往街上去的，他的血必歸到自己頭上，與我們無關；

D’　凡在你家裏的，若有人下手害他，他的血就歸到我們頭上。

C’　20 你若洩漏我們這件事，

B’　你叫我們所起的誓就與我們無關了。」

A’　喇合讓探子離去；探子聽從吩咐，躲藏 3 日才回去（21～22 節）

「直至」原文為 ʿaḏ，「和修版」分別翻譯為「等」和「等到」。

A 和 A’ 除了主要內容對應外，也有相同的詞彙，包括：「往/到山上去」、「三天」、「**直至**」、「追趕的人」、「回去/來」；B 和 B’ 強調不遵守誓言的可能性；C 和 C’ 則說明喇合遵守誓言的規定；D 和 D’ 則提及兩個不同情況之下引起要承擔責任的人是誰。這個扇形結構也把這段經文稍與上下文分別出來。

敘述至此，經文才提及喇合的房子是「在城牆邊上」（15 節），不過，原文直譯是「在城牆（*ḥômāʰ*）的牆（*qîr*）中」。經文接著又補充說她「住在城牆上」（原文應譯作「住在城牆中」），這反映了喇合是在城牆中間居住。有學者認為這可能是當時一種防禦保護結構，有兩道牆平行建造，在這中間有橫建的牆支撐著，其中的空間可放置碎石瓦礫，但若是保留空間，則可作住宿或儲物之用。

亦有學者認為這是由未焙過的泥磚建成的房子，房子環繞著城的中心建造。這些房子連繫在一起，形成了所謂的城牆。無論如何，她的住處的確是在城牆中間，也是方便出入的地方。她帶探子「上去」屋頂，所以要用「繩子」把探子從窗戶放「下去」。這樣做法原因是城門已關閉了。此外，因為仍有追趕的人在城外，為了避過他們，喇合接著要他們「往山上去」，意即往山的那方向走。⓮「山」應指山區，是在耶利哥城的西面地區。喇合早前差追趕的人往東面去，而在這裏則叫探子往西面走，目的是要避開追趕者的眼目。然而，探子需要更小心行事，因此喇合吩咐他們在那裏「**躲藏**」3 天，然後才離去，免得追趕的人回來之時與他們相遇。喇合估計追趕的人 3 天之內已經可以回來，表示追趕的人來回的路程不會太長。

「躲藏」原文為 ḥḇʾ，最常用為 niphal 語態形式（即表達一個帶有被動或反身語態的簡單動作），指「隱藏自己」。

6 至 7 節提及喇合在城內保護探子，逃過追趕者，領他們「上去」房頂，並把他們「藏起」。在這段落，她則提醒他們在城外如何可以逃過追趕者，領他們「下去」城外，吩咐他們「躲藏」起來（15～16、22 節）。經文藉著這些對應的內容表達喇合對他們完全的保護。這就是她恩待探子的方式。

探子就在他們被放下城牆外之後，講出他們的要求（B 至 B'）。他們先提出自己最關注的事情，就是那個誓言與他們的關係（B 和 B'）。「你叫我們所起的誓」（17 節）原文可直譯為「這個對你起的誓言，就是你使我們所起誓的」。這裏既用了名詞「誓言」（*šəḇûʿāʰ*），也有動詞的「起誓」（*šḇʿ*），為要強調這個誓言。「與……無關」（*nāqî*）是法律性用語，指「無辜、無罪、不受刑責」。在他們的講話中，共 3 次使用這個詞，表示他們重視對指著耶和華所起的誓言。然後，他們指出在哪些條件下才可以免受違反誓言所帶來的後果（C 至 C'）。所列出的條件有 3 項，都是與喇合有關的（C 和 C'）。

一、喇合要把「朱紅線繩子」繫在曾經縋他們下去的窗戶上

這是要在探子「來到這地」（18 節）前就已做好的事。這個條件很具體，所指的不是別的窗，而是曾經縋他們下去的那扇窗戶；不是別的線，而是「這條」朱紅線。這條線並不是用以放他們下去的「繩子」（*ḥeḇel*），而是大家早

已默認的東西，它可能是放在房中就手拿來的物件。喇合房頂中有亞麻梗（6節）和紅線。箴言所讚美那些持家有道的女子正好有這個特徵（箴三十一 10～31），她以「麻」作工（箴三十一 13），使家人可穿上「紅」衣（箴三十一 21）。約書亞記也提及喇合關注她家人的安危（二 13），這暗示喇合也是一個持家有道的女子。「線繩子」（18 節）原文由兩個字組成，分別是「線」（*ḥûṭ*）和「繩」（*ṯiqwāʰ*）。「繩」這詞的原文在聖經裏只有在二章 18 及 21 節被解作「繩」，其餘的都用來指「盼望」（參得一 12；伯四 6 等；有學者認為它們應該是同形異義字）。因此，經文在這裏應該用了雙關語，指出喇合的盼望也就在於此。「朱紅色」（*šānî*）的線多用來製造會幕和祭司袍子（出二十六 1、31，二十八 15、33）。不過，除了約書亞記，「繫朱紅線」只出現在創世記三十八章 28 及 30 節。這是記載她瑪的雙生子法勒斯與謝拉出生時，收生婆將紅線繫在謝拉手上。這兩段經文有不少相似之處：喇合和她瑪都是迦南人、不與家人同住、有妓女的身分（至少她瑪曾打扮成妓女，以妓女身分與猶大交合），以及與繫朱紅線有關。最特別的是，她們也都出現在馬太福音所記載耶穌的家譜中（太一 3、5）！然而，繫朱紅線的目的是甚麼呢？

二、喇合要把她父家所有人聚集在她房子裏

接著 19 節就進一步説明指定的窗和指定的線這兩項條件的重要性。探子再使用法律性用語「他的血必歸到……頭上」（參撒下一 16；王上二 32～33；結三十三 4）來指出死罪屬誰。任何人若因「出去」她房子的門到「街上去」（*haḥûṣāʰ*；19 節，原文也可解作「外面去」，這似乎更符合經文的意思）而被殺，他們的死罪就歸在自己身上，探子則是「無罪的」。若任何人「與你一起在房子內」而有人加害於他們，他們的死罪就落在探子身上。既然如此，那麼，第一及第二這兩項條件的目的就清楚了。喇合的房子成為了避難所，而窗上的朱紅線就是讓以色列人可以識別屬於她房子的標記。

三、喇合不能透露任何與「這件事」有關的事情

第三項仍是與喇合有關，以「若」一字開始引出條件，就是她不能講出「我們這件事」(參 14 節的討論)。否則，他們就可以免於誓言對他們的有效性。

喇合同意按他們的話而行。於是她「送」他們，他們就去了。「送」(*wattəšalləḥēm*)與 1 節「派」(*wayyišlaḥ*)的原文是相同動詞。在這兩個情況下，探子都是被動的，是受「派」及被「送」的人。喇合隨後就在「那窗戶」上繫上朱紅繩(21 節)。喇合未必知道以色列人何時來到，故預先繫上繩，免得當他們來臨時才繫上，惹起耶利哥人懷疑，更重要的是這表明喇合遵守約定。經文接著以 3 個動詞帶出探子的行動。他們「走」、「往山區去」，並「停留」在那裏 3 天(22 節)。他們所做的，基本上就如喇合所吩咐他們的那樣，惟一不同的是她叫他們「躲藏」，而他們則是「停留」。另一方面，追趕他們的人則沒有「找著」他們。

2.2.5 探子回報約書亞（二 23～24）

待追趕的人「回去」後，探子也就「回去」。短短 1 節中以 5 個動詞來描述探子的行動，帶出快速的感覺。他們「回」、「下了」、「過」、「來到」，以及「報告」。值得一提的是，原文在這裏再使用「二人」(*šənê hāʾănāšîm*；23 節)這詞，在 1 至 24 節中這詞只出現 3 次，另外兩次分別在 1 及 4 節，其餘的經文都是用「那些人」。所以，這節經文的用詞正好用來對應 1 節。經文接著說他們回到約書亞那裏，而不是什亭。這很可能是因為約書亞已經離開什亭，到了約旦河邊(參三章 1 至 6 節的討論)。他們向約書亞報告「所遭遇的一切事」，原文可直譯為他們報告「所有找著他們的事情」。雖然追趕者沒有「找著」他們，但他們卻著實地被不少事情「找著」。這用法進一步強調他們是被動的，這有別於喇合的主動性。

最後，探子報告的內容基本上重複喇合的講話，再次顯出他們如何受到主動的喇合所影響，現列出經文作比較：

……耶和華已經把這地賜給你們了……這地所有的居民在你們面前都融化了。(9 節)
耶和華果然將那全地交在我們手中了，並且那地所有的居民在我們面前都融化了。(24 節)

探子所能表達的主動性，只是把代名詞改變過來，就是把「給你們」改為「在我們手中」，把「你們面前」改為「我們面前」。雖然如此，探子帶回來的報告是正面的，對應當年同樣（只）有兩名探子（約書亞和迦勒）回來作出正面的回應（民十四 6～9）。這兩個報告有兩點相似之處：第一，確認耶和華賜地；第二，以色列民不用害怕當地的居民。值得留意的是，這兩名探子把他們所「遭遇的一切事」都報告給約書亞，這當然包括一切不利於以色列人進攻迦南地的事情，其中包括迦南人知道了以色列人的來臨、耶利哥有堅固的城牆及迦南地警覺性極高的君王，還有行動迅速的追趕者。然而，這一切都沒有影響探子最後作出這個正面的報告。經文沒有記載約書亞的反應，也沒有指出他有否把這消息轉達以色列人。無論如何，探子帶回的確實是正面的信息。

2.2.6 小結

這段經文有不少值得進深探討的內容，這個小結會提出兩個議題作討論。

第一個議題是，有學者指出探子與喇合的協議，無論是否算為立約的行動，⑮ 也似是違反摩西的吩咐。摩西豈不曾經吩咐以色列人不可與迦南人立約，反要把他們滅絕淨盡嗎（申七 1～5，二十 16～18）？不過，值得留意的是，首先，在以色列人出埃及時，他們當中已經有外邦人同行，至少有部分經文指出，摩西的岳父是基尼人，他與其他基尼人一起加入以色列的羣體中（參士一 16，四 11；撒上十五 6）。此外，亦有經文指出迦勒原是基尼洗人，但得到以色列羣體的接納（參十四 6、14；民三十二 12），成為其中一名領袖。從開始出埃及之時，以色列羣體中已有好些外邦人，由於他們願意與以色列人一同敬拜耶和華，他們成為以色列人中的一分子。另一個類似的例子是路得，尤其是她對拿俄米肯定的講話（得一 16～17）。

其次，喇合認信耶和華的主權，接受祂對以色列人的應許，這基本上使她成為一個以色列人，就如摩西的岳父或迦勒那樣。事實上，在她的認信以前，探子並沒有和她有甚麼協議，因此也沒有違反摩西的吩咐。

此外，喇合事件與聖經其他多處的事件有許多相似的地方，這對認識喇合這位人物甚有幫助。若與出埃及記作比較，就至少有以下 3 點：

- 前文曾提及的「藏」（*ṣpn*）與出埃及記二章 2 至 3 節有關；
- 前文曾指出喇合講話（9 節）與出埃及記十五章 15 至 16 節相似；
- 喇合故事與出埃及記十二章有關逾越節的記載有相似之處：以色列人要把血塗在門楣和門框上，並且不能出家門（出十二 22），這樣，他們才能得免於被擊殺。同樣地，喇合全家也要留在房間內，不得出門。繫朱紅繩在窗戶（作為對外的出口之一）與塗血在出入的門口上是相同的，都是用來為這所房子設立標記，讓擊殺者知道屋內的人是不可殺害的。

這些比較一方面指出佔地事件與出埃及事件是相關的，甚至佔地事件成為出埃及事件的目的；另一方面經文指出喇合認同以色列人，並且她經歷以色列人所經歷的，又參與以色列人得救的歷史中。除了出埃及記，喇合的用語也與申命記相似，11 節與申命記四章 39 節幾乎完全相同（參本書頁 49 至 50 有關 11 節的討論）。上文也提及她與箴言中值得讚美的女子相似（參 2.2.4「探子允保護喇合〔二 15～22〕」的討論）。最後，值得探討的是它與創世記十九章所多瑪、蛾摩拉被毀滅的事件有類同的地方。學者霍克（L. Daniel Hawk）在他的釋經書中指出這兩段經文在**主題和用詞上有許多相同之處**。主題相似之處如下列 7 項：

有關這方面的討論，可參 L.Daniel Hawk, Joshua (Berit Olam; Collegeville, Minn.: Liturgical Press, 2000), 36～37。

- 與一個快將滅亡的城有關；
- 兩個人進入城內；
- 他們得著城內一位居民保護；
- 城內有人來搜尋這兩個人，但該居民拒絕交人，並差走搜尋者；
- 吩咐聚集家人，以致可以避過災難；
- 吩咐逃到山上；
- 城鎮最終被毀，只有那居民一家人得救。

此外，原文在用詞上相同之處頗多（「和修版」大多沒有採用相同翻譯），現只列出以下 7 項作為參考：

- 探子在「喇合……那裏睡覺」(1 節)的「喇合」原文(*rāḥāḇ*)與來訪羅得的天使在「廣場上過夜」(創十九 2;原文應譯作「街上」)的「廣場上」原文(*rəḥôḇ*)的子音完全相同;
- 「還沒有睡」(*ṭerem yiškāḇûn*;8 節)與「還沒有躺下」(*ṭerem yiškāḇû*;創十九 4)的**原文是同一個短語**;

約書亞記所用的這詞原文與創世記所用的,在語法上相同,只是字尾加了一個「字尾附加音-n」(paragogic-nun)。

- 「救活」(*wəhaḥăyīṯem*;13 節)與「救……性命」(*ləhaḥăyôṯ*;創十九 19)的原文是同一個動詞 *ḥayāʰ*;
- 「走自己的路」(*tēlḵû*;16 節)與「再上路」(*wahəlaḵttem*;創十九 2)的原文是同一個動詞 *hālaḵ*;
- 「往山上去」(16 節)與「往山上」(創十九 17)的原文(*hāhārāʰ*)相同;
- 「使者」(六 17)與「天使」(創十九 1)的原文(*hammalʾāḵîm*)相同;
- 「家門」(19 節)與「門、大門」(創十九 6、9、10)的原文(*haddeleṯ*)相同。

與創世記十九章作比較,其重點是指出喇合是那忠誠接待客旅,並保護他們的人。而且,喇合比羅得更早知道該城的前景,更有決斷力和主導能力,更清楚當前發生的事情;羅得需要天使告訴他才知道城將被毀。因此,若羅得值得救,喇合就更加值得救。

以上的討論是要指出,不應把重點放在探子的行動是否違反摩西的吩咐,而是喇合的身分,以及她是一個怎樣的人。喇合並不是一個普通的外邦妓女,她在多方面都與以色列人相同,包括相信以色列人所相信的上帝,認信以色列人所認信的,經歷以色列人所經歷的,並願意參與耶和華對以色列人的計劃中。因此,雖然從外在的身分而言,她是一個迦南人,但內裏卻有以色列人的特質,也得耶和華接納為以色列人的一分子。

第二個值得關注的議題是探子和喇合這故事的重要性,並且這故事放在這個位置的原因。明顯地,喇合的故事像插隊般,中斷了二至三章以色列人過約旦河,然後攻入迦南的敘事。

喇合是個邊緣人物。作為妓女,她同時是為某些人服務,但也是被大多數人輕視的人物。她住在城牆,表示她處於邊界的位置,在城外和城內中間。

她不是服於任何男人的權下，也不屬於常規社會秩序之中，因為社會中沒有人會對一個妓女有任何期望。然而，經文就正正顛覆這樣的看法。這個邊緣人喇合的敘事，正好襯托著後來出自猶大支派的正統以色列人亞干的敘事（七章），這帶出作抉擇的重要性。人可以選擇完全跟從耶和華，又或是背約違背祂的吩咐，但不同的選擇可以產生截然不同的後果。其次，這也預示基遍人的故事（九章），表明外邦人可以認信耶和華，並與以色列人立約，得到以色列的保護，又可以活在以色列羣體之中，甚至是在聖所中服事。此卷書把喇合的故事放置在書卷開初的位置，旨在指出一個人的抉擇和他將會擁有的身分是有關的。

信仰反省

談到這段經文的主角喇合，最多人想起的就是她的信心。新約聖經有3處經文提及喇合。她在耶穌的家譜中，是大衛和耶穌的先祖（太一5）。在這個家譜中提及的4名女子中，只有喇合在新約中出現多於1次，這顯出她特殊的位置。希伯來書以喇合為憑著信心行事的其中一個例子，指她因著信接待探子（來十一31）。最後，雅各書指著喇合接待使者，並放他們從另一條路離去，表明她不只有信心，也是因行為稱義（雅二25）。

現從本章經文出發，作出以下反省。第一，喇合對耶和華（和以色列人）的認識是來自「聽見」，不是「眼見」。不過，重點不在於強調喇合聽見就已經相信，比需要看見才相信的人有更大的信心。真正的重點是她信的是甚麼，或者，甚麼是她的信。除了喇合，迦南人都聽見，都相信所聽見的是真的。若果不是，耶利哥王就不會作出防衛。喇合的信，不是相信一件事情是否真實存在，而是指信賴和信靠。這種信賴可以令到喇合用「我知道」來表達她的信念，而不是「我相信」。我們對上帝的「認識」，又是屬於哪一種的呢？

第二，所有人都聽見同一件事，但喇合的反應卻與其他人不同，她沒有隨從大多數人的決定。喇合承認自己也懼怕，但她沒停留在這種感受之中，她定意要作出一個人生的抉擇，就是順從耶和華，而不是對抗祂。她擁抱了祂對以色列人的應許，甚至參與在祂與以色列人相交的歷史中。約書亞記的內容不斷強調耶和華的應許是要求人作出回應的，喇合就是一個例子。這個抉擇令喇合得著一個新的身分。

第三，正因為這種對以色列上帝的信賴，以致她以行動作出回應。這個信賴絕不只是頭腦上的認同，而是整個生命方向的改變。喇合也不是把自己和家人的生命押在探子和他們的承諾身上，而是押在她所信靠的這位耶和華身上。因此，她就要求探子指著耶和華起誓。

第四，喇合的經歷指出如何抉擇比作抉擇的是個怎樣的人重要。沒有人會預計一個外邦妓女會作這樣的抉擇，我們不能，也不應該預計哪一類人或哪一個人必定會滅亡或得救。上帝接納「圈外人」，並且使用他們，接納他們在祂的計劃之中，祂的作為是我們所不能理解的。

第五，喇合強烈信靠的心，影響的不只是自己和其家人的命運，也影響著探子的看法。探子不再視賜地是將來發生，而是已經成就了的事（24 節）。探子原可以有很多理由回去報噩耗，像當年那樣。他們可以只強調全迦南地人都知道他們的行動，或是耶利哥有堅固的城牆，有警覺性很高的君王，也有行動快捷的軍兵作追趕的人，並且他們差點兒死在那裏。但是，他們沒有這樣說。他們報告了「所有」發生在他們身上的事，但種種經歷的困難並沒有令他們否定上帝的應許，反而更令他們以上帝的應許為他們行動的指標。在這件事上，喇合對他們的影響，是不容忽視的。

2.3 全民越過約旦河（三 1～四 24）

這段經文記載以色列人越過約旦河的經過。「過」（*ʿḇr*；即「越過」）這動詞在約書亞記中出現 57 次，但是，在這段經文就已有 22 次，這清楚指出它是這段經文的主題詞彙。「約旦河」則出現 28 次（全書共出現 70 次），也顯出它是這兩章經文的關注點。還有一個值得留意的詞是「櫃」（*ʾărôn*），全書出現 30 次，出現在這段經文的共 17 次（其中 12 次指祭司抬著它，10 次則與「約」有關），佔全書超過一半，顯出這櫃在越過約旦河事件中的重要位置。

雖然這段經文內容大致不難理解，但不少學者指出經文記載有不少混亂的地方。當約書亞講及抬約櫃的祭司先行，並踏入約旦河水之時，中間突然吩咐要從 12 支派中各選出 1 個人，但沒有提及任何原因（三 12）。後來全民越過了約旦河後（四 1），這個吩咐又突然再次出現，接著才指出其目的何在（2～3 節）。此外，四章 11 節記載祭司和約櫃在百姓過河後才接著過河，但 15 至 18

節才提及耶和華這樣吩咐約書亞。對於期待順時序敘事模式的讀者來說，這段經文的記載方式著實難以明白。有學者指出這情況出現的原因是約書亞記的編者把有關過河這事的不同記載合併起來，而沒有完全處理當中不協調的地方。不過，這個見解並沒有解釋目前文本的編排方式，也過分強調經文中所謂「不協調」的地方。今日愈來愈多學者指出聖經敘事不一定順時序的（上文分析喇合的敘事時，就已經指出這點），並指出此書可能以其他文學手法來記敘整件過河事件，包括以主題而不是時序作為組織材料的原則。這是閱讀這段經文時需要留意的地方。

除了越過約旦河這個重點，這段經文還有幾個與之有關的主題交錯地表達出來，因而引致錯綜複雜的情況出現。這些主題包括：祭司抬著約櫃及他們站立的位置；河水的止住及回流；耶和華或約書亞的吩咐與人民的遵命；約書亞被尊為大，以及以石頭作為紀念。任何分段都不能避免在各個段落中包含有多個這些主題。以下的分段嘗試以耶和華的吩咐作為出發點，同時結合以色列人越過約旦河的不同階段。每個段落中都有記載以色列人遵命而行，而同時每個段落都會更多提供前一段落曾提及、但不完全的資料，令到段落之間的內容既有重複，亦有進程。⑯ 經文可以分段如下：

分段大綱（三1～四24）

一、預備越過約旦河：跟隨著約櫃起行（三1～6）
- 1. 以色列人離開什亭（三1）
- 2. 官長對百姓講話（三2～4）
- 3. 約書亞對百姓講話（三5）
- 4. 約書亞對祭司講話（三6）

二、從開始到在河中：約櫃停留在河中（三7～17）
- 1. 耶和華對約書亞的應許和吩咐（三7～8）
- 2. 約書亞宣告耶和華的奇事（三9～13）
- 3. 約旦河水被中斷的記述（三14～17）

三、從在河中到過河：河中約櫃的影響（四 1～14）

1. 立石作永遠的紀念（四 1～10）

2. 以色列人完成過河（四 11～13）

3. 耶和華使約書亞尊大（四 14）

四、離河安營及立石：約櫃從河中上來（四 15～24）

1. 約櫃從河中上來（四 15～18）

2. 吉甲安營和立石（四 19～24）

2.3.1 預備越過約旦河：跟隨著約櫃起行（三 1～6）

這段經文開始記載以色列人離開什亭，來到約旦河邊（三 1），然後以 3 段講話帶出以色列人在起行要越過約旦河時所需要留意的地方（2～4、5、6 節），接著便是按此分析。

2.3.1.1 以色列人離開什亭（三 1）

經文以約書亞「清早起來」作為開始。這短語在約書亞記中多次出現（1 節，六 12，七 16，八 10；參六 15，七 14，八 14〔艾城的王和人民〕）。應留意的是，這裏指出「清早起來」的只有約書亞自己，而接著來的 3 個行動「起行」、「來到」和「住」（*lûn*；原文這動詞可譯作「過夜」）都是他和全以色列一起作的。「約書亞清早起來」（*wayyaškēm yəhôšūa*[ac] *babbōqer*）的「清早起來」，其原文由兩個字組成，可直譯為「在早上（*babbōqer*）很早便起來（*škm*）」。「很早起來」（*škm*）在聖經中多指迅速的、熱切的一種行動，也有指持續不懈地做。⑰ 當人作出這迅速熱切的行動時，多是指他們即時按照耶和華的吩咐而行（參創二十二 3〔亞伯拉罕〕；出八 20〔摩西〕；士七 1〔基甸〕；代下二十 20〔以色列人〕）。因此，這個用詞也暗示作這行動的就是遵從耶和華的吩咐。若然約書亞這裏的迅速行動是為了遵照耶和華的吩咐，那麼，這個吩咐就應該指耶和華命他起來，帶領百姓越過約旦河一事（一 2～4）。三章 1 節提及「過河以前」，表示入迦南的行動仍未正式開始，因此，這經文也可支持上述這看法。

所以,經文強調約書亞的遵命,並他成為以色列人的帶領和代表。

2.3.1.2 官長對百姓講話(三 2~4)

接著,經文提及「過了三天」官長「走遍」(原文是 *ʿbr*,亦可譯作「越過」)營中,這回應著約書亞的吩咐(一 11)。上文曾提及有關「三天」的討論(參頁 37 有關「三天」的討論),在此首先須留意的是,對當時的人來說,一天並不是指 24 小時,一天的部分時間亦算是一日,因此,「三天」是首尾都計算在內的。所以,「三天」可以指「今天的部分時間,明天一整天,再加上後天部分時間」。現詳細列出日子及發生的事情像如下 4 點:

- 第一日:以色列人在什亭,約書亞宣告 3 日內將會越過約旦河(一 10~11,三 1),並從什亭差派探子到耶利哥(二 1);探子在晚上前到達,後得喇合幫助,逃到山上,第一日留在山上;
- 第二日:約書亞和以色列人從什亭起行,來到約旦河邊;探子留在山上第二日;
- 第三日:探子第三日在山上,然後返回約旦河邊以色列人聚集之處;以色列人已預備越過約旦河;
- 第四日:以色列越過約旦河,當日是正月初十日(四 19)。

這段經文的第一段講話是官長對人民的吩咐(3 ~ 4 節),也可視為官長按著一章 11 節的吩咐而行。他們吩咐人民要在哪些情況下起行,又解釋這樣安排的目的,以及行走時當留意的事。當人民看見祭司抬起約櫃,他們就要「起行」,跟著約櫃後面走。如上文所述,「櫃」在三章 1 節至五章 1 節中共出現 17 次,它有多個不同的稱謂。⓲ 約櫃是會幕中最神聖的物件,代表著耶和華的同在(參出二十五 22;民七 89)。約書亞記這段經文用兩個方法來強調「櫃」的重要性。第一,經文稱呼它為「耶和華-你們上帝的約櫃」,強調耶和華的領導,也指出它與耶和華跟以色列人所立的約之密切關係。第二,指出是由「利未家的祭司」所抬著。按聖經所示,約櫃必須由利未支派中的哥轄家族用槓抬著,但他們卻不能觀看或觸摸它(出二十五 12 ~ 13;民四 4 ~ 15)。這裏的用詞很特別，指出抬著櫃的不是哥轄族，而是比他們更為神聖的祭司。

「從來」(mittəmôl šilšôm)原文直譯為「從昨日、三日(即前日)」，可引申其意思為「以前、從前」。

以色列民走在約櫃後面的目的就是「使」他們「知道所走的路」(4節)，因為這條路是他們「**從來**」沒有「走過的」(原文與「越過」這詞相同)的。這裏所提及櫃的目的是用作引路之用，要帶領以色列人走上未走過的路。以色列人要跟著櫃行走，但再補充說行走時需要留意一件事情，就是與櫃的距離要有「約二千肘」，不能走近。櫃既是神聖，就不容許人去侵犯，與櫃保持距離目的正就是帶出這點。⓳ 因此，經文既提及耶和華的同在，同時也指出耶和華的超越，這兩點都是以色列人所需要學習經歷的。

2.3.1.3 約書亞對百姓講話（三 5）

第二段講話記錄約書亞對人民的指示和其理據(5節)。他們要「分別為聖」，理由是「明天」耶和華要在他們「中間行奇事」。「奇事」多數指由耶和華所行出來的神蹟奇事(參出三 20〔十災〕)。這節經文沒有解釋所指的奇事，而留待下文才說明(10～13節)，因為經文的重點在於指出以色列人越過約旦河前所需要預備的事情，而不在於過河的情況。由於耶和華將在「你們中間」行奇事，所以他們就要「分別為聖」，這裏所指的很可能包括避免接觸不潔之物或引致不潔的行為(例如行房)，並且也是指要潔淨自己。

2.3.1.4 約書亞對祭司講話（三 6）

第三段講話是約書亞吩咐祭司作兩件事(6節)，第一是抬起約櫃，第二是在人民前面「過去」(這動詞原文與「越過」相同)。至於祭司該當如何走下去，這裏沒有提及，直到講及過河的情況時才說明出來(11節)。雖然官長曾提及祭司抬著約櫃，但真正吩咐祭司這樣做的，是約書亞。經文接著記載祭司遵行約書亞的吩咐(6節下)，這既表示祭司的遵命，同時亦反映約書亞的權威。

2.3.2 從開始到在河中：約櫃停留在河中（三 7～17）

這段落主要描述約櫃在河中的情景。經文以耶和華對約書亞講話及吩咐作為開始（7～8節），接著是約書亞向人民說明耶和華要作的奇事（9～13節），最後則記敘事情實際發生的情況（14～17節）。現按此分段析讀內容如下。

2.3.2.1 耶和華對約書亞的應許和吩咐（三 7～8）

繼一章2至9節之後，這是耶和華再次向約書亞講話，內容可分為兩部分，分別是耶和華給約書亞的應許（7節）和祂要求他吩咐祭司的話（8節）。耶和華應許約書亞「從今日起，我必使你在以色列眾人眼前**被尊為大**」。這節應譯作「這日，我會開始令你成為尊大」。「尊大」（*gdl*）這動詞在約書亞記中只出現兩次，另外1次在四章14節。兩節經文極其相似，反映應許與應驗的模式（參四14）。

「被尊為大」這詞兩次都是以piel語態形式（即主動語態中一個加強形動作）表達，主語是耶和華，賓語是約書亞，應理解為耶和華使約書亞尊大，而不是「和修版」所指「被尊為大」。

值得留意的是在這過程中，約書亞除了作出吩咐以外，並沒有任何實際的行動，所以他成為尊大並不是出於他自己所作的事情，而是耶和華就這樣令他成為尊大。同時，耶和華這行動是在「以色列眾人眼前」（應譯作「全以色列人眼前」）而作的，「使他們知道」祂會與約書亞同在，如祂曾經與摩西同在一般。所以，令約書亞尊大這個應許也不只為了約書亞，也是要讓以色列人知道他們以前所不知道的事，就是：讓約書亞在他們中間建立權威。這「同在」的應許既回應了一章5節耶和華的應許，也回應一章17節人民對約書亞的期望。接著，耶和華指示約書亞吩咐抬約櫃的祭司，當他們到了約旦河水邊，再站在約旦河中。這吩咐明顯是延續三章6節的指示。所以，祭司先走在人民的前面，要往河方向走去，到河邊後，再站在河中。

2.3.2.2 約書亞宣告耶和華的奇事（三 9～13）

耶和華對約書亞講話後，約書亞就對以色列人講話（9～13節）。這次講話內容並沒有對以色列人在過河一事上有甚麼新的吩咐，也不是要向以色列人宣告之前所預告的（1～4節），或有更進一步看見耶和華將會行的奇事（5節），這次講話的重點是在行這事的目的。為了表明事情確實值得關注，約書亞先呼籲以色列近前來聆聽耶和華的話（9節）。接著，他就講出最重要的事情，就是這件事會使他們對耶和華有更進深的認識。原文雖以「因這事」（或可譯作「藉這事」）作為開始，但卻沒有說出「這事」是指哪一件事。然後，約書亞卻說以色列人會藉此事「知道」耶和華在兩方面的事情。第一件事是，約書亞稱呼耶和華為「**永生的上帝**」（10節；原文 *ʾēl ḥay* 應譯作「活著的上帝」）。這稱謂在聖經只出現4次（10節；詩四十二2，八十四2；何一10），⑳ 是指耶和華沒有睡著，且活著的，祂主動參與，提供幫助或拯救。以色列人知道的第一件事就是這位主動參與在他們歷史中的耶和華是「在你們中間」，這短句回應了三章5節所宣告的耶和華必「在你們中間」。既然耶和華在他們中間，祂必會為他們行事。所以，第二件以色列人知道的就是耶和華會在「你們面前趕出」（或譯作「因為你們而**必定趕出**」）7個民族的人。「趕出」（*yrš*，以 *qal* 語態表達，即基本主動語態動詞）初次出現在一章11節，指以色列人要「佔領」迦南地，但這裏則指出是耶和華自己「逐出」（*yrš*，以 *hiphil* 語態表達）這地的人。所以，人要回應耶和華的應許，但最終這應許仍是由耶和華自己來成就的。

值得留意的是「永生的上帝」這詞在原文是沒有定冠詞，嚴格來說不應翻譯為"the living God"，而只能是"a living God"，即「一位活著的上帝」。

「必定趕出」的原文 hôrēš yôrîš 是由不定詞絕對形（infinitive absolute）hiphil 語態再加上未完成式 hiphil 語態動詞組成，有強調的意思。hiphil 是表達一個主動語態的使役動作。

這裏提及迦南地7個族的名稱，就是「迦南人、赫人、希未人、比利洗人、革迦撒人、亞摩利人和耶布斯人」。「迦南人」有時泛指住在迦南地上的人，但亦指作一個獨立的民族，他們住在近海和約旦河附近（五1；民十三29）；「赫人」則住在山地（十一3；民十三29）；「希未人」住在黎巴嫩區（士三3），處於迦南地的北面；「比利洗人」也是住在中部樹林區域（十一3，十七15）；「革迦撒人」在聖經中僅出現在這裏民族清單中，只能從其餘民族所佔領區域以外，來猜想他們的位置可能是在黎巴嫩南部加利利區；「亞摩利人」也可泛指迦南地上的人（二十四15），但亦指作一個獨立的民族，他們住在迦南地中部山區（十一3）或是約旦河東區域（民二十一24～26）；「耶布斯人」住在耶路撒冷（十五8）及其附近山區（民十三29；撒下五6）。

聖經記載以色列人未入迦南以前那些住在迦南地上各民族的名單，可以包括由2至12個不同民族，而這樣出現的共28次。若撇除只出現2或3個民族的清單，則有22次，其中5次在約書亞記（三10，九1，十一3，十二8，二十四11）。㉑ 在約書亞記，這些迦南地上的民族在敘事中多是以主動的角色出現，也是以色列人的戰爭對手。聖經提及這些民族的名單時，多數與以色列人要佔領迦南地有關，而集中指出以色列人不應與他們立約結盟，或是敬奉他們的神明，以此來清楚劃分以色列民族的身分。這些名單也帶出迦南地上民族的多樣性，來對比於以色列民族的合一性。

接著，約書亞就以「看哪！全地之主的約櫃……」（11節）作為開始，讓以色列人的注意力集中在約櫃之上。上文曾提及「全地之主的約櫃」原文應直譯為「約櫃，就是全地之主」。現代的譯本大多稍為修改原文母音並作了如「和修版」的翻譯。若保留原文用詞，則經文所表達的就是以可見的約櫃來表示不可見的耶和華，約櫃的同在就是代表耶和華的同在。約書亞稱耶和華為「全地之主」，這稱謂在聖經中只出現6次（三11、13；詩九十七5；彌四13；亞四14，六5），都是強調耶和華是掌管世界各地的主人，且有絕對的主權。所以，這裏是要指出耶和華因此可以「趕出」迦南7個族。正正因為這約櫃就是「全地的主」，所以約櫃「必在你們的前面過去，到約旦河裏」，這彷彿說約櫃自己「正在越過」百姓到約旦河中，而不是由祭司抬它到約旦河中，也因此表示這位全地的主使河水產生變化。

在未說明這事與耶和華的奇事有何關連之前，約書亞以「現在」（12節）引入另外一個主題。他吩咐以色列人從他們各支派中選一個人出來，但卻沒有說明目的何在，因為這裏所關注的是約櫃在以色列人過河時所擔當的角色。直到13節才說明清楚那由5節便開始提及的「奇事」。當抬約櫃的祭司的「腳掌踏入」（「踏入」可解作「安放」）在約旦河中之時，那從上向**下流**的河水就「中斷」，並且「豎立」成為「壘」。這裏有3個用詞是值得留意的：

「下流」和「約旦河」原文相似，前者字根為 yrḏ，後者是 yardēn。

- 這裏提及的「腳掌」，是回應一章3節，這節經文指出腳掌所在之處就是屬於他們的。

- 當祭司「站著」在河中（三 8），河水就「豎立」，這兩個動詞的原文字根是相同的（ʿmḏ）。
- 「壘」（*nēḏ*；原文應譯作「堤壩」）也用於出埃及之時，耶和華使紅海立起成為「壘」（出十五 8；詩七十八 13）。

這裏初步比較過紅海和過約旦河兩件事，接著將會列出更多相似之處。

2.3.2.3 約旦河水被中斷的記述（三14～17）

講話後，經文記載事情實際發生的情況。在 14 至 16 節這 3 節經文中，只有首句及末句與過河有關，就是指人民「起行」要「過」（即原文的「越過」）約旦河，以及指他們在「耶利哥的對面」，而中間冗長的部分則是描述河水的情況。藉此，經文顯明此事最重要的不是過河，而是耶和華的奇事。14 **節**是回應 3、6 節，表明以色列人按官長和約書亞吩咐而行。15 節中，「那時正是收割的日子，約旦河的水漲滿兩岸。抬約櫃的人到了約旦河，抬約櫃的祭司腳一入水邊。」的原文與「和修版」句子的次序不同。原文是先提及抬約櫃的人到了約旦河，並祭司的腳「一入水邊」（15 節），然後才補充說當時河水漲滿兩岸的情況，以此帶出當時嚴峻的情況，並打斷了記敘的連續性，目的為要加強它的懸疑性。「一入」（*ṭbl*）原文大多解作「蘸」（這詞在約書亞記只在此出現 1 次），採用此動詞明顯是強調其時間性——剛剛接觸到河水。「水邊」當然是回應 8 節。接著究竟會發生甚麼事呢？

須留意 14 節的「約櫃」原文為「櫃，就是約」。

16 節便講出河水產生的變化，經文既詳細記載與河水有關的地理環境，亦使用多個動詞來描述河水的情況。從上流下來的水是與「撒拉但旁邊的亞當城」有關，這城約在以色列人過河之處距離 24 至 32 公里，是在「**很遠**的地方」。正如以色列人要與約櫃有 2,000 肘的距離，河水中斷的地方也與約櫃有很遠的距離，不是接近約櫃的。而那往下流的水就與亞拉巴海（即鹽海）有關。經文提及從上而來的水「豎立」和「起來」（*qāmû*；16 節，「和修版」沒有將這動詞直接譯出來）

*三章 4 節的「相隔」和這裏的「很遠」有相同字根（*rḥq*）。*

成為堤壩，而流下去的水則「**全然**中斷」。「豎立」、「中斷」、「起來」、「全然」這4個動詞中，「豎立」和「中斷」重複上文的用詞（參13節），而「起來」和「全然」是新採用的字眼。當抬約櫃祭司的腳蘸到河水的那刻，那原來是漲滿的河水竟然產生如此的反應。靜止不動的祭司抬著約櫃，對比著「漲滿兩岸」那洶湧的河水。不動的約櫃，就像不費一點力就把河水截斷了，而且不只是一瞬間，更是一段長的時間。正因為這樣，人民才可以越過約旦河。

「全然」的原文 tmm 可譯作「完成」，是一個獨立的動詞，若與「中斷」合起來便解作「完全中斷」。

事實上，人民可以按正常方式越過約旦河，因它是有渡口的，這很可能就是探子過河的方式（二7、23；另參士三28）。不過，以色列人當時面對兩個問題。第一，這與人數有關。以色列人當時過河的人實數不詳，若按民數記的記載，只20歲以上可以打仗的男丁就已超過60萬（民二十六51）。無論這數字有多真實，這麼多人慢慢在渡口過河，實在需要不少時間。第二，當時是收割日子。「約旦河的水漲滿兩岸」（三15），河水約有3至4米深和40米闊，水流急湍，確實難以過河。

雖然這個段落的重點是指約櫃的位置與河水之間的關係，但經文亦帶出這個情況對以色列人的影響，因為他們是藉著這樣的形式過河的。所以，17節就作出以下總結，並帶出以下3項新的資料：

- 經文再次提及抬約櫃的祭司「站」在河中間。他們這樣行是遵照約書亞的吩咐（8節），不過，他們此刻是在「乾地」上。「乾地」（*ḥārāḇā^h*）一詞也出現在以色列人過紅海的記載中，指耶和華用風吹海，使之成為「乾地」（出十四21）。這是另一個結連過紅海和過約旦河的字眼。
- 以全「國」（*gôy*）來稱呼以色列。這是首次出現於約書亞記。在約書亞記中，這字只出現12次，其中5次是單數（16節，四1，五6、8，十13），都是指以色列人，而複數則都是指列國。在這經文之前，常以「人民、百姓」（*ʿām*）來指以色列人，而這字在此書卷中共出現70次。由此可見，「人民」這詞在約書亞記較為普遍使用；「國」則是指個別國家，有民族、管治和地方領域的意味。當以色列人越過約旦河後，他們就開始有其獨特性，甚至好像擁有他們的地域那樣。

- 「都過了」原文可直譯為「完成了越過」，再次出現「完成」（*tmm*）一詞，這是回應約旦河下流的水「完成」中斷的情況。河水「完全」中斷，以色列人就可以「完全」過河了。

信仰反省

這章經文內容豐富，現只提出以下 4 點作為反省。第一，約旦河對以色列人來說是一個很重要的人生關口，他們需要越過去才可以繼續走下去。第二代的以色列人沒有親身體驗過紅海時的情境，這刻，他們會相信他們可以越過約旦河嗎？他們有想過要如何越過去嗎？這是一條「從來沒有走過」的路。我們的人生也有很多關口在等著我們越過去，這些都是我們未曾走過，未曾經驗過的。面對如斯陌生、洶湧的關口，若要越過的話，最重要的就是要「跟著約櫃走」，看見約櫃移動時，就要起行；「離開所住的地方」，離開慣常的生活模式，整個過程是不可以猶疑的。路雖然從未走過，上帝的帶領卻是可以看見的；路雖然從未走過，卻是知道這是當走的。上帝定會帶領我們越過一個又一個的人生關口，越過以前經驗的限制，突破生命的界限。面對上帝的應許，我們需要遵命而行，以致應許得以應驗。

第二，即使跟著約櫃走，卻不能走得太近。切記著上帝的神聖是人不可褻瀆的。我們也不能要求上帝按著我們所期盼的方式或結果而行事，反而要明白我們必須分別為聖，才能迎見上帝所行的大事。約書亞吩咐以色列人要使自己分別為聖，以迎接上帝的奇事就是這個道理了。

第三，以色列人得以過河，全然是上帝的幫助，但也是藉著祭司抬著約櫃在河中站立，河水才會站定，這樣，人民才可以越過去。同樣地，我們要以上帝的同在為基礎，而為別人站立，以致他們可以越過他們的關口。我們也要讓別人為我們站立，使我們可以越過自己人生的關口。祭司抬著約櫃是最先下到河水中的，也是最遲從河水中上來的。經文正是進一步提醒我們，從開始至結束，這些祭司的責任就是要為著使別人可以過河，而站在那裏。我們也要如此。讓我們成為抬著約櫃的祭司，勇於為人站立在那「漲滿兩岸」的河中，使人可以越過他們人生的關口。

第四，值得留意的是，當抬約櫃的祭司開始把腳放在水邊那刻，在北面極遠之處的亞當城那裏水才開始停住，然後等待從那裏開始、直至過約旦河之處之間的水流走，才會顯出乾地。我們不知道站在河中的祭司要等待多久，但他們就是按著吩咐站在那裏。在這個等候的過程中，那站在洶湧河水中的祭司害怕嗎？另外，站在岸上等待過河的以色列人又在想甚麼？他們會相信約書亞所說的話，等著越過去嗎？「等待」是我們屬靈生命中必須學習的功課。在波濤洶湧的人生際遇中，我們等候海水流走，使我們可以站在乾地，讓別人可以平安地渡過。同樣地，眼見著衝著來的處境，我們等候上帝的指示，帶領我們平安地越過去。當應許仍未實現，我們需要作的，就是持續地等候和相信。

2.3.3 從在河中到過河：河中約櫃的影響（四 1～14）

上一段經文的重點是約櫃在河中的情景。這段經文承接上文，記載這事對以色列人的影響。第一，他們要按耶和華吩咐以 12 塊石頭作為紀念（四 1～10）；第二，以色列人可以依次過河（四 11～13）；第三，約書亞得被尊為大，得到以色列人的敬重（四 14）。從經文記載的篇幅長短來看，立石作為紀念肯定是這部分的重點。接下來按著次序作詳細的析讀。

2.3.3.1 立石作永遠的紀念（四 1～10）

這段經文記述以色列人按耶和華透過約書亞的吩咐，取來 12 塊石頭作為紀念。經文可細分為以下部分：

1. 耶和華對約書亞的吩咐（1～3 節）
2. 約書亞召集及吩咐人民（4～7 節）
3. 以色列人按著吩咐而行（8～10 節）

一、耶和華對約書亞的吩咐（1～3 節）

「全民」（kol-haggôy）的原文應與三章 17 節「全國」相同。

四章 1 節上「當**全民**都過了約旦河」與三章 17 節最後一句「全國都過了約旦河」所用的詞幾乎完全相同，這是作為連繫上文之用。四章 1 節下開始，便是耶和華對約書亞的吩咐。乍看之下，耶和華的吩咐是在人民過河後才發生，這與三章 12 節約書亞所作相關的吩咐似乎有衝突。不過，當留意的是，四章 11 節基本上重複 1 節上的內容，再加上這裏出現了希伯來經文的分段標記。所以，這裏出現所謂「中斷經文」(interrupted verses)的現象，意思是四章 1 節下至 10 節是中斷原來敘事的經文，所記載的是早前發生的事情。所以，從時序來看，四章 1 節上開始的敘事，應該是由 11 節接續下去，而不是 1 節下。

這動詞是以命令式語氣表達，它隱含的實語是複數「你們」。這裏出現「和修版」的誤譯。

雖說這段經文記述耶和華對約書亞的吩咐，但「**你要從**……」(2 節)的原文是「你們要從……」，表示耶和華接著的吩咐是向著以色列人說的。祂直接命令以色列人「選出」(*qəḥû*；原文應譯作「帶來」)12 人，每支派 1 個人。這個吩咐和用詞與三章 12 節約書亞所講的相似。耶和華進一步要求以色列人吩咐這 12 人「取」(*śəʾû*；3 節，原文應翻譯為「抬起」)石頭；「取」這個動詞與祭司「抬著」約櫃中的「抬著」一詞相同(*nśʾ*)，這暗示他們抬起石頭與祭司抬起約櫃是相關的行動。經文以 3 個「從」逐漸具體地指出取石的地點，就是「從這裏」、「從約旦河中」和「從祭司……站立的地方」(「和修版」沒有將「從」譯出來)。他們要從這地方，「選定」(*hāḵîn*；3 節，「和修版」譯作「穩穩」)12 塊石頭。㉒ 這裏的經文沒有說明誰預備這些石頭，但下文就指出是約書亞自己(參四 9)。然後，他們要把石頭「帶過去」(原文是「使……越過」去)，並「放」(原文是「安放」)在他們「今夜住宿的地方」。「放」這動詞的字根與三章 13 節祭司的腳掌「踏入」在河中的動詞是相同的，也與後來提及耶和華「賜……安寧」的動詞相同(二十一 44)。

二、約書亞召集及吩咐人民(4～7 節)

約書亞接著所作的，一方面按著耶和華的吩咐，另一方面則進一步說明這行動的意義。首先，約書亞召集他已「選」(*hēḵîn*；4 節，與 2 節的「選」原文不同)的 12 個人，每支派 1 個人。經文刻意把「選定」的石頭對應約書亞「選」人，兩字原文字根相同(*kwn*)。接著，他吩咐他們要「過去」(5 節；原文是「越過」)耶和華的櫃，到約旦河中，然後每人「取」(原文字根為 *rûm*；應譯作「舉起」)一塊石頭在自己的肩上，這是按著以色列支派的數目。經文多次指出是「十二」或按著支派的數目(參 2、4 節)，藉此表明以色列的合一，必須由 12

個支派所組成的，而不是 9 個半支派。

6 節以「好使」（*ləmaʿan*）作為開始（「和修版」沒有將這詞譯出來），指出這些石頭將來成為以色列人中間的「記號」（*ʾôṯ*；參二 12）。經文再次提及「在你們中間」，因此，不只耶和華是在他們中間（三 5、10），這些作為記號的石頭也是在他們中間。接著，經文以一問一答的方式帶出這記號的意思。若與 21 至 24 節相比，這次無論在對象和內容上，都顯得較為狹窄。提出問題的人是「你們的子孫」，被提問的是「你們」，狹義上似乎是指這 12 人，但可理解為當代的以色列人。所提的問題是：「這些石頭對你們有甚麼意思？」須留意的是「對你們」的意義，這表明被詢問的對象不是將來的世代，而是當前經歷過約旦河的以色列人。他們的回答可以扇形結構表達出來（7 節；稍為修改「和修版」）：

A　約旦河的水被中斷了

　B　因為耶和華的約櫃；

　B'　當它越過約旦河的時候，

A'　約旦河的水就被中斷了。

所以，這些石頭作為記號所代表的就是：當耶和華的約櫃越過約旦河之時，河水就「被中斷了」（*niḵrəṯû*）。經文甚至沒有明言它被祭司抬著，似是自行越過的呢（參三 11）！因此，其重點是耶和華透過約櫃，而不是以色列人越過約旦河，來彰顯祂的能力。而且，在河水中斷這件事中，以色列人沒有作過任何的參與。最後總結，這些石頭要作以色列人永遠的「紀念」（*zikkārôn*；7 節）。既稱為「紀念」，就是說不容它被忘記，這對日後每一個世代的人都是重要的。第二代的以色列人需要藉著可見的石頭，來紀念耶和華曾在過去的奇妙作為；然而，石頭是死的，不會作任何的解說，故仍需要靠他們的父親轉述這件事情內含的意思。

三、以色列人按著吩咐而行（8～10 節）

這段經文首尾都帶出遵命的主題，開首是以色列人照著約書亞所吩咐的行，結尾是祭司和約書亞的遵命。8 節重複 3、5 節的內容，但大部分都是與耶和華的吩咐有關，與約書亞有關的就只有「按以色列人支派的數目」這句。即使這樣，他們所作的也是「正如耶和華所吩咐約書亞的」(8 節)。這句子既暗示約書亞已忠誠地轉達耶和華的吩咐，也指出他所宣布的也就是耶和華所吩咐的。此外，那 12 個人嚴格而言是遵命抬石，但他們作為以色列人的代表，也可說是以色列人遵命了。

9 節上似乎是指約書亞「另外」把 12 塊石頭立在約旦河中間。不過，原文並無「另外」，這句子的原文可以理解為補充資料，說明約書亞之前所做的事，而 9 節下則接著 8 節的內容。所以，經文指出那 12 人在祭司所站之處選定石頭之前，約書亞已在那處立好石頭。所以，8 至 9 節可翻譯如下：「[8] 以色列人就照……，到他們所住宿的地方，就放在那裏 [9]——至於那十二塊石頭，約書亞曾立在約旦河中，在抬約櫃的祭司的腳所立之處——它們在那裏，直到這日。」9 節的「那裏」正對應 8 節的「那裏」，都是指他們過河後所住宿的地方。這些石頭，仍然是可見的，而它們的見證是不容以色列人所忽視的。

10 節上則指出抬著櫃的祭司「持續地站」(原文使用了分詞)在約旦河中，直到耶和華吩咐約書亞對人民所講的事情都「完成了」(字根為 *tmm*；參三 16)。經文第四次使用「完成」，表示到目前為止，事情完全地按照吩咐而成就。不只是耶和華所吩咐約書亞的，而且摩西所吩咐約書亞的都成就了。經文既強調遵命，但也留有伏線，指出仍有未處理、有待解決的事情(參 15～17 節)。10 節下則總結指出，因為一切都是按所吩咐而進行，人民可以很輕快且迅速越過了河。這裏提及的「急速」，不是暗示當時情況是混亂的，而是強調事情安排得宜，人民在沒有任何阻滯下很順利就越過了河。

2.3.3.2 以色列人完成過河(四 11～13)

如上所述，11 節重複並接續 1 節上開始的內容，指出約櫃在河中對全體以色列人的含意，就是讓他們可以過河。當以色列人完全越過後，「耶和華的約櫃」和「祭司」才越過去。值得留意的是，經文首次同時提及約櫃和祭司，但沒有指出祭司是抬著約櫃的，這明顯強調約櫃的重要性，它甚至彷彿是自己可以越過河那樣（參7節）。過河後，祭司們就再走「到百姓的前面」，回到帶領的位置。不過，原文亦可理解為他們「在百姓的眼前」越過河。由於這部分經文重點是記載過河，所以把祭司過河也順帶說出來，但對他們的吩咐及其重要性則見於接著的15至18節。

經文特別指出呂便、迦得和瑪拿西半支派的人也「帶著兵器」越過去，而這是「照摩西所吩咐他們的」。這記載與一章14節相近。不過，經文作出幾項補充：第一，人數。過河的約有4萬人。按民數記二十六章的記載，呂便、迦得和瑪拿西支派中20歲以上可以打仗的分別有43,730、40,500及52,700人。所以，過河的佔可以打仗的人不足4成。這是否表示過河的都是「大能的勇士」呢？第二，態度。他們都「準備上陣」，即已經武裝起來作軍事行動。第三，地點。他們到了「耶利哥的平原」。這地點讓他們可從水平角度清楚看到耶利哥城。經文首次提及他們到達了耶利哥城附近，這預告下文將發生的事情。經文刻意提及兩個半支派的原因有3個：強調他們的遵命、指出以色列人的合一，以及帶出濃厚的作戰氣氛。

2.3.3.3 耶和華使約書亞尊大（四14）

約櫃在河中所帶來的第三個影響，是耶和華在全以色列民眼前使約書亞尊大。這明顯是回應三章7節的應許。現將兩節經文的內容作對應，列出如下（嘗試按原文翻譯）：

三章7節	四章14節
這日，	在那日，
我會開始使你成為尊大，	耶和華已使約書亞成為尊大，
在全以色列眼前	在全以色列眼前

「這日」是預告，「那日」是回顧；「開始」已變為「已」；三章7節是耶和華親口說出來的應許，四章14節是敘述事情已然發生。再加上這兩節經文其餘內容的對應，耶和華的應許已應驗。因此，以色列人敬重約書亞，如同他們敬重摩西那樣。「在他一生的年日中」原文的「他」可指約書亞或摩西。

2.3.4 離河安營和立石：約櫃從河中上來（四 15～24）

這段經文記載整個過河過程的完結，可以分為兩部分。首部分記載過河事件中，最後上來的是約櫃（15～18 節），第二部分則以安營和立石來總結整個過河事件（19～24 節）。在這部分中，立石的記載也稍長，指出立石紀念的重要性。

2.3.4.1 約櫃從河中上來（四 15～18）

這段經文呈現約書亞記中多次出現的模式，先是耶和華吩咐約書亞（15～16 節），接著是約書亞傳達這吩咐（17 節），最後就是實際的執行（18 節）。從敘事時序的角度來看，這是接著人民越過河後才發生的。所以，11 節是預示性的句子。

耶和華早前藉約書亞吩咐抬約櫃的祭司站在河中（三 8），現在則同樣藉約書亞吩咐他們「從約旦河上來」（四 16）。在此有兩件事情需要留意的。第一，這段經文 3 次使用「上來」，分別見於耶和華的吩咐、約書亞的吩咐和實際執行情況中。經文不再用「越過」，而用了「上來」，原因可能是從約旦河西面平原的角度，來描述以色列人中間最後一羣人離開約旦河的情況；另一個可能性是刻意對應以色列人出埃及時常指以色列人從埃及地「上來」（參出十二 38，十三 18）。第二，經文是首次，也只有這次提到這些祭司抬著的是「法櫃」（而不是「約櫃」）。這個稱謂在約書亞記只出現 1 次，但常見於出埃及記（參出二十五 22）。「法」（*ʿēḏûṯ*）這詞原文的字根有「重複、繼續」的意思，而這個詞的基本意思是「證據、證明、見證」。㉓ 耶和華在這裏刻意使用「法櫃」，正是以它來見證耶和華對以色列人立約的忠誠，耶和華應許賜予他們地土的第一步已經成就了。約書亞也就這樣吩咐祭司上來。

> 「仍舊」的原文為「像從前」，「從前」可參三章 4 節的「從來」。

祭司也就遵命從約旦河中「上來」。然而，重要的是接著來所發生的事情。當祭司的「腳掌一落乾地」，㉔ 約旦河水就「流回原處，**仍舊**漲滿兩岸」（這句子可直譯為「回到它原來的位置，就是仍舊漲滿兩岸」），這正回應三章 13 節祭司的「腳掌」的位置，也對應三章 15 節對約旦河的描述，再次強調耶和華藉著約櫃所帶來的奇事。此外，河水「流回」原處也暗示過紅海時，耶和華使海水「回到」原處，淹死追來的埃及人（出十四16～18，十五19；參十四27）。

2.3.4.2 吉甲安營和立石（四19～24）

要完滿地結束越過約旦河的行動，除了抬約櫃的祭司也從河中上來後，還需要完成耶和華在3節記述的吩咐。當然，這吩咐的執行已在8節提過，但這裏提供更多3項有關的資料：

- 日期（19節）：經文指出人民從河上來之時是正月初十日。這日期是選定逾越節羊羔的日子（出十二3），這也預告了4日後就是守逾越節的日子（五10）。
- 住宿的地點（19節）：他們住在吉甲，並指出這是在耶利哥城東面領域那裏。吉甲是約書亞時期以色列人在迦南地首個宗教中心，另外兩個是示羅（十八1）和示劍（二十四1）。
- 立石（20節）：約書亞把帶過來的12塊石「立在吉甲」。「立」（*hēqîm*）與9節的用詞相同。有學者指出，約書亞立了12塊石頭與摩西在山下按著以色列12支派立柱子相似（出二十四4），目的是指出約書亞乃第二位摩西。

與6至7節相同，約書亞指導以色列人回答有關石頭的事情。不過，這兩段問答有兩點不同之處。第一，提問者不限於眼前以色列人第二代的兒子，因為雖然提問的是「你們的子孫」，但被問的是「他們的父親」。而且，他們雖提問石頭的意義，但卻沒有「對你們」這短語（參6節）。所以，這些提問者是將來多個世代的人。第二，問題的回答也與7節有很明顯的不同。首先，7節所關注的是約櫃在河中的位置，以及它對河水的影響，但這裏就完全沒有提及約櫃，也不關心它對河水的影響。所關注的卻是以色列人的經歷，就是他們曾在「乾地過」（「過」原文是「越過」）這約旦河。

這過河的經歷與當年的出埃及有關。在此須留意，23節強調的是耶和華的作為（不是約櫃），以及對比兩代以色列人的經歷。現把內容排列如下（參「新譯本」）：

第二代人	第一代人
耶和華你們的上帝 在你們面前使約旦河的水乾了， 直到你們都過了河，	好像耶和華你們的上帝 從前對紅海所行的，在我們面前使紅海乾了， 直到我們都過了河一樣；

「使……乾了」這動詞的字根（*ybš*；23 節）與「乾地」（*yabbāšā^h*；22 節）相同，也是過紅海時所使用的字眼（參出十四 16、22、29，十五 19）。對於出埃及後第二代的人，約書亞用「你們」作代表，兩次稱呼耶和華為「你們的上帝」，並指出耶和華「在你們前面」（或譯作「因為你們」；與「新譯本」的「在你們面前」的意思略有不同）對著約旦河行事。對於第一代的人，約書亞用「我們」作代表，指出耶和華「在我們前面」（或作「因為我們」）對著紅海行事，以「好像……所行」（參「新譯本」）連繫約旦河一事。透過這個表達方式，出埃及和入迦南地就被連結起來，成為以色列人救恩歷史的一部分。最後，越過約旦河這個經歷幫助了第二代的以色列人認識第一代的人出埃及越過紅海的事迹，而第一代的人越過紅海也指向佔地作為其目標。所以，石頭不只強調耶和華的能力，也帶出以色列人經歷耶和華在歷史中大能的幫助。這就成為他們世世代代所要傳頌的事情。同樣地，石頭自己不會講話，是需要一代又一代的以色列人傳遞當中的意義。經文所強調的是一個「集體回憶」。

「手是大能的」或可譯作「大能的手」，這詞也常見於出埃及記和申命記，指耶和華用大能的手拯救以色列人（參出六 1；申四 34）。

這段經文提及耶和華作為的目的。24 節以兩個「要使」（*ləmaʿan*）清楚帶出兩個目的。首個目的與地上所有人民有關，就是他們會知道「耶和華的手大有能力」（或譯作「耶和華的**手是大能的**」）。第二個目的則與以色列人有關，就是他們要「天天」敬畏耶和華，以祂為他們的上帝。所以，耶和華行這事的目的並不只是讓以色列人可以越過約旦河，更是讓他們對祂自己有適當的回應，或是知道祂的能力，或是敬畏祂。

2.3.5 小結

以色列人越過約旦河一事佔據兩章經文的篇幅，實屬不短。經文交錯記載多段講話和敘事，段落之間的內容既有出現重複，也有出現事件的進程，讓讀者更多停留在這件事情中。經文如此的舖排，反映了這事件的重要性。這個小結就是綜合這事件的一些重點。

一、越過約旦河和紅海相似之處

這個記載最重要的地方是指出越過約旦河和越過紅海是相似的。這兩件事的相似之處包括 8 點：

- 水立起成「堤壩」（*nēḏ*）；
- 以色列人走過「旱地」（*ḥārāḇā^h* 或 *yabbāšā^h*）；
- 越過河之後，水就回到原處；
- 耶和華向以色列人的領袖預告事情的發生；
- 耶和華自己行動之餘也命令人——約書亞和抬約櫃的祭司——參與在祂的奇事中；
- 在過程中有特殊工具——摩西的杖和約櫃——來顯明耶和華的能力和同在；
- 兩者都提及該事情是「記號」和「紀念」（四 6～7；出十三 9）；
- 「越過」的目的是使列國知道耶和華的身分和能力（四 24；出十四 4），並使以色列人敬畏耶和華（四 24；出十四 31）和尊敬祂所指派的領袖——摩西和約書亞（四 14；出十四 31）。

二、越過約旦河和紅海的重要性

這兩次「越過」既然是這樣的相似，它們在以色列人的歷史中就有以下的重要性。第一，過約旦河與過紅海把以色列人曠野行程包圍住，過紅海讓以色列人離開埃及進入曠野，而過約旦河則讓他們離開曠野進入迦南地。因此，過約旦河就標誌著以色列人曠野生涯的終結。第二，這兩次「越過」把出埃及和佔領迦南地結連為一整件事情，可以比喻為一個銀幣的兩面。事實上，耶和華曾吩咐摩西和亞倫帶領以色列人入迦南地，只是因為他們違背耶和華，以致不能進入那地（參民二十章）。約書亞帶領以色列人過河，就只是繼續執行這個吩咐而已。第三，過紅海是第一代出埃及的以色列人所經歷的，而過約旦河則是第二代的以色列人所經歷的。藉此，第二代人就更能記著第一代人的經歷，這個記憶也成為整個民族的集體回憶（四 21～22）。

三、約書亞的權威

越過約旦河事件指出約書亞的權威，以及他作為摩西繼承人的合法性。按經文的記載，耶和華的講話佔全文約 11%，但約書亞的卻有 27%。從以下 4 項的比較中，反映了耶和華按著應許使約書亞成為尊大。

- 經文記載耶和華吩咐祭司站在河中（三 8），約書亞不只重複這吩咐，還進一步講出這會令河水站立起來（三 13）；
- 耶和華吩咐選 12 人把石頭抬來，放在他們過河後住宿之處（四 2～3），約書亞既重複這吩咐，也指出這事的重要性（四 5～7）；
- 耶和華吩咐祭司從河中上來（四 15～16），但約書亞除了重複這吩咐外，也再次解釋那 12 塊石頭的意義（四 17，20～24）；
- 耶和華是主導者，而約書亞除了是執行者，更是將耶和華行動的心意說明出來。

四、遵命的以色列人

雖然這段經文多次提及以色列人，而對他們的描述也比較簡單，但卻很一致地指出他們按著約書亞或摩西的吩咐而行。他們的特徵就是遵命。遵命的包括抬約櫃的祭司、抬石的 12 個人，呂便、迦得和瑪拿西半個支派的人，約書亞自己和其餘的以色列人。他們以行動來回應耶和華的應許，以遵命來回應吩咐。

五、約櫃的重要性

經文對耶和華直接的記載不多，有祂 3 次的吩咐，使約書亞尊大，以及在約書亞口中對祂的描述。不過，約櫃的重要性就明顯得多，它使以色列人過河得以成為事實。它代表著耶和華，反映了祂的同在和超越。藉著約櫃的帶領，耶和華賜地予以色列人的應許得以開展。從帶領以色列人出埃及過紅海，到越過約旦河進入迦南地，耶和華展示祂的大能和信實。祂是應許的賜予者，也是其成全者。因此，祂是值得以色列人敬畏的耶和華。

信仰反省

約書亞記四章用了不少篇幅記載以色列人立石作為紀念的行動（1～10、20～24 節）。因此，經文提醒我們應該要記著哪些事情，或直接地説哪些事情才值得我們紀念。此外，我們要問自己應該怎樣幫助自己記著當記之事，這些事對我們又有何影響。若從這角度出發，可以綜合為以下的反省。第一，立石作為紀念之所以成為可能，乃是因為在這過程中以色列人中間的不同羣體都遵守所吩咐他們的命令。約書亞遵守耶和華的吩咐，然後再吩咐不同的羣體行事，其中包括以色列人要選出抬石的 12 人，這抬石的 12 人也遵命在所指定的地方抬石，祭司也遵命站穩在河中，讓這 12 人可以抬石，又讓以色列人可以過河，在吉甲安營。若有任何一方不遵守吩咐，這事是不可能成就的。

第二，在過河以先，約書亞似乎已按耶和華吩咐為過河後住宿之處的立石作出準備。首先要留意的是，這些石頭是「記號」，指出耶和華的大能作為。耶和華藉著約櫃使河水中斷，這不尋常的事情顯出耶和華偉大無比的大能。這些作為只能在歷史中出現，而不會歷史重演的，因此後人是不得而見。所以，這些依然存在的石頭就成為「記號」，指出那些已經不復見的耶和華的作為，並見證著那些作為。這個讓人記念的內容與以色列後代的人可以沒有必然關係。不過，經文提醒我們，每當提及上帝的作為時，不要總是以自己為中心，不能只認定上帝所有的作為都是圍繞著個人而作的。上帝在人身上一切的作為，目的是要彰顯祂本身的大能及祂自己的屬性，這也是我們需要記念的。

第三，立石並不只是見證上帝的作為，還要成為提醒人要記念這些奇妙偉大作為的工具。無論這些作為是如何的偉大，又或是如何的為著人而做，經文暗示人會忘記上帝的作為，也因此需要記號作提醒。當我們記念上帝的大能如何曾經讓我們參與在祂所做的奇事中，這就讓我們再次經歷祂的作為。上帝使紅海，使約旦河水乾了，好讓兩代的以色列人走在乾地上，經歷祂的大能作為，參與在祂的作為中。作這個記念，是要後人再次參與在這些歷史事件中，可以經歷那已經成為過去的事情。

第四，經文指出，正因為這些石頭的存在，才引致以色列人的後代作出詢問的行動，也因此他們的父親才有機會回答他們的提問。藉此，我們就可以承傳我們的信仰，藉著記號向我們的後代宣告上帝的大能作為。神蹟奇事本身當然重要，然而，其引發出來的後果則更為重要。這後果分為兩方面，一方面是要讓這信仰羣體以外的人，知道上帝的能力；另一方面是要讓這信仰羣體之內的人，知道上帝是在他們中間，因而使他們敬畏上帝。對這信仰羣體而言，當年約櫃的同在令他們可以目睹上帝大能的作為，而約櫃繼續與他們同在讓他們可以繼續經歷上帝的大能作為。

值得留意的是，當年上帝使紅海和約旦河的水乾了，並等著以色列人過去。今日，難道上帝不也同樣地為我們除去那擺在我們前路上的困難，等著我們過去嗎？

2.4 在吉甲重定身分（五 1～12）

接著引言（1 節）之後，這段經文記載以色列人越過約旦河後，以及在奪取迦南地以前，所遵守的兩個禮節，分別是割禮（2～9 節）和逾越節（10～12 節）。值得留意的是，過河後以色列人不是立時就進攻耶利哥城，而是先守禮節，這表明這兩個禮儀對以色列人來說是非常重要的。上文（參 1.1「名稱角色」中討論的扇形結構）指出這些禮儀對應著以色列人出埃及前所行的，它們讓以色列人整個羣體重新確定他們的身分，是他們與耶和華重新立約的標記，讓他們帶著這個身分邁步向前。現析讀內容如下分段：

分段大綱（五1～12）

一、迦南諸王的反應（五 1）

二、在吉甲執行割禮（五 2～9）

1. 吩咐：耶和華命行割禮（五 2）
2. 執行：約書亞遵命而行（五 3）
3. 原因：執行割禮的因由（五 4～7）
4. 後記：休息命名除羞辱（五 8～9）

三、在吉甲守逾越節（五 10～12）

2.4.1 迦南諸王的反應（五1）

這節經文記載迦南地諸王對上述事件的反應。學者對於應該把這節看為越過約旦河記載的結束，還是一個新的段落的開始，有不同看法。不過，這節很可能擔當一個樞紐的作用。它一方面帶出以色列人越過約旦河一事對於迦南諸王的影響，另一方面也指出他們如何回應以色列人的行動。

1節原文以「〔當〕……聽見」作為開始，是約書亞記一至十二章一個重要的結構指標。它有4個元素：

- 以「〔當〕……聽見」為開始；
- 以迦南地的君王或人民作為「聽見」這動詞的主語；
- 以部分之前發生的事作為「聽見」的內容；
- 聽見這些內容的人的反應。從這節經文看來，這些指標與二章9節喇合的講話形式和內容相近（類似結構指標請參九章3至4節上、9至12節，十章1至5節，十一章1至5節）。

接著的內容會談及這些指標的整體作用。這節經文提到聽見的人是「亞摩利人的」所有王和「靠海迦南人的」所有王，這不一定代表全部迦南人。他們聽見的內容是與剛發生的約旦河事件有關，但並不只是以色列人越過約旦河，而是「耶和華在以色列人面前使約旦河的水乾了，直到他們過了河」。㉕這句子亦可理解為「耶和華『因為』以色列人而使水乾了」。這些王聽見後，他們「因以色列人的緣故都膽戰心驚，勇氣全失」。這節的描述與喇合的講話幾乎完全相同（嘗試按原文翻譯）：

二章10至11節	五章1節
因為我們聽見	當約旦河西亞摩利人的眾王和靠海迦南人的眾王聽見
耶和華因你們的緣故	耶和華因以色列人的緣故
使紅海的水乾了……。	使約旦河的水乾了……，
我們一聽見就膽戰心驚，	他們都膽戰心驚，
在人中間的勇氣不再起來，	在他們中間再沒有勇氣，
因你們的緣故……	因以色列人的緣故。

這節經文再次把過紅海與過約旦河兩件事相連起來。這個描述印證喇合的講話是可信的。此外，1 節的「直到他們過了河」(「過」原文仍是「越過」)與四章 23 節約書亞吩咐以色列人需要傳遞的內容相同，清楚指出耶和華確實使列國知道「耶和華的手大有能力」(四 24)。

縱然這些王膽戰心驚，勇氣全失，但他們會選擇作出怎樣的回應也是未知之數。喇合選擇站在以色列人那邊，耶利哥王起初曾派人搜尋探子，後來則嚴守城門(六 1)。無論如何，這節經文沒有記載這些王即時的回應行動，以致以色列人有時間遵守兩項重要的禮儀。

2.4.2 在吉甲執行割禮（五 2～9）

這段經文記載越過約旦河後，約書亞便為以色列人行割禮。經文可仔細分為如下段落：

1. 吩咐：耶和華命行割禮(2 節)
2. 執行：約書亞遵命而行(3 節)
3. 原因：執行割禮的因由(4 ～ 7 節)
4. 後記：休息命名除羞辱(8 ～ 9 節)

2.4.2.1 吩咐：耶和華命行割禮（五 2）

「那時」這短語另有出現於：六章 26 節，十一章 10、21 節。這詞在這些經文都不是出現在句首，惟獨五章 1 節。它出現時，全都是記敘約書亞的行動。

經文以「**那時**」(*bāʿēṯ hahîʾ*)作為開始，以接續 1 節的內容，所以，它應是指迦南眾王驚懼的時間。就在這時，耶和華吩咐約書亞為以色列人行割禮，這個吩咐有兩部分。第一部分是命約書亞「造」出多把「火石刀」(原文是複數)。「火石」應該是指黑曜石，常用於古代近東社會，可在禮祭或非禮祭處境中使用。出埃及記四章 25 節記載摩西的妻子西坡拉就是用火石來割下兒子的包皮。第二部分則命約書亞為以色列人「再行割禮」(*šûḇ mōl*；「和修版」沒有譯出來)，即「第二次」(*šēnîṯ*)。雖然經文有提及「第二次」，但所強調的是重新執行割禮這儀式，而不是指以色列人要進行多一次割禮(參 5 節)。割禮是耶和華與亞伯拉罕立約的記號，他的後裔都必須遵守，表明他們守約(創十七1～14)。割禮表明耶和華揀選以色列人，而以色列人則需要以行動作出回應，表明雙方都在守約。創世記三十四章記載雅各的兒子要求示劍一族的男丁都行割禮，以致他們可以與雅各家成為同一族人。所以，**行割禮明顯地是用來表示一個獨特的身分**。不過，這裏的意思應不是指約書亞以前曾為以色列人行過割禮，現在「再次」行割禮(至於「第二次」的意思，請參下文的分析)。

在古代近東社會中，也有其他民族行割禮，包括埃及人、以東人、亞捫人，以及摩押人等(參耶九25～26)。

2.4.2.2 執行：約書亞遵命而行(五3)

約書亞就按吩咐，「造」出多把「火石刀」，又按吩咐「為以色列人行割禮」。雖然經文只提及約書亞做這樣事，但我們難以相信他是一個人完成所有割禮的行動，這只是表示約書亞肩負領導和監督的責任。他們是在「哈爾拉勒山」這地方行割禮，這名稱由兩個字組成，分別是「山」(字根為 *giḇʕāh*)和「眾多包皮」(*hāʕărālôṯ*)，合起來的意思是「眾多包皮的山」，明顯是用來**記念這件事情**的。

聖經經常出現一些名稱，而這些名稱的來源是記念一件在該處曾發生的事情(參創三十二30；士十五19)。

2.4.2.3 原因：執行割禮的因由(五4～7)

接著的經文記述行割禮的原因，內容用字重複。4至5節對比第一和第二代的以色列人，經文可重整如下(按原文另譯)：

五章4至5節上	五章5節下
所有人民，從埃及出來的，那些男丁 所有能打仗的人，	但所有人民，
都死在曠野，在路上。	出生在曠野，在路上，
當他們從埃及出來，	當他們從埃及出來，
縱然所有出來的人民都是受過割禮的。	他們沒有(為他們)行割禮。

經文同樣地用「所有」(4節)來形容第一代和第二代的以色列人。不過，

第一代是「〔從埃及〕出來」的人（這短語在短短兩節經文已重複4次，第五次在6節），第二代則不是；第一代是能打仗的，第二代則沒有提及；第一代是「死在曠野的路上」（原文可直譯為「死在曠野，在路上」），對比第二代是「在曠野的路上所生的」（原文可直譯為「出生在曠野，在路上」）；第一代是「受過割禮」，但第二代卻是得不到第一代的人為他們行割禮。㉖ 所以，經文在對比這兩代人的命運之餘，已指出第一代人沒有作應作的事情。

6至7節則同樣地對比第一和第二代的人。6節詳細解釋為何第一代人死在曠野的路上。經文先指出以色列人確實在曠野中行走40年，但只是「全國能打仗的人」才「消滅了」。值得留意的是「消滅了」（原文字根 *tmm*）正是用來指河水「完全」中斷或以色列人「完全」過河這個詞（參三16、17）。接著，經文以3句**從屬子句**提供有關這一代人與耶和華的關係。

這些從屬子句的原文都是以同一個字（ʾăšer）引介出來。

第一個從屬子句「他們沒有聽從耶和華的話」（6節）帶出原因，指他們沒有聽從耶和華的聲音。這子句是指甚麼呢？有學者認為這是泛指以色列人的叛逆，亦有認為是民數記所記載的因探子事件所帶來以色列人在曠野漂流40年的事件（民十三～十四章），尤其是因為五章6節下的字眼與民數記十四章20至23節頗為相似。不過，從約書亞記這段經文的上下文看，重點應該是第一代以色列人沒有為第二代人行割禮一事，也因此是「沒有聽從耶和華的話」及違約的事。

第二個從屬子句「耶和華曾向他們起誓，必不容許他們看見……」和第三個從屬子句「耶和華向他們列祖起誓要給……」，在原文都是以「耶和華曾向……起誓」開始，但內容卻成為對比。第二句是「耶和華曾向他們起誓，必不容許他們看見……地」，而第三句則是「耶和華向他們列祖起誓要給我們的地，就是流奶與蜜之地」（「要給我們的地」原文沒有「的地」兩字）。耶和華向第一代人起誓要賜地予他們，也予「我們」（指當代的以色列人），就是「流奶與蜜之地」。這似乎是指耶和華與亞伯拉罕所立之約，並以割禮作為記號，應許把迦南地賜予他和他的後裔（參創十七8）。不過，因為第一代人的不聽從，耶和華便他們起誓，不容他們看見那地，他們也必死在曠野。然而，耶和華卻向「我們」應許，要賜地予「我們」，就是賜地予第二代的以色列人，也因此顯明了第二代的人比第一代的人對得地是更熱切的。

7節則將第二代人來對比第一代人。第二代人有3個特點：

> 「興起」的原文與四章9、20節提及約書亞「立」石的原文相同。更重要的是，這也是耶和華與以色列人「立」約的用詞（參創十七7）。

- 他們得以「接續」第一代人，或應該譯為他們「代替」第一代人，不是因為他們自己有甚麼長處，而是因為耶和華「**興起**」（*hēqîm*）他們。
- 經文接著就指出約書亞重提為他們行割禮的原因。他們是「有包皮的」（*ʿărēlîm*），這回應了五章3節的「眾多包皮的山」的稱謂，而這是因為「在路上他們**沒有受過割禮**」（原文應譯作「在路上，他們沒有為他們行割禮」，第一個「他們」是第一代人，而第二個「他們」是第二代人）。

> 「和修版」譯為「沒有受過割禮」，未能反映原文採用與「行割禮」（*mûl*）不同的用詞。

  當結束這解釋時，經文重提第一代人的錯誤。所以，原本4至5節的解釋應已足夠，但加上6至7節的詳細說明，已反映經文的目的不只是為解釋，也有警告的意味，提醒第二代以色列人要忠心。
- 經文最後提及第二代人之時，是沒有再說他們是「在曠野」，而只是「在路上」。這是因為他們已經離開曠野，走在朝向應許之地的路上。也因為這樣，在這地方行割禮就表示曠野行程的結束。

從以上的分析看來，2節所指的「第二次」行割禮是指約書亞為第二代人所行的割禮，而所謂的「第一次」行割禮就是指第一代人在離開埃及地以前所作的。以色列人行割禮就表示他們再次確認自己作為選民的身分，也就是再次選擇耶和華為他們的上帝，因此也配得住在耶和華所賜的地土上（參創十七8～9）。

2.4.2.4 後記：休息命名除羞辱（五8～9）

經文指出「全國」的人「完全」（*tmm*；「和修版」沒有譯出來）受割禮後，就住在他們自己的營中，直到身體康復。「完全」這詞在這裏再次出現。第一代人在曠野「完全」沒有了，而第二代人則「完全」過河，也「完全」遵命行割禮。按原文，「所有」(*kōl*)這詞在4至8節用了6次，4次指第一代人，兩次第二代，目的就是對比這兩代人的不同。

聖經中提及以色列在列國中成為「羞辱」時，多指出是因為他們在戰爭中失敗，甚至被擄（參耶二十四9；結五14；但九16；珥二17；番二8）。

9節上是耶和華對事件的理解，再以9節下的命名結束這個段落。就在行割禮這日，耶和華向約書亞宣告他已把「埃及的羞辱」從以色列人身上「除掉了」(*gll*；原文可直譯為「滾開了」)。「埃及的**羞辱**」應該指從以色列人眼中，埃及人可能對以色列人所講毀謗的話。摩西認為埃及人會取笑他們縱然可以離開埃及，但卻要漂流在曠野多年，因為他們的神明無能力帶領他們得地(民十四13～16；申九26～28；參出三十二12)。但是，現在以色列人已經過河，離開曠野，到了迦南地。因此，他們所受的羞辱已被除去。所以，他們就要為發生該事的地方命名，作為記念。「那地方名叫吉甲」(原文直譯為「他叫那地方的名字為『吉甲』」)。雖然耶和華會為人命名或改名，但是按照聖經慣常情況，命名地方的那位是人而不是耶和華。所以，這應是指約書亞作出命名。「吉甲」的原文(*gilgāl*)與「滾開」(*gll*)有相同字根，以此用來記念耶和華「滾開」了「埃及的羞辱」。若在這時才正式命名這個地點，那麼四章10節稱他們安營的地方為「吉甲」就是一種預告式的表達方法。

2.4.3 在吉甲守逾越節（五10～12）

以色列人行割禮後，在等候康復期間，他們仍安營在吉甲，而迦南人亦沒有採取任何進攻行動。如果以色列人是在越過約旦後就立即行割禮，那日就是正月初十日。而在正月十四日，以色列人就守逾越節。這次序可能反映律法的要求，即守逾越節的人必須先行割禮(參出十二48)。這裏提及守節的內容明顯對應出埃及記的記載，因為這兩處經文在提及逾越節時都記下兩個日期，就是正月十日和十四日(四19，五10；另參出十二3、6)，並將此連繫至迦南地，就是稱為「流奶與蜜之地」(6節；出十三5)。

10節可按原文以扇形結構重組「和修版」經文如下：

A 以色列人安營在吉甲，

B 他們守逾越節

B’ 在正月十四日晚上，

A’ 在耶利哥的平原。

A 和 A’ 提及地點，B 和 B’ 則提及時間。守節的時間是在「晚上」（*ʿereḇ*；可譯作「黃昏」），而地點則在耶利哥的「平原」（*ʿărāḇāʰ*），「晚上」與「平原」兩字原文很相近。這地點也是兩個半支派過河後預備上陣的地方（四 13），這暗示他們即將佔領土地。另外，經文已提及在「安營」時，地點也是在吉甲，是在耶利哥城區域（四 19）。在約書亞記中，「安營」（*ḥānāʰ*）共出現 7 次，其餘 5 次都有明顯的爭戰意味（八 11，十 5、31、34，十一 5），這兩次也應該不會例外。11 至 12 節可按原文重組「和修版」經文如下：

A 11 他們吃了些當地的出產，

在逾越節的次日，

無酵餅和烘過的穀物，

就正當那天。

B 12 嗎哪就停止了，在次日，

A’ 當他們吃了些當地的出產。

B’ 以色列人不再有嗎哪了。

A” 他們就吃迦南地的土產在那年。

經文輪流提及以色列人吃當地的出產（A, A’, A”）和嗎哪的停止（B, B’），經文 3 次出現「吃」都與當地出產有關。這兩節有 3 點可留意：

- 地點：經文兩次使用「當地」，再清楚說明這是「迦南地」。土產是從迦南地來的，不是從曠野帶進去。吃該地的土產就代表著佔領這地。
- 日期：他們在正月十四日守節，「第二日……就在那一天吃了無酵餅」（經文強調「就正當那天」），這日也應該是嗎哪停止的那天。這些日期標誌著以色列人如何仔細地遵命守節。而在同一年他們則可吃地的土產，表示他們進一步經歷耶和華的應許（參申六11）。

- 食物：以「出產」（*ʿăḇûr*）這原文作這樣的解釋，在聖經只出現兩次，全都在約書亞記，它的原文與「越過」（*ʿāḇar*）相似，可能指陳年的穀粒，但其意思應與「土產」（*təḇûʾāh*）無大分別。他們得吃土產，是對應當時的「收割的日子」（三15）。經文似是指出以色列人選擇吃土產多過嗎哪（12節），這表明他們急著得地（明顯與第一代的人不同）。「無酵餅和烘過的穀物」既是代表「當地的出產」，也是以色列人按吩咐在逾越節後連續7天需要吃的食物（參利二十三4～8）。這些都是在短時間內所能預備的食物（參創十九3；出十二39；撒上十七17，二十八24），這樣表達預示以色列人快將起程。相對於這些地的土產，他們在曠野行程中靠著耶和華所供應的嗎哪就停止了。

從聖經的記載，這是以色列人第三次守逾越節。第一次是在離開埃及地之前，第二次是在曠野初期（參民九1～14），第三次則是在吉甲。至於在40年漂流期，他們有否守節，則經文沒有清楚說明。不過，若他們沒有按吩咐行割禮，很可能也沒有守逾越節。

第一代的人守逾越節，代表著他們的新生，出埃及離開為奴之家，成為耶和華的子民。第二代的人守逾越節也同樣地代表他們的新生，就是進入迦南地，得著耶和華向他們列祖起誓賜予他們的地土。然而，嗎哪的終止，代表著曠野行程的結束。所以，這次守逾越節雖展望他們在應許之地上的新生活，但更主要是為以色列人的曠野行程劃上句號。

信仰反省

以色列人過約旦河後，耶和華就命令他們行割禮。行割禮後他們一定感到不適，且需要數日時間休息，才能痊癒（參創三十四24～25）。當時面臨著強敵，即使迦南人因為他們曾走在約旦河中的乾地上而膽戰心驚，這也不表示敵人不會作出攻擊。為何耶和華要在這時命令他們這樣做呢？這段經文讓我們思想的事是：甚麼是首要之事？現作出一些反省。

第一，這段經文提醒我們，上帝重視的是我們與祂的關係，以及我們真正的身分。上帝所重視的，也應該是我們所重視的。曠野的旅程使以色列人，也使我們，容易停留在面對日常生活種種的困難中——沒有水、沒有食物、路甚是難行等等，因而忘記了自己尊貴的身分——上帝的子民、上帝的兒女。這些身分，以及身分帶來與上帝的關係，才是我們應該重視和需要重建的。

第二，既然這是以色列人所應該重視的，他們就應以遵命作為回應。事實上，真正的遵命不在乎環境是否對我們有利。我們遵命，不應是因為環境許可，也不是因為這會讓我們在眼前的環境中活得更好。我們遵命，只是因為回應上帝的吩咐，也是表達我們重視我們的身分。況且，上帝必會為我們預備一切，讓我們可以遵命。迦南諸王的勇氣全失，讓以色列人有空間和時間行割禮、守逾越節，並可以在敵人面前吃當地的出產，這是上帝自己的作為。即或不然，我們仍要遵命。

第三，當我們失去我們在上帝裏所擁有的身分，又未能活出上帝的應許時，我們就會承受羞辱。假若我們的生命未有活出上帝在我們身上的旨意或應有信徒的樣式，別人就會以此來毀謗我們的上帝，挑戰我們信仰的真實性。只有上帝才能除去我們所承受的羞辱，也只有當我們回歸上帝，得回原有的身分，活出應有的樣式，這羞辱才得以除去。

第四，耶和華是興起以色列人的上帝。第一代人拒絕回應祂的應許，但祂的應許不會因此而不得成就，祂會興起另一代人來承受祂的應許。須當心的是，倘若我們離棄上帝，上帝就可以廢棄我們，另外興起其他人代替我們。

第五，上帝的供應永不斷絕，縱然形式或許不同。在曠野的時候，上帝以嗎哪餵養以色列人。在剛到迦南地，上帝就把當地的出產賜予以色列人。在曠野得嗎哪，容易看為是應然的事情；在迦南地得土產，容易看為是出於自己的努力。申命記六章10至12節說得好，無論怎樣，我們所得的城邑和美食，都不是因為我們靠著自己的能力就可以得著的，這些全都是恩典。我們要謹慎，不可忘記上帝。

第六，經文多次強調以色列人吃當地的土產，表明他們是多麼的願意離開以前的階段，而進入一個新的階段。縱然這個新階段有很多未知之素，但以色列人卻願意踏進這個境況中，相信上帝的帶領。

溫習及思考問題

1. 在一章1節裏，經文如何描述約書亞的身分？這身分與摩西有何關係？耶和華為何要將約書亞與摩西連上關係？作為教會領袖，應以怎樣的態度承接上一代的事奉異象，繼續服事教會？
2. 約書亞如何吩咐河東的支派為全體以色列人打仗（一12～15）？全以色列人有何回應（一16～18）？
3. 第一章可以說有回顧和前瞻的作用，試描述這兩方面的內容。這些內容如何激勵以色列人向前行？為何約書亞需要剛強壯膽？在教會事奉要如何剛強壯膽起來？
4. 第二章經文如何描述喇合的認信和請求（二8～14）？她如何恩待探子（二15～16）？她如何巧妙地將追趕者打發走？喇合的反應與迦南人的反應如何作對比？
5. 探子如何恩待喇合（二14）？這背後有何信仰上的意義？
6. 在越過約旦河一事上，以色列人怎樣跟隨著約櫃起行（三1～6）？約櫃是如何停留在河中間（三7～17）？這事對祭司的信心有甚麼挑戰？
7. 過約旦河與過紅海彼此之間有甚麼關係？立石的意義何在？對以色列人有何重大意義？作「記號」這行動在我們的信仰生活中擔當甚麼角色？
8. 耶和華在越過約旦河一事上，如何使約書亞在以色列人眼前尊大？領袖的權威是透過甚麼途徑得來的？
9. 經文如何將出埃及的第一代以色列人與第二代的作比較？第二代的以色列人帶著甚麼心情進入迦南？
10. 越過約旦河之後，為何以色列人要行割禮及守逾越節？這些事情如何奠定他們的身分？上帝又怎樣透過「越過約旦河」這事件除去以色列人的羞辱？
11. 越過約旦河的整個事件中，經文經常使用「越過」、「所有」、「完全」等詞彙。這些詞彙如何連繫至我們的信仰生活中？

釋經短註

❶ 一章3至4節的內容與申命記十一章24節相近，現列出經文作比較：

[3]凡你們腳掌所踏之地，我都照我所應許摩西的話賜給你們了。[4]從曠野和這黎巴嫩，直到大河，就是幼發拉底河，赫人的全地，又到大海日落的方向，都要作你們的疆土(一3～4)。

凡你們腳掌所踏之地都必歸於你們；從曠野到黎巴嫩，從幼發拉底大河，直到西邊的海，都要成為你們的疆土(申十一24)。

申命記的經文是摩西對以色列人所說的，而約書亞記一章3至4節則是耶和華對約書亞說的，可見耶和華的關注已從以色列人轉到約書亞身上。其次，一章3節更強調地是耶和華所賜的，也指出祂應許的應驗，以及這應許與以色列人以行動回應的關係。最後，一章4節有「赫人的全地」，似是帶出這地是被別族的人所佔領的，以色列人必須有對應的行動。

❷ 對於一章2、3節提及的「賜」這詞，霍華德(David M. Howard)曾研究「賜予、給」(*nāṯan*)這個動詞在約書亞記中的用意，其結論可綜合如下。第一，「賜予、給」這個動詞在約書亞記出現89次，其中69次是指將迦南地和其中部分地區，以及與這些地有關的人賜予(或不賜予)，而這69個動詞涉及的主語有耶和華(24次)、摩西(17次)、約書亞(9次)、以色列人(16次)和迦勒(3次)。第二，這89次的「賜予、給」當中，以完成時態動詞出現的有42次，它較多指耶和華已把地賜予以色列人，縱然從實際的歷史情況來看，這事仍未發生。另外，以未完成時態動詞出現的有4次，其中1次指耶和華賜地；以分詞的有4次，3次指耶和華快將賜地，其餘的39次是其他語態表達，包括命令式、不定詞絕對形和不定詞附屬形(infinitive construct)。無論如何，耶和華都是主要賜予地的那位，而其他人可以賜地，乃是因為耶和華先把地賜給他們。參：David M. Howard, *Joshua* (New

American Commentary 5; Nashville, Tenn.: Broadman & Holman, 1998), 77～81。

❸ 溫菲爾（Moshe Weinfeld）指出在聖經有兩個關於應許之地理想邊界的傳統。第一，邊界的描述是從哈馬口直到埃及小河（民三十四章），這個傳統並沒有包括約旦河東之地。按聖經記載，在所羅門時期所佔領的地土就符合這個描述（王上八 65；代下七 8；另參王下十四 25；摩六 14）。第二，地界的描述是從埃及河到幼發拉底河（創十五 18）或是從曠野到幼發拉底河（出二十三 31），因此，它包括約旦河東、敘利亞和黎巴嫩等地。聖經亦記載所羅門統治諸國，從大河直到埃及的邊界（王上四 21）。約書亞記一章 4 節屬於這個傳統。參：Moshe Weinfeld, *The Promise of the Land: The Inheritance of the Land of Canaan by the Israelites* (Berkeley, Calif.: University of California Press, 1993), 52～75。

❹ 有關一章 5 節的「你」，申命記七章 24 節及十一章 25 節都提及「必無一人在你（或你們）面前站立得住」，與約書亞記一章 5 節只相差一個前置詞。不過，申命記的「你（們）」所指的是以色列人，在約書亞記則轉為指向約書亞（參此章釋經短註❶）

❺ 從原文語法表達來看，一章 12 至 15 節這段經文以 *x+qatal* 句子開始，有別於敍事中慣常使用的 *wayyiqtol* 句子。因此，經文並不是把一章 12 至 15 節描述為一件在時序上接續一章 10 至 11 節發生的事情，而是可能把這兩段經文看為一個單元。所以，接下來的一章 16 至 18 節的回應，也不只是呂便、迦得和瑪拿西半個支派的人，而是所有以色列人。參：Howard, *Joshua*, 92～93。

❻ 一章 14、15 節的「約旦河那邊」（*ʿēḇer hayyardēn*）這短語在約書亞記共出現 13 次，可以指約旦河東（一 14、15，二 10，七 7，九 10，十二 1，十三 8，二十二 4，二十四 8）或是約旦河西（五 1，九 1，十二 7，二十二 7）。「和修版」把這短語直接譯為「約旦河東」或「約旦河西」。

❼ 一章17節「會與」與「曾與」這兩個動詞的字根相同，不過前者是未完成式時態(*yihyeʰ*)，後者是完成式時態(*hāyāʰ*)。前者並非弱性祈願式語態(jussive mood；這語態表達一個較為含糊的期望，所期望的事將可能或不可能發生)，故「和修版」在接著的經文中出現「惟願」這翻譯未必是正確的。

❽ 二章1節「在那裏睡覺」這短語原文由動詞 *škḇ*(意思是「躺臥」)及副詞 *šāmmāʰ*(意思是「在那裏」)組成。這短語只出現在列王紀下四章11節、九章16節。在這兩段經文中，這短語都沒有帶睡覺的意思。「和合本」譯作「躺臥」，這較貼近原文的意思。

❾ 有學者聲稱二章1節的「睡覺」暗指其中一個探子與喇合發生性關係，因為「來到」(*bôʾ*；參創十六2；申二十二13；撒下十二24，十六21；「和修版」大多翻譯為「同房、親近」)和「睡覺」(*šāḵaḇ*；參創三十四7；出二十二16；申二十二23；撒下十二11；「和修版」大多翻譯為「同寢」)都有這個含意。不過，這樣的理解忽略了希伯來文一些語法結構。當原文帶有「同房」或「同寢」這些意思時，都會加上適當的前置詞來表達(*bôʾ* + *ʾel*；*šāḵaḇ* + *ʾeṯ*或 *ʿim*)，而這裏則完全沒有使用這些前置詞。

❿ 「和修版」翻譯二章7節上為「那些人就往約旦河的路上追趕他們」，把「那些人」理解為追趕者。不過，在這章經文中，「那些人」在其他地方都是指著探子而言，而經文提及追趕的人之時，都稱呼他們為「追趕者」(原文使用分詞 *hārōḏpîm*)。因此，7節上應理解為「至於那些人【指探子】，他們【指追趕者】追趕他們【指探子】……」。

⓫ 二章9節「融化」(*mûḡ*)在聖經中共出現17次，原意可能指「搖晃、擺動」，多次指因為耶和華的行動使地搖晃消失(詩四十六6，七十五3；賽十四31；耶四十九23；摩九5；鴻一5)，後引申為人因這樣的外在情況而內心產生的反應，包括絕望和恐懼。不過，這詞也有「融化、軟化」的意思(詩六十五10；摩九5)。

⓬ 二章11節原文在主語「耶和華—你

們的上帝」和賓語「天上地下的上帝」中間加上獨立代名詞「他」(*hû*ʾ),是用來帶出主語的獨特性。參考 New Revised Standard Version(NRSV: "The LORD your God is indeed God in heaven above and on earth below")和 The Jewish Bible: Tanakh(TNK: "the LORD your God is the only God in heaven above and on earth below")的翻譯。

⑬ 二章 12 節原文「你們也要恩待……」中除了動詞「你們對待」外,還加上一個連接詞 *gam*(意思是「也、及、甚至」)和獨立代名詞 ʾ*attem*(意思是「你們」),這正是強調這種相互關係和期望。

⑭ 有學者認為 16 至 21 節上的對話不是發生在 15 節之後,而是當他們還在房頂時說的,理由是他們不大可能在當時的情況下喊叫,並講說這些重要的內容。不過,追趕的人已離城,他們也可以在安全的情況下講話。而且,18 節提及「縋……下去」(*hôradtēnû*)原文應譯作「已放下」他們所穿過的窗戶,指出講話是在放下他們之後發生的。

⑮ 有學者甚至指出喇合與探子的對話內容反映申命記的立約形式,它包括以下元素:(1)序文(二 11);(2)前言(二 9～11)、(3)條文(二 12～13〔喇合〕、18～20〔探子〕);(4)獎懲(二 18 ～ 20);(5)起誓(二 14、17);(6)記號(二 18 ～ 21)。參:K. M. Campbell, "Rahab's Covenant," *Vetus Testamentum* 22 (1972): 243～245。

⑯ 有關越過約旦河這段經文的近期研究,可參 Eun-Woo Lee, *Crossing the Jordan: Diachrony Versus Synchrony in the Book of Joshua* (LHB / OTS 578; London: Bloomsbury, 2013)。

⑰ 三章 1 節的「清早起來」在聖經多指迅速的、熱切的一種行動,這可參考西番雅書三章 7 節。「新譯本」在這裏將 *škm* 這詞翻譯為「殷勤」,NRSV 和 TNK 就分別譯為 "eager" 和 "eagerly"。「持續不懈」這個理解出現 11 次在耶利米書中,指耶和華或耶利米不斷告誡百姓(參耶七 13、25 等)。

⑱ 按原文用詞，「約櫃」共有8個不同的稱謂：(1)「約櫃」(三6〔2次〕、8，四9)；(2)「耶和華的約櫃」(三3，四7、18)；(3)「櫃」(三15〔2次〕，四10；原文是「櫃」，但「和修版」譯作「約櫃」)；(4)「耶和華的櫃」(三13，四5、11)；(5)「全地之主的約櫃」(三11；原文應譯作「約櫃，就是全地的主」)；(6)「約櫃」(三14；原文應譯作「櫃，就是約」)；(7)「耶和華約櫃」(三17；原文應譯作「那櫃，就是耶和華的約」)；(8)「法櫃」(四16)。「和修版」的翻譯多沒有正確反映原文的用字，同時也為著易於理解的緣故，加了原文所沒有的「約櫃」在翻譯中。至於這些不同的稱謂與它們所出現的處境的關係，將會於析讀的內容稍稍解答。

⑲「和合本」將4節翻譯為「只是你們和約櫃相離要量二千肘，不可與約櫃相近，使你們知道所當走的路，因為這條路你們向來沒有走過。」這翻譯容易令人誤會「不可與約櫃相近」的目的是「使你們知道所當走的路」。「和修」就作出了更正，改為「使你們知道所當走的路，因為這條路是你們從來沒有走過的。只是你們要與約櫃相隔約二千肘，不可太靠近約櫃。」這與NRSV和TNK的理解相同。

⑳ 與 *ʾēl ḥay*（「活著的上帝」）相同意思的另一個詞是 *ʾĕlōhîm ḥay*（*yîm*），這詞可直譯為「活著的上帝」，「和修版」多數譯作「永生上帝」。這詞則出現9次(申五26；撒上十七26、36；王下十九4、16；賽三十七4、17；耶十10，二十三36)；對應亞蘭文用詞的，可見於但以理書六章20、26節。

㉑ 有關統計迦南地上各民族的名單，可參 Gordon Mitchell, *Together in the Land: A Reading of the Book of Joshua* (JSOTSS 134；Sheffield: Sheffield Academic Press, 1993), 191～192。在這些名單中，出現6個民族的次數最多(11次)，其次是5個民族(4次)、7個民族(3次)、8個民族(1次)、10個民族(1次)和12個民族(2次)和。這些民族的編排次序各有不同，但多以迦南人為先(11次)，以耶布斯人為末(15次)。另參 Edwin C. Hostetter, *Nations Mightier and More*

Numerous (BIBAL Dissertation Series 3; N. Richland Hills: BIBAL, 1995) 中的討論。

㉒ 四章 3 節「穩穩」(*hāḵîn*)的字根是 *kwn*，而 *hāḵîn* 是以 *hiphil* 語態形式出現，它可解作「選定、預備、決定、確實」。在原文中，這詞不是指「祭司的腳」站著的形態，而是與 12 塊石頭相連。若是前者，則可以像「和修版」般解作「祭司的腳穩穩站立……」，這樣的解釋可以與三章 17 節相對應。不過，若按原文的意思，應該選擇後者，則應理解為「選定石頭」。

㉓ 四章 16 節「法櫃」的「法」(*ʿēḏûṯ*)一詞在「和修版」有多個不同的翻譯，包括：「法版」(出二十五 21，四十 20)、「法度」(詩十九 7)、「律法書」(王下十一 12)、「見證」(出十六 34)，以及「法櫃」(代下二十四 6)。在出埃及記，這詞是指刻在石版上的十誡(出三十一 18)，放在「證據的櫃」或「法櫃」之內(出二十五 16～22)作為見證。

㉔ 四章 18 節「乾地」這詞在三章 17 節指約旦河中河水被中斷後露出來的乾地，這裏卻是指約旦河岸上的乾地。另外，「一落」的原文是 *ntq* 的 *niphal* 語態動詞(表達一個帶有被動或反身語態的簡單動作)，其意思基本是「被拉開、被扯開」。在八章 16 節中艾城的人被「引誘」離城，就是「被拉扯」離城。若參照這個基本用法，這裏是指祭司的腳掌「被拉扯」向著乾地去。

㉕ 五章 1 節「直到他們過了河」原文應為「直到我們越過了」。這可能反映經文認同當年的以色列人，以「我們」包括他們和敘述者自己。另有學者指出希伯來文這動詞的後綴「我們」(*-nû*)寫法可能會被誤看為「他們」(*-m*)。

㉖ 五章 5 節下「沒有受過割禮」的動詞原文是 *lōʾ-mālû*，它不是被動式的，因此，這短句應譯作「他們沒有〔為人〕行割禮」。所以，這個動詞的主語是指第一代的人，指他們沒有為第二代的人行割禮。

第三章

佔領迦南地（一）：攻佔兩城（五 13～八 35）

- 首場戰爭：攻佔耶利哥城
- 除滅內在與外在的敵人：亞干與艾城
- 以巴路山上的禮儀

這一章主要討論 3 件事。首先是探討以色列人如何在約書亞的帶領和耶和華的幫助下佔領迦南地首座城——耶利哥。在這過程中他們遵守約定，拯救喇合一家以回應探子的許諾（五 13～六 27）。接著是探討以色列人進攻艾城之時，遭到擊敗的過程，因而引入亞干一家被除滅（七 1～26）。至終，在耶和華的指引下以色列人設計謀成功攻取艾城（八 1～29）。接著探討的第三件事，就是當以色列人打完這兩場戰爭之後，他們繼而進入迦南地中部地區，按耶和華的吩咐在以巴路山上建壇和宣讀律法（八 30～35）。

3.1 首場戰事：攻佔耶利哥城（五 13～六 27）

這段經文記載以色列人過河後如何佔領首個迦南城鎮耶利哥。若果以色列人吃無酵餅那天就是他們環繞耶利哥城的首天，那麼，環繞耶利哥城的 7 日就剛好對應逾越節後 7 日的無酵節。

經文內容以約書亞遇見「耶和華軍隊的元帥」開始，然後他得指示如何攻破耶利哥城。如上文所述，耶利哥位置重要，是通往迦南各地的要塞。所以，若佔領耶利哥城，必然引起迦南諸王對以色列人大大的關注。事實也如此，在接著的一些佔領行動也特別以這事作為對照（參八 2，十 28）。有關佔領耶利哥城的記載比約書亞記奪取其他任何城鎮的記載來得詳細，這印證事件的重要性。這場戰爭同時也是約書亞作為領袖之後的首場戰爭，其成敗不只影響著以色列人，也直接影響迦南人對約書亞的看法。

經文很直接地記述戰爭過程的篇幅不多，更多的反而是以色列人如何小心地按著耶和華的吩咐，像進行宗教禮儀般環繞耶利哥城。經文也沒有記載耶利哥人有打仗的行動，以色列人不同的行動才是這段經文的重點。經文刻意地把約書亞的多個吩咐置於經文不同的部分中，其內容是漸進增加的。除了佔城之外，經文亦記載以色列人重視喇合請求探子容讓她一家存活之事，並帶出「當滅之物」的主題，成為接下來各場戰爭中必然的內容。❶ 經文可以分段如下：

分段大綱（五13～六27）

一、耶和華軍隊的元帥及其吩咐（五 13～六 5）
1. 耶和華軍隊的元帥（五 13～15）
2. 耶和華吩咐佔領耶利哥（六 1～5）
二、以色列人按吩咐佔領耶利哥（六 6～25）
1. 第一日的事情（六 6～11）
2. 接著 5 日的事情（六 12～14）
3. 第七日的事情（六 15～25）
三、約書亞起誓及其名聲傳全地（六 26～27）

3.1.1 耶和華軍隊的元帥及其吩咐（五 13～六 5）

這段經文可以分為兩部分，首先，它記載約書亞遇見耶和華軍隊的元帥（五 13～15）；接著的是補充背景資料，以及記載耶和華吩咐約書亞如何帶領以色列人攻佔耶利哥城（六 1～5）。在分析這段經文之前，我們仍須提及這段經文與接著的內容的關係。

有些學者把這段經文連繫於行割禮和守逾越節那兩段經文（五 2～9、10～12），作為以色列人佔領耶利哥城之前的預備。不過，那兩段有關守禮祭的經文，其重點更是要表明曠野行程的結束，而 13 至 15 節則與佔領耶利哥城有關，這與六章 2 至 5 節的關係更為密切。第一，約書亞遇見「耶和華軍隊的元帥」的地點是「靠近耶利哥」，這明顯是與耶利哥而不是與吉甲有關，而六章 2 至 5 節的吩咐也應該是在耶利哥附近。第二，從五章 13 至六章 2 節看，若除去現有章節的指標，這敘事可視為緊接著前一段經文內容發生的，這兩段經文之間沒有明顯的時間差異。第三，學者常把這段經文與摩西看見焚燒荊棘的記載作比較（出三章）。現列出以下 4 點相似之處：

- 兩人都是在單獨時出奇不意地看見這異象，以「看哪」帶出所見的內容（五 13；出三 2）；
- 兩人都向著所見到的事物走過去，作進一步的探索（五 13；出三 3）；

- 兩人都受到吩咐「把你腳上的鞋脫下來」(五15;出三5;這兩節經文在原文表達上是略有分別的);
- 對約書亞來說,脫下鞋子的原因是「把你腳上的鞋脫下來,因為你所站的地方是聖的」(五15;原文譯作「你正在站立這地方,它是聖的」),而摩西則是「你正在站立這地方,它是聖地」(出三5;按原文譯),兩者相差的是「地」這字。

舊約聖經裏耶和華的使者與耶和華常有分不清的情況出現。例如出埃及記二十三章20至22節中耶和華吩咐以色列人聽從祂使者的話,同時說「照我一切所說的去做」,可見耶和華的使者和耶和華似是沒有分別(另參創三十一10~13)。

有兩點仍需留意的。第一,使者和耶和華的關係。在摩西的異象中,經文先提及「耶和華的使者」在荊棘的火焰中,其後指出是耶和華從荊棘中呼叫他(出三2、4),因此,耶和華的使者似是等同於耶和華。第二,耶和華不只命令摩西脫去鞋子,並且隨著來說的是吩咐摩西帶領以色列人出埃及,到流奶與蜜之地(出三7~10)。若約書亞記五章13至15節是刻意對應出埃及記三章的內容,而同樣地把「耶和華軍隊的元帥」與耶和華視為相同的,那麼,我們就有理由相信,當元帥命約書亞脫去鞋子,他並不是只要求這事,接著還附帶著對約書亞作出攻佔耶利哥城的吩咐。因此,五章13至15節應與六章1至5節並列一起來看。

3.1.1.1 耶和華軍隊的元帥(五13~15)

原文「靠近」這詞有一個前置詞 bə,通常解作「在」,也可理解為「靠近」。這節經文可理解為「在耶利哥區域」。

這3節經文主要的內容是記述約書亞與耶和華軍隊的元帥對話,在對話中帶出耶和華與以色列人的關係。❷

經文以約書亞「**靠近**耶利哥」(*bîrîḥô*;13節)的時候作為開始。他「舉目觀看」,❸ 突然發現有一個人正對著他站立著,並「手裏拿著拔出來的刀」。這情況確實令人驚駭。「手裏拿著拔出來的刀」在聖經中共出現3次,另外2次都是指耶和華使者帶著恐嚇的姿態，要傷害眼前的人（參民二十二23；代上二十一16）。不過，約書亞沒有退縮，反而迎著他走去，進一步追問他的身分：「你是屬我們的，還是屬我們敵人的呢？」（13節）

這人先以「不」（14節）作回應，指出他的關注點與約書亞不同。約書亞以自己作為出發點，想知道這人與自己的關係，但這人反要約書亞轉過來以耶和華作為出發點，讓他知道自己與耶和華的關係。所以，這人接著說「我現在來是要作耶和華軍隊的元帥」（原文應譯作「我是耶和華軍隊的元帥，現在，我來了！」），這就是約書亞應該知道的。這人是「元帥」，是帶領著他所屬君王的軍隊作戰，而這位君王就是耶和華。「耶和華軍隊」在原文可以用來指以色列人（參出十二41）、天上萬象（參賽四十26）、天軍（參王上二十二19）。這裏很可能是指以色列人，但也不能完全否定是指天象這個可能性（參十11～13）。最後，這人宣告「現在，我來了！」他強調「現在」，似乎要回應當前的問題，而這問題就是如何攻打耶利哥城。

面對這個人，約書亞就以「臉伏於地」和「下拜」作為回應。「下拜」可指在身分較高的人面前下跪拜服的行動，但亦可指「敬拜」。約書亞稱呼這人為「我主」，而自稱為「他的僕人」，並詢問「我主有甚麼話」（原文應直譯為「我主有甚麼正說」）。約書亞的回應反映他對這人和自己身分的認識，知道整個行動的真正領導者是誰，作為領袖的約書亞要承認眼前的人才是真正的領導者。基於對自己和這人身分的認識，就要有相對應的俯伏行動。

經過一輪對話之後，元帥便開始說出他對約書亞的吩咐。他先要求約書亞把「腳上的鞋脫下來」，並指出原因是他「所站的地方是聖的」（原文譯作「正在站立這地方，它是聖的」）。上文已提過這吩咐與摩西經歷的相似，這樣的相似，是為強調約書亞是摩西的繼承者。不過，這吩咐在這裏應有其獨特的意思。在第一章，耶和華曾應許約書亞凡以色列人「腳掌」所踏的「地方」，都已賜給他們（一3），而在第五章，那元帥就吩咐約書亞在所站立的「地方」上脫去鞋子，目的是讓他用腳掌緊貼所站立的這地方。這很可能是用來表明一個確認，耶和華已經把耶利哥這地方賜給他們。同時，這「地方是聖的」就表示這地方是屬於耶和華的，是歸於耶和華的。這有別於摩西經歷中指那地方是「聖地」。事實上，約書亞後來就指著耶利哥城，宣稱「這城和其中所有的都要永獻給耶和華」(六 17；「新譯本」譯作「城和城中的一切都歸耶和華」)。最後，經文記載約書亞按吩咐而行。

若將這段經文與出埃及記三章作比較，便發現約書亞不只是摩西的繼承者，他對耶和華的吩咐甚至比摩西持更正面的回應及更順服的態度。這段經文也讓讀者帶著期望，想要知道接著耶和華對約書亞有甚麼吩咐。

信仰反省

這段經文在約書亞記中佔有很特別的位置，在攻打首個迦南城鎮之前，耶和華的元帥向約書亞顯現。這段經文的重點之一是對自己身分的認知。很多時候，我們以為所打的仗是我們自己很合理的奮鬥目標。有時候，我們都有約書亞的心態，看別人是幫「我們」或是不幫「我們」，這反映了我們凡事都以「自己」作為出發點去對其他人作評估。若以此作出發點，我們會祈求上帝站在「我們」這方，幫助「我們」。不過，這段經文指出更重要的卻是倒轉過來的觀點。我們要知道所打的仗不是自己的仗，而是上帝的仗；不是上帝在我們這一方，而是我們在上帝那一方。當我們認知到這點，我們的回應就只能俯伏在祂跟前，以敬拜的態度作出回應。

明白了自己的身分之後，接著便是尋求祂的吩咐，謙虛聆聽祂的指引，以祂作為我們的領導。既承認祂是我們的主人，也清楚知道自己的身分是僕人。上帝很希望我們知道，我們現在所站之地(這可能是你的職場)更是我們腳掌所踏之處，是上帝要我們奪取的，也是上帝應允已經賜給我們的。同時，約書亞所站之處是聖的，這清楚顯明這地是屬於上帝的，也要歸予上帝。我們所站之地，所打的仗，所得勝而取來的，全都屬於上帝，這是我們必須清楚知道的。

3.1.1.2 耶和華吩咐佔領耶利哥（六 1～5）

按現代聖經譯本的編排，1 節被視為開始新的一章。不過，若撇除後加的經節標記，如上文所言，五章 13 節至六章 5 節應該是一段內容相關的經文。六章 2 至 5 節是約書亞按吩咐脫下鞋子後，耶和華對他的吩咐，也是接續著約書亞對祂提問的回應。所以，1 節其實是補充資料，幫助讀者明白接下來的講話。❹ 經文首先描述「耶利哥的城門……關得嚴緊」。這「關得嚴緊」原文是指整座耶利哥城，而不只是它的城門。城如此的緊閉，是「因以色列人的緣故」。因此，沒有人可以出或入。由此可見，自從耶利哥王得悉曾有以色列探子來過之後，就提高警覺，加強了耶利哥城的守衛。正因為耶利哥城如此守衛森嚴，所以，耶和華就要提出解決這個困難的方法，讓以色列人在這樣的情況下仍可破城而入。1 節的目的既是講出情況的嚴重性，也幫助讀者明白耶和華的講話其實是針對這個問題的。

耶和華吩咐約書亞的內容並沒有提及任何軍事的策略，反而要求以色列人以宗教禮儀來執行任務。在說話的開始，耶和華立即宣告勝利已是一個事實，因為祂「已經」把耶利哥城及城中的王，並「大能的勇士」都交在約書亞的手中。這城的人雖是「大能的勇士」，但以色列人也不必懼怕。接著，耶和華講話的對象似乎不但是約書亞，也包括以色列人，因為祂說「你們……」（3 節）。「你們要圍繞這城，所有的士兵……」原文的次序是「你們——所有士兵——要圍著這城」，原文凸顯了耶和華強調的是「士兵」（即「打仗的人」；參五 4、6），他們要「繞城一次」。其中的「繞」（*haqqêp̄*）與它上一句「圍繞」（*sabbōṯem*）的原文不同。前者的基本詞形 *nqp̄*，原文可譯作「**繞著來走**」。他們要「繞著來走」1 次，而且接著的日子也是如此，共有 6 日。耶和華吩咐約書亞（「你」）都要這樣做，表示他要為以色列人作出這樣的安排。4 節上是補充資料，耶和華吩咐約書亞要安排 7 個祭司去「拿」（*yiśʾû*；原文與祭司抬約櫃的「抬」相同；參三 3、6、8 等）7 個羊角在櫃的前面。❺ 經文在此沒有指明先走的是打仗的人，抑或是拿著角的祭司。補充完這資料後，耶和華再接續著 3 節的吩咐，指出到了第七日，「你們」（即「打仗的人」）要繞城 7 次，祭司也要吹「角」，這帶出打仗的意味。❻ 當繞城第七次完成後，祭司很可能就是把羊角聲「**拖長**」（5 節），而這點並沒有在接著的經文再次提及。全體人民聽見角聲後，就要大聲「呼喊」（*rûac*），預告戰爭即將開始（參撒上十七 20）。經文接著是預告多於吩

「繞著來走」（nqp̄）可指敵意視察的意思（參詩四十八 12；王下六 14），是指察看一座城會否有破口的地方，使之攻入。

「角聲拖長」這短語只另外出現在出埃及記十九章 13 節。當以色列人聽到拖長的角聲後，他們才可以來到西奈山那裏。

咐，指城牆將會倒下來。最後，耶和華再吩咐人民要各自向前直「上去」。

3.1.2 以色列人按吩咐佔領耶利哥（六 6～25）

這段經文記載約書亞按耶和華的吩咐行事，以及事件實際的發展。這段記載有 4 個特色，與越過約旦河的記載相似。第一，繼耶和華吩咐約書亞後，約書亞就吩咐人民，這表示約書亞按著耶和華的吩咐行事。第二，約書亞吩咐的具體內容和次數都比耶和華的吩咐為多，帶出約書亞的主動和權威。第三，在事情發展的不同階段中，約書亞繼續說出相關的吩咐。第四，在每個進行的階段中，經文都記述人民如何按約書亞的吩咐行事，這表明他們完全的遵命。採用以上幾個特徵的表達方式，既強調約書亞作為領袖的角色，也同時讓讀者更多時間停留在事件發展的過程中。這部分可仔細分為如下段落：

1. 第一日的事情（六 6～11）
2. 接著五日的事情（六 12～14）
3. 第七日的事情（六 15～25）

3.1.2.1 第一日的事情（六 6～11）

約書亞按著耶和華的吩咐把祭司召來（6 節），命其中一些祭司抬起「約櫃」，另外要 7 位祭司拿著 7 隻羊角排列在「耶和華的約櫃」之前。前一句提及「約櫃」（*ʾărôn habbərîṯ*），後一句是「耶和華的約櫃」（*ʾărôn YHWH*；原文是「耶和華的櫃」），**兩者所用的詞不同**。這吩咐明顯要補充約櫃是要由祭司抬的。接著，約書亞便向百姓講話（7 節），吩咐他們「向前去圍繞那城」（原文直譯為「要越過、要圍著那城」），約書亞又吩咐「帶兵器的」要「在耶和華的約櫃前過去」（原文直譯為「越過到耶和華的櫃前」）。在這吩咐中，約書亞兩次使用「越過」這動詞（*ʿaḇār*；「和修版」沒有直接譯出來），似乎在延續著「越過」約旦河這行動。不過，這節經文仍未清楚說明士兵是排列在吹角的祭司前面抑或在後面走。

有關櫃的不同稱謂，參 2.3.1「預備越過約旦河：跟隨著約櫃起行（三 1～6）」的討論。

經文清楚記載，事情的發展是按著約書亞的吩咐而出現。8 節可以列出如下（按原文稍修改「和修版」）：

A　七個祭司拿了七個羊角

B　在耶和華面前越過去，

A'　他們吹著角，

B'　耶和華的約櫃行在他們後面。

接著A的行動是A'，就是7個祭司先拿著角，然後吹角；接著B的行動是B'，就是吹角的祭司先在「耶和華面前」越過去，即是在約櫃前越過去，然後約櫃當然就在他們後面。這個平行結構正是把耶和華與約櫃等同起來。

接著，讀者在9節才知道帶兵器的人是分為兩批，第一批「走」（原文可直譯「行走」）在吹角的祭司之前，而另一批「**後隊**」則「行走」在櫃後面，一面「行走」，一面在「吹角」（「和修版」譯為「號角繼續在吹」）。對比於越過約旦河時由約櫃先行，人民隨後的安排，這裏更有軍事的意味。而且，按這經文描述，並不是所有人民都需要繞城，只是帶兵器的人和得到安排的祭司才需要這樣做。相對於祭司吹角發聲，約書亞則吩咐人民保持安靜，他以3個句子說明這點，分別是「不可呼喊」、「不可讓人聽見你們的聲音」，和「一句話也不可出你們的口」。這3句話如此的表達，就是要強調絕對的安靜，直到約書亞對他們說「呼喊」那日，他們才呼喊。

「後隊」的原文為 mə'assēp̄，在聖經裏只出現4次（六9、13；另參民十25；賽五十二12）。

在第一日，約書亞就使耶和華的櫃圍著耶利哥城，「把城繞了一次」（原文可直譯「繞著來走一次」）。這裏的記載與耶和華的吩咐幾乎完全相同（參3節），所謂「幾乎」是因為約書亞在執行吩咐之時加上一些具體的細節，這表明約書亞思考過如何實踐這吩咐，也表示他的遵命。接著，他們就到來營中，並在其中過夜。這就完成首日的任務。

3.1.2.2 接著5日的事情（六12～14）

12至14節上記載第二日以色列人如何執行約書亞所吩咐的。值得留意的是，聖經不是以「第二日」，而是以「約書亞清早起來」（12節）作開始。這表示經文不慣常以日期標記「第二日」作為開始（比較 15 節卻以「第七日」作為開始），而 14 節所指的「第二日」是一個覆述的表達。從三章 1 節的分析中，曾説明這表示約書亞熱切地遵行耶和華的吩咐（參 2.3.1「預備越過約旦河：跟隨著約櫃起行〔三 1～6〕」的討論）。12 至 14 節表明了以色列人繼續按照約書亞的吩咐行事，引入了以色列人的起行、祭司抬著約櫃，以及約書亞作為領導這 3 個主題。

接著的 12 節下至 13 節，基本上重複 8 至 9 節所提及的 4 批人的行動，他們是以約櫃作為出發點。排列次序是拿兵器的人、吹角的祭司、約櫃，而最後則是在約櫃之後的後隊。在第二日，他們再次繞城「一次」，然後又回到營中（參 11 節）。在這 6 日他們都是這樣做。

3.1.2.3 第七日的事情（六 15～25）

這段經文以在第七日繞城 7 次作為開始（六 15），接著就交錯記載以色列人處理耶利哥（A、A'、A"）和對待喇合一家（B、B'、B"）的事情，反映了這兩個主題的重要性是相若的。需要留意的是，無論是毀滅或是拯救，都是約書亞所吩咐的，也是按他所吩咐的實行出來。現簡單表列如下：

	經文	約書亞的吩咐	遵行
A	16～17 節上	城和其中所有的都要永獻給耶和華作當毀滅的	
B	17 節下	喇合一家可存活	
A'	18～19 節 20～21 節	不可取當滅之物，凡金屬器皿要歸耶和華	奪城，把活的殺死（回應 A）
B'	22 節 23 節	帶走喇合一家	探子帶走喇合一家（回應B'）
A"	24 節		焚燒城和其中的，金屬的器皿歸耶和華（回應A'）
B"	25 節		喇合一家保存性命（回應 B）

經文這段落以「第七日」（15 節）開始，並指出時間是在「黎明時」，這表示他們「很早起來」。可能是因為他們需要繞城 7 次，所以經文強調時間性，

指出他們在黎明時就開始起行去繞城。上文多次提及「很早起來」是約書亞的行動，但這裏是「他們起來」，表明他們認同和參與在約書亞對耶和華的回應中。他們以「同樣的方式」繞城7次。為免誤會，經文清楚指出「惟獨」第七日他們才圍城7次（15節）。除了指出這個與之前6天的不同點之外，經文沒有特別記述圍城的情況。

從上表可見，六章16至25節可分為兩部分，每部分都有吩咐和遵行的格式。第一部分較著重滅城(16～21節)；而第二部分較關注喇合得救(22～25節)。

一、滅耶利哥（16～21節）

到了繞城第七次，當祭司吹角時，約書亞就按吩咐命令以色列人呼喊。經文以「因為」這詞帶出耶和華「已經」把城交予他們這個事實，以此重提耶和華的應許（參2節）。17至19節則說明當如何處理該城、其中的居民，以及擄掠之物。如此具體的行動並沒有出現在耶和華的吩咐中，也是到目前為止才出現的吩咐。這吩咐按上表可見的扇形結構表達，首尾是有關城和其中的物件之處理，中間則特別指喇合一家。

17節上「這城和其中所有的都要**永獻**給耶和華作當毀滅的」，可翻譯為「這城要成為永獻，它及所有在其中的要歸耶和華」（參「新譯本」;「和修版」不宜把這兩句子合併）。這城及其中所有的一切，都要歸耶和華，是永獻的，是以色列人不能據為己有的，所強調的是以色列人要持守的界線。18至19節再詳細説明處理方式，並作出警告，預示亞干事件的發生（七章）。18節以**獨立代名詞**「你們」作開始，後才是命令式「你們務必謹慎」，以此強調聽眾要留意這命令。這節經文可直譯如下：「你們啊！你們要謹慎離開這當滅之物（名詞 *ḥērem*），免得你們成為當滅之物（動詞 *ḥrm*）；若你們取來一些當滅之物（名詞 *ḥērem*），你們就把以色列營成為當滅之物（名詞 *ḥērem*），你們就使它遭禍。」由此可見約書亞是這樣的嚴厲地警告以色列人要小心處理這「當滅的物」。這「當滅的物」的本質是會傳染出去的，使那些擁

「永獻」的原文是 ḥērem。有關這詞的理解，可參 1.4.3「戰爭與當滅之物的關係」的討論。

「你們務必謹慎」的原文（šimrû）是命令式，這動詞已含有主語「你們」，原不必加上獨立代名詞。現特別加上，是強調之用。

有它的人都受到感染，成為當滅之物，也令更大的羣體——以色列全營受到感染，而受感染的結果是會「遭禍」。這個警告所帶來具體的懲罰，可以在亞干事件中清楚顯明（七 1～26）。19 節繼續這方面的內容，指出城內的物件不是全都為「當滅的物」，也有例外的，經文以「只有」指出金、銀、銅和鐵造成的器皿，要「歸耶和華為聖」，不能毀滅它們，而把它們收在「耶和華的庫房中」。由於約書亞時期仍未有聖殿，「庫房」可能是指會幕中安放貴重聖物的地方，但其具體所指涉的則不大清楚。須留意的是，經文並沒有直接記載耶和華對約書亞吩咐中有提及處理耶利哥城及其中所有物件的方法（參七 1、11）。不過，約書亞的處理手法顯然是參照摩西的吩咐（申七 1～2；另參申十三 15～16）。

除了金屬器皿，喇合和所有與她一起在房子裏的人或物件，都不是當滅的物（17 節），是「可以存活」的，因為她「隱藏」了以色列人的「使者」，即是約書亞差派去的探子。這是繼約書亞記二章後，首次在這裏再出現的主題。不少學者指出這樣做法是違反摩西的吩咐（有關這方面的討論，參 2.2.6「小結」）。可以再留意的是，耶和華從來沒有就這件事指責約書亞或以色列人，這表明了拯救喇合一家並不違反耶和華的心意。「存活」（*ḥyh*）這動詞在約書亞記出現了 8 次，其中 3 次與喇合家存活有關（二 13，六 17、25），另有 3 次則與基遍人有關（九 15、20、21）。

20 至 21 節則記載事情如何按約書亞所言的發生，從敍事的角度來看，這裏延續著 16 節上的描述。有學者視約書亞的講話（16 下～19 節）為倒敍法，記載早前他對以色列人的吩咐。按「和修版」，20 節上是人民先呼喊，後祭司吹角，但 20 節下則是人民聽見角聲才呼喊。內容不只重複，也有點次序混亂。出現這情況其中一個解釋是，把 20 節理解為「漸進式的闡述」，即先說明「百姓呼喊」，再解釋他們怎樣呼喊：

- 是回應他們的「吹角」（這節原文沒有「祭司」這詞）；
- 是以「大聲」作出呼喊；
- 結果是「城牆隨著倒塌」。

經文先記載「百姓呼喊」，是急著要回應約書亞所吩咐「呼喊吧」(16節)，表明人民是如何著緊的遵從他的命令。隨後，各個在那城前面的人民都「直上」那城，奪取那城。他們又按吩咐「殺盡」(字根 *ḥrm*；21節，這動詞原文可譯作「成為當滅之物」)城中的所有生物，就是「從男到女」、「從少到老」，「到牛、羊和驢」，都用刀殺了。從以上的描述可見，對戰爭過程的記載只有兩節經文，但對於圍繞該城的記載則長得多，這表明城牆倒下是出於耶和華的能力和以色列人的遵命，而不是他們的軍事力量。

二、拯救喇合(22～25節)

20至21節記載以色列人殺死城中一切有生命的，那麼，喇合一家又如何呢？應怎樣處理金屬器皿呢？22至24節作出補充。經文再運用倒敘法，記述約書亞之前所講的說話，特別是與喇合有關的吩咐。雖然17節下提及喇合一家可以存活，但實際如何處理仍有待說明。所以，22節則補充這點。約書亞吩咐那兩名曾被派去窺探耶利哥城的探子，「進」(原文是「去」)到「那妓女的家」，「帶出」她和所有屬她的出來，正如他們向她所起的誓那樣。約書亞強調以耶和華名義所起的誓的重要性，這是必須遵守的。那兩名「青年」(23節)探子也按吩咐而行，❼ 他們就「去」，並「帶出」她及其所有的家人，把他們「安置」(「安放」；參四3)在以色列營以外。把他們暫時安放在營外，可能是與戰爭會帶來不潔的問題有關(參民三十一19～20)。

然後，經文再記載與耶利哥城有關的其他事情，包括把城和其中所有的都「用火焚燒」，以回應17節上的吩咐，並說明這樣處理當滅之物是合宜的(參七15)。至於金屬器皿，則交在「**耶和華殿**的庫房中」，以回應19節的吩咐。經文再進一步補充妓女喇合的遭遇，先指出約書亞使她和她一家「存活」，以回應他自己的講話(17節下)。喇合一家也沒有長期被排斥於以色列營以外，他們至終都是住在以色列「中間」(25節)，這是因為她隱藏那兩個探子，以此回應17節下的內容。

「耶和華殿」不一定指所羅門時期所建的殿，其原文可翻譯為「耶和華的房子」，也可指耶和華的帳幕(參詩二十七4～6)。

上文已經提過，這段經文記載的不只是毀滅，也談到拯救。縱然是外邦人、是妓女，也可以得到拯救。經文也鉅細無遺地指出以色列人是如何遵行約書亞的吩咐，而約書亞的講話又比耶和華所説的為多。藉著這些表達方式，經文旨在指出遵命的重要，也同時確定約書亞的權威。

3.1.3 約書亞起誓及其名聲傳全地（六 26～27）

這段經文記載了在征服耶利哥後，兩件與約書亞有關的事情。第一件是他起誓發出咒詛（26 節），第二件是勝過耶利哥一事使他聲名遠播（27 節）。

佔領耶利哥城後，約書亞就自己起誓，❽ 叫那「重建」（原文譯作「起來建造」）耶利哥城的人在耶和華面前受到咒詛。這咒詛能夠生效，並不是因為起誓的人，而是因為掌管一切的耶和華。具體而言，為這城立根基的人所付出的代價，就是他的長子（*bibḵōrô*），「和修版」譯作「必喪長子」。另外，若有人安立城門，他所付出的代價，就是他的幼子。約書亞這樣做，是想將耶利哥城永遠作廢墟，以此作為一個戰爭的紀念，又或保持這城「永獻」的身分（17 節）。無論如何，這個做法明顯是依從摩西的吩咐（參申十三 16）。多年後，約書亞的咒詛得到應驗（參王上十六 34）。

> 原文沒有「喪」這動詞，只是以 *b*ə 這前置詞來表示「代價」。

經文以「耶和華與約書亞同在」總結以上事件所顯明的事實，也回應耶和華對他的應許（一 5，三 7）。這帶來的後果是約書亞的「名聲」傳遍在全地中。「名聲」（*šōma*ᶜ）的原文與「聽見」的字根（*šm*ᶜ）相同。迦南人一直以來「聽見」的是耶和華或以色列人的作為（二 10，五 1），但經過耶利哥事件後，他們進一步聽見的是「約書亞」。約書亞的權威並不停留在以色列人中（四 14），而是變得更國際化。

信仰反省

這段經文記載約書亞有 6 個吩咐，是對不同羣體的講話，也散見於整個攻佔耶利哥過程中不同階段裏。經文指出，每羣人各有應當負責的事情，有 7 位祭司要吹角，有祭司要抬約櫃，有帶兵器的要在吹角的祭司先頭，有些則在抬約櫃的祭司後面，有呼喊的人民，有負責帶走喇合一家的探子。不只如此，每羣人都在適當的時候從約書亞那裏得到適當的指引。從這樣的安排，讓我們可以反省3件事。

第一，一件事情得以順利進行，有賴於負責羣體中不同組別的人互相配合。當然，同時也不能忽略上帝的作為和幫助。第二，在整個過程中有兩句説話，同樣也是重要的，就是「見一步，行一步」和「行一步，見一步」。這説話十分真實，也確是我們信仰生活中所常體驗到的。有時候，我們往往要求眼見到應該做的事情才去做，然後再等候上帝的指引；有時候，我們會不知境況如何，但仍要勇敢踏出第一步，這樣才看見要行的那條路，才知道應該如何走下去。在任何時刻，我們都應做好自己當做的，這就已經足夠了。第三，經文指出領袖的工作及重要性。領袖要清楚上帝的心意，按著上帝的心意作出具體的安排。領袖既要清楚知道各組人的位置和應當負責的事情，也要讓他們同樣知道自己作的這些事情。領袖也要在適當的時候對所領導的人作出適當的提醒，幫助他們完成所負責的任務。

除了以上事情，面對一座嚴密防守的城鎮，古時進攻者多採取以下其中一個方法，就是利用計謀混入城中（如木馬屠城記）；或者直接強攻城門，從中尋找城牆脆弱之處作攻擊；又或者圍困該城，斷其糧水，待其投降。不過，面對耶利哥城「關得嚴緊」，以色列人可會相信上帝吩咐這樣的圍城及繞城，就能解決這個問題嗎？對於這非一般的攻城方法，就如在首6天的繞城行動中，他們甚至不能發出震奮自己人心，並驚嚇敵人的戰爭呼喊，以色列人當時會感到怎樣呢？6日原不算是很長時間，但若每天都只這樣繞城1次，作一些似乎是無關要旨的行動，其餘時間只能呆坐，在等待期間他們會想到甚麼？能夠忍耐到底嗎？在這個過程中，他們相信上帝的大能嗎？能接受耶利哥人在城牆上對他們這樣的行徑而發出的嘲笑嗎？在整個等候的過程中要採用上帝的行事方式來爭戰，並在過程中堅忍，相信勝負是在乎上帝，這想來必定不容易。

相對於以冗長的篇幅來記載繞城之事，經文只簡單用一句「城牆隨著倒塌」來記述繞城的結果。故事的高潮就這樣簡單地表達出來了。接下來，經文也就很快記載接著在城中所發生的事情。因此，經文所強調的似乎是：遵命守命比事情得到應驗來得重要，重要的是在過程中的堅持忍耐，並在其中經歷信心的挑戰。若是這樣，事情結果必然是上帝所應許的，參與的人也是不必過於憂慮。最後，不取當滅之物，就表示尊重上帝，也看祂為為他們爭戰的神聖戰士，勝利是在於祂的，所以所有戰利品都是歸祂所有。有學者視耶利哥為迦南地的「初熟之果」，應全然獻予上帝。無論是哪種看法，重點都在於承認所得的是出自上帝，應該全部歸上帝。經文向我們提問的是，我們爭戰，所為何事？為自己的利益，還是回應上帝的應許，並在過程中經驗上帝的大能？這段經文提醒我們，人不只要在過程中順服上帝的指引，也要在成功後繼續順服上帝，把得來的榮耀和獎賞歸給上帝。

3.2 除滅內在與外在的敵人：亞干與艾城（七 1～八 29）

這部分的經文記載以色列人亞干犯罪，取了「當滅之物」，引致以色列人在艾城一戰中大敗。約書亞後來按耶和華的指示，找出犯事的亞干，將他治死（七 1～26）。接著，約書亞再按耶和華的吩咐，定下作戰計劃，奪取艾城（八 1～29）。這兩段經文有很多相關之處，反映此卷書刻意把這兩個片段連繫起來，目的是提醒以色列人，除了外在的敵人之外，他們亦須留意內在的敵人；當除去外在的敵人之時，也要除去內在的敵人。❾ 這樣做的目的，既是要保持自己作為耶和華子民的身分，也是要除去抵擋耶和華的敵人。❿ 經文可以分段如下：

分段大綱（七1～八29）

一、除滅內在的敵人：亞干事件（七 1～26）

1. 犯罪：亞干取當滅之物（七 1）
2. 後果：與艾城爭戰失敗（七 2～5）
3. 抗議：約書亞埋怨上帝（七 6～9）
4. 指示：耶和華吩咐尋犯（七 10～15）
5. 尋犯：按指示選出犯人（七 16～18）
6. 認罪：承認及交出證物（七 19～23）
7. 除滅：石頭與火燒之刑（七 24～26）

二、除滅外在的敵人：艾城事件（八 1～29）

1. 吩咐：處置艾城和埋伏（八 1～2）
2. 定策：埋伏引誘和燒城（八 3～9）
3. 執行：設置埋伏和誘敵（八 10～13）
4. 中計：被誘離城去追趕（八 14～17）
5. 奪城：四面受敵遭擊殺（八 18～23）
6. 滅絕：殺絕居民且奪物（八 24～27）
7. 總結：焚城滅王和堆石（八 28～29）

3.2.1 除滅內在的敵人：亞干事件（七 1～26）

這段經文以記載以色列人犯罪，並耶和華發怒作為開始。這帶來的結果是以色列人被艾城的人打敗。面對這個結局，約書亞的反應是提出抗議。後來經過耶和華解釋和指示，約書亞就按耶和華所吩咐的方法，找出那個在他們中間的犯事者，並最後把他和所有屬他的全都除滅，才使問題得以解決，也平息耶和華的憤怒。這個記載除了敘事部分，也有不少講話內容，值得留意的是共有7段講話（2、3、7、10、19、20、25 節），分散在以下各段落中，以此主宰著整個故事的發展。這段經文可以分段如下：⓫

1. 犯罪：亞干取當滅之物（1 節）
2. 後果：與艾城爭戰失敗（2～5 節）
3. 抗議：約書亞埋怨上帝（6～9 節）
4. 指示：耶和華吩咐尋犯（10～15 節）
5. 尋犯：按指示選出犯人（16～18 節）
6. 認罪：承認及交出證物（19～23 節）
7. 除滅：石頭與火燒之刑（24～26 節）

3.2.1.1 犯罪：亞干取當滅之物（七 1）

這一章開宗明義就指出以色人犯罪，記述他們在「當滅之物上犯了罪」（「新譯本」譯作「在那當毀滅的物上犯了不忠實的罪」，這譯法較為可取），⓬然後，詳細說明是甚麼人和做了甚麼事。須留意這節經文首兩句子是平行的：

A　以色列人

　B　在當滅之物上犯了罪。

A’　猶大支派中，謝拉的曾孫，撒底的孫子，迦米的兒子亞干

　B’　取了當滅之物，

在約書亞記中，只有亞干才有這麼詳細的將其家譜列出來，共列出四代。經文不止 1 次提及他的背景，在後來逐步把他選出來的時候，再次提及這 4 代人的名字（16～18 節）。亞干屬猶大支派，是以色列中優秀支派的一分子。所

以，這家譜說明按著血統，亞干是個真正的以色列人。

這犯事的結果就是耶和華向「以色列人」怒氣發作，並帶來在艾城一戰戰敗的後果。這件事情向讀者是顯明的，但對於約書亞和其餘以色列人卻是隱藏的。值得留意的是，這節經文兩次提及「以色列人」。亞干犯事，就是以色列人犯事；一個人犯事，羣體也有責任，因此耶和華也向以色列人追究。這裏清楚指出個人與羣體之間的關係。

3.2.1.2 後果：與艾城爭戰失敗（七 2～5）

經文轉回去描述約書亞攻佔艾城的計劃。經文可以細分如下：

1. 派人窺探（2 節）
2. 回報定策（3 節）
3. 上去攻擊（4 節上）
4. 戰敗而回（4 節下～5 節）

一、派人窺探（2 節）

順利佔領耶利哥城之後，以色列人向西朝往伯特利去，欲佔領山區，而途中面對的就是艾城。艾城位於伯特利東面約 1.6 公里，在伯亞文以北約 5 公里。「伯特利」意思為「上帝之家」，而「伯亞文」則是「罪惡之家」。這些地名似是指出**艾城**的吊詭性，經文多以伯特利來對比艾城的位置（參八 9 、12、17）。所以，很可能艾城嚴格來說不是座城鎮，而只是伯特利的前哨堡壘。

有學者認為艾城在耶利哥城西面約 19 公里，耶路撒冷以北約 10.5 公里。「艾城」的原文（hāʿay）由定冠詞（hā）加上名詞（ʿay）組成，後者意思為「廢墟」，並無「城」字。

與耶利哥城的處理手法相同，約書亞先差人去窺探艾城。這些人沒有被稱為「探子」。經文記載「約書亞從耶利哥派人……**上去**窺探那地」，他們就遵命「上去」和「窺探」。

「上去」一詞可以指真正的向上走，因為耶利哥是在海拔以下約 260 公尺，而艾城則是海拔以上約 760 公尺；但「上去」亦有攻擊的意味。

二、回報定策（3 節）

與早前的探子一樣，這些人也是回到約書亞那裏向他回報。他們的回報及建議策略可用下列結構表示（稍為修改「和修版」）：

A　所有百姓不必都上去，

B　只要約二、三千人上去就能攻取艾城；

A’　不必勞動所有百姓都到那裏去，

B’　因為他們人少。

A 和 A’ 都指出不必「所有人民」都上去打仗，B 和 B’ 則對比雙方的人數。這個回報定策與窺探耶利哥的探子之回報（二 24）都是正面的，但也有明顯的差異。後者在報告中提及耶和華的作為，而前者只是就人的能力和數目作出比較。對比於以色列有的軍兵，如河東兩個半支派就已有 4 萬人（四 13），他們所建議的約 2,000 或 3,000 人也是一個小數目。另一方面，探子所回報的「人少」是否可靠呢？八章 25 節就記錄艾城被殺的人有「一萬二千」。「**攻取**」的原文（*nḵh*）常譯作「擊殺」。

這詞在約書亞記中出現 38 次，有 32 次都是指以色列人擊殺迦南人。

三、上去攻擊（4 節上）

明顯地，約書亞沒有作任何考慮及分析，完全接納他們的建議，從人民中差派比建議人數較多的「約有三千人上那裏去」，作出攻擊。

四、戰敗而回（4 下～5 節）

結果卻是令他們感到意外的。他們竟然要「逃跑」，有「**三十六人**」被「擊殺」，被追趕離開城門到「示巴琳」（意思是「破碎」）。他們原先「上去」攻擊，現在卻在「下坡」處被「擊殺」，直到他們成為「破碎」。戰敗令到以色列人「膽戰心驚」。「膽戰心驚」（*mss*）這詞原本曾被用來形容迦南人（二 11，五 1），但現在卻是指以色列人。「膽戰心驚」可譯為「心就融化」（參 2.2.3「喇合認信和請求〔二 8～14〕」的討論），這裏指出他們的「心就融化」，且更進一步「成為水」了。以色列人不只經歷原應是迦南人才有的經驗，甚至比他們更甚。須

「和修版」的「約三十六人」中「約」（kə）也可被理解為「準確是」，所以，這裏應是指「準確有三十六人」。

留意的是，約書亞主動攻擊艾城並不是他失敗的原因，經文也從來沒有記載耶和華因這樣而責備他。

3.2.1.3 抗議：約書亞埋怨上帝（七 6～9）

因為戰爭失敗這個危機，經文記載「約書亞和以色列的長老就撕裂衣服」（原文應指約書亞自己撕裂衣服；參「新譯本」、New Revised Standard Version〔NRSV〕和 The Jewish Bible: Tanakh〔TNK〕），他和眾「長老」在約櫃前臉伏於地直到「晚上」（原文應譯作「黃昏」），⑬ 又把灰撒在他們的頭上。他們以這些行動來表達他們的哀悼。他們原先在帶領他們的約櫃後面跟著走，但現在卻是在它面前哀悼。

「唉」（ʾăhāh）在聖經中曾出現 15 次，其中有 10 次接著稱呼「主耶和華」。

接著，約書亞表達他的抗議。他以「**唉**」（7 節）開始，這是因驚惶而有的呼喊，通常接著便是稱呼「主耶和華」，用以表達講話者的困惑（參創十五 2；申三 24；耶一 6；結四 14）。接著，他的講話中提及 3 個「甚麼」，兩個與耶和華有關，一個與自己有關。

一、第一個「甚麼」（7 節）

耶和華「為甚麼」（*lāmāʰ*）領以色列人越過約旦河（7 節）？乍看之下，約書亞的講話與摩西為民請命相似（參出三十二 11～13；民十四 13～19；申九 25～29）。不過，摩西是在知道以色列人犯罪的情況下作出請求，而約書亞卻對此一無所知；摩西也為以色列人犯罪而指責他們（參申九 23～24），但約書亞並沒有這樣做。相反地，約書亞的講話與以色列人在曠野行程中對耶和華的埋怨更為相似。這些埋怨多以「為甚麼」（*lāmāʰ*）作為開始，目的不是詢問原因，而是質問耶和華為何帶他們出埃及或到曠野，使他們死亡。參下列經文：

章 節	內 容
提出「為甚麼」的經文：	
出十七 3	你為甚麼把我們從埃及領出來，使我們和我們的兒女，以及牲畜都渴死呢？
民二十 4	你們為甚麼領耶和華的會眾到這曠野，使我們和我們的牲畜都死在這裏呢？
民二十一 5	你們為甚麼把我們從埃及領上來，使我們死在曠野呢？
沒有提出「為甚麼」的經文：	
出十四 11	難道埃及沒有墳地，你要把我們帶來死在曠野嗎？
出十六 3	你們卻將我們領出來，到這曠野，要叫這全會眾都餓死啊！
申一 27	耶和華因為恨我們，所以將我們從埃及地領出來，要把我們交在亞摩利人的手中，除滅我們。

與以上經文作比較，可見約書亞對耶和華有類似的指控，甚至隱含對祂性情的懷疑。與七章 7 節更為接近的是探子事件中以色列人的埋怨（民十四 2～4；稍為修改「和修版」）：

七章 7 節	民數記十四章 2 至 4 節
約書亞說：「唉！主耶和華啊，	[2] 以色列眾人向摩西和亞倫發怨言，全會眾對他們說：「我們寧願死在埃及地，寧願死在這曠野！
你為甚麼領這百姓過約旦河，把我們交在亞摩利人手中，使我們滅亡呢？	[3] 耶和華為甚麼要把我們領到那地，讓我們倒在刀下呢？我們的妻子和孩子必成為擄物。
我們寧願「願意」住在約旦河的那邊！」	我們回埃及去豈不更好嗎？」[4] 他們彼此說：「我們不如選一個領袖，回埃及去吧！」

這兩段經文都顯示講話者不只質疑耶和華，更以「寧願」（*lû*；「和修版」譯作「不如」）表示應該作出另外一個選擇。講話者亦認為應該回到原先所在之處，不必作進一步的行動。在民數記探子事件中，人民要求「**回**」埃及；約書亞在這裏則寧願「願意住」在約旦河東面，「願意」（*yʾl*）

民數記十四章 4 節「我們回」（nāšûḇāʰ）與約書亞「我們住在」（nēšeḇ）的原文字根雖不相同，但字形頗為相似。

這詞表示以色列人應該滿足於住在約旦河東。願意住在約旦河東的約書亞，竟然忘記剛剛在耶利哥得著的勝利，而只是記著在河東勝過西宏和噩二王的兩場戰爭（參民二十一 21～35）。人民要求回到埃及是否定耶和華帶領他們過紅海這作為，而要返回住在河東則是否定耶和華帶領他們過約旦河的作為，兩者性質相同。原本在探子事件中堅持相信耶和華的應許，鼓勵以色列人進地的約書亞，在這裏竟然與當年埋怨耶和華的以色列人相同！

二、第二個「甚麼」（8 節）

約書亞還有「甚麼」可說的呢（8 節）？「主啊！求求你」（*bî ʾădōnāy*）是用來對高位者講話時的開首語，對接下來的講話或請求表示感到不好意思。「轉身逃跑」的原文為「轉頸項」（*hāpak̲ ʿōrep̄*；在聖經中只出現 1 次），這是一個很大的轉身動作，表示他們因畏懼而急忙轉身退走。在這樣的事發生後，「我還有甚麼可說的呢？」（*māh ʾōmar*）在聖經中，這個問題只另出現 1 次在出埃及記三章 13 節，摩西面對人詢問差他的上帝的名字時，表示「我要說甚麼呢？」所以，這個問題的意思是表達一種因不能理解，而表達無話可說的感覺。

三、第三個「甚麼」（9 節）

上帝要因自己的名字做「甚麼」（9 節）？約書亞接著的講話與探子事件中摩西關對耶和華的名聲的關注相似（民十四 13～19）。摩西關注到若以色列人死在曠野，不能進應許之地，迦南人「聽見」這事，就會質疑上帝的能力，而祂的名聲也受損。約書亞採用相似的用詞，雖然他們會死在「亞摩利人」手中，但「迦南人和這地所有的居民」都會「聽見」，其影響遍全地。他進一步指出他們會「圍困」（*sb̲b̲*；原文意思是「圍著」）他們，正如他們曾「圍著」耶利哥城一樣，除去他們的「名」，從而影響耶和華「至大的名」。那麼，上帝要為自己的名做甚麼呢？相比之下，約書亞不只關心上帝的名，也關心以色列人的名字和他們被敵人攻擊的境況。因此，上帝對他的回應也有別於對摩西的回應。上帝應允摩西的懇求，赦免以色列人的罪（民十四 20）。不過，上帝卻對約書亞以很強烈的口吻指出以色列人的罪行，並命令他們處理這事。

3.2.1.4 指示：耶和華吩咐尋犯（七10～15）

耶和華對約書亞的回應可以整理為如下結構，然後再從A及A'分段作討論：

A　命約書亞「起來」行動：對約書亞講説（10節）
　B　X　宣告罪行：違約而取了當滅之物（11節）
　　　Y　犯罪的結果（12節）
A'　命約書亞「起來」行動：對人民講説（13節上）
　B'　Y'　預備處理犯罪的結果（13節下）
　　　X'　處理罪行：違約要除去當滅之物（14～15節）

一、約書亞起來行動：宣告罪行（10～12節）

「俯伏」的原文 *nōpēl* 是分詞，有繼續進行的意思。

耶和華先命他「起來」，以「為何」（即上文所提的「為甚麼」；*lāmā*^h）向他提問：「你的臉為何這樣在**俯伏**呢？」（可譯為「為甚麼這樣，你的臉仍在俯伏呢？」；10節）以此來質疑約書亞的哀悼是否合理，並命他立即起來做當作之事。耶和華期望約書亞要回答祂所問的「為甚麼」，而不是倒過來要耶和華回答他的「為甚麼」。當以色列人在敵人面前不能「站立」（12節），約書亞就要「起來」，這兩個字的原文有相同字根（*qûm*）。

接著，耶和華向約書亞揭露約書亞所不知道的事，直言以色列人犯罪之事。耶和華5次用「又」（*gam*）連結6個動詞（11節），連珠發炮地説明他們的罪行，一次又一次強調其嚴重性。「犯罪」（*ḥṭ*ʾ）與1節所指的「罪」不同，前者是常用字，共出現約240次。具體一點而言，就是他們「違背」了耶和華吩咐他們的約。「違背」的原文字根與「越過」相同（*ʿbr*），耶和華帶領他們「越過」約旦河，但他們卻「越過」祂的約。再具體一些，就是「取了些當滅之物」，而這就是「偷竊」原來屬於耶和華的物件。他們又進一步「行詭詐」，這行為基本意思是「説謊、裝假、否認」，即是把偷來之物「與自己的器皿放在一起」，將物件歸自己，而否認是屬耶和華的。這當中就含有「隱藏」這個主題。須留意耶和華的講話中用的是複數「他們」，表示以色列人整體也有責任，因為守約是羣體該做的事。

12 節就把「當滅的物」與他們所會面對的結果連繫起來，按原文次序表達如下：

將面對的結果：	1. 必不能站立「在他們的敵人面前」； 2. 必轉頸項「在他們的敵人面前」
真實原因：	「他們成了當滅的物」
將面對的結果：	耶和華「不再與你們同在」
假設原因：	不「從你們中間」「除掉」「當滅的物」

「和修版」的「……站立不住」之後的句號，應修改為逗號。

對於以色列人在敵人面前轉身逃跑，上文記述約書亞表示不理解（8 節），現在耶和華則指出他們轉身逃跑的理由。值得留意的是 12 節上，「**不能站立**」和「轉」的原文並不是過去式，而是未完成式，可被理解為表達一個「必然性」的行為。耶和華並不是著意解釋他們過去這次戰敗的原因是甚麼，而是指出這情況必會繼續出現，直到他們採取適當的回應行動。耶和華宣告的並不是約書亞所停留在過去的情況（參 8 節），而是將來會怎樣。

11 節多次出現的「又」指出，戰敗不是耶和華的責任，而是以色列人自己的問題。當以色列人取去當滅之物，他們就成了當滅之物。從這個角度來看，正正反映約書亞忽視了以色列人自己才是問題的根源，也因此在他的抗議中沒有任何悔改的言詞。約書亞不是比任何人更應該知道這次失誤是因為他們的罪嗎？當他吩咐以色列人不可「取那當滅的物」（六 18），不是已表明了他們可能會作出這事嗎？當一個人犯事是可以這樣的影響羣體，同時羣體也應對此事負上責任。

接著在 12 節下，耶和華改用「你們」（而不是「他們」），目的是叫約書亞正視這個問題。耶和華指出，戰敗與否不在乎以色列人自己的力量，而在乎祂有否與他們同在，而這又在乎他們怎樣對待當滅之物。耶和華使用「若」這個詞，為的是給聽眾一個抉擇的機會，提醒「你們」現在就要決定應該怎樣回應。戰敗絕非一次過的事件，若以色列人不除掉當中的當滅之物，他們就會繼續戰敗，因為耶和華不會再與他們同在。祂的意思就是，若他們不除去當滅之物，他們就成為當滅之物，他們亦曾因此而戰敗，至終他們自己也必被除去。摩西早已向以色列人發出警告，貪愛和取去迦南人的金銀，必遭致成為當滅之物（申七25～26），如今成為事實了。

二、約書亞起來行動：處理罪行（13～15節）

解釋過後，耶和華再吩咐約書亞「起來」行動，向人民解說清楚他們要做的事（13節）。這可看為是回應上文提及的第二及第三個「甚麼」，指出約書亞該說甚麼和以色列人要做甚麼，而不是耶和華要做甚麼。約書亞既要「**去叫百姓分別為聖**」（13節；原文應譯作「使人民分別為聖」），又要吩咐他們「使自己分別為聖」（*hiṯqaddəšû*；原文是 *hithpael* 語態形式，表達一個反身動作），為明天作預備。「使自己分別為聖」這用詞曾見於三章5節，當時他們分別為聖是為了「明天」耶和華「在他們中間」行奇事。不過，現在則是要為「除掉」「在他們中間」當滅的物。這兩者形成強烈對比。

這詞的原文qaddēš是piel語態（即主動語態中一個加強形動作）的命令式，意思為「令到或使人民分別為聖」。

接著，約書亞以「耶和華……這樣說」（*ḵōh ʾāmar YHWH*；13節）作開始，轉述他們所犯的罪行及其結果。「耶和華……這樣說」是稱為「**使者公式**」的表達方式，這公式在約書亞記只出現兩次，凸顯這個信息的重要性。另外，「耶和華──以色列的上帝」是第一次在這書卷中出現，指出耶和華正是以色列的上帝，他們需要留意祂所宣告的。

「使者公式」多為先知所採用，表明他們所宣講的信息和權威是來自耶和華，他們不過是傳遞消息的使者而已。

約書亞所**宣告的內容**綜合了11至12節，並指出聽眾是「以色列」，以此作為一個整體。首句轉述內容可按原文修改「和修版」，翻譯如下（13節下）：

按「和修版」標示的標點符號，約書亞對人民宣告的內容只限於13節的內容；不過，更可能的是包括15節，這都屬於他要轉述的內容，參「新譯本」、NRSV。

A　有當滅之物在你中間，

　B　你必不能站立在你的仇敵面前，

A'　直到你們把那當滅之物轉離你們中間。

這段內容是一個宣告，而不是假設句子（原文無「和修版」的「若」字）。同樣可留意的是，這裏提及的「不能站立」並不是過去式，而是未完成式，表達一個必然會發生的事。

約書亞繼續吩咐人民在第二日就應該除滅那物，並吩咐如何除去當滅之物（14～15節）。在早上，從各支派開始，到宗族、家族和男丁，輪流的「近前來」，很可能是到耶和華的約櫃前面，原因是要由「耶和華所選」出那個出問題的人物來。耶和華刻意沒有說明「選」出來的具體方法（有學者建議是透過製籤或藉著烏陵和土明），因為重點是在每一步驟中，都是由「耶和華所選的」（14節重複這句子3次），強調耶和華在事件中的主權。「選」（*lk̲d̲*）通常翻譯為「奪取」，多用來指在戰爭中佔領城鎮。這裏特別使用這個詞，似乎是把犯事者當作迦南城鎮般由耶和華所奪取。所講解的處理方法，是可以讓全以色列人都參與在整個過程中，也目睹耶和華如何「奪取」那隱藏在他們中間的犯事者。最後，那被選的人有當滅之物，他和所有屬於他的都要「被火焚燒」（15節），處理手法與六章24節所言相同。最後，經文以兩個「因為」（*kî*）帶出這樣處理的因由。第一個原因是犯事者「違背了耶和華的約」，即他「越過」這約所定下的界線。須留意的是，上文提及違約的是「以色列人」，而這裏則是犯事者，這表明個人與羣體的密切關係。第二個原因是他在以色列中做了「愚妄的事」（*nəb̲ālā^h*），因而帶來災禍。⓮

3.2.1.5 尋犯：按指示選出犯人（七16～18）

約書亞「清早起來」（16節；這詞第三次出現，參三1，六12），急忙按著耶和華吩咐行事。接著進行的程序和耶和華所吩咐相同。他先使各支派「近前來」，「選出」（原文應譯作「被奪取」）的是猶大支派（16節）。接著是使猶大支派按宗族「近前來」，被「奪取」的是謝拉宗族。接著被「奪取」的是謝拉宗族中的撒底家族。最後，重複4代家譜來指出犯事者是猶大支派中「謝拉的曾孫，撒底的孫子，迦米的兒子亞干」。經文4次使用主動式動詞「使……近前來」來表達約書亞的遵命，也4次用被動式動詞「被奪取」來暗示耶和華在背後的工作。

3.2.1.6 認罪:承認及交出證物(七 19~23)

這段經文可以分為以下小段:

1. 約書亞吩咐亞干講出真相(19 節)
2. 亞干認罪並交代所作之事(20 ~ 21 節)
3. 使者印證亞干所言是真確(22 ~ 23 節)

一、約書亞吩咐亞干講出真相(19 節)

約書亞先以「我兒」稱呼亞干,是以長者的身分出發,表示約書亞仍關懷亞干,接著便有 4 個命令句子。首兩句「將榮耀歸給耶和華－以色列的上帝」和「在他面前認罪」似是平行;接著的兩句「告訴我」和「不可向我隱瞞」也是平行的。第一個命令中稱呼上帝為「耶和華—以色列的上帝」(這是第二次在本書卷出現,參 13 節),再次強調耶和華作為以色列人的上帝這個身分,並要聽眾分外尊重這個事實。「**將榮耀歸給耶和華**」(19 節;原文可譯作「給榮耀予耶和華」)有尊重耶和華的意思,給予祂當得的尊榮,在這裏可能也有命亞干尊重他「被奪取」出來這個結果的意思。第二個命令「在他面前認罪」應翻譯為「要給他讚美」(「給」原文是 *nāṯan*),⑮ 可特別指讚美耶和華的公義。這兩個命令所指的是,當人歸榮耀予上帝,讚美祂時,他既承認和知道上帝的偉大,也因此同時必然認知到自己的罪性,以及上帝對此的審判。所以,反過來說,當人承認自己的罪時,他就是把榮耀給予上帝,承認祂是公義的審判者。第三和四個命令分別以正面及負面方式吩咐亞干交代真相,講出他所「做」過的事。所以,前兩個命令與認罪有關,後兩個命令與講出具體犯罪內容有關。應當留意的是,16 至 18 節所記載的方法,只「選」出犯事的人,並不是所犯的罪,目的是要讓犯事者自己坦白將事實講出來。

這短語在聖經中只出現 2 次,另 1 次在以賽亞書四十二章 12 節,指以話語讚頌上帝偉大的作為。

二、亞干認罪並交代所作之事(20 ~ 21 節)

亞干的回應也就正正對應約書亞提出這兩點,他首先承認犯罪,然後詳細交代所犯之事。他首句回應以「實在」(*ʾomnāʰ*)開始,強調所說的是真實的。

原文「我犯了罪」(*ḥāṭā'ṯî*)已含有主語「我」，但這裏再加上獨立代名詞「我」(*'ānōḵî*)作為強調，表示「確實是我，我犯了罪」。

然後，他承認「**實在得罪了**……」(原文可譯為「確實是我，我犯了罪」，得罪了「耶和華—以色列的上帝」。他的回應既採用了約書亞對上帝的稱謂，也重複耶和華的稱謂。「得罪」與 11 節所指的「犯了罪」相同。

接著，他詳述所「做」(20 節)過的事，對應約書亞要他講出所「做」(19 節)的事，並以 4 個動詞帶出具體內容：「看見」、「貪愛」、「拿去」、「埋」。首先值得留意的是，亞干指出他所取之物是他在「所奪取的財物」中看見的。「所奪取的財物」(*šālāl*)這個詞在約書亞記出現 5 次中(21 節，八 2、27，十一 14，二十二 8)，首次出現在這裏，其實所指的就是「戰掠品」。亞干使用這個字眼，而不是約書亞一直所採用「當滅之物」。所以，對亞干來説，他所取去的只是他認為應該屬於戰士的「戰掠品」，而不是屬於耶和華的「當滅之物」。所以，縱然亞干認罪，但他仍然未能對自己所犯之事的本質有正確的認識。

「貪愛」這詞用於十誡之中的「不可貪戀你鄰舍的妻子」(出二十 17；申五 21)，但它亦可有正面的意思，如「歡歡喜喜」(參歌二 3)、「仰慕」(賽五十三 2)。

從這些戰掠品中他「看見」一件「美好的示拿外袍」(即從巴比倫來的衣服)，另外加上「二百舍客勒銀子」和「一條重五十舍客勒的金子」。然後，他「貪愛」它們，這是一個強烈情感的表達，表示強烈渴求那不應擁有的物件。不可「貪愛」敵人的金銀，這個警告早已由摩西所宣告(申七 25)。他既然「**貪愛**」，就把它們「拿去」。⑯ 最後，以「看哪」帶出現場感，讓聽眾好像親眼見到那樣，指出這些物件是「被埋藏」在他帳棚的地裏，銀子在外袍底下，⑰ 可能是銀子價值最高。「埋」(字根為 *ṭmn*)這個詞在二章 6 節曾出現，指喇合把探子「埋藏」在亞麻梗中。

三、使者印證亞干所言是真確(22～23 節)

約書亞就派使者去。經文同樣以 4 個動詞表達使者的行動「跑到」、「取出」、「拿到」、「倒在」，回應亞干的 4 個行動。亞干的 4 個行動是由外到內，由明顯到隱藏，但使者的行動剛好相反，由內到外，由隱藏到明顯。

原文無「那件外袍」一詞，但「被埋藏」的原文 *ṭəmûnāʰ* 是個陰性被動分詞，與「外袍」的詞性相同，因此這動詞應是用來形容袍子。

第一，他們「跑到」亞干的帳棚那裏，顯示他們急於引證事件的真偽，然後處理這事。經文再以「看哪」開始，帶領讀者看見「**那件外袍**藏在」（「藏」原文可譯作「被埋藏」）在亞干的帳棚內，銀子也如所說的在它底下。這樣，就印證亞干所說的是真確。第二，他們就從這帳棚把這些物件「取出」，回應亞干的「拿去」。第三，他們把物件「拿到」約書亞和所有以色列人那裏。如上文所說「奪取」犯事者是在以色列人眼前執行，這裏所做的也是與所有以色列人有關的，故需要在他們眼前展示證物，同時也證明「被奪取」出來的亞干確是犯事者。第四、他們把物件「倒在」耶和華面前。「倒在」（字根為 *yṣq*）多指把液體倒在容器中的動作（參王下四 4、40；結二十四 3），在獻祭的處境中指「澆」上油或把血「倒在」壇腳（參利二 1，八 15）。這裏的「耶和華面前」應指在約櫃前。把這些物件倒在耶和華面前，就是指把這些物品交還給祂的意思。所以，所埋藏的，終於被顯示出來；耶和華那被奪去之物，終於也歸回耶和華。

3.2.1.7 除滅：石頭與火燒之刑（七 24～26）

這段經文可以仔細分如下段落：

1. 列出當除滅之物（24 節）
2. 宣告耶和華施災（25 節上）
3. 執行除滅的行動（25 節下）
4. 堆上石頭為記號（26 節上）
5. 耶和華憤怒轉離（26 節上）
6. 命名地方作記念（26 節下）

找出犯事者，只完成了耶和華吩咐的第一部分（14 節），但還需要把「他和他所有的」用火焚燒（15 節）。甚麼是「他所有的」（24 節）呢？除了他所取去的金銀和袍子外，還包括他的「兒女、牛、驢、羊、帳棚」，再以「他所有的」作為總結。約書亞和所有以色列人都把他們帶上亞割谷去。在未找出犯事者以先，以色列成了當滅之物（12節），找到以後，當滅之物就指向這犯事者及他所有的，這些全都需要除掉。

約書亞對亞干所提出的質問：「你為甚麼給我們招惹災禍呢？」這可以被理解為感歎句子，即「你使我們遭禍的是怎樣的事呀！」接著，他宣告耶和華會在這日使他「遭受災禍」（25節）。這個用詞講法正是約書亞在攻佔耶利哥時所提出的警告（六18）。所以，這裏再次指出約書亞應該對這事有所警覺，然而他卻是無知的。藉此講法，約書亞表明當亞干使全族人成為「當滅之物」，耶和華就使亞干成為「當滅之物」。

全以色列人就用石頭打死「他」（亞干），⑱ 表示事情的嚴重性。然後，按吩咐用火焚燒「他們」（25節），即亞干及他所有的，再在他們的屍身上「扔上」石頭。最後，他們在亞干身上特別立上一堆石頭（26節），這種做法後來也同樣出現在被殺的艾城的王身上（八29）。須留意在整個過程中，所有以色列人都參與其中，表明這事是與所有以色列人有關，也回應了他們曾對約書亞的承諾，治死那不聽從他吩咐的人（參一18）。這樣處理過後，耶和華就「轉意，不發祂的烈怒」，這回應1節「耶和華的怒氣就向以色列人發作」，以此表明事件得以完滿解決。

立這些石頭的意思是甚麼呢？簡單而言，是標誌著這是亞干的墳墓。更深一層說，這表明以色列人不是由不同的獨立個體集合而成，而是一整個羣體，一個會因其中一個成員的不忠而遭致整體受損的羣體。這堆石頭提出警惕，要留心類似亞干這樣的內在敵人，後來在約書亞記就重提亞干事件（二十二20）。最後，這堆石頭指出血源並不是最重要的，重要的是遵命。

亞干與喇合形成清晰的對比。原來屬於當滅之物的喇合和她一家，因著喇合相信耶和華而得救，後歸屬於以色列人一分子。然而，有著以色列人血統的猶大支派中的亞干，卻因為不忠誠而成為當滅之物。隨著按吩咐處理亞干及他的所有之後，耶和華也轉離祂的憤怒。最後，經文以「因此」帶出那地方名字為「亞割谷」的原因。這是因為「亞割谷」中「亞割」的原文（*āḵôr*）與「遭受災禍」的原文（*ʿāḵar*）有相同的字根（*ʿḵr*）。

信仰反省

這段經文有很豐富的內容，對我們的信仰人生有很多提醒，現提出以下幾點作反省。

那位剛剛因戰勝耶利哥而「名聲傳遍全地」的約書亞，如何面對艾城之戰呢？耶利哥之戰最重要是顯出耶和華的能力，但為何到艾城時卻突然間以人數為作戰策略的參考點呢？是否勝利容易令到我們以為得勝是因為自己的能力呢？戰敗後只有「三十六」人被殺，為何以色列人就已經「膽戰心驚，融化如水」呢？這是否反映他們如何期待這個戰爭的結果呢？被人數少的艾城打敗後，為何約書亞沒有想到失敗的原因是出於自己人——以色列人，反而要向耶和華抗議呢？他過去成功的經驗難道沒有令他明白到耶和華在歷史中運作的模式嗎？難道他突然之間忘卻耶和華與以色列人所立之約及所定下的法則嗎？成功會否令我們容易忘記上帝呢？過去的成功竟然成為我們今日失敗之母呢！

面對沒有預計的困難或危機出現時，我們會如何面對呢？經文指出，我們常有「寧願」這個想法，去逃避眼前艱難的場境。我們寧願選擇過去已熟悉和習慣的生活方式，縱然這是多麼的不理想和不合乎上帝的心意，也不寧願面對現在的困難，以及將來未可知的情況。然而，很多時這只是反映我們對上帝的帶領感到質疑，不相信祂的能力，同時自以為自己的決定才是正確的。約書亞寧願停在約旦河東，竟然忘記剛在耶利哥所得著的勝利。他只記著過去在河東戰爭的勝利，而不願面對在河西戰爭的失敗。選擇性的記憶確實是我們的通病。還有，失敗也令約書亞忘記耶和華的應許，祂不是說過沒有人能站在他面前嗎？同樣地，失敗也令我們忘記上帝的應許，對祂產生扭曲的看法，祂不再是施行拯救的上主，而是使我們滅亡的上主。約書亞所講的，或可反映出人會有意無意間不願面對罪的問題。為此，耶和華就向約書亞揭示那隱藏的事，讓約書亞可以正視以色列人的罪行。耶和華清楚指出他們犯了哪種罪及它的本質，以及它會帶來的後果，並嚴嚴吩咐約書亞如何及必須把罪除去。經文強調的其中一點就是要把那對人來說是隱藏的罪揪出來，把那內在的敵人曝露出來。人必須面對罪的真實性及其引發出來的結果，並願意把它清除。

有甚麼令我們「看見」、「貪愛」、「拿去」、「埋」呢？是金錢、地位、名聲、稱讚、愛情？「看見」也許是我們不能完全避免的，但接下來的「貪愛」和「拿去」就是我們應該要控制的。「看見」的不一定會「貪愛」，「貪愛」的不一定會「拿去」。十誡沒有吩咐我們「不可看見」。然而，「貪愛」卻是愛那不應該愛的，想擁有那不屬於自己的；「拿去」就是以行動回應「貪愛」，實際上奪取那不應該奪取的。再進一步的「埋藏」更是我們刻意地不讓他人知道，反而以正常的面目示人，意圖欺騙人。金錢、地位、名聲、稱讚、愛情在我們的人生中都有其位置，它不必然是壞的，更不是不可觸摸的。但是，若這些是需要「埋藏」的，這就表示它們有不可告人之處，其合法性定受質疑。最重要的是，從一開始我們如何看待這些事物，它是「戰掠品」還是「當滅之物」，是自己應得的還是屬於上帝，要獻給祂的呢？若認為是自己應得之物，那就更容易以各樣借口或行動據為己有，並自覺合理。若認定是屬上帝的，則會甘心獻給上帝，並心存感恩。我們認定心中有甚麼事物，是自己應得的呢？是我們要清除而沒有，反而是我們所愛並深深藏在我們當中呢？這些事物不但佔據著我們的心靈，還會不自覺地影響我們，叫我們離開上帝。這些隱藏著的事物，也許別人是不容易發現的，但卻是清楚為上帝所看見的，也是我們應從反省中去探察出來的。

這段經文挑戰我們對罪的看法。首先，我們通常對罪採取一種個人化的看法。我們常宣稱「一人做事一人當」或「這是我個人的事，不會影響其他人的」。不過，這段經文和我們的經驗都告訴我們，罪的影響從來就不只是停留在犯事者身上。罪對犯事者周遭的人亦可有深遠的影響，對社會羣體也會造成破壞。罪並不只是對我們作為犯事者做成個人的傷害，還會使我們所身處的羣體受連累、遭災禍。罪從來就不會只是個人的事。其次，經文強調人容易忽略罪帶來的影響。約書亞對戰敗事件的反應就正好證明這點。他認為不是因為罪而令他們戰敗，而是上帝自己。最後，經文用了不少篇幅指出除罪的過程，從而帶出除罪的重要性，以及體會到罪帶來的深遠影響。

3.2.2. 除滅外在的敵人：艾城事件（八 1～29）

除掉亞干後，耶和華指示約書亞再次攻取艾城。在這段經文中，耶和華在兩處地方對約書亞作出指示，而約書亞的參與就更為明顯。在攻佔耶利哥城的記載中，約書亞的角色基本上只是以領導者的身分作出吩咐（六 6、7、10、16、22、26），而甚少參與行動（六 11、12、25）。不過，在攻取艾城的敘事中，經文則只記載了他一次直接講話（八 4），更多的是記述在整個過程中，從開始計劃到執行，再到最後焚城和處理屍首，他都有參與其中。在這個記述中，以他為主語的動詞共出現 28 次。所以，在首兩場戰爭中，對付耶利哥城的一役強調耶和華的作為，而對付艾城的一仗則顯明約書亞在其中擔當著主動

和積極的角色。這段經文可以仔細分如下段落：⑲

1. 吩咐：處置艾城和埋伏（1～2節）
2. 定策：埋伏引誘和燒城（3～9節）
3. 執行：設置埋伏和誘敵（10～13節）
4. 中計：被誘離城去追趕（14～17節）
5. 奪城：四面受敵遭擊殺（18～23節）
6. 滅絕：殺絕居民且奪物（24～27節）
7. 總結：焚城滅王和堆石（28～29節）

3.2.2.1 吩咐：處置艾城和埋伏（八1～2）

在這段經文中，耶和華先鼓勵約書亞，命令他上去攻擊艾城（1節上），並宣告祂已把艾城交在他手中（1節下）。接著，祂便吩咐處置艾城的方法（2節上），並說明具體進攻的手法（2節下）。

繼亞干事件後，耶和華再向約書亞講話。在講話的開始，耶和華連續發出5個命令，首兩個是負面的，接著3個是正面的。祂以兩個負面命令「不要懼怕」和「不要驚惶」（1節，參一9）鼓勵約書亞不要停留在亞干事件的陰影中。讀者當然知道約書亞和以色列人除滅亞干後，耶和華的怒氣轉離他們（七26）。不過，約書亞仍需要耶和華的肯定才可得知這事。接著的是3個正面的命令。第一是「率領」（「率領」的原文可譯作「取來」）。約書亞要取來的是「所有**作戰的士兵**」。「所有」一詞可能是用來對比上次對付艾城時所派的3,000人（七3）。

「作戰的士兵」的原文可直譯為「戰爭的人民」（ʿam hammilḥāmāh），只出現在約書亞記中，共5次（八1、3、11，十7，十一7），似是強調全國人民都參與在戰爭中。

第二和第三個命令是「起來」和「上……去」艾城。約書亞要起來行動，再次攻擊艾城。接著，耶和華以「看，我已經把……都交在你手裏」（原文直譯為「**看，我已經交在你手裏……**」）來宣告約書亞必定勝過艾城，正好逆轉了約書亞投訴耶和華把他們「交在亞摩利人手中」（七7）。這樣的句子結構在約書亞記中，另外1次出現在

另有兩句類似「我已經交在你手裏……」的句子（參八18，十8）。原文可直譯為「在你的手中，我會／已交給」，所列舉的經文都沒有「看」這詞。

耶利哥事件中（六 2），表明耶利哥城的勝利也必然出現在艾城中。參下表（按原文修改「和修版」句子次序及某些字眼）：

八章 1 節下經文	六章 2 節下經文的回應
看，我已經交在你手裏—— 艾城的王、 和他的人民、 和他的城、 和他的地。	看，我已經交在你手裏—— 耶利哥、 和它的王， 大能的勇士。

有一點值得留意的。約書亞記關於攻打多座城鎮的記述，多數是先提及該城，然後是它的王及人民等，耶利哥城就是這樣的一個例子（六 2）。不過，在提及艾城之時，經文卻先提及「艾城的王」，再以他為參考點，附加上「他的」人民、「他的」城和「他的」地（八 1）。這個特別的表達形式，很可能是用來對應關於亞干的敘事，那裏提及亞干，以及以他為參考點，加上「他的」兒子、「他的」女兒、「他的」牛等等（七 24）。

為免以色列人再犯不忠誠之罪，耶和華先清楚表示約書亞「處置」（*wəʿāśîṯā*；應譯作「將處置」）艾城和它的王的方法，就如「處置」（*ʿāśîṯā*；應譯作「曾經處置」）耶利哥城和它的王那樣，縱然經文從沒有清楚提及過如何處理耶利哥王。耶和華又以「只是」（*raq*）帶出對待兩城仍有不同之處，就是他們可以把城的戰掠品（*šālāl*）和牲畜奪為自己的掠物。相比之下，耶利哥城及其中所有若不是「當滅之物」而被除滅，就是獻到耶和華的庫房中，但艾城裏的就是「所奪的財物」（2 節），是戰利品，因此有不同的處理方式。這兩者之間的差異，可能出於以下 3 個原因：

- 作為首個以色列人進攻的城鎮，耶和華清楚指出成功不是靠以色列人，而是祂自己的作為，因此所得的也應該歸於祂。相對而言，以色列人在攻佔艾城的過程中有很大的參與，所得到的就成為他們的戰利品，而這也是容許的。
- 對以色列人來說，獻上耶利哥城的所有，代表著對耶和華獻上所有在迦南地上所得到的，也代表著他們獻上「初熟的果子」。

- 獻上所有，對以色列人而言也是一個考驗。以色列人會否遵命呢？艾城事件中以色列人完全遵命，這表明他們可以通過這個考驗。這正指出重點不在於是否應該得到戰利品，而是有否遵命、有否越過耶和華所定下的界線。

最後，耶和華指示攻打方法，就是要在城的「後面」（4節）設下埋伏。在描述方向時，以色列人的慣常表達方法是這樣的。東面即是前面，或是太陽升起的方向；後面就是西面，或是向海的方向。因此，南面就是右方，而北面就是左方。所以，在「後面」設下埋伏就是在城的西面設下伏兵。

這個吩咐先提及處置艾城及它的王，然後是掠物，最後是埋伏的安排。在接下來的記載中，則倒過來先提及埋伏的部署及執行的方式（3～23節），然後是殺人掠物（24～27節），最後是艾城及它的王（28～29節）。雖然在這裏及對付耶利哥城之時，耶和華都給予指示應當如何進攻，不過，兩者有很多不同之處。有關攻擊耶利哥城的吩咐是詳細的，而且有禮祭的意味，當中有祭司和約櫃的參與。相對而言，有關對付艾城的吩咐就簡單得多，一點都沒有提及約櫃，然而軍事的意味卻較重。

3.2.2.2 定策：埋伏引誘和燒城（八3～9）

正如在越過約旦河和佔領耶利哥城事件中，約書亞的講話比耶和華的吩咐為多，也更為詳細。這裏也是一樣。如上文所說，這既表明約書亞的遵命，亦同時顯示他的主動性和策劃能力。這段經文首尾是敘事（3、9節），中間部分是約書亞詳細的計劃和安排（4～8節）。整段經文成為扇形結構，把這部分的內容稍為獨立地勾劃出來。現列出如下（稍修改「和修版」）：

A　在晚間差派勇士上去艾城（3節）

B　[4]吩咐他們說：「看，

C　你們要在城的後面埋伏，不可離城太遠，各人都要準備。

D　[5]我與我所帶領的眾士兵要向城前進。城裏的人像上一次那樣出來迎擊我們的時候，我們就在他們面前逃跑。

D'　[6]他們會出來跟隨我們，直到我們引誘他們遠離那城。因為他們必說：『這些人像上次那樣在我們面前逃跑。』

C' 當我們在他們面前逃跑，[7] 而你們就從埋伏的地方起來，佔領那城，因為耶和華－你們的上帝必把城交在你們的手裏。[8] 你們奪了城以後，要放火燒城，照耶和華的話去做。

B' 看，這是我吩咐你們的。」

A' 在晚間勇士到達埋伏之處（9 節）

A 和 A' 記載約書亞的初步行動，並指出行動是在晚間進行。B 和 B' 以約書亞的吩咐作為開始和結束，並以「看」作為連繫。C 和 C' 則指出伏兵的安排及責任，但 C' 同時指出耶和華在整個過程中的角色。D 和 D' 指出伏兵以外有其他軍兵作為引誘，佯著在艾城的人「面前逃跑」（5、6 節）。

一、第一段敘事（3 節）

> *「上……去」的原文 laʿălôṯ 是不定詞附屬形（infinitive construct），用以表達目的。*

3 節上先重複以「起來」和「**上**……**去**」來描述約書亞及所有戰士的行動，回應耶和華吩咐他要「起來」和「上……去」（1 節），表明他的遵命。不過，原文指出「上……去」是「起來」的目的。所以，經文並非記敘他們已經上去，因為實際上去的行動則記載在 10 節，而是表明他們立刻遵從耶和華的吩咐。3 節下則記載約書亞「選了三萬大能的勇士」，並在夜間「派遣」他們。「選」這詞在約書亞記只出現 4 次（另參九 27，二十四 15、22），這是首次出現。這與七章 14 節「選」的原文是不同的。約書亞所選的勇士人數竟是「三萬」，是上次攻打艾城人數的 10 倍。這兩點都表示約書亞以非常慎重的態度對待這次對艾城的進攻。

二、詳細計劃與安排（4～8 節）

約書亞的計劃是把士兵分為兩批，一批作埋伏（C 和 C'），另一批則負責引誘艾城軍兵離城（D 和 D'）。具體的部署是這樣的：埋伏的人要躲在城的西面，但不可以離城太遠，原因是為近於攻佔那城（C' 就清楚顯明），而且強調

「各人」（*kulləḵem*；4節，應譯作「你們所有人」）都要準備。另一方面，約書亞和那些與他一起的人就「前進」（5節；或譯作「近前到」）那城。約書亞說明「我」會與士兵同去，似是反映他上次沒有去，或指出今次他會親身參與其中。當那城的人出來迎擊，如上次攻城那樣時，約書亞等人就在他們面前「逃跑」（5節下）。值得留意的是，「和修版」形容艾城的人「會出來追趕」以色列人。「追趕」（*ʾaḥar*；6節，應譯作「跟隨」）與16節的「追趕」（*rdp̄*）不同。因此，約書亞並沒有說艾城的人出來「追趕」他們，只說那城的人「**出來跟隨**」他們，直到被以色列人「**引誘**」（*hattîqēnû*；6節）離開那城為止（6節）。所以，對約書亞來說，他們是這次行動的主動者，而艾城的人是被動者。約書亞利用艾城的人想法，以為以色列人這次的進攻與上次相同，只是軍力加強了。於艾城的人看來，以色列人這次的逃跑是被動且被逼的。上次進攻艾城時，以色列人是在艾城城門口被追趕（七5），所以，今次艾城的人也同樣地受著上次經驗的影響而離城追趕以色列人。

「出來跟隨」的原文（yṣʾ ʾaḥar）可直譯為「出來在後面」。至於理解為「跟隨」，可參這短語在以下經文的用法：撒母耳記上十一章7節；撒母耳記下十一章8節，二十章7節。

「引誘」這動詞原文（字根 ntq）與四章18節「一落」這動詞相同（參第二章釋經短註㉔）

6節最後一句「所以我們要在他們面前逃跑」應**與7節連在一起**，對比以色列人兩批士兵的行動。那一批由約書亞帶領的人會逃跑，另一批作伏兵則從埋伏之處「起來」，並「奪取」（*yrš*，以 *hiphil* 語態形式表達，表示一種主動語態的使役動作；7節，應譯作「佔領」）那城。因此，埋伏的人不可以離城太遠（4節）。「奪取」（或「佔領」）一詞最先在約書亞對人民轉述耶和華的應許時曾出現（一11），這裏採用這詞，表明佔領艾城是回應耶和華應許的行動。約書亞亦同時鼓勵士兵，說明耶和華他們的上帝必把城交在他們手中。約書亞在此不是指出為何要佔領艾城（原文沒有「和修版」的「因為」），而是指出這事是耶和華幫忙而得以成就。耶和華把城交在他們手中，他們就可以把那城「奪」（*tp̄ś*；8節，應譯作「抓緊」），意思是把那城控制。⑳「抓緊」後，他們就可以「放火燒」那城，這是按「耶和

7節的原文句子以獨立代名詞「你們」開始，接著是動詞「你們會起來」。這樣的句子結構可表達與上句對比的意思（參NRSV，TNK）。

華的話」去做的（8節）。既然以色列人以火焚燒耶利哥，而耶和華吩咐他們同樣方法處置艾城，以火燒艾城就是照耶和華的吩咐去做。最後，約書亞明顯說這是「我吩咐」他們的。在約書亞記中，「我吩咐」（*ṣiwwîṯî*）一詞是第一次出自約書亞的口（另一次在二十二章2節），表達他的自信和權威，另外3次是出自耶和華的口（一9，七11，十三6）。

三、第二段敘事（9節）

記載約書亞的講話後，經文返回敘述3節的內容。由於耶和華及約書亞的吩咐都提及伏兵，經文在此就先記敘這點。所以，9節就承接3節，重複指出約書亞派遣伏兵和這是在晚間的行動，並補充一些有關伏兵的資料，他們去到埋伏的位置，就是在伯特利和艾城的中間（參七2），即是艾城的「西邊」（9節；原文是「海那邊」）。而當天晚上，約書亞則在士兵中間過夜，再次表明他個人的參與。

3.2.2.3 執行：設置埋伏和誘敵（八10～13）

這段經文與3、9節的關係有點含糊。很可能其編排方式與關於喇合的敘事或越過約旦河相似，這並不單純是順著時序記述事件的發生，而是透過重複用詞，採用多個角度記敘同一個主題及其發展。下文析讀時會作出解釋。

「和修版」的「在百姓面前」是誤譯。「百姓」的原文與「點齊士兵」中的「士兵」同為 ʿam，也與3節「作戰的士兵」及9節「在士兵中間」的「士兵」相同用詞。

10節接續9節，指出約書亞「清早起來」（參2.3.1.1「以色列人離開什亭〔三1〕」的討論），「點齊」（原文意思是「數點」）士兵，然後他和「以色列的長老」在「在百姓面前」（應譯作「**士兵面前**」）上去艾城。「以色列的長老」在約書亞記只出現3次（七6，八10，二十四1），他們是作為以色列的代表。這裏數點的士兵應是指那些與他一起作為誘敵的，以及一起上去伴著攻打艾城，要按著計劃而行的士兵。

11至13節是倒敘內容，對於約書亞在9節所作的軍隊安排作更詳細的描述。㉑ 首先，約書亞與所有作戰的士兵上去，向前推進，對著艾城，並在艾城的北面安營。在此的經文再補充另外一個資料，指出在約書亞和艾城中間是「山谷」(*gay*；11 節)，這可能是想指出，若他們進到山谷中，艾城的人應該容易看見他們。

然後，他就從那與他同去的「三萬」人中，取來「約五千」人，「安排」他們埋伏「在伯特利和艾城的中間，就是艾城的西邊」(12 節)，其中記載埋伏位置的用語與 9 節相同。不只約書亞作出「安排」，士兵也「佈署」(13 節；原文應譯作「**安排**」)好所有在艾城北面的軍營和在城西面的「伏兵」(「呂振中譯本」譯作「後陣兵」)，指出士兵自己也與約書亞互相配合，積極參與其中。

*「和修版」的「他們佈署軍隊」中的「他們」卻沒有清楚指涉對象。在原文中，「佈署」與 12 節「安排」的字根 **śîm** 相同，而「佈署」的主語則清楚地是指「士兵」。*

最後一個補充是「當夜約書亞進入山谷之中」。在原文中，這個補充與 9 節「這夜，約書亞在士兵中間過夜」幾乎完全相同。㉒ 這樣做法似是將約書亞這兩個行動連繫一起。很可能是約書亞自己一人先走到山谷中，察看地理形勢，然後回營與士兵過夜。

3.2.2.4 中計：被誘離城去追趕（八14～17）

這段落的內容在時序上是接續著 10 節，可分為相關的兩部分，14 至 15 節是以色列進行迎戰和裝敗的策略，16 至 17 節是策略的效果。約書亞在早上帶人上去艾城，當艾城的王看見了他們，城裏的人連續以 3 個行動作出反應，分別是「清早起來」、「急忙」、「出去」(14 節；原文的次序是「急忙」、「清早起來」、「出去」)，既反映城內的人與王有默契，也表明他們迅速的回應。上次的勝利令到艾城的人勇於出來作戰。艾城的王和他所有的「士兵」(原文是「人民」)都到了「**所定的地點**」，「迎擊」以色列人。這地點應是以色列人所計劃的，是在亞拉巴前(14 節；參三 16)。「迎擊」重複約書亞的用語(參 5 節)，指出他的預計是準確的。經文接著指出「王並不知道城的後面有伏兵」(原文可譯作「然而他，他並不知道後面有伏兵」)，㉓ 指

*「所定的地點」在「和合本」是「所定的時候」。這詞原文 **môʿēḏ** 可以解作「所定的時候」或「所定的地點」，但按這節的上下文，解作「所定的地點」較合理(NRSV 和 TNK 都譯為 "meeting place")。*

出艾城的王已經中計。接著，約書亞等就「裝」著被擊打，㉔ 然後往曠野的方向逃去。

接下來的16至17節記載以色列人計劃成功，內容可整理如下表（稍修改「和修版」）：㉕

A　[16]城內所有的百姓都被召來追趕他們。

　B　x　艾城的人追趕約書亞的時候，

　　　y　就被引誘遠離了城。

A'　[17]艾城和伯特利沒有剩下一人不跟隨以色列人的。

　B'　y'　他們撇下敞開的城門，

　　　x'　去追趕以色列人。

A和A'的重點是所有人（即沒有剩下一人）作出追趕或（從以色列人的角度來看的）跟隨的行動，B和B'則點出追趕和離城的關係。

「追趕」在16節共出現兩次，17節出現1次，與8節「追趕」（*ʾaḥar*）的原文不同，參上文8節的解釋。

艾城的所有人民都被喊叫來「**追趕**」（*rdp̄*；16節）以色列人，也因此「被引誘」出了城。A'則進一步指出，不只艾城，也有伯特利的人出來。上文提過，艾城是在伯特利東面，這城很可能屬於伯特利的前哨堡壘。因著這個關係，伯特利也出來幫助，這也是可以理解的。若果伯特利的人當時沒有出兵，很可能他們會看見艾城被伏兵所夾攻，那時他們定必會出兵攻打伏兵，約書亞的計劃就未必能夠如此奏效。這事件之後，約書亞記沒有再提及伯特利，但十二章16節則記述伯特利王為約書亞所擊敗的諸王裏其中一位。「剩下」（*šʾr*；17節，「和修版」沒有將這詞譯出來）這詞在約書亞記共出現17次，常用來表示約書亞與迦南人爭戰中沒有「剩下」（參八22，十28，「和修版」譯作「留下」），或是有「剩下」當地的居民（參十三1，二十三4，「和修版」譯作「剩下」）。這裏的用法可算是預告這個主題。在此有兩點可留意。第一，A和A'所提及的「所有的人」（或「沒有剩下一人」）所指的應該是作戰的人，不包括非作戰人士。第二，「追趕」、「引誘」和「跟隨」等字眼都是約書亞所講過的（參5～6節），這再次指出他計劃的成功。

B 和 B' 則從兩個角度來看追趕和離城的關係。他們追趕的先是約書亞（x），然後是以色列人（x'）；他們被動離城（y），然後主動棄城（y'）。B 指出艾城的人追趕，但同時也是被引誘離城。但 B' 則指出他們主動地「撇下」自己的城，並進一步指出他們容讓這城「敞開」，顯明他們主動作一些愚蠢的行為。「撇下」（ʿzb）首先見於一章 5 節，指耶和華不「撇下」約書亞，但艾城的人卻這樣做，放棄可以保護自己的城壘。經文所述「關得嚴緊」的耶利哥（六 1）也不能保護自己，更何況是「敞開」的艾城呢！至此，約書亞的首部分計劃（八 5～6）是成功的，接下來的就要看伏兵能否按第二部分計劃完成任務。

3.2.2.5 奪城：四面受敵遭擊殺（八18～23）

> *有學者認為「標槍」應是「短槍」或半月形武器，應是非以色列人慣常使用的（參撒上十七 7、45〔哥利亞〕；耶六 23，五十 42〔北方來的敵人〕）。*

這段經文承接上一個段落，內容反覆記載伏兵的攻擊、艾城人的反應，以及約書亞的行動。伏兵的成功與否，是聯繫於耶和華對約書亞的吩咐。在這個關鍵時刻，耶和華命約書亞「伸出手裏的**標槍**」向著艾城，並指出原因是「我【指耶和華】要把那城交在你【指約書亞】手裏」（18 節）。耶和華要把城給約書亞，約書亞就要作出回應。約書亞就遵命向著那城「伸出手裏的標槍」，他的行動完全對應耶和華的吩咐。這個吩咐與當年祂吩咐摩西或亞倫「伸出」手裏的杖相近（參出七 19，九 22，十四 16）。那時，伸出手裏的杖跟耶和華的行動是有明顯關連的（參出九 23，十 13，十四 21）。所以，若比較這兩者，已反映了約書亞與耶和華同工。同時，相對於摩西的杖，約書亞的標槍作為武器，這更強調能力，也反映約書亞展示耶和華的能力。

當耶和華在這邊廂吩咐約書亞，那邊廂的伏兵就立刻行動。19 節這短短的經文，已包含 6 個動詞記載他們的行動：

- 伏兵從他們所在的地方「立刻……出來」（應譯作「快快地起來」）；
- 約書亞「伸手」；
- 伏兵「衝」（應譯作「奔跑」）；
- 伏兵「直攻」（意即「走到」）那城；

- 伏兵「奪」了城；
- 伏兵「立刻放火燒」(「立刻」即「急忙」)城。

經文以「快快地起來」、「奔跑」和「急忙」來表示伏兵迅速的行動。燒(*yṣṯ*)城則很可能是個信號，讓約書亞知道伏兵任務成功。應留意的是，經文沒有提及伸出標槍是命令伏兵出來的記號。這與「和修版」的次序不同，原文清楚指出伏兵先起來，然後約書亞才伸手，接著伏兵奔跑入城。而以當時情況，伏兵也應看不見標槍。所以，約書亞伸手並不是命令伏兵起來的信號。經文把伸手和奔跑這兩個動作連繫起來，目的是指出時間上的配合是出於耶和華的安排。

「他們沒有能力」的原文直譯作「他們沒有雙手」。「手」代表能力，亦可理解為「空間」，故「和修版」譯作「無處」。

經文轉到描述艾城的人(20節)。在追趕中，他們轉身向後看，就見城中的煙向天上升。他們發現「向這邊或那邊都無處可逃」(原文可直譯「**沒有能力**逃跑去到這邊或那邊」)。原本逃跑的是以色列人，現在則是艾城的人，且他們沒有能力逃跑。約書亞手裏有標槍所代表的是能力，艾城的人就沒有手，沒有能力。他們既然無能力逃跑，原本跑往曠野的以色列人就「轉身」向著那些原本「追趕」他們的艾城人(20節)。「轉身」(*hpḵ*)一詞在約書亞記中只出現在七章8節及八章20節，前者是以色列人「轉身」逃避艾城的人，後者是他們「轉身」對著艾城的人。同一個詞可以有相反用法，正好表示以色列人命運的逆轉。

21節進一步解釋，當這邊的約書亞和所有以色列人看見伏兵奪取了城，也就是看見城中的煙升起，他們就回轉，「擊殺」艾城的人。而那一邊的伏兵在奪城後則「出」城外「追擊」(原文可譯作「迎擊」)艾城的人(22節)。「出」

「四面受敵」的原文直譯為「這些〔以色列〕人在這邊，那些〔以色列〕人在那邊」。

和「迎擊」原是艾城的人的動作(14節)，現在就是伏兵所做的。艾城的人就在以色列人中間，「**四面受敵**」(22節)。以色列人就擊殺他們，沒有「剩下」一個「倖存者」(*śārîḏ*)，也沒有「一個逃脫」(*pālîṭ*；原文是「逃脫者」)，前者指在戰爭過後仍然存在的人，而後者則是那些被救逃離災禍的人。不過，經文即時提出例外，「以色列人生擒了艾城的王」(原文可直譯為「但艾城的王，他們生擒了」）說明，並把他「解到」約書亞那裏（23節）。「解到」的原文可直譯為「使……近前來」（*qrḇ*；以 *hiphil* 語態形式表達，是一個帶有主動語態的使役動作），在亞干的敍事中出現多次（七16～18），指約書亞使各支派、宗族、家室等近前來，讓犯事者「被奪取」出來。

至此，事情的發展就如約書亞所計劃的第二部分（7～8節）。不過，尚未按耶和華所吩咐的全部完成。餘下的經文就回應這點。

3.2.2.6 滅絕：殺絕居民且奪物（八24～27）

這段經文分為兩小段，分別回應耶和華之前的吩咐（參八2～3）。首段是24至26節，與艾城的居民有關，每節都提及「艾城所有的人／居民」。另一段是27節，與艾城的牲畜及財物有關。

24節記載住在艾城及出了城外的人之結局。這些「艾城所有的居民」其實是指那些追趕以色列人到田間和曠野的人。經文用3種方法表示這些人完全被殺。第一，「以色列人……殺盡」（*kəḵallôṯ yiśrāʾēl lahărōḡ*；原文直譯為「以色列人完成去殺死」）。「完成」（*kəḵallôṯ*；字根是 *ḵlh*）這詞首次出現在約書亞記（在約書亞記共出現5次），常指做完某件事情。「殺死」（*lahărōḡ*；字根是 *hrḡ*）所指要殺的對象是在戰爭中的敵人，在約書亞記只出現4次（24節，九26，十11，十三22）。第二，他們「全」倒在刀口下，即「他們所有人」（*ḵullām*）都倒在刀口下。第三，「直到滅盡」，原文字根（*tmm*）曾用來指第一代出埃及的以色列人在曠野中滅盡（參2.4.2.3「原因：執行割禮的因由〔五4～7〕」的討論）。當以色列人殺盡這些城外的人，㉖他們就轉回進入艾城，「用刀殺了城中的人」（原文直譯為「用刀口擊殺它」，即擊殺餘下在城中的人）。

25節則記錄被殺的數目，指出當日「殺死的人」（原文應譯作「倒下的人」），其中包括男人和女人在內，共有「一萬二千」人，也就是「艾城所有的人」。從這記載看來，可見14節「所有的士兵」（原文是「所有的人民」）、16節「城內所有的百姓」和17節「沒有一人不出來」等都只是一種修辭技巧的表達，作為強調之用。因此，這「所有」可能是指所有士兵或作戰的人，那些沒有出城的、死在城中的非軍事人員，則沒有被計算在這「所有」之內。

26 節則用「滅絕」($ḥrm$)一詞來指殺死「艾城所有的居民」。這是約書亞處置耶利哥城的方式(六 17),所以艾城也是如此,以表示以色列人遵從耶和華的吩咐。須留意的是,經文指出是約書亞滅絕他們,不過,明顯地不可能是他一個人就可以這樣做,他是作為以色列人的代表。然而,經文卻把滅絕一事與約書亞的堅持連繫起來。「和修版」指出約書亞沒有「收回手裏所伸出來的標槍」,但原文其實是指出他沒有「收回那伸出標槍的手」(參「新譯本」、NRSV 及 TNK 的譯法)。當然,伸出標槍代表耶和華的幫助,以致祂所應許的得以成就(18 節)。當年摩西舉起手中的杖,直到以色列人戰勝亞瑪力人(出十七 8～14)。這兩者的相似,指出約書亞延續摩西的工作,也是摩西理想的接班人。不過,經文這處強調約書亞沒有收回的不是標槍,而是他這隻伸出標槍的手。所以,強調的是他的堅持,而他的堅持就與艾城的人被滅絕這事件相連起來。

27 節似乎是指出,以色列人掠奪城的牲畜和財物為掠物,是因為要按著吩咐而行,而非出於個人的意慾。此外,約書亞記中常提及「摩西所吩咐的」(一 7、13、17,四 10、12,八 31、33、35,十一 12、15、20,二十二 5、9 等),但「照耶和華所吩咐約書亞的話」則是首次出現,指出約書亞的地位與摩西更為相似。

3.2.2.7 總結:焚城滅王和堆石(八 28～29)

上述以色列人的行動仍未反映他們完全依照耶和華的吩咐而行,至少仍未清楚提及如何處理艾城和艾城的王。所以,這兩節經文就為此作出最後的回應。

如焚燒耶利哥城那樣(六 24),約書亞把艾城「焚燒」($śrp̄$)。19 節「燒」($yṣt̠$)城的重點應是開始燃燒,發出信號,而這裏則是徹底的焚燒。另一個可能性是把這句子看為總結語,表明約書亞是這件事情的主導者和負責者。他使艾城成為永遠的「廢墟」($tēl$;28 節,直譯作「**廢堆**」),也是荒涼之處,直到如今還是這樣。所以,艾城的毀滅是完全的。

古時城鎮多建造在高處,遭毀壞後就成為廢堆。新的城鎮則建造在廢堆之上。所以,隨著時間,舊有的定居處就層層疊在一起。

至於艾城的王，則約書亞把他「掛在樹上」直到「晚上」(應指「黃昏」；另參同一節「日落的時候」)。這應不是指把他掛在樹上示眾，直至他死，而是指先處決他，再把屍體掛在樹上示眾，向周圍的迦南人作警告。當日落時，約書亞就作出吩咐。接著，有3個動詞：「取下來」、「丟」、「堆了」，表示如何處理艾城的王的屍首，這些動詞的主語是複數，雖沒明言是誰，但應是指以色列人。第一，他們把他的屍首從樹上「取下來」，這個做法符合摩西律法的吩咐(參申二十一22～23)，這指出約書亞是個守律法的人。第二，他們把屍首「丟」在城門口。以色列人與艾城的人爭戰在城門口開始(七5)，也在城門口結束。第三，他們在屍首上「堆了」(原文應譯作「立起」)一大堆石頭。他們的做法，甚至所用的文字表達，與對付亞干完全一樣。這堆石頭，既作為紀念，也作為提醒。對以色列人來說，這表示遵從耶和華的吩咐才是得勝的關鍵；對迦南人來說，這則顯明耶和華的大能和那些對抗祂的人之後果。至此，以色列人全然按耶和華的吩咐處置艾城及它的王。

3.2.3 小結

這個小結整理以上的內容，並回應兩個議題。第一是攻佔耶利哥城和艾城之間的異同，特別是有關約書亞這個人物的角色描述，第二則是亞干事件與攻佔艾城的相似之處。

3.2.3.1 耶利哥城與艾城

耶利哥城和艾城是以色列人首兩座攻佔的城鎮。不過，攻佔兩者的過程及其記敘有很大分別。現從以下3點作出比較。

第一是耶和華對約書亞的吩咐。在耶利哥城及艾城事件中，耶和華的吩咐(六2～5，八1～2、18)有以下幾個特色。

在耶利哥事件中耶和華的吩咐（六 2～5）：

- 只有 1 次吩咐，也只有 1 次提及「交在你手中」（2 節）；
- 除了「六日你都要這樣做」（3 節）是特指約書亞的責任外，其餘事情都是由「你們」——即不同的以色列人 ——所執行；
- 經文側重祭司和約櫃的繞城行動，以及其帶來的效果，而人民的行動則只是呼喊和上去。

在艾城事件中耶和華的吩咐（八 1～2、18）：

- 有 2 次吩咐，亦 3 次提及「交在你〔你們〕手裏」（1、7、18 節）；
- 除了「你們可以取為自己的掠物」（2 節）外，所有的吩咐都是「你要……」，即與約書亞有關；
- 沒有提及祭司或約櫃，但指出作戰的策略。

從以上可見，簡單而言，耶利哥事件強調耶和華的作為和以色列人應有的行動，而艾城事件則是約書亞的責任。

第二是約書亞的直接講話。在耶利哥事件中，約書亞有 6 次直接向以色列人講話（六 6、7、10、16～19、22、26），分散在整個攻佔過程的不同階段中，指示以色列人在適當時候所做的事情，同時亦加入在耶和華吩咐中沒有提及的內容，包括士兵和祭司在繞城時的相對位置，以及永獻的吩咐。不過，他自己在過程中的參與並不明顯。在艾城事件中，約書亞只是在開始行動時講過他的計策，並沒有在後來的不同階段中再作出任何的指示。他也在耶和華的吩咐之上加入具體與戰爭有關的安排，以確保得到勝利；他亦首次宣告「我吩咐」，帶出他的自信。在以上兩種情況中，經文描述約書亞為按著耶和華心意的詮釋者，也盡他的能力，主動積極參與在耶和華的計劃中。

第三是記敘事件內容的重點。在耶利哥城事件中，敘事中先指出迦南人的懼怕（五 1，參六 1），然後才記述以色列人攻城之事。這個攻城敘事中絕大部分篇幅是在繞城和拯救喇合這兩項事上，實際的爭戰記錄只有 2 至 3 節（六 20～21、24）。在與攻城有關的事上，特別要留意的是，經文更多指出攻佔耶利哥城是耶和華的工作，是祂把那「關得嚴緊」（六 1）和有高城牆的問題解決，以致以色列人可以進城殺敵。相對而言，有關艾城之戰的記敘，並沒有提及艾城的人的恐懼。另外，城門緊閉並不是要對付艾城所要關注的問題，艾城的人似乎很容易就打開城門（七 5，八 17），其重點似乎是艾城的士兵不好對付。在艾城的敘事中，絕大部分篇幅是記述約書亞的計策如何一步一步地成功執行出來。而且，約書亞常與人民在戰事的不同階段中一起行動，他手持標槍這戰爭武器，與以色列人一起打仗對付艾城。當然，耶和華也有參與在其中，約書亞伸出手中的標槍就表示耶和華的能力，也同時指出他與耶和華同工。明顯地，艾城的記載更強烈指出約書亞是個積極、與士兵一起行動的戰士。

綜合而言，耶利哥事件強調耶和華的能力，讓出埃及的第二代以色列人看見，耶和華的能力並不只是在於勝過自然界（越過約旦河），也勝過迦南人。因為耶和華才是帶領以色列人的那位戰士，耶利哥城所有的，都應該永獻予祂，或是徹底除滅，或是帶進祂的庫房中。在這過程中，以色列人要學習遵命，並為當中有人（即亞干）未能遵命而付上戰敗的代價。對約書亞來說，這顯明耶和華與他同在，也令他的名聲傳遍地上。不過，他應該比任何人都清楚，勝過耶利哥只因為他帶領以色列人遵命，而不是在於他們有甚麼的貢獻。然而，與艾城的首次戰爭中，約書亞既未能察看耶和華在其中的位置，在失敗後也沒有醒覺到出事的根源。他的成長，確實需要時間。在第二次與艾城爭戰中，耶和華讓約書亞有更真接的參與，也讓他在耶和華較少的指導下自己策劃進攻安排，並親身參與在整個過程中。在關鍵的時刻，耶和華顯明自己的幫助，但也要約書亞能堅持下去，直到戰爭完結。

3.2.3.2 亞干與艾城

上文曾提及過，亞干和艾城的敘事有很多相似之處。現綜合在除去內在敵人之亞干事件（七 1～26）與除去外在敵人之艾城事件（八 1～29）之間的相似之處如下：

事件	內在的敵人	外在的敵人
耶和華吩咐約書亞「起來」	七 10	八 1
「約書亞清早起來」，迅速回應	七 16	八 10
以色列人「跑」去勝過敵人	七 22	八 19
「奪取」(*lkd*)敵人	七 14～18 (7 次「選」)	八 19
「使近前來」受審判	七 14～18 (8 次「近前來」)	八 23 (「解到」)
以字根 *nbl* 形容敵人	七 15 (「愚妄的事」*nəbālāh*)	八 29 (「屍首」*nəbēlāh*)
以火焚燒敵人	七 15、25	八 8、19、28
核心人物及以他為參考點的屬他之物，都是受攻擊的對象	七 24	八 1
錯誤的「看見」，以致受害	七 21	八 14
認知真相，帶來命運的改變	七 20	八 20
結論：在敵人屍體上「堆了一大堆石頭，直存到今日」	七 26	八 29

透過建構以上的相同與相似之處，經文把對付艾城的手法應用在對付亞干身上，似是把亞干描繪為一座抵抗耶和華的迦南城鎮。因此，縱然亞干只是以色列羣體中的極少數，他的存在所帶來的影響，足以比擬迦南艾城所帶來的影響，這是一點兒都不能輕忽的。這個內在的敵人，實在與外在的敵人同樣值得重視。

信仰反省

這段經文其中一個值得我們反思的地方，就是過去成功或失敗的經驗，如何影響我們去面對今日或將來類似的情況。約書亞如何面對過去的失敗？艾城之敗令到以色列民「膽戰心驚，融化如水」，約書亞未必是例外。後來事情雖然得以解決，但他能勝過這「心驚」，能相信耶和華不再對他們發怒嗎？耶和華主動鼓勵約書亞不要懼怕和驚惶，叫他走出過去的失敗，不要停留在自責責人之中，他在那裏跌倒，就吩咐他要在那裏站起來。約書亞要面對自己的羞辱，卻要從其中走出來，勝過這次失敗。正因這樣，經文指出約書亞在這場戰爭中有更多的參與。從開始按照耶和華的指引作出策劃，到安排伏兵，視察現場，與軍兵同行，在戰爭時伸出標槍，到最後焚燒艾城，處置艾王，約書亞都一一親自參與。面對失敗的方法不是逃避，而是更積極的參與和面對。

艾城又如何面對自己的成功呢？經文沒有記述艾城的王和人民對於以色列人首次和再次來犯時的感受和想法。不過，縱然他們如喇合所言聽見以色列人的作為就「膽戰心驚」，但他們仍選擇一戰。到了以色列人再次來襲時，他們的回應，也確實如約書亞所預計的那樣。只一次的勝利，讓他們認為可以再次勝利。對他們來說，以色列人兩次攻擊的差異只在於人數的多寡，他們自信定可如上次那樣得勝；他們並不知道情況已有改變。在我們信仰的爭戰中，我們當然有失敗如約書亞，但亦會有成功。某一次的成功會否令我們過分有自信，認為必可再次得勝呢？若我們不去看清楚，到「往後一看」時，就已經「無處可逃」了。或許，更重要的是，艾城的人忙著追趕以色列人，忘記了整個爭戰最根本的目的是甚麼。這次的戰爭是為了要殲滅敵人，還是保衛家園？有不少時候，在事奉的過程中，我們讓當中的程序細節佔據我們的心思意念，我們「被引誘」離開了城，忘卻這些原是為了要榮耀上帝。我們每時每刻都「追趕」著日程表上的各項事務，忘記了設置日程表的目的，忘記了整個生活的目的。

如上文所述，約書亞在艾城爭戰中佔有很重要的位置，從策劃到對戰，整個過程都可見他的主導角色。在爭戰過程中，最關鍵的事是當艾城的人離城後，伏兵能夠在適當的時間起來，攻佔艾城。太早起來，艾城的人或未完全離城，或可以很快就回來對戰；太遲起來，則不知道被追趕的以色列人會否已被殺盡，不能轉過來夾攻艾城的人。這正是一個約書亞未必能完全掌握的細節。然而，耶和華就在那時吩咐那正佯著逃跑的約書亞伸出標槍。他伸出標槍，伏兵就剛好可以向艾城奔跑。當中時間上的配合，是約書亞所不能計劃的，但正好反映祂的主權和帶領。這裏所展示的是，縱然約書亞負責並擬定好整過作戰計劃，但在整個過程中，他亦敏感於耶和華的指引，作出適時的改動。

再者，要約書亞在那時只伸出標槍，直至殺盡艾城的人，而不是與以色列人共同作戰，對約書亞來說也是一個挑戰。然而，經文同時強調約書亞沒有收回那隻伸出標槍的手，直到滅絕艾城的人為止。約書亞當然要相信耶和華的能力，但同時自己也要有那分堅持，事情最終才可完全結束。我們有沒有在已好好編排的計劃中敏銳於上帝的介入，並聽從上帝的吩咐，作出適時及臨時的修改呢？又有沒有堅持到底，由頭到尾都相信上帝呢？

3.3 以巴路山上的禮儀（八 30～35）

對釋經者來說，這段經文有兩個難以處理的問題。第一是文本問題，希伯來文聖經的編排與死海古卷和「七十士譯本」都有不同，但它們的編排不見得比希伯來文聖經的合理。第二是地理問題。約書亞佔領艾城後，須北上約30公里才可到達示劍及其兩旁的以巴路山和基利心山，而且在九章6節，他們又返回吉甲這地。北上示劍之路要越過未經佔領之地，這行程理應不大可能發生，而且也沒有他們返回吉甲的記載。㉗然而，在以色列人所佔領的城鎮中，較近艾城的就是示劍，而約書亞則從來沒有記錄過攻佔示劍一事，但卻指出示劍是屬以色列所有（參十七7，二十7，二十一21）。這可能暗示了以色列人和示劍人都是和平相處，而後來示劍更是以色列人與約書亞重新立約之地（二十四1）。㉘不得不留意的是，約書亞竟然帶著所有以色列人，長途跋涉北上，正好表明他們認為這樣做是重要的。同時，他們帶著婦女孩童而去，顯明他們沒有任何懼怕（有別於當年河東兩個半支派的做法），因為他們相信耶和華保護著他們。

在聖經的編排中，這段經文提及祝福和咒詛，正好對應艾城事件中以色列人所面對的勝利和失敗。摩西曾經命令以色列人在以巴路山和基利心山宣告咒詛和祝福（申二十七～二十八章）。所記載的祝福中，提及潰敗敵人，使他們「逃跑」（申二十八7），而其中一個咒詛則是在敵人面前「逃跑」（申二十八25）。以色列與艾城的兩次戰爭，就正好應驗這咒詛或祝福（七4，八20）。所以，在亞干背約後（七11、15），約書亞在以巴路山按摩西吩咐而行，表達對約的尊重，也是很合理的。另一方面，這段經文亦對應五章1至12節以色列人行割禮守逾越節的重新立約行動。上文提過，五章1至12節總結以色列人在曠野的行程，表示他們已經到達迦南地，八章30至35節則總結第一階段的佔地，所指的是以色列人主動的佔領行動，有別於約書亞記九至十一章裏以色列人回應迦南人攻擊而作的被動爭戰。經文可以分段如下：

分段大綱（八30～35）

一、以巴路山上築壇與獻祭（八30～31）
二、約書亞抄寫和宣讀律法（八32～35）

3.3.1 以巴路山上築壇與獻祭（八30～31）

艾城之戰結束後，約書亞帶領以色列人北上，到示劍以北的以巴路山上為耶和華築壇，這是按照摩西所吩咐，在過河後所要做的事情（申二十七4～5）。以巴路山（海拔約940公尺）與示劍以南的基利心山（海拔約868公尺）中間，有可到達以法蓮山區的東西通道，在以巴路山上幾乎可以看見整個迦南全地（南地除外）。

按照著摩西律法書上所寫，這個壇是由「整塊石頭」築成的。「整塊」的原文（*šālēm*）與「平安」（*šālôm*）有相同字根，有「完整、整全、未經處理」等意思。這裏就把「整塊」理解為「沒有動過鐵器的」，即未經人手中鐵器處理過的，或是整塊鑿出來，或是鑿成合適的大小形狀。這要求是要避免使用可能曾經作為偶像敬拜的石頭。而且，這「整塊石頭」的原文是複數。所以，這壇是由多塊未經任何處理的整塊石頭所建成的。

然後，「他們」——即以色列人——就在其上獻上燔祭和平安祭給耶和華（31節）。這裏雖沒有說明，但也是按照摩西所吩咐的（申二十七6～7）。獻上燔祭是把整個祭牲（除了牠的皮）都全獻上壇上，作為禮物給予耶和華，是馨香的祭（參利一1～17，六8～13）。獻上平安祭是出於感謝，是甘心的，又或是為還願的，除了胸和右腿歸祭司所有外，餘下的肉可由獻祭者享用。這祭強調的是喜樂和慶祝，為要建立人與耶和華，以及人與人之間團契的關係（參利三1～17，七11～34）。所以，在壇上獻上燔祭和平安祭，就是向耶和華表達謝意，願意與祂建立團契關係。

3.3.2 約書亞抄寫和宣讀律法（八 32～35）

「抄寫」的原文是「寫一份副本（*mišne*[h]）」。

就在「那裏」，即是以巴路山上，約書亞把摩西律法「**抄寫**」在眾石頭上（參申二十七3、8），這表明已有一份摩西律法在約書亞手中。不過，這「摩西所寫的律法」不大可能指五經的內容，較可能是十誡或只是申命記二十七至二十八章裏祝福和咒詛的記載（參下文34節的析讀）。申命記二十七章1至8節的記載中指出有兩批石頭，一批作築壇之用，另一批則為刻上律法。若約書亞是按著吩咐而行，正如這段經文其他內容所顯示，則這裏所指的眾石頭，應該不是指築壇用的石頭。而且，抄寫是「當著以色列人面前」作的，他們見證著這行動，表明律法是人民所看見的，也是他們都可以知道的。

經文記下參加禮儀的人，以「以色列眾人」（33節；直譯作「全以色列人」）作為標題開始，然後以「無論是本地人或寄居的」（原文的次序與「和修版」不同，應作「無論是寄居者或本地人」）這兩類別來表示所有以色列人。「寄居者」是指那些打算定居在以色列中間的外邦人，他們大多都遵守以色列人的習慣和律例，是以色列人需要善待的對象；「本地人」則是指由以色列人所生的人。

「審判官」一詞是首次出現在約書亞記裏。他們可以是法律的仲裁者或教導者，或是地區的管治者，他們也可帶領人民爭戰。

值得留意的是原文先列出「寄居者」，後是「本地人」，這是表達對寄居者的關注。接著再列出不同職分的領袖，包括「長老」、「官長」和「**審判官**」（33節）。他們「站在約櫃兩旁」，又在祭司面前，而這些人就是抬「耶和華約櫃」的祭司。經文明顯強調約櫃的重要性。約櫃代表著耶和華的同在和帶領，表示耶和華對以色列人的委身。築壇獻祭和抄寫律法，加上站在約櫃面前，均表示以色列人對耶和華的忠誠委身。

所有以色列人「一半對著基利心山」，「一半對著以巴路山」。經文沒有記下他們所站的位置，但有可能如申命記二十七章11至13節所言（另參申十一29），是站在山坡上，面對著另外一座山。按照摩西「**先前**」所吩咐的，他們祝福以色列人民。

「先前」亦可被理解為「首先」，即他們首先祝福以色列民，暗指接著是宣告咒詛。這也是申命記二十七章11至13節所記載的次序。

隨後，約書亞就把「律法書上一切所寫的」向人民宣讀（34節）。申命記二十七章12至14節指出，有利未人在其中作宣讀。這裏卻只說是約書亞這樣做，很可能這是因為約書亞是領袖，所以歸因予他（參四4～9、20）。經文兩次提約書亞宣讀（34、35節），但重點略有不同。

首先，約書亞所宣讀的是「律法上祝福和詛咒的話」，原文直譯為「所有律法的話，即祝福和咒詛」（34節）。這樣的表達形式，似是指出當時律法所有的話就是祝福和咒詛。這樣表達很可能是承接剛剛提及的祝福人民的行動，但重點卻突出祝福和咒詛。祝福和咒詛是古代近東盟約中常有的元素，以祝福鼓勵人守約，以咒詛警告人不可違約。

其次，經文強調的似是聽律法的對象（35節），先稱呼聽眾為「以色列全會眾」。「會眾」（*qāhāl*）這名詞在約書亞記中只在這裏出現，常用來指以色列人作為參與敬拜或禮祭的羣體。這處出現此詞，很可能是指出一個新羣體的出現。這個羣體是遵守耶和華的吩咐，接受約櫃的帶領。越過約旦河之後，他們曾以行割禮守逾越節，來承認自己為耶和華子民的身分，現在再以築壇獻祭，宣讀祝福和咒詛重申約的條款，表明律法在他們中間，又在耶和華的帶領下佔領迦南地。

接著，再指出3類人，分別是「婦女」、「孩童」和「住在他們中間的外人」（原文可譯作「行走在他們中間的寄居者」）。這3類人都是容易被忽略和受到欺壓的人，經文特別提及他們，就是指出他們也有權知道律法，也受到律法的保護和規管。「在他們中間的寄居者」這短語令人想到迦南人喇合（參六25）。須留意這段經文兩次提及「寄居者」，指出他們與以色列人無異，都是「以色列全會眾」或「全以色列」的一分子。在約書亞記中，這種強調清楚指出，血源或種族並不是用來界定耶和華子民的準則，最重要的是他們是否遵從律法，專一敬拜耶和華。

3.3.3 小結

這段經文只有短短6節，但摩西的名字卻出現5次。約書亞兩次「按照」「耶和華的僕人摩西」所吩咐的（31、33節），兩次「照」（即「按照」）摩西律法書上所寫的去行（31、34節）。他亦抄寫摩西所寫的律法（32節），宣讀摩西所吩咐的一切(35 節)。這些既指出摩西的重要性，也是約書亞的遵命，以及他這樣做是作為摩西繼承者及領袖應有的表現。

上述內容多次提及約書亞的行動與申命記二十七章 1 至 13 節相同。不過，亦有一些差異，值得在此點出，以進一步理解這段經文的重點。申命記是先提及立起大石，塗上石灰，再在其中寫上律法(申二十七 1～4)，然後才提及築壇獻祭(申二十七 5～7)。不過這裏卻是先是築壇獻祭，這似乎是與宣稱地土主權有關，凸顯約書亞這樣做的目的。簡單地記下抄寫律法後，經文更強調的是祝福和咒詛及宣讀律法，表明這些對這個新羣體——「以色列全會眾」——這身分的重要性。

除了申命記二十七章外，有學者指出這段經文與出埃及記二十四章 3 至 8 節有不少相似之處，包括築壇、獻燔祭和平安祭、抄寫律法，以及宣讀約書。這個比較為要指出摩西時期在西奈山發生的事情，現今在約書亞的領導下，在以巴路山重演。律法確實臨到這出埃及後第二代的以色列人，不只是當他們在應許之地以外(申二十七章)，也在應許之地以內。經文指出約書亞延續摩西的工作，摩西對第一代和第二代的以色列人，而約書亞則是第二代。

信仰反省

戰勝耶利哥和艾城後，以色列人沒有立即就作出更多的攻擊，反而築壇獻祭和抄寫宣讀律法。獻祭和宣讀律法並非浪費時間的事情，反而是佔領迦南地不可缺少的行動，因為成功在於不能偏離律法，在於與耶和華有正確的關係。雖然以色列人仍未安定下來，但敬拜耶和華和遵從祂的話語永遠佔最優先的位置。同樣地，我們往往忙於各式各樣的事奉，為教會為自己爭取更多的地土，以致忘記了甚麼才是最重要和根本的事情。我們總是想著，等一切都做好了，就可以安心安靜的來到上帝面前。不過，經文正好指出不是這樣的。能夠穿越 30 公里從艾城上到示劍，同時帶著婦女、孩童，不就是表明遵守律法是需要「大大的剛強壯膽」嗎(參一 7)?遵守律法，與上帝建立關係，這才是最不應忽視的，而是最值得付代價要達到的目的。

以色列人在越過約旦河這個關口後，就行割禮守逾越節。同樣地，主動佔領迦南地的耶利哥城和艾城，完成第一個階段的得地，他們就是先築壇、獻祭和宣讀律法。這兩件事情，提醒我們要在不同的人生階段中，重新立志，叫自己再次作出抉擇，要選擇耶和華或拒絕耶和華。這立志的行動是公開的，就是公開地向上帝感恩奉獻，也是公開地表達自己對上帝的委身。經文挑戰我們，委身並不只是在我們人生中一次過的行動，而是要更新的。每次的委身立志，同時也是一次鼓勵我們信心的機會，讓我們作為一個羣體再次重溫上帝的恩典，並繼續奮勇向前。

溫習及思考問題

1. 耶和華軍隊的元帥與摩西看見焚燒荊棘這兩個敍事有何相似的地方？耶和華軍隊的元帥的出現，對約書亞有何意義？從耶和華軍隊的元帥與約書亞的對話中，如何看見耶和華參與在迦南的戰爭中？這事件對你的事奉生活有何提醒？
2. 按約書亞的吩咐，以色列人是如何攻入耶利哥城的？祭司與軍隊排列的次序是怎樣的？這樣的排列背後有何特別意思？
3. 以色列人如何處理「當滅之物」？如何對待喇合？攻打耶利哥城，如何使約書亞的名聲傳遍全地？約書亞這次的功績如何反映一個領袖的特質？
4. 在攻入耶利哥城整場戰爭中，經文共記載約書亞有多少段講話（五13～六27）？
5. 耶利哥城這一戰役的結果，給以色列人帶來了甚麼禍患？在耶利哥及艾城事件中，約書亞同樣差派探子，兩者有何不同的之處？
6. 在艾城遇到打敗仗之後，約書亞的反應如何？他以甚麼態度向耶和華禱告？他的態度對我們有何提醒？亞干所受的是甚麼刑罰？相對於他的行為，這刑罰是否合理？
7. 整個艾城事件中，經文所指「當滅之物」帶著甚麼意思？甚麼才是當滅之物？若應用在今日的信仰生活中，是否仍有當滅之物存在？在第一次攻打艾城事件中，以色列人及約書亞主要失敗的原因何在？
8. 經過第一次的失敗後，約書亞如何改善他攻打艾城的策略？如何從這事件中看見約書亞的成長？攻打艾城與攻打耶利哥有何相同及相異之處？

9. 艾城事件與亞干事件又有何相似的地方？這對於現代信徒有何提醒？
10. 經過艾城事件之後，以色列人接下來是去甚麼地方？他們去那裏要作甚麼？他們所作的事情與摩西時代在西奈山所作的有何相同？約書亞如何按著摩西的吩咐築壇、立石，以及宣讀律法？他所行的與摩西所行的有何不同的之處？
11. 整體而言，如何看出約書亞便是摩西的繼承人？他以甚麼方法在以色列人眼前顯明他是領袖？作為領袖的約書亞，他擁有哪些作領袖的質素？

釋經短註

❶ 霍克（L. Daniel Hawk）提出二至六章的扇形結構，可參 L. Daniel Hawk, *Joshua* (Berit Olam; Collegeville, Minn.: Liturgical Press, 2000), 91：

A 以色列探子在耶利哥城允許救喇合（二 1～24）

　B 以色列在禮儀過程中越過了約旦河（三 1～五 1）

　　C 以守割禮和逾越節表明信靠耶和華（五 2～12）

　　C' 耶和華軍隊的元帥並沒有表明幫助（五 13～15）

　B' 以色列人在禮儀過程中奪取耶利哥（六 1～21）

A' 以色列的探子在耶利哥城拯救喇合（六 22～25）

❷ 有興趣進深研究五章 13 至 15 節這段經文的讀者，可參 Blažej Štrba, *Take off Your Sandals from Your Feet? An Exegetical Study of Josh 5,13～15* (Österreichische Biblische Studien 32; Frankfurt: Peter Lang, 2008)。

❸ 五章 13 節「舉目觀看」的原文是由「提起他的眼睛」（*wayyiśśā' 'ênāyw*）和「他看見」（*wayyar'*）兩句組成。這用法在聖經中出現時多配合接著的「看哪」這句，來帶出觀看者意外地看見眼前的事物（參創十八 2，二十四 63；但八 3；亞二 1，五 1、9，六 1）。

❹ 六章1節的原文並不是以慣常敘事的 *wayyiqtol* 格式開始，而是以名詞「耶利哥」開始。句子中出現的4個動詞都是以分詞形式表達，這表明在時序上，六章1節並不是發生在五章15節之後或在六章2節之前，而是作為上一段描述的補充資料。它為讀者提供在理解敘事時所需要的資料，這往往出現在有關的對話或事件之前。

❺ 六章4節「羊角」的原文為 *šôp̄rôṯ hayyôḇlîm*。第一個字通常用來指一種樂器「角」，第二個字則解作「公羊」，兩個字合起來是「公羊的角」。這兩個字可互用，例如出埃及記十九章13節便使用第二個字，而十九章16節則用第一個字。約書亞記六章5節「羊角」的原文則為 *qeren hayyôḇēl*，意思是「公羊〔頭上〕的角」。有學者指出 *yôḇēl* 這詞也用來指「禧年」。以色列人在禧年之時要吹角，讓人可以回歸自己的產業（參利二十五8～55）。這與約書亞記六章的記載似乎有相似之處。

❻ 六章4節再次提及「吹角」，這角的原文是 *šôp̄ar*。按聖經記載，以色列人會在以下情況下吹「角」：贖罪日（利二十五9）、月朔（詩八十一3）、打仗（士三27；撒下二十1）、立王（撒下十五10；王下十一14）、呼籲聚集（耶四5），或敬拜（代下十五14）。

❼ 六章23節「青年」的原文的單數為 *naʿar*，意思可以指「青年」，但也可以指「僕人、侍從」。所以，「兩個作過探子的青年」的原文，可翻譯為「兩個作過探子的侍從」。

❽ 六章26節「和修版」中「約書亞叫眾人起誓」這句子的原文是沒有「眾人」這詞。「和修版」採取這樣的翻譯，很可能是因為「起誓」的原文 *šbʿ* 是 *hiphil* 語態形式（表達一種帶有主動語態的使役動作），意思是「使人起誓」（參二章17節喇合「使探子起誓」）。由於這個動詞並沒有明顯的賓語，所以，「和修版」加上「眾人」作為賓語，將這句理解為「使眾人起誓」。不過，在沒有明顯賓語的情況下，該動詞的 *hiphil* 語態形式很可能只解作「起誓」，與其 *niphal* 語態形式相同。這個用法也可見於二十三章7節。

❾ 比文（Joshua A.Berman）對這兩個段文作出很詳細的比較。參 Joshua A.Berman, *Narrative Analogy in the Hebrew Bible: Battle Stories and Their Equivalent Non-battle Narratives* (Supplements to Vetus Testamentum 103; Leiden: E. J. Brill, 2004), 31～54。

❿ 貝格（Christopher Begg）指出亞干事件反映申命記一章19節至三章11節，以及九章7節至十章11節這兩段經文的內容。這些經文都呈現相同結構性的編排：以色列人違背耶和華、耶和華憤怒及施刑罰、代求和調解、除去犯事者、重建耶和華和以色列人的關係，以及最後得耶和華支持而得勝。參 Christopher Begg, "The Function of Josh 7, 1~8, 29 in the Deuteronomistic History," *Biblica* 67 (1986): 320～334。

⓫ 戴維斯（Dale R. Davis）建議以下扇形結構。參 Dale R. Davis, *No Falling Words: Expositions of the Book of Joshua* (Grand Rapids, Mich.: Baker, 1988), 58：

A 耶和華的怒氣發作（1節）
  B 以色列人的災難：戰敗（2～5節）
    C 領袖在耶和華面前：不知情（6～9節）
      D 耶和華將問題啟示（10～12節上）
        E 中間點（12節下）
      D' 耶和華啟示解決方法（13～15節）
    C' 以色列在耶和華面前：知情（16～23節）
  B' 亞干的刑罰：被殺（24～26節上）
A' 耶和華的怒氣轉離（26節下）

⓬ 七章1節「和修版」中「犯了罪」（*mʿl*）的原文所用的並不是那用來指犯罪的常用詞。這詞的賓語多數是耶和華，意思指侵犯原本屬於耶和華的物件。所以，它可指誤取聖物（利五14～16）或是濫用耶和華的名字起假誓（利六5）。約書亞記所指當滅之物該歸予耶和華，但亞干私下奪取，因此這就是「犯了不忠實的罪」。

⓭ 七章6節「長老」一詞在約書亞記中是首次出現。它的原文可指年

長的人，又可以指人民（以色列或外族）中有權威的人。他們可在耶和華或其他羣體面前代表自己的人民，也參與裁決法律上的爭議。申命記記載了多個長老的職責（參申十九 11～13，二十一 1～9、18～21，二十二 13～21，二十五 5～10 等。）

⓮ 七章 15 節「愚妄的事」可以指在性關係上不當之事（創三十四 7；申二十二 21；撒下十三 12），但也可以指違反道德及宗教常規的事情，可理解為故意犯「褻瀆的事」，令人感到討厭或冒犯。這會使犯事者遭受死刑，也會使他人受連累。

⓯ 七章 19 節「認罪」的原文為 *tôḏāʰ*，它的基本意思是「感謝、讚美」（參詩五十 14、23），亦可指「感謝祭」（參利七 12；耶三十三 11）或「感謝、讚美之歌」（參賽五十一 3；耶三十 19）。「給【耶和華】讚美」（*nāṯan tôḏāʰ*）這短語在聖經中只出現兩次（另參拉十 11）。

⓰ 七章 21 節「看見」、「貪愛」、「拿去」這 3 個動詞，也正好用在夏娃身上（創三 6），她「看見」那果子是「美好的」，令人「喜愛」（「喜愛」與「貪愛」原文字根同為 *ḥmḏ*），於是她就「拿來」（「和修版」譯作「摘下」）。

⓱ 七章 21 節「埋在」的原文是被動式分詞「被埋藏」（*ṭəmûnîm*），用以形容這些物品。這用法沒有明顯指出亞干是作出這個動作的人，反而是強調物件「被埋藏」這個特徵。另外，「和修版」中「銀子在外袍底下」的原文為「銀子在它底下」，因為這「它」為陰性代名詞，與外袍的詞性相同，故此是指「外袍」。

⓲ 以石頭打死亞干作為執行死刑的方法（七 25），聖經提及以下情況都是用這刑法：獻兒女予摩洛（利二十 2）、行巫術（利二十 27）、褻瀆耶和華名的人（利二十四 16）、犯安息日者（民十五 32～36）、引誘人敬拜別的神明者（申十三 6～11），以及犯姦淫（申二十二 23～24）等。

⓳ 對於八章 1 至 29 節的分段，戴維斯建議以下結構（參 Davis, *No Falling Words*, 66）：

A　耶和華的保證（1～2 節）

B 指示如何埋伏（3～9 節）

C 眾民上去預備（10～13 節）

D 艾城以為勝利（14～17 節）

A' 耶和華的吩咐（18 節）

B' 伏兵攻擊行動（19～20 節）

C' 眾民轉回攻擊（21～23 節）

D' 艾城實被擊敗（24～27 節）

總結（28～29 節）

⓴ 八章 8 節「奪」（*tp̄ś*；「抓緊」）在約書亞記只出現兩次（八 8、23）。至於它的用法，可參考經文：創世記二十九章 12 節（波提乏的妻子抓緊約瑟的衣服）；申命記九章 17 節（摩西抓緊兩塊法版）；列王紀上十一章 30 節（亞希雅抓緊自己的新衣）。若指「抓緊」一個人，有「當場捉著、活捉、生擒」的意思（參民五 13；申二十二 28；撒上十五 8，二十三 26）。

㉑ 八章 11 節的原文以「所有跟他一起作戰的士兵」開始，然後才是動詞「他們上去」和「向前逼近」。這就是說，這節經文以 *x+qatal* 句式開始，有別於敘事中慣用使用的 *wayyiqtol* 句式。因此，作者並不是把八章 11 節描述為一件在時序上接續八章 10 節發生的事情，而可以是為以上的敘事作一些補充資料。另外，「作戰的士兵」的原文應是「士兵，就是戰爭」，強調這些士兵確實是為著戰爭而來的人。

㉒ 現列出八章 9 節與 13 節這兩句子的原文作比較：

八 9 *wayyālen yəhôšūaᶜ ballaylāh hahûʾ bəṯôḵ hāᶜām*

八 13 *wayyēleḵ yəhôšūaᶜ ballaylāh hahûʾ bəṯôḵ hāᶜēmeq*

這兩句子只有首尾兩個字有些微差異。首個字分別是「他過夜」和「他走去」，若除去母音，則只有最後一個字母不同；最後一個字則是「那人民」和「那山谷」，若除去母音，則只是「山谷」多最後的字母。「山谷」（*ᶜēmeq*）與 11 節（*gay*）的不同，兩者意思差異不大。

㉓ 八章 14 節「和修版」中「王並不知道城的後面有伏兵」的原文首先出現一

個獨立代名詞「他」，然後才是「他不知道」這動詞。這樣的結構是表達一件發生在敘事主線之前的事情，即「王不知道有伏兵」這事是發生在交戰之前。當然，後來王就知道有伏兵。

㉔ 八章15節「裝敗」的原文 *wayyinnāḡʿû* 的字根是 *nḡʿ*，解作「碰、接觸」或較激烈的「擊打、傷害」（參創三十二25；撒下十四10）。這字在約書亞記只出現兩次（另參九19）。這裏出現的是 *niphal* 語態形式（表達一個帶有被動或反身語態的簡單動作，即 *qal* 語態的被動式），有「容忍式」（tolerative）的用法，可譯為「容讓自己被擊打」。

㉕ 霍克建議以下扇形結構（Hawk, *Joshua*, 128）：

A [16]城內所有的百姓都被召來追趕他們。

　B 艾城的人追趕約書亞的時候，就被引誘遠離了城。

　　C [7]艾城和伯特利沒有剩下一人不跟隨以色列人的。

　B' 他們撇下敞開的城門，

A' 去追趕以色列人。

㉖ 八章24節「以色列人……殺盡了……以色列眾人就回到艾城……」，應翻譯為「當以色列完成去殺死……，以色列眾人就回到艾城……」。多個中文譯本都未能清楚翻譯原文首句時間性句子（*wayəhî kəḵallôṯ yiśrāʾēl lahărōḡ* ...；可參考NRSV和TNK）。

㉗ 至於八章30至35節的文本問題，在「死海古卷」中有發現約書亞記的斷片（4QJosh[a]），它記錄了八章34至35節這部分內容，且編排在五章2至9節之前，表示這些事件是在越過約旦河和立石之後發生的。有學者認為這可能是受申命記二十七章2至13節所影響。「七十士譯本」在這裏的經文編排次序是這樣：佔領艾城（八1～29）、迦南諸王的反應（九1～2）、以巴路山和基利心山事件（八30～35）、基遍事件（九3～27）。這樣的編排強調迦南王的反應與艾城事件之間的關係。這兩個編排次序都各有問題，未必比希伯來文聖經的更為合理可靠。至於地理問題，有學者認為這裏所提及的以巴路山或基利心山並不位處於示劍附近，而是在吉甲或耶利哥附近。

早期教父和拉比文獻就有這個看法。

㉘ 以色列傳統指出示劍是個宗教中心。耶和華就是在示劍向亞伯拉罕顯現，並首次在此賜福給他，而亞伯拉罕也就在此築壇（創十二6～7）。雅各亦曾在此築壇（創三十三18～20），並在此居住（創三十五4，三十七12～14）。

第四章

佔領迦南地（二）：南征北伐（九 1～十一 15）

- 與基遍人立約
- 回應約的要求：保護基遍與佔領南地
- 回應迦南聯軍：擊破戰車與佔領北地

對於以色列人佔領耶利哥城和艾城一事，迦南地上的人有不同的回應。既有多個迦南地上的民族要聚集攻擊以色列，也有基遍人用計謀誘使以色列人與他們立約（九 1～27）。基遍其後為此受到耶路撒冷王等人的攻擊，約書亞因守約出兵幫助基遍（十 1～27），並成功奪取迦南南面的眾城邑（十 28～43）。至於迦南地北面，因有夏瑣王向以色列人發出挑戰，約書亞也順勢攻打北面，擊敗北面聯軍的戰車（十一 1～15）。現分為以下 3 部分論述。

4.1 與基遍人立約（九 1～27）

約書亞記首 8 章經文記載以色列人主動攻擊他們自己揀選的城鎮，就是耶利哥和艾城。不過，九至十一章則記載以色列人被動地面對更多敵對的迦南人，不再是個別城鎮，而是由多座城鎮或地區組成的迦南聯軍。迦南地的君王因為「聽見」（九 1），就聚集要與以色列人爭戰。在這 3 章裏，經文先記載有 6 位君王（九 1～2），然後有 5 位亞摩利王（十 1～5），接著有更多達 10 多個區域的君王（十一 1～3），要聯合攻擊以色列人。與這些君王爭戰就是這 3 章經文的重點內容。不過，迦南人中亦有人對所「聽見」的持有與這些君王不同的反應。除了前文曾提及的喇合，就有基遍的居民。他們以計謀使以色列人與他們立約，以致可以存活，不被除滅。這章經文以引言帶出迦南諸王聚集要與以色列人爭戰（九 1～2），接著分為兩個段落，分別是基遍居民所行的詭計（九 3～15）及計謀遭揭破後的結果（九 16～27）。經文可以分段如下：

分段大綱（九 1～27）

一、迦南諸王聚集與以色列人爭戰（九 1～2）

二、基遍人誘以色列人與他們立約（九 3～15）

1. 基遍人假裝從遠處到訪以色列人（九 3～6 上）
2. 基遍人請以色列人與他們立約（九 6 下～7）
3. 基遍人向約書亞解釋為何而來（九 8～13）
4. 約書亞與他們立約使他們存活（九 14～15）

三、揭破計謀基遍人受咒永作奴僕（九 16～27）

1. 以色列人來到近處的基遍人中（九 16～17）

2. 會眾領袖不能否定他們的立約（九 18～21）

3. 基遍人向約書亞解釋為何行騙（九 22～25）

4. 約書亞拯救他們不致於遭殺害（九 26～27）

4.1.1 迦南諸王聚集與以色列人爭戰（九 1～2）

這是繼二章 9 節和五章 1 節後，第三次出現這類型的結構指標（參 2.4.1「迦南諸王的反應〔五 1〕」的討論）。九章 1 節的開始與五章 1 節幾乎相同（嘗試按原文翻譯）：

當在約旦河那邊所有亞摩利的君王聽見……（五 1）
當在約旦河那邊所有君王聽見……（九 1）

九章 1 節指出當迦南諸王「聽見」（原文沒有「這事」），他們就聚集。但經文沒有提及他們聽見甚麼，究竟是指以色列人佔領艾城，還是他們在以巴路山上築壇獻祭和宣讀律法之事，我們不得而知。另外，立石（八 32）是與宣稱擁有地土主權有關，所以，以色列人在撒瑪利亞區最高的山上刻石，因而惹來迦南諸王的強烈反應也大有可能。亦有學者指出，約書亞所宣讀的一些祝福，如以色列民族勝過列國，打敗敵人等都會引起諸王的反感（參申二十八 1、7、10）。

五章 1 節提及這些君王因所聽見之事而懼怕，但九章 1 節並沒有這樣的記載。有學者認為這是因為迦南人聽聞以色列人也曾在艾城一役中戰敗（七 2～5），所以，他們不再認為以色列人是戰無不勝的，故敢於和他們爭戰。這看法未必正確。首先，五章 1 節明顯指出，迦南諸王「膽戰心驚、勇氣全失」的原因是與耶和華使以色列人走乾地越過約旦河這事件有關。其次，雖然耶路撒冷人「很懼怕」（十 2），但耶路撒冷王仍是召喚其他君王與他一起攻打基遍（十 1～5）。最後，縱然以色列打敗迦南南地諸王的聯軍，但迦南以北地區多個君王仍是沒有懼怕，要與以色列人爭戰（十一 1～5）。所以，迦南人懼怕以色列人和以色列人是否戰無不勝，似乎沒有必然關係，而且迦南人是否懼怕和他們會否與以色列人爭戰似乎，也沒有必然關係。重要的是，經文所反映的是反對以色列人的力量愈來愈強，也愈來愈具侵略性，因此，以色列人所面對的挑戰和考驗也愈來愈大。

這裏記載的地區似是遍布迦南地，包括迦南中部的山區、中部到西部的低地、沿著大海（即地中海）的區域，以及向北對著黎巴嫩的地區。這樣的描述正是指出敵對勢力的強大。這些地區上有6位君王對以色列人作出回應，他們是赫人、亞摩利人、迦南人、比利洗人、希未人和耶布斯人的君王。對比三章10節，這裏沒有提及革迦撒人，而且次序亦與三章的不相同。不過，值得留意的是在聖經記載這些民族的清單中，所記的只與申命記二十章17節（及約書亞記十二章8節）完全相同，而申命記二十章10至18節摩西的吩咐，也正好與接下來的事件有關。摩西吩咐以色列人要把迦南本地的人，就是上文列出的6個族，全都滅絕，原因是免得以色列人向他們學習行可憎惡之事，以致得罪耶和華。但是，對於那些離以色列人很遠的各城鎮，則可以有其他的處理方法。若他們願意和平，則只要他們作苦工；若他們拒絕和平，就要殺盡當中的男丁，而婦女、孩童、牲畜等就作為掠物。接下來的經文記載，基遍人所採取的策略就是假裝自己住在距離以色列人遠處的地方，到訪以色列人為求和平。他們似是知道，摩西的吩咐及誓言是兩件不可以撤銷的事情，並以此來達到自己的目的。

經文強調迦南地上這6位君王的合作（2節）。他們不只「聚集」，還以一個副詞 *yaḥdāw*（意即「在一起」）表達他們聚集的情況（「和修版」沒有清楚地將這詞譯出來）。在約書亞記中，「聚集」（*qḇṣ*）只另外出現在十章6節（「和修版」譯作「聯合」）。「在一起」（*yaḥdāw*；「和修版」沒有譯出來）只另外出現在十一章5節（「和修版」譯作「一同」），也是用來描述迦南各區域的軍隊那集合對付以色列人的情況。最後，經文還加上「**同心合意**」（*peh ʾeḥāḏ*；直譯為「一張口」）來形容他們各人所做的都是懷著同一個目的。所以，這聯軍不只由迦南地各區的人組成，而他們還連結在一起，是為

「同心合意」也出現在聖經其他書卷中，「和修版」譯作「異口同聲」（王上二十二13；代下十八12）。

著同一個目的，就是「要與約書亞和以色列人作戰」（2節）。不過，他們應該未有確實地聚集過，因為基遍居民所做的事使之無法實行。下文亦沒有直接記載他們與以色列爭戰，而十章1至5節和十一章1至5節所記載的則是其他的迦南聯軍。不過，十二章7至8節似乎是把這些君王包括在約書亞所戰勝的君王名單中。

4.1.2 基遍人誘以色列人與他們立約（九 3～15）

若從結構看，九章3至27節可分為兩部分，就是記載基遍居民用計誘使以色列人與他們立約（3～15節），並在計謀被識破後按以色列人吩咐成為劈柴挑水的人（16～27節）。這兩部分形成平行結構如下：

A　基遍人假裝從遠處到訪以色列人（3～6節上）
　B　基遍人請以色列人與他們立約（6節下～7節）
　　C　基遍人向約書亞解釋為何而來（8～13節）
　　　D　約書亞與他們立約使他們存活（14～15節）
A'　以色列人來到近處的基遍人中（16～17節）
　B'　以色列人不能否定他們的立約（18～21節）
　　C'　基遍人向約書亞解釋為何行騙（22～25節）
　　　D'　約書亞拯救基遍人不至被殺（26～27節）

A和A' 分別指出基遍人的計謀（假裝從遠處來）和以色列人識破他們的計謀（其實是住在近處），兩者形成對比。B和B' 則與基遍人和以色列人立約一事有關，前者是以色列人對立約一事仍有疑問，後者則是已經立約，而以色列人不能否認這約，這兩者同樣形成對比。C和C' 與基遍人和約書亞的對話有關，前者是基遍人欺騙約書亞，後者則是他們向約書亞解釋他們為何行欺騙。兩個段落都記載基遍人對耶和華的認信，並顯出約書亞在這事上特別的位置。D和D' 則強調約書亞使基遍人存活，不讓他們被殺。這些對比和相似之處，指出基遍人的計謀雖然後來被揭穿，但是立約之事不能改變，基遍人最終也能達到原定的目的，就是得以存活，不被除滅。接著先分析A至D部分（3～15節），然後，便處理A' 至D' 部分（16～27節）。

4.1.2.1 基遍人假裝從遠處到訪以色列人（九 3～6上）

有別於迦南 6 個族的君王，經文清楚記載基遍的居民所「聽見」的內容，就是約書亞對耶利哥和艾城「所做的事」（3 節），這是首次提及迦南人所聽見的內容是沒有涉及耶和華或以色列人，而是與約書亞有關。因為約書亞「所做的事」，他們就以「詭計」（4 節）去「做事」。他們「做事」似是對應約書亞「所做的」。約書亞設計引誘艾城的人離城，以致伏兵可以攻城且燒城，「而他們」（原文為 *ḡam-hēmmāʰ*；4 節，「和修版」沒有翻譯出來，另參「呂振中譯本」）這班基遍人就採取相應的做法，設計使以色列人相信他們。❶「詭計」（*ʿormāʰ*）在聖經中只出現 5 次（其同字根的動詞則出現 6 次，形容詞則有 27 次），解作「聰明、審慎」，可以有正面的意思，指「靈巧」（箴一 4，八 5、12），或負面意思「用詭計」（出二十一 14）。在約書亞記這裏的經文也可以有正面意思，指基遍居民經過審慎考慮後才選擇與以色列立約。

他們就「假扮使者出去」。❷ 他們帶著兩類物件，第一類物件包括 4 樣，每樣都以「舊」來形容：「舊布袋」馱在驢上、「破裂補過的舊皮酒袋」、「補過的舊鞋穿在腳上」，以及「舊衣服穿在身上」（4～5 節；「和修版」視「舊布袋」和「舊皮酒袋」為馱在驢上的）；第二類物件是食物，他們帶著「作食物的餅」（原文可譯作「所有作糧食的餅」）都是「乾」和「霉」的。「霉」（*niqqūḏîm*）在聖經中只出現 3 次（九 5、12；王上十四 3〔薄餅〕），應解作「碎」，因為乾的餅不大似會發霉，而更應該是「碎」的。這些描述指出基遍人的計劃是很仔細的。然後，他們到了約書亞那裏，就是在吉甲的營地。❸ 這個旅程約為 30 公里。

4.1.2.2 基遍人請以色列人與他們立約（九 6下～7）

基遍使團對約書亞和「以色列人」（6 節）講話。「以色列人」的原文（*ʾîš yiśrāʾēl*）直譯為「以色列的〔男〕人」，是單數名詞作集體性用法。通常情況下，「以色列人」是翻譯自原文 *ḇənê-yiśrāʾēl*（直譯為「以色列的眾子」；參 17 節）。有學者認為約書亞記這節經文的「以色列人」並不是指普通的以色列人，而是一羣有權力作出政治或軍事決定的人（參十 24；申二十九 10；士七 23，八 22 等）。正因為這樣，基遍人才與他們說話。基遍人的講話也是有策略

> 希伯來文的文法一般是先有動詞，接著才是主語及其他元素。所以，這裏字詞的次序明顯強調「從遠的地方」。

的，他們以「從遠地」開始，然後才是「我們……來」（這短句在希伯來文字詞的**次序與「和修版」的翻譯不同**），在沒有任何解釋下就直接提出要求「現在求你與我們立約」（6節；「和修版」將原文「你們」譯作「你」），即願意成為以色列的附庸。「立約」（*krṯ bərîṯ*）在約書亞記共出現6次，5次與基遍事件有關（6、7、11、15、16節），另一次是約書亞離世前與以色列人立約（二十四25）。這短語亦可見於申命記七章2節摩西的吩咐，不過，那裏所指的卻是他禁止以色列人和迦南人（包括希未人在內）立約的命令。

7節點出基遍居民是希未人，直接指出他們不合資格與以色列人立約。這也同時指出基遍居民和長老（參11節）未必與希未王有相同的看法（參1節）。「以色列人」的回應表示他們懷疑基遍人的身分，這個使團「或許」是住在他們「附近」（*qereḇ*；原文應譯作「中間的」）。若是這樣，就當然不可與他們立約了。

4.1.2.3 基遍人向約書亞解釋為何而來（九8～13）

基遍人沒有回應「以色列人」的關注，轉而向約書亞講話。他們自稱「我們是你的僕人」，表示他們是約書亞的僕人，他們這樣的自稱，為要向約書亞表示尊重，也再次表達他們願意成為附庸的意願。約書亞的回應沒有使用重點用詞「中間」（*qereḇ*），而是較為中性地問及他們的身分，究竟他們「是甚麼人」和「從哪裏來」（8節）。❹ 他們也沒有直接回答這兩個問題，反而藉此機會解釋他們為何到訪以色列人。

首先，他們以「從極遠之地」開始，他們將「遠」（6節）這詞改為「極遠」（即「非常遠」），也因此暗示約書亞應該未曾聽過他們的來歷，所以也不必提出來。然後，他們重申自己是「你的僕人」。他們又解釋他們來到這裏是「因耶和華—你上帝的名」，並以「因為」（*kî*；「和修版」沒有將這連接詞譯出來）帶出「我們聽見他的名聲」。「名聲」在約書亞記只另外出現在六章27節（指約書亞的名聲）。但是，九章9至10節是指「耶和華—你上帝」。他們宣稱所「聽見」的是耶和華在埃及「所做的一切」，以及祂對河東的希實本王西宏和巴珊王噩「所做的一切」。這些都是較早期和在迦南地以外所發生的事情，內容與喇合的宣稱頗為相似（參二 10）。比較之下，基遍人比喇合更強調這些事情都只是與耶和華，而不是與以色列人有關，縱然他們沒有像喇合那樣認信耶和華的主權（二 11）。另一方面，他們絕口不提原先真正「聽見」有關耶利哥城和艾城的事情（參九 3）。這做法明顯是刻意的，表示他們不知道最近在迦南地發生的事情，也因此只聽聞耶和華的名聲，而不是約書亞的名聲，因為後者只是在越過約旦河和攻陷耶利哥城後才傳遍全地的（六 27）。這是以色列人第二次從迦南人口中聽見他們對耶和華－上帝的認信。

再者，他們指出他們只有「長老」（11 節），就暗示他們沒有君王，也表示他們是由長老和當地所有的居民差派而來，這明顯與此章 1 節的內容有衝突。他們表達自己的政治架構與迦南諸族不同，為表示他們是接近以色列人的情況。一般而言，長老應該是這代表團的成員之一，而這次他們的長老卻沒有與他們同來，這印證他們確實是從很遠的地方來。他們說出長老吩咐他們的話中，首先強調的竟然是糧食！若他們行程確實是很長的話，長老的這個吩咐就顯得有點多餘了。事實上，他們不大可能仍帶著出來時所需要的糧食，而在途上卻沒有任何補給。所以，他們捏造這個吩咐，目的只是引導以色列人去以他們的食物作為驗證，以此為他們講話是否真實的重要考慮點。長老也吩咐他們「去迎接」以色列人。「去迎接」（*liqra'ṯ*）在約書亞記中出現 5 次，其餘 4 次都是在戰爭的處境中，可翻譯為「去迎擊、去作戰」（八 5、14、22，十一 20），只有這裏所指的是沒有作戰的意思，以此凸顯基遍居民和其他民族的差異。長老最後吩咐他們向以色列人自認為僕人（11 節；這點已是第三次出自他們的口，但前兩次是自稱為約書亞的僕人），並「現在求你們與我們立約」，用詞與 6 節下完全相同。藉著這樣轉述長老的講話，基遍使團既表明他們確實遵命而行，也再次提出立約的要求。

最後，基遍使團以 3 個「這（些）」帶出兩類他們攜帶的物品，分別以兩個「看哪」帶出這些物品的現況（12～13 節），以證明他們確是從遠處而來，其次序剛好與 4 至 5 節相反。第一類是食物，「這……餅」在他們離家時是熱的，以「看哪」指出它現在是又乾又碎。第二類是其餘衣物皮袋，以兩個「這些」帶出來。第一個是「這些皮酒袋」，以「看哪」指出它已經由新的變為現在是破裂的，第二個是「這些衣服和鞋」，它們都已成為「舊」的，因為「路途非常**遙遠**」（原文應譯作「路途非常之長」）。所以，從「遠」到「極遠」，再到「非常之長」，他們原來所住之處似乎離以色列愈來愈遠了！

但原文不是使用「遠」（rāḥôq），而是「長」這個形容詞，它的原文 rōḇ 則常被解作「多、大量、巨大」。

基遍人這段講話與申命記二十九章5至6節，「我領你們在曠野四十年，你們身上的衣服沒有穿破，腳上的鞋也沒有穿壞；你們沒有吃餅，也沒有喝清酒烈酒，好讓你們知道『我—耶和華是你們的上帝』」，有相似之處。這似是指出若不是耶和華作出供應，以色列人在進入迦南地之前的景況就會如基遍人所宣稱那樣。因此，基遍人也像是表示他們其實像以色列人般，不過，分別在於以色列人有耶和華的保護，而這正是他們現在所希望得到的。

4.1.2.4 約書亞與基遍人立約使他們存活（九 14～15）

這兩節經文記載3組不同的以色列人在基遍使團解釋過後的回應，分別是「以色列人」（原文只是「那些〔男〕人」）、約書亞和「會眾的領袖」（14～15節）。

首先，「那些〔男〕人」應是指6節提及的「以色列人」。他們「收下」（原文是「取去」）一些基遍人的食物，應是作驗證之用，而不是表示與他們共宴作為立約的要求（參創二十六30～31）。不過，這句子也可以理解為「以色列人接納他們，因為他們的「**一些食物**」（14節）。若是這樣，基遍使團以帶來的物件，尤其是食物，引導以色列人去相信他們確實是從遠處而來的，而以色列人也受引導以食物（及其他物件）的狀況作為驗證的準則。基遍人事前所計劃的，都能按步實現，就如約書亞對付艾城的計劃按步實現那樣。然而，重要的是經文以對比的手法指出「但是沒有求問耶和華的指示」（14節；原文應譯作「但耶和華的指示，他們沒有求問」）。「耶和華的指示」（*pî YHWH*）可直譯為「耶和華的口」，指耶和華的話語或是祂的吩咐，也包括具體的指引（參利二十四12；民九18）。按民數記二十七章21節，祭司以利亞撒

「一些食物」中「一些」的原文（min）也可理解為「因為」（The Jewish Bible: Tanakh〔TNK〕的翻譯）。

要憑烏陵求問耶和華，而全會眾和約書亞則要照此而行。不過，經文這個對比正好指出以色列人察驗真相的方法，是憑眼睛可見的物件，而不是從耶和華而來的指示！

接著，約書亞便與基遍人「建立和好關係」，❺ 即向基遍施出和平。他又和他們「立約」，好使他們「存活」（15 節）。上文曾提及「存活」（*ḥyh*；參 3.1.2.3「第七日的事情〔六 15～25〕」）這個詞在約書亞記共出現 8 次，其中 3 次與喇合家存活有關（二 13，六 17、25），3 次則與基遍人有關（九 15、20、21），顯明「存活」確是迦南人所關注的，但只有那些臣服於耶和華的迦南人，才可以有這情況的實現。

最後，「會眾的領袖」也向基遍人「起誓」（15 節）。「會眾」（*ʿēḏāh*）這詞首次出現在約書亞記，通常指為著某個具體目的而聚集在一起的人羣。這裏應是指為著基遍使團的要求而特別聚集的人。這些人的領袖亦同意與基遍人立約，並以起誓作實。在近東處境中，這些誓言都是指著自己的神明而起的，以示真確。「起誓」一詞在約書亞記中出現 12 次，其中 5 次（一 6，五 6〔2 次〕，二十一 43、44）是耶和華起誓，1 次是摩西的起誓（十四 9），而其餘 6 次都與喇合（二 12，六 22）或基遍人事件有關（九 15、18、19、20）。這明顯指出起誓在這件事中的重要性。總結而言，經過以上 3 組人不同的行動，與基遍人立約之事就得以確認。

4.1.3 揭破計謀基遍人受咒永作奴僕（九 16～27）

4.1.3.1 以色列人來到近處的基遍人中（九 16～17）

以色列人與基遍人立約 3 天之後，他們就「聽說」（16 節；原文意思是「聽見」）有關基遍人的住處。這是首次以色列人聽見有關迦南人的消息。他們聽見的內容有兩點，分別是「他們【基遍人】是近他們【以色列人】的」和「他們【基遍人】住在他們【以色列人】中間」（「中間」這詞「和修版」譯作「附近」）。在原文裏，「**近**」（*qārōḇ*）和「中間」（*qereḇ*）有相同子音，只是母音不同，明顯是雙關語，強調基遍人確實是在以色列人附近，而不是他們多次所宣稱的「遠」、「極遠」或「非常遙遠」。

「近」（*qārōḇ*）的原文是形容詞，可作名詞用，解作「近鄰」。

為了證實事情的真偽，以色列人就起行，第三天就到了基遍人的城鎮，原來他們的城鎮共有4座，分別是「基遍、基非拉、比錄和基列·耶琳」。這4座城鎮都在耶路撒冷西北約8至16公里。這行程就確認基遍人並不是住在遠處，而是在近處的。所以，「以色列人」最初的懷疑是合理的（7節）。

4.1.3.2 會眾領袖不能否定他們的立約（九 18～21）

按照摩西的吩咐，以色列人需要把那些屬於迦南本地6個族的人盡行消滅（申二十16～18）。因此，以色列人原想擊殺基遍人，不過，因為會眾的領袖已經以耶和華－上帝的名字向基遍人起誓，以色列人就不能這樣做。這清楚表明以耶和華名字所起的誓是不能**違反**的。以色列人面對著一個困境，或是違背耶和華的吩咐不去消滅基遍人，或是違背以耶和華的名字所起的誓言擊殺他們。

掃羅後來違反與基遍人所立的約，殺死基遍人，因此遭致饑荒（撒下二十一1～6）。

因著以色列人不可擊殺基遍人，會眾就為此向眾領袖「發怨言」（*lûn*），這動詞表示了一個強烈的不滿，甚至有推翻領袖的意味。❻ 所以，「眾領袖」（19節；原文是「所有領袖」）就需要清楚解釋不能擊殺基遍人的原因和擊殺他們會引致的後果（19～20節）。他們的講話可用扇形結構表達如下（稍修改「和修版」）：

A　領袖已經起誓	[19] 我們已經指著耶和華－以色列的上帝向他們起誓，
B　不應做的事情	現在我們不能碰他們。
B'　應該做的事情	[20] 我們要這樣對待他們，讓他們存活，
A'　守誓不會受罰	好叫憤怒不會因我們向他們所起的誓言而臨到我們。

「我們……起誓」的原文以獨立代名詞「我們」先行，接著是動詞「我們起誓」。在希伯來文中，這個動詞已含有主語，本不必再加上獨立代名詞。現在加上，是作為強調之用。

所有領袖首先承認「**我們……起誓**」。這短語的原文可直譯為「**我們，我們已起誓**」，領袖以此強調他們自己已採取了起誓這行動。而且，這誓言是指著耶和華以色列的上帝這名字起的，是嚴肅的事情。接著，以「現在」

（*wəʿattāʰ*）帶出邏輯性的結果，故可把這詞翻譯為「所以」，意思是「所以他們不能碰基遍人」。「碰」（*ngʿ*）的意思在這裏應是指「擊打，傷害」（參第三章釋經短註㉔中對八章15節「裝敗」的解釋）。相反地，應該要做的是「使他們活著」。這樣做就是守約的表現，也因此不會受到違約應得的懲罰，就是「憤怒」不臨到以色列人。「憤怒」（*qeṣep̄*）這個名詞在約書亞記只出現2次。另外1次在二十二章20節，提及亞干犯罪，以致「憤怒臨到以色列全會眾」，所以這憤怒應是指耶和華因以色列人的不當行為而施加的懲罰。❼這裏的「憤怒」也應指耶和華會因以色列人違背**所起的誓**而施加懲罰，同時也是臨到「會眾」的。正因這樣，會眾就不得不同意領袖的建議。解釋過後，領袖向會眾宣告「讓他們活著吧」（原文可譯作「他們要存活！」）❽撒母耳記下二十一章1至6節就記載後來掃羅違約，殺害基遍人，因而引致自己後裔被殺作為補償。整件事的總結就是，基遍人就成為「為全會眾作劈柴挑水的人」，正如領袖曾就著他們所定的。這約定並不是領袖和會眾在爭論要否擊殺基遍人後所達致的妥協結果，而是早前與基遍人立約時就已定下要他們作僕人的條件。「於是他們照領袖所說的，為全會眾作劈柴挑水的人。」（21節）❾

「我們向他們所起的誓」的原文可直譯為「我們向他們所起誓的那誓言」，動詞「起誓」（šbʿ）與「那誓言」（haššəb̲ûʿāʰ）這名詞是同字根。

「劈柴挑水」，尤其是後者，常是女人做的工作（參創二十四11；撒上九11）。所以，會眾的領袖就把這些本來是戰士的基遍人（參十2）分配做一些女人或僕人的工作。這就回應他們原先對約書亞自認為「你的僕人」這句說話（8、9節；參11、24節）。

4.1.3.3 基遍人向約書亞解釋為何行騙（九22～25）

相對於基遍人對約書亞解釋他們來訪的原因（8節），這裏是約書亞「召」他們來查問原因。約書亞首先質詢「你們為甚麼欺騙我們」。❿不過，約書亞及以色列人受騙，自己也需要負上責任，這正是因為他們沒有求問耶和華的結果（14節）。不過，約書亞在這件事所犯的過錯似乎不是太嚴重。至少，經文沒有記載耶和華認為這是一件叛逆祂的事情。其次，到目前為止，約書亞與耶和華的相交模式並沒有涉及他要事事求問祂。無論是在越過約旦河或是在攻陷耶利哥的記載中，約書亞的吩咐往往都比所記下耶和華的吩咐為多，如上文所說，這顯出約書亞的自主權、獨立和作為領導的性格。最後，在這個過程中以色列人和會眾的領袖也參與在其中。雖然這兩羣人在約書亞記中出現的次數不多（十24，十七4，二十二14、30、32），但他們在這裏明顯有參與接納跟基遍人立約。所以，約書亞與這兩羣人同時承擔這個責任。在這個質詢中，他以「遠」（*rāḥôq*）和「附近」（*qereḇ*；即「中間」）這對相反詞指出欺騙的重點。他們自認是「離你們很遠」，但實際上卻是「住在我們附近」（即「住在我們中間」）。

接著，約書亞指出基遍人應受「詛咒」，他指出兩點有別於領袖和基遍人所立之約的要求。第一，基遍人是「不斷」有人作奴僕（23節）。「不斷」（*wəlōʾ-yikkārēṯ*；原文可直譯為「不被中斷」），當中所用的動詞的字根為（*krṯ*），且是 ***niphal* 語態形式**。在此有兩點值得留意：

> *niphal* 語態形式是表達一個帶有被動或反身語態的簡單動作，可說是 *qal* 語態形式的被動式。

- 這個動詞與「立約」的「立」相同。基遍人誘使以色列人和他們「立」約，而現在他們世世代代不被「中斷」作以色列人的奴僕，兩者互相對應；
- 這被動形式的動詞指出他們作奴僕這件事，是不會「被中斷」的。但是，不會被誰所中斷呢？約書亞所使用的「詛咒」這用語，直指耶和華是決定者，即耶和華不會中斷使基遍人作奴僕。這就把作僕人這事由約的要求，轉為是由耶和華去指定的。

第二點有別於領袖和基遍人所立之約的要求的，就是以色列的眾領袖要基遍人「為全會眾」作「劈柴挑水」的人（21節），但約書亞則指出是「為我上帝的殿」作這樣的工作（23節）。約書亞以咒詛正式把他們定為在耶和華的殿作這樣工作的人。約書亞這樣做法，似是要確保這些基遍人能夠事奉以色列人所敬拜的上帝，而不是基遍人的神明，免得以色列人的信仰受到玷污（參申二十16～18）。從另一個角度來看，這也可以看為是把基遍人作為「永獻」。「永獻」可以理解為把該事物分別出來完全的歸給耶和華，或是把它歸於聖所，或是把它毀滅，不能再作其他用途（參 1.4.3「戰爭與當滅之物的關係」）。以色列人原應以全然毀滅的方式處理基遍人，但因為已經與他們立約的緣故，就不能這樣做。於是，約書亞採取另外一個「永獻」的方式，就是把他們歸於聖所，為聖所作工。由此可見到約書亞的智慧，他既能守約，又能夠遵守耶和華要以色列人以「永獻」對待希未人的吩咐。

回應約書亞的質詢，基遍人的回應包括過去和現在兩個向度。首先，他們同樣地以「因為」（24 節）開始，講出他們過去所聽過有關耶和華的事情，以此作為解釋他們的行動（參 9 節）。他們以「確實……告訴」⓫ 顯明他們這次沒有說謊，並重申自己「僕人」的身分。他們這次宣告所聽聞的也是與耶和華有關，不過不是祂自己的作為，而是祂對摩西的吩咐，要把「全地」交給以色列人，並「除滅」這地的「所有的居民」。他們便因為以色列人的緣故，為自己的性命而非常害怕，故此就「做了」欺騙的事（24 節）。這個宣告正好支持約書亞把他們安置在耶和華的殿作僕人的處理方法，因為他們畢竟是相信耶和華的大能，知道單憑軍事力量是不足以得勝的，故此才採取誘騙的做法。

其次，他們以「現在」帶出基於過去而現在應面對的結果。他們自稱「在你手中」（25 節），這對應耶和華多次提及把迦南人交在約書亞「手中」（參二 24，六 2，八 1）。而約書亞看怎樣「待我們」（原文可譯作「對我們做的」）可算是「好」和「對」的，就「做吧」，正因為他們過去所「做」的，現在就由約書亞決定如何「做」在他們身上。

4.1.3.4 約書亞拯救他們不致於遭被殺害（九 26～27）

於是，約書亞就這樣「做」在他們身上。約書亞所做的，包括「救」他們不被以色列人所殺。這「救」（*nṣl*）是第二次出現在約書亞記中，首次是指「救」喇合一家（二 13），兩件事明顯地互相對應。此外，約書亞使他們「為會眾和耶和華的壇」作劈柴挑水的人。這一方面綜合 21 和 23 節的內容，另一方面則有新的元素，就是把「上帝的殿」稱為「到耶和華選擇的地方……耶和華的壇」（原文應譯作「耶和華的壇，在祂所選擇的地方」）。「耶和華的壇」在約書亞記可以指在以巴路山上所築的壇（八 30；參申二十七 4〔「基利心山」的原文是

「以巴路山」〕），或是耶和華帳幕前的壇（二十二19、29）。後來，也可指迦密山上的壇（王上十八30、32）、所羅門時期基遍城的壇（王上三4；代上十六39），以及聖殿中的壇（王上八22等）。所以，使用「耶和華的壇」這短語來描述，較哪裏是耶和華所選擇的地方有更大的彈性。「選擇」這詞在約書亞記出現4次，1次指約書亞選擇勇士進攻艾城（八3），另外兩次是以色列人選擇是否事奉耶和華（二十四15、22）。「上帝/耶和華所選擇的地方」這短語多次出現在申命記中（申十二5、11、14、18、21等），重點是由耶和華所選擇敬拜祂的地方而不是由人所作出的選擇。這強調耶和華的主權，亦指出人要對耶和華的選擇作出回應。若是這樣，以色列人就能避免受到迦南人所影響而敬拜別的神明。

4.1.4. 小結

這一章經文其中一個獨特之處是，當中完全沒有提及任何耶和華對約書亞的講話。到目前為止，只有二章所記載的喇合敍事有這個情況出現。除此以外，喇合與基遍人事件所記載的內容確有不少相似之處，包括以下主題：

1. 主動：雖然喇合敍事是記載以色列探子進入迦南人之中，而這裏則是迦南人中的基遍人進到以色列人當中，但主宰著整個發展的都是出自迦南人的主動，以色列人在此擔當一個較為被動的角色；
2. 隱藏：迦南人喇合和基遍人都作出隱藏的行動，喇合隱藏探子，而基遍人則隱藏自己的身分；
3. 誤導：喇合誤導追捕者往約旦河尋找探子，基遍人以衣物和食物誤導以色列人作出錯誤的決定；
4. 宣認：喇合和基遍人對耶和華的認識，都是從「聽見」而來；同時，他們都以相似的詞彙宣認耶和華的作為；
5. 立約：他們的立約包括5種相同元素：
    a. 主動：主動提出立約的都是迦南人（喇合或基遍人），後得到以色列人同意；
    b. 目的：提出立約的人的目的都是期望可以存活；
    c. 條件：立約的條件都是由以色列人所定下，亦得到喇合或基遍人的同意；

d. 起誓：兩者都是以色列人以起誓作實；
e. 守約：以色列人守約讓喇合(與她的一家)和基遍人存活在以色列人中間。

從以上相似之處，可見在迦南人中也有人宣認耶和華的主權，願意以各樣方法令以色列人與他們立約，以致可以存活。以色列人在這情況中往往處於較為被動的位置。在這兩則的記載，以色列人的主動性只是在於提出立約的條件和守約的堅持。

不過，這兩則事件也有不同之處。最明顯的是立約的對象和處境。在喇合事件中，與以色列人立約的對象只是喇合，屬於個人層面。而且，喇合先以恩慈待探子，然後在這個基礎上要求探子同樣地以恩慈待她和她的一家。因此，探子的答允可以說是恰當合理的。然而，在基遍人事件中，與以色列人立約的不是個人，而是整座城的人，而且基遍人事前也沒有對以色列人有過任何恩慈的行動。再加上摩西已吩咐以色列人如何對待迦南人(申二十 10～18)，以色列人與基遍人立約之事至少在表面上有值得商榷的地方。下文會再稍稍作出解釋。

信仰反省

這段經文的一個特點是完全沒有耶和華對約書亞或以色列人的講話，也沒有以色列人對耶和華講話。而惟一提及耶和華講話的是出自基遍人的口，他們引用耶和華對摩西的吩咐。在這樣的情況下，人要怎樣作出判斷，而人又會為自己所作出的判斷，付上甚麼代價呢？現對此作出一些反省。

與喇合相同，基遍人對耶和華的認識是從「聽見」而來，他們同樣相信所聽聞得來的是真實的，也同樣地選擇信靠這位上帝。所以，雖然他們向以色列人行詭計，以求存活，但這卻正正清楚反映出他們這些行動背後的信念，就是耶和華的能力(戰勝河東的西宏和噩，以及河西的耶利哥和艾城)和祂的信實(祂對以色列人的應許必定應驗)，並相信他們的生死是在祂手中。為此，他們願意不惜代價來作出積極回應——歸信。他們與迦南其他諸族的選擇不同。他們選擇以非常的手段，喬裝從遠處而來，要以色列人與他們立約。他們願意為此把自己交在別人的手中，從大能的勇士轉而成為作低下工作的僕人。從他們願意付出的代價有多少，就反映出他們對耶和華的信心有多大。如此，我們又願意為自己所相信的付出甚麼代價？有多願意為信仰放下身段，成為奴僕？

以色列人又憑甚麼相信基遍人的宣稱呢？約書亞和以色列人也不是沒有在重點上表達關注和查詢（7、8節）。只是當他們遲疑時，最終以甚麼作為判斷的準則呢？是不是憑著眼見的外在證據？或基遍人使他們感到自豪的行動或講話（如從遠處來刻意求見、請求立約、自稱為僕人、甘願因此在行程中忍受困難）？或是基遍人表示認同他們所看重的（如耶和華的大能作為）？為何以色列人最終的決定只以自己的觀察作為依歸，縱然摩西曾特別吩咐以色列人該如何對待迦南地上的外族人？或者，當掌權的「以色列人」接受這事時，約書亞和會眾的領袖會否受到影響而相繼同意呢？為甚麼沒有求問耶和華，他們想不起祂嗎？當然，他們得不著，是因為他們不求（參雅四2）。問題是，以色列人是否認為自己有能力處理得好呢？又或受朋輩所影響呢？對於我們而言，我們又憑甚麼相信呢？當有懷疑之時又以甚麼作為下決定的指引呢？問題也許不在於事無大小都要求問，而是整個人生的態度是怎樣。人生中有些事情是否不必求問上帝呢？是否有些事情，我們認為「我們是有能力處理好的」呢？

以色列人為他們所作的判斷，付上了甚麼代價呢？他們面對兩難，要麼是違背摩西的吩咐，要麼是違約，輕視耶和華名字的尊榮。最終，他們選擇守約，尊重耶和華的名字，並願意承擔其後果，但同時盡量把後果轉化成為美事，就是讓基遍人能夠事奉耶和華。我們會否守約，且願意正視自己的錯誤？我們是否願意接受作錯事的後果？

再要留意的是，約書亞在這件事上顯出他的智慧，把原來要「永獻」被滅的基遍人改為「永獻」在殿中作工的基遍人。而且，耶和華也沒有視以色列人這行動為叛逆的，甚至在下一章經文中顯明祂接納以色列人與基遍人立約之事。這些反映出何謂遵守耶和華的吩咐。在字面上，約書亞等人確實沒有嚴格遵守摩西吩咐處理迦南人的方法。然而，我們不得不問，這個吩咐背後的目的和精神是甚麼，就是要除去那抵抗耶和華並使以色列人離棄耶和華的力量。既然基遍人並不是這樣，反而是與喇合，甚至是與以色列人那樣尊崇耶和華，沒有把他們滅絕就不能算是違反律法了。

4.2 回應約的要求：保護基遍與佔領南地（十1～43）

這段經文承接上一章的內容，指出以色列人為了信用，而守著與基遍人所立之約，故此保護基遍免受5個亞摩利王攻擊，以色列人也因此與5位王爭戰。所以，這場戰爭並不是由以色列人作主動的。值得留意的是，在以色列人首次面對迦南聯軍的情況下，經文比以前更清楚描述耶和華參與這場戰爭，為以色列人爭戰。當以色列人成功擊敗5王的聯軍後，他們就接著攻取迦南6座城鎮，把城中的人完全滅絕，如同對付耶利哥城那樣。經文以綜合以色列人的迦南南地之戰作為總結。這段經文對約書亞作為軍事領袖的角色，有更多的描述。這章經文中「約書亞」這個名字共出現29次，為全書各章之冠，顯出在全書的鋪排中，約書亞的角色在此章明顯增強，似是暗示他已達成熟的階段。經文可以分段如下：

分段大綱（十1～43）

一、迦南南地聯軍攻打基遍（十1～5）

二、耶和華為以色列人爭戰（十6～15）

1. 基遍人向約書亞求助（十6）
2. 耶和華與約書亞合作（十7～11）
3. 耶和華聆聽人的聲音（十12～14）
4. 小結（十15）

三、亞摩利5王被擒與被殺（十16～27）

1. 逃跑和隱藏（十16）
2. 尋獲和困住（十17～21）
3. 征服和處死（十22～26）
4. 丟棄和封閉（十27）

四、以色列滅迦南以南6城（十28～39）

五、總結以色列人南地之戰（十40～43）

4.2.1 迦南南地聯軍攻打基遍（十1～5）

十章1節與五章1節、九章1節相似，以「聽見」作為開始。這次的主語是「耶路撒冷王亞多尼．洗德」。有別於九章1節，這裏清楚指出他所聽見的有兩點內容（原文以*kî*這連接詞標示）。第一點是指較早發生的事，與基遍人所聽到的相近（九3），與約書亞有關，就是他奪取艾城及將其盡行毀滅。而且，這個處理方法是以對待耶利哥的方法作為參考的，因為經文描述「處置……耶利哥的王一樣」（原文可譯作「像對待耶利哥〔王〕一樣」）也成為以色列人對付其他城鎮的準則（十28、30）。第二點是發生不久的，就是基遍人與以色列人「立了和約」（即「講和」），⓬ 並讓基遍人住在他們中間。

耶的撒冷王的反應也同樣地結合了五章1節和九章1至2節，就是懼怕並主動發起戰爭。經文指出他們「很懼怕」，並提供兩個原因。第一個原因是「基遍是一座大城，如京城一樣」，實際上也是比艾城為大；第二個原因是這城所有的人都是「**勇士**」。若以基遍這麼強大的勇士之城也與以色列人立約，其他城鎮就應更不能與以色列人匹敵。而且，基遍人的4座城鎮與耶路撒冷城相近，就在此城北面和西面，再加上當以色列人奪取耶利哥城和艾城，他們就佔據著由北向南行的主要通路，耶路撒冷城不能得著北面諸城的幫助。於是，耶路撒冷王就有第二個反應——發起戰爭，並邀請在他南面的4位王聯手，免得耶路撒冷被困。他們是「希伯崙王何咸、耶末王毗蘭、拉吉王雅非亞和伊磯倫王底璧」。這次聯軍的情況比九章1至2節有過之而無不及。九章1至2節只說6個族的王「聚集」，並「在一起」，又「同心合意」要與以色列人作戰。不過，這裏則使用5個動詞來表示以耶路撒冷王為首的5位亞摩利王的行動，包括「派」（3節）、「聯合」、「上去」、「安營」和「攻打」（5節）。而且，經文也詳細記載耶路撒冷王對其餘4位王的邀請內容，當中使用3個動詞「上來」、「幫助」和「攻打」，也以「基遍」、「約書亞」和「以色列人」（4節）3個名字點出敵人的身分。這5位君王就和他們「所有的軍隊」（5節）針對著基遍安營和要擊打它。

在約書亞記中，「勇士」只出現5次，其中3次是指以色列的「大能的勇士」（一14，八3，十17），餘下兩次是指耶利哥「大能的勇士」和基遍的「勇士」。

4.2.2 耶和華為以色列人爭戰（十6～15）

這段經文記載基遍人向約書亞求助，約書亞就守約作出回應。以色列人與5位王對戰中，耶和華積極參與，為以色列人爭戰。經文可以仔細分如下段落：

1. 基遍人向約書亞求助（6節）

2. 耶和華與約書亞合作（7～11 節）
3. 耶和華聆聽人的聲音（12～14 節）
4. 小結（15 節）

4.2.2.1 基遍人向約書亞求助（十 6）

因為 5 位亞摩利王攻擊基遍，於是基遍人就派人到在吉甲營中的約書亞那裏請求幫忙。他們對約書亞的請求與耶路撒冷王對 4 位王的請求相似，現表列如下（按原文稍修改「和修版」）：

十章 3 至 4 節	十章 6 節
3 耶路撒冷王亞多尼・洗德 就派人到 希伯崙王何咸、耶末王毗蘭、拉吉王雅非亞和伊磯倫王底璧那裏， 說：	基遍人 就派人到 吉甲的營中約書亞那裏， 說：
4「求你們上來 幫助我， 我們好攻打基遍， 因為它與約書亞和以色列人立了和約。」	「不要袖手不顧你的僕人， 求你趕快上來 拯救我們， 幫助我們， 因為住山區亞摩利人的所有君王已經聚集來攻擊我們。」

兩段經文除了形式相似外，還採用相同用詞，包括「派人」、「到……那裏」、「說」、「上來」、「幫助」和「因為」。這正正顯示約書亞和以色列人並不是作出主動，而是被動地作出回應。

經文對比約書亞一人與亞摩利 4 位王，凸顯約書亞的地位。相對於耶路撒冷王，基遍人顯得更為著急。他們先請約書亞不要「袖手不顧」（*rāpāh*），這詞在約書亞記只出現 3 次，首次是耶和華應許約書亞不會「撇下」他（一 5），另外 1 次則在有關分地的處境中（十八 3；「和修版」譯作「躭延不去」）。基遍人所要求約書亞的，正是耶和華所應允約書亞的。然後，他們請約書亞「趕快」上來，並「拯救」他們。「拯救」（*yšʿ*）在聖經中出現多於 150 次，但在本書卷中只另外出現在二十二章22節（「和修版」譯作「讓……活著」），而且與「約書亞」的字根相同，顯出他們確實倚靠約書亞的拯救。而且，他們甚至誇大其詞，指出人在山地的亞摩利「**諸王**」（6節；即「所有」）都「**聯合**」（原文可解作「聚集」）針對他們，因為事實上耶末、拉吉和伊磯倫並不是在山地，而是在低地。

「和修版」把「所有」翻為「諸」。此外，「聯合」亦可翻譯為「聚集」，「聯合」原文的字根與九章2節「聚集」相同，藉此連繫這兩次的聚集。

4.2.2.2 耶和華與約書亞合作（十 7～11）

這段經文記載約書亞回應基遍人的呼求，帶兵從吉甲上去幫助他們。值得留意的是經文交錯記載約書亞和耶和華的行動，現表列如下：

A　約書亞帶戰士上去（7節）
　B　耶和華鼓勵約書亞（8節）
A'　約書亞上去和突擊（9節）
　B'　耶和華使敵人潰亂（10節上）
A"　約書亞追趕和擊殺（10節下）
　B"　耶和華以冰雹殺敵（11節）

面對基遍的請求，約書亞遵守約定，他就和「所有跟他一起作戰的士兵」（參八1；另參3.2.2.1「吩咐：處置艾城和埋伏〔八1～2〕」）和「所有大能的勇士」（參1～5節）從吉甲上去（7節）。原文重複兩次「所有」，表示約書亞以他「所有」的勇士回應基遍人口中的「所有」君王，以及這些君王「所有的軍隊」。

耶和華就鼓勵約書亞，吩咐他「不要懼怕」，並以「因為」帶出原因「我已將他們交在你手裏」（8節），再指出無人能「在你面前站立得住」。祂的鼓勵就證明約書亞作出的回應是合乎祂的心意，也間接地指出祂接納以色列人與基遍人所立的約，縱然他們立約之時未曾求問祂，甚至這約與祂的吩咐似有所矛盾（參4.1.3.2「會眾領袖不能否定他們的立約〔九18～21〕」的討論）。「你〔們〕不要懼怕」這個吩咐在約書亞記只出現4次，除了十章25節是約書亞對人民說以外，其餘3次都是耶和華對他說，而且內容呈現進程。現列出如下（字眼按原文修改「和修版」)：

經文	敵人	吩咐
八1	艾城	「你不要懼怕」(*ʾal-tîrāʾ*)
十8	亞摩利聯軍	「你不要懼怕他們」(*ʾal-tîrāʾ mēhem*)
十一6	北地聯軍	「你不要因他們而懼怕」(*ʾal-tîrāʾ mippənêhem*)
十25	亞摩利五王	「你們不要懼怕」(*ʾal-tîrʾû*)

比較之下，可見十章8節和十一章6節都清楚說明「不要懼怕」的對象是「他們」。此外，這個吩咐愈來愈長，顯示約書亞愈來愈需要鼓勵，因為所面對的敵人愈來愈強大，情況愈加嚴峻。若進一步比較這個鼓勵接下來的內容，可見「不要懼怕」的理由也呈現進程。現表列如下：

經文	「因為」	原因
八1	無	耶和華已把艾城等交在他的手中
十8	有	耶和華已把他們交在他的手中，無人能站立得住。
十一6	有	耶和華會在以色列人面前使他們成為被殺的人
十25	有	耶和華會這樣對待以色列人正在攻打的敵人

從上表列可見後兩者清楚以「因為」帶出原因。再者，耶和華的參與也愈加強烈和具體，由最初的交在約書亞手中，表示約書亞仍需要參與，可在戰爭中殺敗敵人，到十章8節強調無人可以在他面前站立得住，再到最後十一章6節是耶和華自己使敵人在以色列人面前成為被殺的人，強調耶和華的作為多於以色列人的參與。最後，需要留意的是十章8節的「*在你面前站立得住*」的原文可被翻譯為「站立去敵擋你」，有加強敵對的意思，這與一章5節的不同。⓭

既然得著耶和華的認同和鼓勵，約書亞就積極回應，迅速擬定作戰的策略。經文先指出他「猛然襲擊」(9節上；即「突然來到」)敵人那裏，然後才解釋這是因為他整夜**從吉甲上去**(9節下)。若與九章17節作出比較，他們當時從吉甲起行，第

有學者認為吉甲與基遍約距30公里，所以並非不可能一夜行程到達。

三天才到基遍等城，但現在經過一整晚就臨到，這對亞摩利5位王來說，定然是個「突然」發生的事情。

10節的內容引起一些爭論，最重要的討論是當中依次出現的4個動詞「潰亂」、「擊殺」、「追趕」和「擊殺」的主語是誰，是耶和華抑或是約書亞？除了第一個動詞「耶和華使……潰亂」清楚是耶和華作主語外，其餘3個動詞在原文中只用「他」這代名詞，而沒有明顯標示主語。按文理最簡單的處理方法是把所有動詞的主語都一致看為是耶和華。另有學者理解最後3個動詞的主語是約書亞（參「和修版」），或只是最後兩個的主語是約書亞。不過，也有可能作者刻意容讓經文同時有多個意義，那就是說，最後3個動詞的主語既可以是耶和華，也可以是約書亞。這樣表達的形式可以強調耶和華的作為和人的作為那密切關係。而總結語就正好表達這個意思：「約書亞一舉擊敗了這些王，……因為耶和華—以色列的上帝為以色列作戰。」（42節）

當約書亞突襲敵軍，耶和華就使敵軍「潰亂」（10節）。從舊約其他書卷看，耶和華會藉著打雷和閃電來使人「潰亂」（撒上七10；撒下二十二15〔// 詩十八14〕；詩一四四6），若連同下文提及的冰雹，很可能這裏指耶和華藉著極惡劣的天氣，使亞摩利5位王的軍兵潰亂。「潰亂」（*hmm*）一詞也可見於出埃及記十四章24節，以色列人越過紅海時，耶和華使埃及人「混亂」（原文與「潰亂」同）。這也可以視為耶和華應許必使迦南人在以色列人面前「潰亂」（出二十三27；「和修版」譯作「失措」）得以應驗。而且，耶和華也在基遍「**大大擊殺**他們」。接著的「追趕」和「擊殺」這兩個動詞的主語很可能就是約書亞。原因一方面是11節下提及以色列人用刀殺敵人，另一方面是「追趕」這詞雖在聖經中出現約144次，但其主語則多數是人，或是作象徵意思的其他事物（如血、罪、聲音），但極少以上帝／耶和華為主語（參耶二十九18；哀三43），就如出現在這裏的具體描述中那樣（即「伯・和崙的上坡路上」）。此外，在約書亞記中「追趕」一詞到目前為止是指敵人「追趕」以色列人（二5、7、16、22，七5，八16、17、20、24），若這裏是指以色列人「追趕」（10節）敵人，則可表達以

「大大擊殺」的原义由動詞「擊殺」（nḵh）加上同字根的名字「擊打」（makkā^h）和形容詞「大」（gəḏôlā^h）組成，可直譯為「擊打出一個大擊打」。這種表達形式常見於希伯來文。

色列人命運的逆轉。所以，耶和華的「擊殺」令致敵軍逃跑，接著就是約書亞「追趕」和「擊殺」他們，從「伯．和崙」的上坡起，直到「亞西加和瑪基大」。11 節就提及「伯．和崙」和「亞西加」，但到 16 至 27 節才記敘在瑪基大發生的事情。

經文又轉而記載在以色列人追殺敵軍之際，耶和華如何參與在戰爭之中。11 節的內容在時序上並不是後於約書亞在 10 節下的行動，而是從不同角度來看整件事情。當亞摩利王的軍隊從以色列面前逃跑到伯．和崙的下坡時，「耶和華」就「**從天上降下大冰雹在他們身上**」（11 節；原文應譯作「把眾大石頭從天上拋擲攻擊他們」），直到亞西加，以致他們就死了。這些「大石頭」對應著耶和華的「大擊打」（10 節上）。從地點的描述看來，當以色列人追殺這些迦南人時，耶和華同時以大石擊殺他們，甚至可以理解為耶和華在前頭等著亞摩利人來臨，與以色列人前後夾攻他們。這件事的特別之處似乎是，這些大石頭只是攻擊敵人呢！最後的結語（11 節下）說明 3 件事情：

在原文中，「耶和華」一字在句子中排首位，是有強調的作用。「大冰雹」的原文是「眾大石頭」；「降」原文是「拋擲」。

- 那些「大石頭」（*ʾăḇānîm gəḏōlôṯ*）其實就是「冰雹石頭」（*ʾaḇnê habbārāḏ*）。「冰雹」（*bārāḏ*）這詞在聖經共出現 29 次，14 次出現在出埃及記中，指耶和華所降「十災」之一（出九～十章）。因此，經文不只指出耶和華用自然界的事物作為祂的工具，而且更重要的是把祂這次行動與在埃及中所施行的「十災」連繫起來，佔領迦南地與出埃及都是出於耶和華的作為（參上文關於「潰亂」一詞的討論）。
- 這裏提及以色列人「用刀殺死」，這短語所用的動詞「殺死」（*hrg*）和工具「刀」在約書亞記中只另外見於艾城的爭戰中（八 24），暗示這裏的爭戰是艾城的延續，也同樣地如艾城般成功。
- 因冰雹而死的比以色列人所殺的為多，指出耶和華的作為比以色列人更具決定性。當迦南人「在以色列人面前逃跑」時，他們以為值得懼怕的就是以色列人，但經文正正指出更值得他們畏懼的其實是耶和華──以色列人的上帝。

這段經文交錯地記敘約書亞和耶和華的行動，目的是帶出兩者之間的同工和密切關係。人的行動讓耶和華更進一步參與在其中，而耶和華的行動不單印證人的行動是正確的，更幫助人按所計劃的繼續執行下去。縱然如此，這段經文更凸顯的是耶和華那不尋常的幫助。

若約書亞不是堅持以色列人應信守承諾，不可違背以耶和華的名所起之誓，或者若他認為基遍行欺騙，是該受懲罪，他就很有可能把基遍受襲之事理解為是出於耶和華的報應，就如之前的艾城事件那樣，而他所應做的就是容讓耶和華藉著亞摩利 5 位王之手審判基遍。不過，約書亞沒有這樣的想法，也沒有袖手旁觀，反而如基遍人所呼籲的那樣，急忙上去加上援手。而事實上，就是在他帶領軍隊上去之時，耶和華對他的鼓勵就臨到，確認他的決定是合乎祂的心意的。而且，他的突襲得到耶和華的配合，使敵軍潰亂，他以刀殺敵，而耶和華則以冰雹殺敵，展示出一幅神人合作的美好圖畫。

4.2.2.3 耶和華聆聽人的聲音（十 12～14）

這段經文的原文以「那時約書亞向耶和華說話」作開始（12 節；「和修版」沒有將「那時」〔*ʾāz*〕譯出來）。「那時」所指的並不是接續著 7 至 11 節後的時間，而是與 7 至 11 節同時的。⑭ 所以，11 節與這裏記載的事情可以理解為大約同時發生。「向耶和華說話」(*dibber lyhwh*) 這短句只在聖經出現 1 次。當耶和華「給以色列人」（原文是**在以色列人面前**）擊潰亞摩利人的那日，就是約書亞向耶和華說話的那個時候。

「和修版」中「給以色列人」的原文（liīpnê bonê yiśrāʾēl）應解作「在以色列人面前」（參四 12，八 32）。

「在以色列人眼前」（原文是「他在以色列眼前」）這短語在聖經中只在這裏出現。約書亞就「在以色列眼前」**對太陽和月亮作出吩咐**，⑮ 這既顯出約書亞特殊的身分，也讓他可以公開地在以色列人尊大。他吩咐太陽「停住」在基遍，月亮止住在亞雅崙谷。亞雅崙谷約在基遍以西 11 至 16 公里。「停住」(*dmm*) 可解作「不動」（參出十五 16；撒上十四 9）或「安靜、無聲」（參利十 3；結二十四 17）。於是太陽就「停住」，而月亮就「止住」(*ʿmḏ*；常解作「站立」)。對於「太陽就停住」的理解，歷來學者眾說紛紜，但很可能這是以詩歌體裁把這場戰爭以

聖經中也記載其他對日月講話的情況（參詩一四八 3）。

天象表達出來。約書亞吩咐它們停住，就是吩咐它們站在耶和華那邊，協助攻擊敵人。所以，約書亞連夜上去，就對應月亮止住，以致行程順利；整場戰爭在日落時完結（27 節），就對應日頭停住，以致以色列人可以完全殺敗敵人，就是「國家向敵人報仇」（13 節；也可翻譯為「他向敵人之國報仇」）。這種殺敗被稱為「報仇」，意思就是除滅亞摩利聯軍是個合理的做法。耶和華作為審判官要保證公義得到彰顯，因此，「報仇」就是讓公義得到伸張的意思。以色列因為守約的緣故要保護基遍，這是正義的作為。耶和華參與擊殺亞摩利王聯軍，就是幫助這個正義行為得以徹底執行。

太陽就停住

學者對「太陽就停住」的主要理解，大致可以歸納如下兩大點：

一、「日」和「月」應作字面理解：

- 傳統理解為太陽確實停住在空中，日光得以延長，以致以色列人可以在光中繼續消滅敵人。亦有學者認為日光延長並不是出於日頭停在空中，而是出於流星雨或是冬天時的日光折射現象。不過，太陽停在基遍，而月亮竟停在亞雅崙谷（12 節下），正是指出太陽在東面，月亮在西面，這是早晨的情境。若是這樣，約書亞就沒有必要去要求延長日光的時間。
- 「太陽就停住」並不是指太陽停住不動，以致日光延長，而是指陽光停止照耀，即日頭黑暗。而黑暗的原因正是有風暴遮暗日和月，與當時情況正與降下冰雹有關。此外，亦有可能是出於日蝕。不過，日蝕之說與 12 節的內容有矛盾。

二、「日」和「月」不作字面理解：

- 日和月分別指在基遍和亞雅崙谷的日神和月神，而約書亞是吩咐它們不要參與戰爭。不過，沒有任何證據支持有這種敬拜。而且，基遍並非敵人，約書亞沒有理由這樣做。
- 從米所波大米的占星術來理解日和月相對的現象。若是發生在該月的 14 日，則是好兆頭，否則就是壞兆頭。
- 以詩歌體裁來表達耶和華為以色列人爭戰，用的是象徵語言。在耶和華的大作為面前，約書亞吩咐日和月不動無聲，驚惶失措（參哈三 10～11；珥三 15～16）。另外一個可能性是在詩歌中以自然界現象比喻地上的戰爭，這可參考出埃及記十四章和出埃及記十五章 1 至 18 節的關係，以及士師記四章和五章的關係（須特別留意士師記五章 20 節）。

這件事也寫在「雅煞珥書」(13節)上，這書名也出現在撒母耳記下一章18節。「雅煞珥書」也可譯為「正直者之書」，因為它記載著那些正直人的事迹。不過，約書亞記很可能沒有直接引述這書的內容。⑯ 經文只是指出這事件記載在這書上的目的，是強調這件事的可靠性，因為有當時作品記錄作為支持。所記載的內容，就是太陽「停住」(*ʿmḏ*；13節，可譯作「止住」)在天空中，沒有匆忙「落下」，約有「一整天」(即「完整一日」)。

經文到此似乎是要記載這日的特別之處，是在於太陽或月亮止住，不過，重點卻不是在這裏。這日為甚麼與它之前和它以後不一樣的呢？就是因為「耶和華聽人的聲音」(14節)，即耶和華這樣聽從人的聲音。表面看來，這理據似有點奇怪，聖經不是多次記載耶和華聆聽人的請求嗎？例如耶和華多次原先定意要除滅以色列人，但因為摩西的請求而沒有這樣做(參出三十二7～14；民十四11～21)。不過，這裏的用字並不只是「聽」(*šmʿ*)，而是「聽……聲音」(*šmʿ bəqôl*)，表達了一個更強烈聽從的意思。在聖經中只有5次記載耶和華或上帝「聽……聲音」(14節；創三十6；民二十一3；士十三9；王上十七22)。相對於另外4節經文，約書亞記這節經文的獨特之處有3項：

- 其餘4處都是具體指出「聽拉結/以色列人/瑪挪亞/以利亞的聲音」，而不像約書亞記的「聽人的聲音」，這裏沒有提及約書亞的名字；
- 這裏是公開發生的(有別於：創三十6；士十三9；王上十七22)；
- 約書亞所要求的是不尋常的事情(有別於：創三十6；民二十一3)。

所以，這裏特別之處是一方面指出耶和華在以色列人面前使約書亞尊大(即公開應允他行一件奇事)，另一方面則指出約書亞也不過是「人」，耶和華才是那行奇事的主角。此外，耶和華在以往參與以色列人爭戰的經歷中，都是由耶和華主動地安排如何部署，耶利哥城和艾城就是明顯的例子。只有在這裏是約書亞作主動，邀請耶和華參與在他的計劃中。不過，重點是提出這個要求是要回應耶和華的應許(「我已將他們交在你手裏」；8節)，相信耶和華的信實，要讓應許得著應驗。因此，這是個獨一的情況，所以在這日以前或以後都不會這樣的事情（14 節）。所以，這日之所以是這麼獨特，並不是因為甚麼日頭停住一整天，而是因為耶和華聽了人的聲音。經文所強調的，也是值得我們關注的：這並不是甚麼神蹟奇事，而是上帝與人的關係。

「這是因為」（kî）應理解為「誠然」，是鄭重聲明的意思，作為整段內容的總結。此外，「作戰」的原文（nilḥām）為分詞，可理解為「正在爭戰」。

最後，經文以「**這是因為**耶和華為以色列**作戰**」（原文應譯作「誠然，耶和華正為以色列爭戰」）作為結束。這理念在五經中最先見於過紅海時摩西對以色列人的宣告，後由埃及人自己作證（出十四 14、25）。

4.2.2.4 小結（15節）

這節經文記載約書亞和「以色列眾人」（原文應譯作「所有與他一起的以色列人」）回到吉甲的營中。縱然這個行動在時序上接續著 12 至 14 節，但似乎不大可能發生在 16 至 27 節之前。值得留意的是，這節的內容與 43 節「於是約書亞和跟他一起的以色列眾人回到吉甲的營中」完全相同。因此，這很可能是**預告性的句子**，預告以色列人完成迦南南地之戰後的行動。所以，這節與 43 節可以說是把這個迦南南地之戰分為兩個部分。第一部分（6～15 節）記載戰爭的首個階段，包括約書亞對基遍人的回應，但更強調的是耶和華為以色列人爭戰。第二部分（16～39 節）則是這場戰爭的接續階段，包括如何處理逃跑的五王，以及與其餘迦南城鎮之戰；另一方面，約書亞能和「所有」以色列人回去吉甲，就正好表示他們在戰爭中沒有損傷，這正是耶和華為他們爭戰的結果。

約書亞記其他地方也有採用預告性的句子，例如在越過約旦河的記載中，四章 11 節就是一個預告。

信仰反省

以色列人與基遍人立約原是不應該的事情，但這竟成為耶和華促使以色列人得勝的機會。基遍人得蒙接納是因為他們對耶和華的尊崇、渴望和平，以及尊重那在約書亞眼中看為正的事。另一方面，約書亞也因守約而作出回應。這兩件事都蒙耶和華的接納。現從這段經中作出一些反省。

第一，我們並不是完全人，我們會犯錯。不過，我們是否相信上帝的帶領仍存在，祂會為我們把犯錯的惡果倒轉過來，成為祝福我們的機會呢？這樣說來，當然不是要讓我們找一個藉口可以任意犯事，至少上文曾經指出，犯錯的人仍需要勇於承擔其後果。

第二，耶和華對約書亞的鼓勵並不只是一次過的，而是按需要而繼續施予，按情況而調整其具體信息；耶和華也在約書亞特別需要肯定時，給予他所需要的支持。上帝對人的支持和鼓勵是恆常的，也是針對每個處境的。

第三，正如上文分析指出，經文刻意地把約書亞與耶和華的行動交錯地表達出來，指出兩者的互動。約書亞回應，耶和華就鼓勵他；他得著鼓勵，就連夜上去突襲；他突襲，耶和華就使敵人潰亂；約書亞追趕和擊殺，耶和華就在前面以冰雹擊打敵人。耶和華的鼓勵，是要激發人的主動和積極行動，讓人能更好地運用他們的智慧才能，而不是叫人呆坐等著讓人去救。正因為人有行動，耶和華就作出回應。或許我們可以看一切都只是巧合，認為以色列人突襲敵人時，惡劣天氣就剛好出現使敵人震驚，冰雹又剛好持續落下來，又剛好只是打中在逃的敵人。然而，我們應以相信上帝的應許作為行事的準則，然後在整個過程中，要能夠敏銳於上帝在其中的參與作為，並以配合的心，作出相應的行動。我們不可忘記的是，在這個過程中，上帝沒有撇下我們，反而是祂自己為我們作戰，是祂讓我們有能力回應祂的應許。更重要的是，當評估成果時，應該知道「被冰雹打死的，比以色列人用刀殺死的還多」（11節）！

第四，再進一步而言，在上帝與人的互動過程中，上帝甚至鼓勵人向祂求大事。不少人對這段經文的關注是太陽停住的神蹟，但如上文所言，經文強調的反而是「耶和華聽人的聲音」，是耶和華接納人的計劃和主動，耶和華應允人向祂求的大事。我們會否有這樣的膽量向上帝求這樣的奇事呢？我們又是否曉得這樣的要求是要回應上帝的應許，相信祂的信實，要讓祂所說的得以應驗呢？

4.2.3 亞摩利5王被擒與被殺（十16～27）

這段經文接續上文，主要記載以色列人如何處理那些逃跑的敵人，其中特別關注的是5位亞摩利王的命運。因此，這段經文也可被視為以色列對付聯軍之戰的總結。這段經文記載5位君王的逃跑和隱藏（16節），後來以色列人尋獲和困住他們（17～21節），接著是征服和處死他們（22～26節），最後把他們的屍首丟在洞中，並以大石封洞（27 節）。

4.2.3.1 逃跑和隱藏（十 16）

這段經文提及在瑪基大發生的事情，而瑪基大這地點在上文 10 節下已經出現。所以，這段經文不是在時序上接續 6 至 14 節，而是更詳細描述 10 節下以色列人追趕敵人的情況。

那 5 位亞摩利君王逃跑，並「躲」（*ḥbʾ*；16 節，即「躲藏」）在瑪基大洞之內。「躲藏」在約書亞記共出現 6 次，3 次指探子自己「躲藏」（二 16）或喇合「隱藏」他們（六 17、25），其餘 3 次都是指「五王」的「躲藏」（十 16、17、27）。特別的是，探子的「躲藏」可以成功避過耶利哥人尋找，但是這些亞摩利王所「躲藏」之處則很快被發現。可留意的是，除了「逃跑」和「躲」是亞摩利五王的主動行動外，接下來的事情都是做在他們身上，他們是被動者。開始時，他們主動聯合和作戰，結束時，他們就完全失去主動，成為被動者。

4.2.3.2 尋獲和困住（十 17～21）

「正躲藏」的原文為分詞，表示正在發生的事情。

經文接著立即記載有人告訴約書亞這 5 位王被「找到」，指出他們「躲」（原文是「**正躲藏**」）在瑪基大洞裏。約書亞知道後的回應分為兩部分，第一部分以兩個命令吩咐人暫時處理亞摩利 5 位王（18 節）；第二部分以 4 個命令式，其中兩個是「不可／不讓……」，吩咐人立時處理其餘的敵人，並以「因為」帶出這樣做的理據（19 節）。

首先，約書亞吩咐人把「幾塊大石頭滾到洞口」（「幾塊」應譯作「眾」）。「眾大石頭」曾出現在 11 節，指耶和華從天上向敵人拋擲的。但這裏的大石頭應不是耶和華所拋擲下來的，因為那些石頭只降在亞西加。「滾」（*gll*）在約書亞記只出現兩次，上次是指耶和華把埃及的恥辱從以色列人身上「滾」走（五 9；參 2.4.2.4「後記：休息命名除羞辱〔五 8～9〕」）。所以，以色列人的行動似是在模仿耶和華。需要留意的是，對約書亞來說，那些躲藏在洞中的人之身分仍未確定。故此，約書亞認為可用此方法暫時處理躲在洞中之人，留待後來再認真處理他們，而目前較重要的就是追殺其他敵人。所以，約書亞命人「差派」多人在洞附近，目的是「看守他們」，不容他們離洞而去（18節）。

其次，約書亞以「你們」（原文應譯作「而你們」）開始，然後接著是「不可停留」（原文應譯作「你們不可停留」），⑰ 目的要其餘以色列人不要因為如何處理躲在洞中之人一事而延誤戰爭。假若洞中的真的是5位王，以色列人就更應在敵人沒有5位王帶領的情況之下，盡快殺滅他們。約書亞在此發出4個命令（19節）：

- 他要求以色列人「不可停留」（「停留」的原文 *ʿmḏ* 與13節上月亮「止住」及13節下太陽「停」是同一個動詞）。
- 他要求以色列人不但不要「停住」，也要主動「追趕」敵人（參上文10節的分析）。
- 他要求他們要「從後面攻擊」敵人。這個動詞只見於申命記二十五章18節，當年亞瑪力人在曠野是這樣對待以色列人，現在以色列人則反過來在迦南地對待亞摩利人。
- 他要求他們「不可讓」敵人「進」到他們的城中，以便日後攻城時更為容易。「進」一詞與13節的太陽「落下」為相同動詞，表示約書亞的吩咐「不讓他們進城」與耶和華「不讓太陽落下」是對應的。

最後，約書亞向以色列人重提耶和華的應許，以指出耶和華已經把敵人「交在你們手裏」來鼓勵他們。值得留意的是，在8節耶和華應許把敵人「交在你手裏」，但在這裏則成為「交在你們手裏」。當中從「你」改變到「你們」，就正正反映約書亞把耶和華對他的應許轉到以色列人身上。這個行動預告25節另外一個相類似的情況。

接著，經文記載約書亞和以色列人的行動。他們「徹底擊敗」敵人，「直到把他們滅盡」（或「直到滅盡」）。⑱「徹底擊敗」（原文可直譯為「完成去擊打出一個非常大的擊打」）所用的字眼與10節頗為相似，經文刻意把約書亞等人的擊打對應於耶和華的擊打。⑲「直到滅盡」則與八章24節的用詞完全相同，表示兩場戰爭的相似之處。不過，仍「剩下少許的人」，⑳ 他們「進」

「堅固的城」在約書亞記中只出現3次（另參十九29、35）。

到「**堅固的城**」（或作「堅固的眾城」）裏。這裏有兩點應該留意的：第一，有剩下的人可以走進堅城中，這就成為下文攻取更多城鎮的原因。第二，正因為有剩下的人，這就表示「徹底擊敗他們，直到把他們滅盡」並不能作字面理解，而這只是修辭用的誇張手法（hyperbole）而已。這種寫作手法也常見於近東的戰爭記載中。㉑

這場追擊戰過後，「眾百姓」（即「所有」人民）就「安然」（即「平安地」）回到營中，到約書亞那裏，就是在瑪基大那裏。在此有3件事情值得留意：

- 約書亞似乎沒有全程和以色列人一起追趕敵人，而只停留在瑪基大。
- 以色列人也暫時安營在瑪基大，這有別於常提及他們安營在吉甲（九6，十6）。
- 經文不只提及「所有」人民回去，更加上「平安地」回去。這是一種強調的表達，表明在這次戰爭中以色列人絲毫無損。「平安」一詞在約書亞記只出現兩次，另1次在九章15節，指約書亞與基遍人立約，向他們施「平安」。所以，約書亞因守約，在與亞摩利聯軍之戰中也得著他所施予人的「平安」。

正因為以色列人這次戰爭的勝利，以致沒有人，無論是任何人，向以色列人「饒舌」（即作出恐嚇、咆哮）。這詞只另外出現於出埃及記十一章7節。當耶和華擊殺埃及地中長子之時，在以色列地中的狗是不會向任何以色列人或牲畜「饒舌」，其意思是指以色列地是完全安全的。所以，這種用法一方面帶出正如耶和華在出埃及事件中保守以色列人，祂也在這次戰爭中保守以色列人；另一方面，這似是暗指這些迦南人像狗那樣，是受鄙視的（參撒上十七43；撒下九8）。

4.2.3.3 征服和處死（十22～26）

隨著所有人民回到瑪基大，約書亞就處理在瑪基大仍然未了之事，就是那5位被困的亞摩利王。

約書亞先吩咐人「打開」洞口,「帶出」那5位王到他那裏去。這個吩咐與其執行的用詞幾乎完全相同(按原文稍修改「和修版」):

吩咐(22節)	執行(23節)
約書亞說:「打開洞口, 把那五個王從洞裏帶出來, 到我這裏。」	他們就這樣做, 把那五個王從洞裏帶出來, 到他那裏, 就是耶路撒冷王、希伯崙王、耶末王、拉吉王和伊磯倫王。

經文重提這5位君王,是要回應十二章10至12節的名單,目的是說明從洞中拿出來的人,確實是這5位君王,因為對約書亞來說,他們的身分仍有待確定。

以色列人帶出這5位王到約書亞之後,約書亞就立時召來「以色列眾人」(*kol-ʾîš yiśrāʾēl*;即「所有以色列〔男〕人」),這些並不是一般的以色列人,而是九章6、7節所提及的「以色列人」,就是那些有權柄作出政治或軍事決定的人。約書亞同時也召了與他一起同去打仗的「軍官」。[22] 這兩批人都是在軍事上地位較高,有話事權的人。同樣地,這次的吩咐和執行都是對應的(24節;按原文稍修改「和修版」):

吩咐	執行
你們近前來, 把腳踏在這些王的頸項上。	他們就近前來, 把腳踏在他們的頸項上。

藉著這樣相同的用字,經文表達出吩咐和執行的密切關係。把腳放在頸項上,這個動作在聖經中只有這裏出現(參詩八7,一一〇1)。「頸項」代表力量(參伯三十九19,四十一14),所以,在頸項上加上軛就表示加以控制,使之臣服(參哀一14)。在古代近東傳統中,把腳踏在敵人的頸項上代表著勝利。這行動往往是由勝方的君王所做的,表示他的英勇和征服敵人的能力。但是,這裏則是約書亞吩咐官長這樣做,目的就是把他的絕對權力下放到官長那裏,讓他們也分享到勝利和榮譽。此外,經文提及的「腳」,也指向耶和華應許把

他們「腳掌」所踏之地賜給他們（一3），或是在越過約旦河時，祭司「腳掌」踏在約旦河的情景（三13、15，四18）。這些都代表著以色列人按著耶和華的應許得地、得勝的意思。

約書亞鼓勵軍官「不要懼怕」（25節；參八1，十8）、「不要驚惶」（參一9，八1），以及「當剛強壯膽」（參一6、7、9），這些全都是耶和華曾鼓勵他的。約書亞這樣鼓勵官長，就如耶和華這樣鼓勵他。重要的是，約書亞不再只是個接受鼓勵的人，也成為鼓勵他人的人。最後，他以「因為」帶出原因（參4.2.2.2「耶和華與約書亞合作〔十7～11〕」中十章8節的討論），就是耶和華應許會「這樣處置」以色列人曾擊敗的所有敵人，而「這樣」是指軍官把腳踏在這些君王的頸項上的行動。約書亞清楚讓軍官知道，不是他自己，而是耶和華使他們得勝。而且，約書亞的鼓勵並不是針對眼前的情況，叫軍官放膽殺死這5位王，而是為展望將來。當以色列人面對更多戰爭時，這些軍官就要勇敢地以行動回應耶和華的應許。值得留意的是，在餘下的戰爭敍事中再沒有記下任何約書亞的講話，他在這裏所說的這句話，就成為日後戰爭勝利的預告。

鼓勵過後，約書亞就把這5位王「擊打」（「和修版」沒有將這動詞譯出來）、「殺死」和「掛」在5棵樹上。接著，經文指出他們被掛在樹上的時間，就是「直到晚上」（應譯作「直到黃昏」）。這個處理就如他們對待艾王那樣（八29）。

4.2.3.4 丟棄和封閉（十27）

「日落的時候」，也就是上節所指「黃昏」的時候。這裏提及「日落」是要回應13節「太陽沒有急速落下」，當時太陽仍未落下，是要讓以色列人能盡行殺敵。現在，敵人已盡都被殺，也就是日頭落下的時候了。同樣地，正如處理艾王的屍體那樣（八29），也是按申命記二十一章22至23節的吩咐，在這個時候他們把5位王的屍體從樹上「取下來」。接著，他們也同樣地以「丟」的動作處理屍體（參八29）。與艾王不同的是丟屍體的地方，艾王是在城門口（參3.2.2.7「總結：焚城滅王和堆石〔八28～29〕」的分析），而5位王則是在他們曾經躲藏過的洞中。原以為這地方可以讓他們躲藏而得生，現在就成為他們的墳墓。以色列人亦把一些大石頭「放」在這個洞口之上。之前，軍官把腳「踏」在這5位王的頸項之上，現在則把石頭「放」在他們的墓穴之上。這「踏」和「放」在原文是同一個字（*śîm*）。而且，這節經文也對應18節把石頭「滾」到洞口，作為處理這5位王的結束。總結而言，處理艾城的王和這5位王的方法幾乎完全相同。這正正指出，無論這敵人是出自小城或5座城的聯軍，只要他們反對耶和華，他們的命運都是相同的。

經文記載這些大石頭仍然在那裏，直到今日。既然如此，這些石頭一方面是一個標記，標示著5位王的墳墓，也就是表明耶和華為以色列人爭戰的結果。同時，這些石頭也可以說間接印證耶和華接納基遍人在以色列人中間之事。這些石頭仍然向日後的以色列人宣告耶和華的大能和應許，並早年以色列人的順服和回應。

4.2.3.5 小結

這個小結綜合提出兩點值得留意的事情。首先，這段經文清楚指出約書亞的吩咐和以色列人的執行是對應的。如上文所言，22節對應23節，24節上對應24節下。這個現象並不只是出現在這裏，而是可見於整卷約書亞記中的。這樣的強調正是指出遵命的重要性。

其次，與6至15節所記的不同，這段經文沒有直接記載耶和華任何的參與，反而只集中在約書亞作為軍事領袖的處事方式上。在這段經文中，有關耶和華的記載只是限於祂的名字在約書亞口中出現了兩次（19、25節），其餘皆為有關約書亞行動的記載。從這可見約書亞的角色漸見重要。雖然如此，這段經文有不少用字與6至15節相同，藉此比較耶和華與約書亞的行動。這些相同之處包括：

- 耶和華鼓勵約書亞「不要懼怕」（8節），約書亞同樣鼓勵軍官「不要懼怕」（25節）；
- 耶和華向約書亞宣告「已將他們交在你手裏」（8節），約書亞也向以色列人宣告耶和華「已經把他們交在你們手裏」（19節）；
- 耶和華「擊打出一個大擊打」（*nḵh makkāʰ gəḏôlāʰ*；10節上），而約書亞和以色列人則「擊打出一個非常大的擊打」(*nḵh makkā*^{h} *gəḏôlā*^{h}*-məʾōḏ*；20 節)，似是比耶和華早前的行動(10 節上)更甚；

- 耶和華使用「眾大石頭」來對付亞摩利聯軍(11 節)，約書亞也使用「眾大石頭」來對付亞摩利五王(18 節)；
- 耶和華「拋擲」下大石頭攻擊敵人(11 節)，約書亞則命人把 5 位王的屍體「丟」在洞中(27 節)，而「拋擲」和「丟」的原文為同一個動詞(*šlḵ*)；
- 耶和華拋擲大石，以致敵人「死亡」(11 節)，約書亞則把 5 位王「殺死」(26 節)，「死亡」和「殺死」的原文為相同字根(*mûṯ*)，而這個動詞在約書亞記十章中只出現在這兩處地方；
- 耶和華聽從約書亞，不讓太陽「落下」(13 節)，約書亞也吩咐軍兵不可讓敵人「進」到他們的城(19 節)，「落下」和「進」的原文為相同動詞(*ḇôʾ*)，而這兩個命令都是為著能夠盡滅敵人；
- 耶和華讓太陽「停」在天空(13 節)，約書亞則吩咐以色列軍兵不可「停留」(19 節)，「停」和「停留」的原文是同一個動詞(*ʿmḏ*)，而這兩個行動同樣是為著能夠殺敵；另一個對應點是耶和華應許「無人能……站立」(8 節)，而為此約書亞就吩咐以色列軍兵「不可停留」(19 節)。
- 耶和華為以色列人「爭戰」(*lḥm*；14 節)，而約書亞和以色列人也同樣地與敵人「爭戰」(25 節；「和修版」作「攻打」)。

以上提出各樣耶和華與約書亞的行動相同之處，旨在指出約書亞如何日漸與耶和華相近，他的身分如何得著提升和有所改變。

再者，這段經文亦與出埃及和過紅海這兩件事有相關之處。與出埃及相似的有：第一，以冰雹作為攻擊敵人的工具，這可見於出埃及記九章 13 至 35 節中有關第七災的記載。第二，「饒舌」這詞只見於 21 節和出埃及記十一章 7 節中有關第十災的記載。與過紅河相似之處也有兩點：第一，「耶和華為以色列作戰」(14、42 節)這理念首先見於過紅海的記敘中。那時，不只是摩西向以色列人宣告耶和華必為他們爭戰，而且那些被擊倒的埃及人也作見證說，耶和華為以色列人爭戰攻擊埃及(出十四 14、25)。第二，在過紅海時，耶和華使埃及的追兵「潰亂」，他們也避水而「逃跑」（出十四24、27）。在這裏耶和華也同樣使迦南聯軍「潰亂」，以致他們「逃跑」。從這個角度來看，耶和華為著要帶領以色列人出埃及和過紅海之時所做拯救的工作，就繼續發生在祂幫助以色列人與迦南人爭戰之中。這些爭戰可以視為救拔以色列人出埃及和過紅海的延續和總結。耶和華在摩西領導以色列人時期作出幫助，同樣地，耶和華也在約書亞作領袖時期作出類似的幫助。

最後，從以上的分析可見，基遍故事結集了耶利哥城和艾城故事的元素。基遍人與喇合相似，著意與以色列人結盟，同樣宣認耶和華的作為及祂對以色列人的應許，不過基遍人更為主動。其重點是指出，縱然按摩西的吩咐以色列人要除滅迦南人，但是他們也可以成為以色列人中一員。只要他們與以色列人一樣對耶和華委身，耶和華就接納他們。以色列人以相似的方法對付艾王和亞摩利5位王正指出他們是相似的，他們都是反對耶和華的，也因此反對以色列人。因艾城之戰而帶出來的亞干事件，以及5位王躲在洞中一事，都指出隱藏的會被揭發，這些無論是外在或是內在的「迦南元素」，都要遭到徹底清除。

信仰反省

相對於十章1至15節，這部分的經文更強調約書亞的角色。讓我們從約書亞所做的各樣事情中，就他作為領袖的一些素質作出反省。第一，他分清事情的優先次序。他先把那些王困在洞中，容後處理，因為更重要的是當下先追擊其餘的人，不容他們進城。他清楚掌握耶和華所應許的內容，就是他們最終要佔地得地。能夠擊殺5位王當然可以挫掉敵人的銳氣，也同時可以展示他的英勇和能力，但假若即時這樣做會影響整個作戰目的，他要暫時放下這個做法。不少時候，我們會忘記整個事奉的目的，容易在過程中利用各樣機會去展示自己的才能和知識。約書亞就提醒我們，甚麼才應是我們所要優先處理的。

第二，約書亞命軍官把腳踏在敵人的頸項上，是要讓他們可以分享勝利和榮譽，讓他們親身體會耶和華應許得以應驗的真實和喜悅。不少領袖只顧自己得著勝利的榮譽，並以此證明自己是個擁有雄才偉略的人。少有領袖願意與同工同行，藉著分享勝利和榮譽來建立同工事奉的信心，讓他們更深體會到耶和華的權能和祂應許的真實。

第三，約書亞以耶和華對他的鼓勵來鼓勵軍官。約書亞並不只是要自己得著鼓勵，或是耶和華的特別看顧，他還希望那些與他同行的人得著同樣的福氣。並且，約書亞讓眾軍官清楚知道，得勝不是出於他自己或他們的才能或英勇，而是出於耶和華的介入幫助。不少領袖會直接或間接把功勞歸於自己，並強調自己與上帝的獨特關係，以此高舉自己或是鞏固自己作為領袖的身分。不過，約書亞所展示的是另類領袖的操守，就是清清楚楚的讓所有與他同工的人知道，若然有成果，這都是出於耶和華，因為掌權的是祂。他又讓同工體會到，耶和華的幫助並不是暫時的，而是持續的。藉此，這位領袖鼓勵同工繼續倚靠耶和華，並不應因這一次、兩次的成功而感到滿足。

第四，上文列出耶和華與約書亞的行動有不少相似之處。不過，就算是行動相似，但應用對象和具體情況也時有分別。「模仿基督」確是我們的人生目標。不過，模仿並不就是等同，而我們也不可能與上帝相同。但是，從上帝的行事作為中學習，加以模仿和應用，實是我們該當做的。

4.2.4 以色列人滅迦南以南 6 城（十 28～39）

20 節提及仍有戰爭的倖存者進到他們的堅城中，這段經文就對此作出回應，記載約書亞如何奪取更多迦南以南地區的城鎮。

這段經文記載以色列的 7 場戰爭，包括攻打 6 座城鎮和上來幫助拉吉的基色王。這 6 座城鎮分別是瑪基大（28 節）、立拿（29～30 節）、拉吉（31～32 節）、伊磯倫（34～35 節）、希伯崙（36～37 節），以及底璧（38～39 節）。經文雖然提及基色（33 節），但並沒有提及約書亞「擊打」這城，而只提及這城的王和人民。接著提及攻打伊磯倫時（34 節），也沒有指出是從基色出發，而是從拉吉出發。在瑪基大之戰役中，經文以「當日，約書亞奪了瑪基大」（原文可譯作「而瑪基大，約書亞在當日奪取了」）作為開始。這個表達形式，就是指向 16 節的場景，繼續記述以色列人擊殺 5 位王後在瑪基大的所作的事情。

整段戰爭記敘有不少重複的用詞，包括以下 14 個元素（具體用詞略有分別）：[23]

元素	元素的內容	經文
A	「約書亞和跟他一起的以色列眾人……」	29、31、34、36、38 節
B	「對著……安營」	31、34 節
C	「攻打這城」	30、31、34、36、38 節
D	「耶和華將……交在以色列人的手裏」	30、32 節
E	「奪了」	28、32、35、37、39 節
F	擊打城	28、30、31、34、36 節
G	「用刀擊殺」	28、30、32、35、37、39 節
H	擊殺「城中所有人」	28、30、32、35、37、39 節
I	「完全滅盡」	28、35、37、39 節
J	「沒有留下一個倖存者」	28、30、33、37、39 節
K	「它的王」	28、30、33、37、39 節
L	「屬它的一切城鎮」	37、39 節
M	「正如他向……所做的」	28、30、32、35、37、39 節
N	「幫助」	33 節

若按這 14 個元素來整理以色列的 7 場戰事，可簡單表列如下（數字表示各元素在原文中出現的次序）：

	A	B	C	D	E	F	G	H	I	J	K	L	M	N
瑪基大					1	2	3	6	5	7	4		8	
立拿	1		2	3		5	6	7		8	4		9	
拉吉	1	2	3	4	5	6	7	8					9	
基色										3	2			1
伊磯倫	1	2	3		4	5	6	7	8				9	
希伯崙	1		2		3	4	5	8	11	9	6	7	10	
底壁	1		2		3		6	8	7	9	5	4	10	

可以留意的是，經文採用這些幾乎一成不變的元素來記述這 7 場戰爭，反映這些記述很可能是比喻性的，其目的在於強調以色列人的完全勝利，以及敵人徹底地被消滅。不過，另一方面，各場戰爭所包含的元素亦各有不同。若仔細察看經文的用詞，則可發現最特別的就是基色之戰。現先指出 4 點有關這戰事要留意的地方：

「和修版」中「約書亞就奪了城」的動詞明顯是誤譯，應該是「他們」，不是約書亞。

- 首 3 場戰爭記載「約書亞用刀擊殺」，㉔ 而後 3 場戰爭則是「他們用刀擊殺」；前者「擊殺」的主語是約書亞，後者則是「他們」，指「約書亞和跟他一起的以色列眾人」。然後，「**約書亞就奪了城**」（*wayyilkəḏûhā*；35 節，原文應譯為「他們奪取了它」）；
- 在瑪基大和立拿之戰役中，是有提及該城、它的王和人民，而希伯崙和底壁則只提及王、人民和屬它的城鎮；拉吉和伊磯倫只有城和人民，因為拉吉和伊磯倫的王已經被殺；
- 只有拉吉和伊磯倫有「對著……安營」；也只有這兩場戰爭提及爭戰的時間，分別是拉吉的「第二日」，以及伊磯倫的「當日」和「那日」（瑪基大的「當日」主要是用來連結 16 至 27 節），攻佔拉吉需時兩日，可能是因為拉吉是這些城中最大的，也有基色王的幫助，所以需時較長；
- 只有瑪基大、立拿、基色、希伯崙，以及底壁提及「沒有留下一個倖存者」。

從這些觀察，可把這 7 場戰爭以形成扇形結構表達如下：

	攻打城鎮	攻打者	攻打對象	補充資料
A	瑪基大	約書亞用刀殺	王、城鎮、人民	沒有留下倖存者
B	立拿	約書亞用刀殺	王、城鎮、人民	沒有留下倖存者
C	拉吉	約書亞用刀殺	城鎮、人民	對著安營
D			基色王何蘭、人民	沒有留下倖存者
C’	伊磯倫	約書亞和人民用刀殺	城鎮、人民	對著安營
B’	希伯崙	約書亞和人民用刀殺	王、眾城、人民	沒有留下倖存者
A’	底壁	約書亞和人民用刀殺	王、眾城、人民	沒有留下倖存者

這個扇形結構把這個段落與上下文稍為獨立起來。雖然不是所有扇形結構的中心點都是這個結構的強調點，但這個結構應是指出基色的特別之處。㉕現列出以下 7 點作為支持這個看法：

- 除了中間那場戰爭是與基色這座城鎮無關外，其餘 6 場戰爭都與城鎮有關；
- 只有這裏以「那時」作為開始，帶出基色王的行動；
- 只有這裏提及王的名字；
- 只有這裏提及王的行程，而沒有提及以色列人的行程；
- 基色王何蘭的行動是要「上來幫助」拉吉，就如約書亞「上去」幫助基遍那樣（7 節）；但經文明顯對比他們的行動的結果，何蘭是失敗的，而約書亞是成功的；
- 經文提及基色王被殺，沒有留下倖存者，但以色列人卻沒有奪取基色城，這正指出經文採用修辭法來表達內容；此外，這也對應十六章 10 節指出以法蓮人未能趕出基色中的迦南人（參士一 29）；
- 這場戰爭記載所含的元素是最少的（參上文「14 個元素表」中的基色）。

只有在立拿和拉吉之戰中，經文提及「耶和華把……交在以色列人手裏」，作為表示繼瑪基大之後，以色列人的決定是蒙耶和華的幫助，也因此是祂所認同的。

除了基色以外，每場戰爭結束時都刻意標明「正如他向……所做的」。在首兩場戰爭，約書亞對待瑪基大王和立拿王，與對待耶利哥王相同（28、30 節），餘下的戰爭則多以上一場戰爭的做法為比較點，如拉吉之戰類比「他向立拿一切所做的」（32 節）；伊磯倫之戰類比拉吉之戰（35 節）；希伯崙之戰類比伊磯倫之戰（37 節）。最後經文提及「底壁和它的王」，所類比的有之前的希伯崙之戰，還加上「立拿和它的王」，這個表達明顯有總結的作用。這些戰爭大都有這樣的比較句子，目的明顯是表示他們處理各城鎮時是按著指定的方法，而這方法最終就是對待耶利哥城的方法。此外，這樣的表達方式帶出以色列人戰爭的有效性、相似性，以及所累積的結果。

在提及約書亞和以色列人的行程中，有 3 次使用「越過」(*ʿḇr*；29、31、34 節)。如上文所述，這個動詞多次出現在越過約旦河的記敘中。以色列人似是倚靠著耶和華的應許，延續這個「越過」的行動。然後，由伊磯倫到希伯崙則使用「上去」(*ʿlh*；36 節)，表明約書亞等向東面山區進發；從希伯崙到底壁則使用「回到」(*šûḇ*；38 節)，表明約書亞等轉到希伯崙的西面或西南面。從地理上而言，以色列人從瑪基大出發，往西北方向到立拿，西南到拉吉。基色王則往西北方向進發要幫助拉吉。以色列人則繼續從拉吉往東南到伊磯倫，再往在東北方向的希伯崙，最後向西南到底壁。這裏記載的次序亦反映一個合乎邏輯的地理行程，就是由中央出發向周圍地區。最後，特別的是沒有提及攻打耶路撒冷和耶末。

這裏所記錄的 7 座城鎮，與亞摩利 5 位王的城鎮並不盡然相同。有 4 點可以留意：

- 亞摩利聯軍中的拉吉、伊磯倫和希伯崙的王被殺，他們的城也被奪。
- 這裏加入 3 座城，就是瑪基大、立拿和底壁，它們被奪，它們的王也被殺。
- 從上文可見耶路撒冷、耶末和基色這 3 座城的王被殺，但城仍未被以色列人奪取。
- 縱然經文表達以色列人順利得勝，但後來亦有經文指出以色列人需要再次攻打希伯崙和底壁(十五 13～14、15～17)。

總結而言，在這段經文中，敘事的步伐已加快，只用 12 節的經文就記載了以色列與 6 座城鎮的戰爭，當中有不少重複的用語，也有形成一個扇形結構。這樣的表達形式一方面顯明，這是個綜合性和有選擇性的記敘，因為從十二章 13 至 15 節中可見至少有另外 4 座南面的城鎮被以色列人所奪(基德、何珥瑪、亞拉得、亞杜蘭)。另一方面，更重要的是，這個表達方式指出，經文所採用的是修辭手法。經文既指出以色列人加強參戰的程度和爭戰的力度(由「約書亞用刀殺」轉到「他們用刀殺」)，也指出敵人數量的加增(由「城鎮」轉到「眾城鎮」)。這種表達的形式，目的是強調以色列的爭戰是快速和順利的,這是因為耶和華的參與和應許,而以色列人以遵命作出回應。這記載就顯明以色列人大有能力,有震攝人心的勝利清單。

4.2.5 總結以色列人南地之戰(十 40～43)

這段經文總結以色列人在迦南以南地區之戰,以「約書亞擊敗全地的人」(應譯作「約書亞擊打所有地方」)作為開始。所以,這個總結並沒有詳細記錄約書亞所經過或「擊打」的各城或各區,而是採用較概括性的字眼(「所有、全」),作出綜合性的觀察。而且,雖然經文使用「所有」一詞,但其具體指涉仍須從上下文來決定。

這個總結所強調的似乎不是約書亞要「佔領」的地區,而是他所擊打的地區。戰爭過後,約書亞與以色列人回到吉甲就表明他們至少暫時沒有打算佔領迦南以南地區。事實上,28 至 39 節中「奪取」(*lkḏ*)和「擊打」(*nkh*)分別出現 5 次和 7 次,但「佔領」(*yrš*)則 1 次也沒有出現過。所以,約書亞在這些戰爭中似乎並不打算佔領這些地點,甚至有些戰爭也不在那些城中進行的,基色就是一個明顯的例子。而且,他也沒有像對待耶利哥城那樣,以火焚燒城鎮。既然這樣,約書亞的目的很可能就是攻擊迦南以南地區一些重要的城鎮或軍事要塞,減低他們與迦南以北地區聯軍的可能性,他甚至是製造恐慌或混亂。接著,經文以 3 個角度來總結以色列人的勝利。

第一,他是從地區及當中的人出發(40 節)。約書亞所擊打的地區是由北面的山地到南面的尼革夫,還有位處這兩者中間的低地和山坡之地,[26] 這就是上文所言的「所有地方」。需要留意的是,迦南地可以分為 3 個縱向的區域,就是沿地中海岸平原、中部山區,以及約旦河裂谷。這裏所描述的主要是中部山區的南面區域。經文接著提及這些區域的人。約書亞「擊打」(*nkh*)這些地區的「所有」君王,沒有剩下一個倖存者,把「所有有氣息的」都「完全滅盡」(*ḥrm*)。「有氣息的」在約書亞記只出現 3 次(另參十一 11、14),可能是回應申命記二十章 16 節的命令。最後,經文指出這些行動都是按耶和華所吩咐而行的。

「和修版」將「擊打」(nkh)譯作「攻」、「攻打」。然而,「和修版」在29、31、34、36、38節所用「攻打」一詞的原文,卻是另外一個動詞(lḥm),通常譯作「戰爭、打仗」。

第二,從約書亞所佔領的邊界出發(41節)。經文同樣地以「約書亞**擊打**他們」作為開始,然後才描述地界,且是按照兩條軸線來敘述的。首先是由東南到西北,即是「從」加低斯・巴尼亞「直到」迦薩。㉗其次,由西南到東北,即「從」迦薩「直到」基遍。基遍和加低斯・巴尼亞分別是這次戰爭中所佔領最北點和最南點。歌珊屬迦南南面地區,與同名的埃及區域不同。故此,「又攻打歌珊全地」(41節)應譯作「即是歌珊全地」,因為它不應是另指獨立地區,而是指這佔領的南區。最後,經文回到基遍,也就是以色列人開始迦南以南地區之戰的地方。這裏需要留意的是,「從甲直到乙」(*min ... [wə] ʿaḏ*)的用法亦可以指包括甲和乙兩個地點(參創二十五18,三十一24),但也可以不包括其中一個地點(參十三26)。40節指出以色列人仍未佔領沿海地區,而迦薩就屬這區。此外,十一章22節也支持迦薩仍未被以色列人佔領的看法。另外,以色列人也應該沒有擊打基遍,而只是到那處擊打5位王的聯軍。所以,迦薩和基遍應該不屬以色列人擊打之地。

在原文是沒有出現「擊敗了」這動詞。

第三,從約書亞所奪取地土的時間性出發(42節上)。經文「約書亞一舉**擊敗了**這些王,奪了他們的地」,可按原文重譯為「至於所有這些王和他們的地,約書亞『一舉』『奪取了』(*lḵḏ*)」經文先提「所有王」,然後才是「地」,正好與40節先提及「地」,後是「所有君王」形成扇形結構,也代表著整個描述的首尾呼應。「奪取」(*lḵḏ*)與「擊打」(*nkh*)是相關的行動,但這仍然未到「佔領」(*yrš*)的階段。㉘「一舉」這詞曾在環繞耶利哥城的吩咐中出現,可譯為「一次」(六3、11、14)。「和修版」的翻譯似是將這多場的戰爭看為是一個戰爭,強調這個戰爭是快速、容易和順利的。不過,這不應是「一舉」原文(*paʿam ʾeḥāṯ*)的意思。所以,經文確實是指以色列只有「一次」奪取這些地,後來這些地仍然會再次落入迦南人之手,有待以色列人再次攻打和佔領。事情為何會是這樣發生的呢?經文多次指出「約書亞和跟他一起的以色列眾人」從一座城鎮到另一座城鎮爭戰(參上文14個元素的表列),最後他們則回到吉甲的營中(43節)。若是這樣,縱然以色列人打敗敵人，奪了城鎮，但卻沒有佔領過這些城鎮，這樣便會容讓迦南人重歸這些城鎮。所以，以色列人就只是「一次」奪取它們而已。無論如何，經文清楚地再次指出能夠有這樣順利的戰爭，是「因為耶和華—以色列的上帝為以色列作戰」（參14節）。而迦南以南地區戰爭完結後，約書亞等人就回到吉甲的營中。所以，21節記載他們回到瑪基大的營，在戰爭暫時駐紮的地方，而吉甲才是大本營。

4.2.6 小結

從以上的討論來看，有以下6點作為小結。

第一，經文多次採用「所有、全」這詞，目的是強調以色列的整體性及一致性行動（29、31、34、38、43節）、完全奪取敵人的城鎮地土（37、39、40、41節）、擊敗敵人所有的王（40、42節）、殺了所有城中的生命（28、32、36、37、38、39節），以及擊殺所有有氣息的（40節）。

第二，雖然經文多次採用「所有、全」去傳遞這麼強的整體性的理念，但讀者需同時留意這是一種修辭手法。就如20節清楚指出（參20節分析），「徹底擊敗」或「直到把他們滅盡」是誇張手法，用以表達以色列人的戰爭得著廣泛的勝利。

第三，對於何謂約書亞所擊敗的「全地」，則必須從其上下文來看。經文清楚指出，這「全地」並不包括沿海地區，也不包括當中一些城鎮。從這個角度來看，經文就指向其他有關以色列人未能完全穩佔地土的記載（參十一22，十三2～6，十五63，十六10，十七12～13等）。

第四，雖然約書亞戰勝敵人，奪了這些地區城鎮，但這並不表示他們完全佔領它們。例如後來迦勒就要再次奪取希伯崙為他的產業（十四6～15）。以色列人只是「一次」奪取了這些地區。

第五，經文兩次提及「耶和華為以色列作戰」（14、42節）。首次是總結耶和華以「異常」的方法幫助以色列人，使他們順利擊打敵人直到亞西加和瑪基大。不過，祂也繼續幫助他們，就如祂把立拿和拉吉交在以色列人手中，或者甚至在其他戰爭中沒有特別記下祂的任何參與。

第六，約書亞的遵命也是這段經文一個重點。明顯指出這一點的，可參考

40 節下，但經文多次記述約書亞爭戰是「正如他向……所做的」，這就清楚指出約書亞是一直都按照耶和華的吩咐而行。

信仰反省

這段經文記載約書亞攻打南地的各城，並在成功後帶領以色列人一起回到吉甲。約書亞這些爭戰，可以給予我們甚麼反省呢？

第一，經文指出約書亞作戰是順利和迅速的，這反映約書亞對於要完成耶和華所交託的委身和忠誠。這不表示在作戰的過程中沒有任何突發事件出現，基色王上來幫助拉吉就是一個例子。但約書亞仍然認清他爭戰的目標，沒有受影響而改變去攻打基色。他在清除何蘭王的擾亂後，就繼續按原定計劃而行，經文記述他從拉吉到伊磯倫，指出的正是這樣。對所定目標的堅持，不為中途出現的負面事件所打擾，以致失去方向，這是值得留意的。另一方面，經文指出約書亞只是一次奪取這些城鎮，然後他們就回到吉甲。這同樣地指出約書亞清楚知道他這次作戰的目標是甚麼，他並不是要佔領這些地方，而是要攻擊他們，為後來佔領這地作預備。若約書亞留守軍兵在這些城鎮，很可能他們就未必能夠面對更強的迦南北地聯軍。讓我們不為眼前看似得到的利益而分心，忘記我們行事的真正目標是甚麼。

第二，經文多次指出「正如他向……所做的」（28、30、32、35、37、39 節），反映出約書亞能夠堅持行事的準則，擇善固執。經過亞干事件後，他明白到應該持守耶和華所吩咐的處事方法，而這段記載就指出他（他們）一貫地、持續地執行所吩咐的。這是一點都不容易的。堅持耶和華所訂下的、所吩咐的，是需要我們很強的意志和清晰的目標，要在環境改變中（如約書亞所面對的不同城鎮），仍能看清那不會改變的事實（如這些城鎮的本質），以致能堅持採用相同的原則處理它們。然而，這並不表示過程所涉及的方法是完全相同的，例如約書亞就要以更多的軍兵來對付希伯崙和底璧與屬它們的一切城鎮。

第三，在整整 16 節經文中有 3 次提及耶和華的幫助，祂不只把敵人交在以色列人手中，也為他們爭戰。前者帶出耶和華的應許和人回應的必要，後者則強調耶和華的主權和作為。在經文的編排中，這些描述就大概處於戰爭的開始和結束的位置，這個首尾呼應就是用來強調耶和華的參與。約書亞記多次提醒我們，縱然我們在人生路上不斷爭戰，甚至有多次勝利，但仍要記著，這些爭戰是要回應上帝的應許，是要經歷上帝在其中的恩典和幫忙，學習謙卑，不可以忘記得勝是因為上帝為我們爭戰。

4.3 回應迦南聯軍：擊破戰車與佔領北地（十一1～15）

約書亞擊敗迦南以南地區亞摩利王的聯軍後，夏瑣王就主動與多區多族的人聯合，要與以色列人作戰。他們的人數「多如海邊的沙」，而且經文首次出現敵人的戰車戰馬，是約書亞到目前為止所面對數量最大和軍力最強的敵人（4節）。耶和華一方面鼓勵約書亞作戰，應許他必得著勝利，另一方面則吩咐約書亞特別處理馬和戰車的方法。約書亞回應耶和華的應許，按祂的吩咐而行。最後得以擊敗聯軍，焚燒夏瑣，奪取其他城鎮，並滅盡敵人。

這段經文與十章1至43節在內容和結構方面相近，可參考下表列：

迦南南地的戰爭（十1～43）	迦南北地的戰爭（十一1～15）
引言：亞摩利王的聯盟 （耶路撒冷王亞多尼洗德為首）	引言：迦南諸王的聯盟 （夏瑣王耶賓為首）
耶和華對約書亞的鼓勵	耶和華對約書亞的鼓勵
決定性的戰爭得勝：基遍	決定性的戰爭得勝：米倫水
追殺其餘軍隊直到南面邊界	追殺其餘軍隊直到北面邊界
奪取多座城鎮	奪取夏瑣與多座城鎮
戰爭總結	戰爭總結

不過，兩段經文也有差異。這段經文所描述的情況卻比十章1至43節的更為嚴峻。南面聯軍只是亞摩利5位王的聯軍，但北面聯軍卻結合6個民族、多個王和多個地區的人，人數和軍事力量都明顯強大得多。此外，與十章1至43節相比，這段經文明顯較短，也沒有提及追趕敵人或耶和華特別的參與。經文只稍為詳細記載如何對待夏瑣，至於奪取其他城鎮，則只是簡單記述，甚至連它們的名字也沒有提及。這樣的表達方式著意加快戰事的推展。所以，接著的內容就已是對約書亞戰爭的總結（十一16～十二24）。經文可以分段如下：

分段大綱（十一1～15）

一、北地聯軍與以色列作戰（十一 1～5）

二、以色列在米倫水邊獲勝（十一 6～9）

三、約書亞奪夏瑣與滅眾城（十一 10～15）

4.3.1 北地聯軍與以色列作戰（十一 1～5）

繼五章1節、九章1節和十章1節之後，這是第四次以迦南人作主語出現在「當……聽見」（1節）中。這次的主語是夏瑣王耶賓，因此，地理描述就由迦南的南面轉到當時位處北面的夏瑣。按九章1至2節的記載，原本約旦河西諸民族打算與約書亞作戰。不過，這計劃因為基遍人與以色列人結盟而未能進行。所以，耶路撒冷王就先在迦南以南地區組織聯軍。他們失敗後，就只餘下北面各族聯合起來了。夏瑣作為北面的大城之一，它就擔起領導這個爭戰的責任。

經文沒有提及耶賓所聽見的內容。若從上下文來看，可能是聽見以色列人戰勝迦南以南地區諸王及奪取他們的地這事。經文也沒有記載耶賓的內心反應，例如他有否懼怕（參十2），但外在反應就是他「派人」（1節）到多位王、多個地區和多個民族那裏。耶賓所選擇的瑪頓王、伸崙王和押煞王，都是位處於戰略性的位置。而其他聯盟對象則可以說是遍滿迦南北面從東到西各處的。其中所提及的6個族，就正好是九章1至2節所記載的6個族，也正好表達他們所佔據的就是耶和華所應許的迦南全地（參三10）。

這些地區的王和各民族，以及他們的軍營都「出來」（4節）回應。經文以3個「多」來形容這些出來的人。首先是「一大隊人馬」，原文可直譯為「人民眾多」（*ʿam-rāḇ*）。其次是「如海邊的沙」那樣「多」（*rōḇ*）。最後是「極多」（*raḇ-məʾōḏ*）的馬匹和戰車，這是當時最厲害的戰爭武器。在約書亞記，以這樣的用詞和累積用語來形容迦南人是絕無僅有的。這樣描述正顯出這次聯軍在數量上和軍事力量上都是約書亞所未曾面對過的。

馬和戰車可以用來指耶和華使用的工具（參王下二11，六17）。不過，當人擁有馬和戰車時，聖經中往往對此有負面的評價（參詩二十7；賽二7；彌五

10）。對擁有馬和戰車的人來說，這些東西就代表著他們的力量，也成為他們依靠的對象，使他們為此而自傲，以致輕視耶和華的力量。所以，擁有極多馬和戰車的北方聯軍也很可能有如此態度。

經文接著以3個動詞描述「所有這些王」的行動。首先，他們「組成聯軍」，原文（yꜥḏ）可以有「聚集起來為了共同進行某項行動」的意思（參民十四35，十六11，二十七3；詩四十八4），這個動詞在約書亞記只出現1次。這個聚集行動就以接著的兩個動詞來說明。其次，他們「來」。最後，他們「**一同**安營」在「米倫水邊」。他們這樣做為的是「要與以色列作戰」（5節）。有學者指出米倫水邊是位於山區，不大容易運用馬和戰車的威力（參王上二十23～25；士一19）。所以，很可能這只是集合點，而他們打算在較南平原之處與以色列人開戰。

「一同」（yaḥdāw）可翻譯為「在一起」，在約書亞記只另外出現在九章2節（參參本書頁163至164的分析）。

4.3.2 以色列在米倫水邊獲勝（十一6～9）

這段經文記載以色列與北方聯軍在米倫水邊的決定性戰爭。耶和華鼓勵約書亞，並吩咐約書亞處理敵人的軍力（即馬和戰車）的方法。約書亞則回應耶和華的應許作戰、擊敗敵人，並按祂的吩咐處理馬和戰車。這段經文可以扇形結構表達出來（按原文稍修改「和修版」）：㉙

A [6]耶和華對約書亞說：「你不要因他們懼怕。因為明日這時，我必在以色列人面前交出他們所有的人，都是被殺的人。你要砍斷他們馬的蹄筋，用火焚燒他們的戰車。」

B [7]於是約書亞和所有跟他一起作戰的士兵，突然臨到他們在米倫水邊，攻擊他們。

C [8上]耶和華將他們交在以色列人手裏，

B’ [8下]以色列人就擊殺他們，追趕他們到西頓大城，到米斯利弗．瑪音，直到東邊米斯巴的山谷。以色列人擊殺他們，直到沒有留下一個倖存者。

A’ [9]約書亞照耶和華所吩咐他的去做，砍斷他們馬的蹄筋，用火焚燒他們的戰車。

A 和 A' 與耶和華的具體吩咐和執行有關，不過，A 多了耶和華對約書亞的鼓勵。B 和 B' 分別是戰事的開始和結束。C 就指出以色列人得以戰勝的原因，內容與十章 30、32 節相近。這個扇形結構表示這是個稍為獨立的段落，也帶出約書亞遵命而行和耶和華與人同工的情況。

摩西也曾鼓勵以色列人不必怕敵人的馬和戰車，因為耶和華必與他們同在（參申二十 1）。

與八章 1 至 2 節相同，約書亞在未有行動以先，耶和華就先**鼓勵約書亞**。對於在八章 1 節、十章 8 節和十一章 6 節都出現鼓勵「你不要懼怕」（*ʾal-tîrāʾ*）及其漸進的內容（參 4.2.2「耶和華與約書亞合作〔十 7～11〕」中十章 8 節的分析）。接著，耶和華以「因為」（在「明日這時」之前有一個詞 *kî*，「和修版」沒有譯出來）帶出約書亞不必懼怕的原因，就是祂在「明日這時必在以色列人面前交出他們所有的人，都是被殺的人」。㉚ 這講話強調得勝是因為祂自己行動的結果，甚至當中不涉及約書亞參與戰爭的行動。不過，約書亞也不是完全沒有行動。耶和華接著就吩咐約書亞該作的事。這吩咐以兩句平行句子表達，都是受詞先行，接著才是動詞，這與一般希伯來文句子結構的字序剛好相反，目的是把約書亞的行動對比於耶和華的行動。這吩咐（9 節）可以列出如下（按原文修改「和修版」）：

A　至於他們的馬匹，
　B　你要砍斷蹄筋，
A'　至於他們的戰車，
　B'　你要用火焚燒。

這個吩咐的用意，可參考下文十一章 9 節的分析。總結而言，有別於十章 8 節，耶和華在這裏的鼓勵較為具體，包括時間指標、敵人最後的結果，以及處理敵方軍力的方法。

按希伯來經文的標點，「突然」應屬上半節，不應與「攻擊他們」相連。

得到耶和華的鼓勵和應許後，約書亞和「所有跟他一起作戰的士兵」，就「**突然**」來到米倫水邊（7 節）。在「來到米倫水邊」及「攻擊他們」之間有一個前置詞「臨到他們」（*ʿălêhem*），「和修版」沒有將它譯出來。因此，「來到米倫水邊，突然攻擊他們」這句子所帶的意思，是「對應對北方大軍來到米倫水邊安營，約書亞等則突然來到米倫水邊臨到他們，並攻擊他們」。「攻擊」的原文（*npl bə-*）在約書亞記只在這裏出現；「突然」這詞在約書亞記只出現兩次（另1次可參十章9節）。所以，面對迦南南面和北面的聯軍，「突然」攻擊是約書亞作戰的策略。這個策略既可以幫助約書亞以少對多，也可由他決定作戰的地點和時間。約書亞在米倫水邊與敵人作戰，就可以使敵人不易發揮馬和戰車的威力（參4.3.1「北地聯軍與以色列作戰〔十一1～5〕」中十一章5節的討論）。此外，「所有跟他一起作戰的士兵」也只出現在十章7節，藉此把這兩場戰爭對應起來。這裏所記載的是戰爭開始時的情況及地點。

在未記載這樣的攻戰結果是怎樣以先，經文指出耶和華的作為，祂把敵人「交在以色列人手裏」。「交」這詞的原文（*n̲tn*）與6節應許中的「交出」相同（參4.3.2「以色列在米倫水邊獲勝〔十一5～9〕」對6節的翻譯），表明祂的應許和應驗的對應。此外，「耶和華將⋯⋯交在以色列人手裏」這短語在約書亞記中只另外出現在十章30、32節。所以，特別是在與迦南南面和北面聯軍之戰中，經文使用這個記述來說明耶和華的參與。

經文接著以兩個角度來描述以色列人如何打敗敵人，兩次都是以「以色列人擊殺他們」作為開始，並使用「直到」表達程度。第一是從地理的角度，指出以色列人擊殺他們，並「追趕」他們，再以3個「〔直〕到」（*ad̲*）帶出以色列人追趕敵人的3個方向，分別是到北面的西頓，然後到西北方向的米斯利弗．瑪音，以及到東北面的米斯巴山谷。所以，從地理角度而言，以色列人在各處殺敗敵人。第二是從殺敵的程度來看，就是「直到沒有留下一個倖存者」（「和修版」沒有將「直到」譯出來）。這短語除了1次與艾城有關外（八22），其餘6次都是出現在與迦南以南地區聯軍的戰爭記載中（十28、30、33、37、39、40），這再次指出這兩次聯軍之戰的關係。這部分的經文記載戰爭的結束及其相關地點，回應7節戰爭開始時的情況。

最後，回應6節耶和華的講話，約書亞就照耶和華所特別對他說的，把他們馬的蹄筋砍斷和用火焚燒他們的戰車。藉此，北面聯軍所倚靠的軍力就被徹底毀滅。砍斷馬的蹄筋有兩點值得留意。首先，按經文的記述，約書亞是在戰

> 大衛也是在戰勝後才把奪來拉戰車的馬的蹄筋砍斷（參撒下八4）。

勝後才這樣**處理馬和戰車**的。所以，這樣對待馬和戰車並不是得以戰勝聯軍的策略，而是如何對待敵人引以為傲的軍力的方法。此外，「砍斷……馬的蹄筋」（9節）並不是真的砍斷牠們的腿，而是把牠們腳的屈肌腱弄傷。這樣做的目的，是使牠們不能再在戰爭中劇烈地拖拉戰車，而只能在務農中作搬運工作。這樣對待馬匹和戰車的目的，就是要除去這些可恃的軍事力量，使它不再是屬於敵人的軍力，也同時不是以色列人戰勝後該據為己有的軍力。

4.3.3 約書亞奪夏瑣與滅眾城（十一 10～15）

這段經文可分為兩個部分，分別記載約書亞如何對待夏瑣（10～11節）和其餘的城鎮（12～15節）。這兩個部分在主題上有相同之處，包括如何處理城的王、城的人，以及城鎮本身。

一、第一部分的經文（10～11節）

此部分可按此整理如下：

A　城　奪取

　B　城中之王　用刀擊殺

　B’　城中之人　用刀擊殺、完全滅盡、沒有留下有氣息的

A’　城　用火焚燒

約書亞擊敗聯軍後，就在「那時……轉回」（10節）。這個「那時」很可能對應耶和華所應許的「那時」（6節）。約書亞奪了夏瑣和用刀擊殺它的王，在「先前夏瑣在這些王國中是為首的」之前是有一個詞「**縱然**」（「和修版」沒有將它譯出來），因此句子的意思是「縱然夏瑣在聯軍諸王國中是為首的」。經文指出夏瑣的獨特位置，解釋為何要記載它的事情和需要以特別方法處理它。至於約書亞對待城中的人的方法，則與他對付南面地區各城的相同（參十28～39、40）。然而，經文兩次使用「刀」（10、11節）和「擊殺」（「和修版」譯作「殺了」〔10節〕和「擊殺」〔11節〕），

> 「縱然」反映原文 kî 一詞，或可譯為「因為」。

應用在夏瑣王和城中的人身上，為要表明這座城比迦南南地諸城還要重要。經文如此的表達，是因為夏瑣作為聯軍之首，它是敵人軍力的標記。同樣地，戰車也是這樣。所以，夏瑣和戰車兩者都受到特別的對待，就是「用火焚燒」(*śrp bāʾēš*；9、11 節)。早前，耶利哥城和艾城也是「用火焚燒」(六 24，八 28；參八 8、19)。在約書亞記中，除了對付亞干外(七 15、25)，「焚燒」(*śrp*)這動詞就只應用在這 3 座城鎮和戰車之上。這些全都被視為當獻之物，需要完全滅盡。

二、第二部分經文(12～15 節)

在 12 至 14 節(不包括 15 節)，原文都把賓語放在動詞之前，與一般希伯來文句子的字序剛好相反，這是強調這些賓語所表達的事物。此部分也可按上列分類整理如下：

A 眾城 奪取
 B 眾城之王 奪取、用刀殺了、完全滅盡
 ＋約書亞遵命
A' 眾城 沒有用火焚燒
 B' 眾城之物
 眾城之人 財物和牲畜為掠物
 用刀擊殺、直到除滅、沒有留下有氣息的
 ＋約書亞遵命

若與南面聯軍之戰的記載相比，這個有關對付夏瑣以外多座城鎮的記載就簡單得多。經文只記述「這些王的一切城鎮」(12 節)，而沒有提及任何城鎮的名字。約書亞把這些城和它們的王都奪取，又用刀殺了他們，完全滅盡他們，並清楚指出這是「正如耶和華的僕人摩西所吩咐的」(12 節)。這短句在約書亞記也曾出現(八 31、33，二十二 2、5)，表明了約書亞是從摩西得吩咐。縱然耶和華曾直接對約書亞講話，但他也有不少地方需要倚靠摩西的教導。

接著，經文進一步記載如何處理眾城和城中的人和物。至於處理這些城的方法，經文清楚把它們與夏瑣作出對比，以「然而」(*raq*；13 節，「和修版」沒有將這詞譯出來)作開始，帶出以色列人沒有焚燒這些「造」(原文是「站」)在「山岡」上的眾城，並以「除了」和「只」帶出夏瑣是約書亞惟一座焚燒的城鎮。「山岡」(*tēl*)在約書亞記中只另見於八章28節，指艾城被火焚燒後成為「廢墟」。經文在此特別採用這詞，一方面指出這些城並沒有成為廢墟，讓以色人後來可以居住在其中(參申六10)，而另一方面則暗指夏瑣就成為廢墟。至於這些城中的牲畜和戰利品，以色列人就取為「掠物」。14節「至於所有的人」之前有「然而」(*raq*)，表示以色列人取了掠物，然而城中所有的人，他們就用刀擊殺，直到除滅他們，沒有留下任何有氣息的。這樣的處理方法明顯與對待艾城相同(參八2、27)，但卻有別於耶利哥城。經文特別提及這些處理方法，是要説明是因約書亞遵命而行(參申二十13～14)。

最後，經文以正面(15節上)和負面(15節下)角度，來記述約書亞的遵命作結束(15節)，這節經文可以扇形結構表達如下(按原文稍修改「和修版」)：

A 15上 耶和華怎樣吩咐他的僕人摩西，

摩西就這樣吩咐約書亞，

B 約書亞也照樣做了。

B' 15下 約書亞沒有一件偏離不做的，

A' 凡耶和華所吩咐摩西的。

從正面看，則直接指出約書亞做了哪些事情；從負面看，則指出約書亞沒有做哪些事情。約書亞所做的，就是耶和華吩咐祂的僕人摩西，而摩西就這樣吩咐約書亞的事情，約書亞就這樣做了。這説明摩西和約書亞同樣都是遵命的，更説明約書亞對耶和華吩咐的遵從。至於約書亞沒有做的事，就是「凡耶和華所吩咐摩西的，約書亞沒有一件偏離不做的」。這句子可更準確地翻譯為「他沒有從耶和華所有吩咐摩西的除掉一件事」。「偏離」(*sûr*)在約書亞記出現6次。在一章7節和二十三章6節(以*qal*語態形式，即基本主動語態形式)，指出要遵守摩西的律法，不可「偏離」左右。不過，在七章13節、十一章15節和二十四章14、23節，這個詞則解作「除掉」(以*hiphil*語態形式表達，表示一種主動語態的使役動作)。除十一章15節外，其餘3節經文都指以色列人要刻意除掉在他們中間的當滅之物或是外邦神明。所以,這裏指的是約書亞沒有把耶和華所吩咐摩西的視為不恰當,要刻意除掉的。

4.3.4 小結

這個小結是要比較約書亞在與迦南以南地區聯軍和北地聯軍之戰之間的異同,並把這兩場戰爭與耶利哥城和艾城之戰作出一些比較。以下先列出 4 點有關約書亞與南地和北地之戰的一些差異:

- 雖然迦南以南地區和北地聯軍的作戰敍事,都提及他們聽見以色列人的作為,但迦南以南地區卻有懼怕的反應,而北地則沒有。
- 約書亞並不是主動攻擊迦南以南地區聯軍,而是回應基遍的求救,而這是出於回應約的要求。相反地,與北地聯軍之戰並不是回應約的要求,而更似是回應北地聯軍的挑戰。
- 南地之戰的記載共有 43 節,內容複雜多樣化。特別的是經文多次提及耶和華的幫助,包括指出耶和華為以色列人作戰(十 14、42),或是祂把敵人交在以色列人的手中(十 30、32)。相比之下,北地之戰則較為簡短,只有 15 節,只有兩次提及把敵人交在以色列人手中,其中 1 次是出自耶和華口中的應許(6、8 節)。
- 南地之戰多次有耶和華的幫助,且往往以不尋常的現象出現,其中包括使敵人「潰亂」、以冰雹擊殺他們,以及使太陽停住。相比之下,北地之戰卻沒有這樣的情況,而耶和華的幫助卻只在於應許把敵人交在以色列人的手中。

這兩次戰爭的差異跟以色列人與耶利哥和艾城之戰,有結構上的相似之處。現表列如下:

耶利哥/南地之戰	艾城/北地之戰
先提及迦南人懼怕	沒有提及迦南人懼怕
敵人較被動	敵人較主動
記載耶和華奇妙的作為,藉此擊敗敵人	沒有記載耶和華甚麼奇妙的作為
耶和華沒有提供方向性的攻擊策略	耶和華在攻敵之事上提供策略

從耶利哥城到艾城，從南地之戰到北地之戰，兩者都呈現相似的轉變。耶和華並不是時時刻刻都以神蹟奇事來幫助以色列人爭戰，有時祂會提出方向性的策略，而由他們再化為具體的策略來行事。在開始之時，耶和華會以奇妙的作為幫助以色列人，但接著就更多由以色列人自己按著策略作出判斷並行事。不過，無論以哪種形式，耶和華的幫助都會與以色列人同在。

信仰反省

從耶利哥開始，以色列人所面對的戰爭一場比一場艱難，面對的敵人無論在人數及軍械上都愈來愈強。耶和華在每場戰爭的參與方式和程度，都有所不同。在這次北面戰爭中，以色列人所面對的力量是最大的，耶和華的保守也是最大的。耶和華清楚宣告祂自己會使敵人成為被殺滅的人，以色列人似乎不必動手。然而，耶和華並沒有使用神蹟奇事來幫助以色列人。所以，祂要以色列人在每個階段所經歷的，是他們可以承受的。在人生的旅途上，我們必會遇到不少的爭戰。或許這些爭戰愈來愈大，叫我們似乎無力面對。不過，上帝會讓我們過往的經驗幫助我們面對新的挑戰（有留意約書亞所採取的「突然」行動嗎？這是他曾在對付南地聯軍時採用的策略！），祂也會賜下更大的保守，叫我們更有信心行動。雖然可能會感到力不能勝，但這些挑戰確是我們可以承受的，是可以藉信心面對的，是叫我們有更多的參與的，也是讓我們經歷更大恩典的契機。

這段經文其中一個特別的地方是，耶和華吩咐約書亞如何對待敵人的馬和戰車。祂的吩咐就是要以色列人不必怕敵人這些武器，同時也不應倚靠這些武器。正正因為我們怕這些武器，我們就以為若自己能夠擁有這些武器，就可以它來保護自己，不用懼怕了。然而，經文指出的就是，耶和華自己才是真正的保護者。詩人說得好：「有人靠車，有人靠馬，但我們要提耶和華一我們上帝的名。」（詩二十7）經文向我們提問，我們是否害怕與擁有這些武器的人爭戰，而不敢回應上帝的應許呢？另一方面，我們今日是倚靠甚麼來作戰呢？自己的能力、聰明、才幹、資源、聲譽、身分、人際網絡？要留意，約書亞把戰車焚燒，表明這些是當獻之物。原來可以自恃的力量，是應作當獻之物的。當然，倚靠上帝並不表示人不需要盡力而為，只是人不應以人的能力或所擁有之物作為信靠的對象，以之來取替對上帝的信靠。

這段落另外一個特別之處是，在短短 15 節經文中，有 4 次提及約書亞的行動是按照耶和華或祂的僕人摩西所吩咐的（9、12、15 節上、15 節下）。到目前為止，這是最集中記載約書亞遵命的經文。經文所指出的，不只是當人所面對的敵人愈強，就要愈加遵命，以致得著勝利；也指出當人得到勝利後，就要更加遵命。遵命並不是自然的，也不是必然的事。亞干知道耶和華的吩咐，但他卻沒有遵守。亞當和夏娃也是這樣，他們都沒有遵命，至少是因為他們認為耶和華把一些好處收起來沒有給他們，所以他們要違命，以自己的方法爭取他們認為應屬於他們的各樣好處。所以，遵守上帝的命令，原是要大大剛強和大大壯膽的（參一7），並且知道該奪取甚麼，該放下甚麼。所以，經文指出衡量領袖的準則不是在於他們擁有多大的軍力、打勝多少場的戰爭，或殺滅多少敵人，而是在於他們有多少遵守上帝的吩咐。

溫習及思考問題

1. 當迦南諸王知道以色列人已侵入迦南，他們的反應如何（九1～2）？基遍人又有何反應？他們以甚麼方法令以色列人相信他們是從遠處而來的？
2. 基遍人在以色列人面前怎樣解釋他們的來歷？他們如何稱呼自己？他們要求以色列人為他們做甚麼？以色列不同組別的人對基遍人的請求有何反應？他們立約的內容是怎樣的？
3. 當以色列人發現受騙之後，他們如何反應？至終他們選擇了甚麼方式對待基遍人？
4. 基遍人如何對以色列人解釋他們行騙的目的？約書亞如何幫助基遍人脫離厄運？基遍事件與喇合事件有何相同及相異之處？
5. 甚麼原因引致5位王要攻打基遍？耶路撒冷王亞多尼・洗德向4位王求助，與基遍人向約書亞求助有何相同之處？
6. 當約書亞知道基遍人受威脅之後，他作了怎樣的決定？經文以甚麼詞彙表達耶和華鼓勵約書亞？
7. 「從天上降下大冰雹」所指的是甚麼意思？迦南人如何死在「冰雹」及「刀」上？學者如何解釋「太陽就停住」的意思？你如何理解這神蹟？你經歷到上帝在你身上所施行的神蹟嗎？
8. 耶和華「聽人的聲音」這句子在基遍戰爭事件中有何重大意義？這場戰爭中，耶和華如何為以色列人爭戰？從以色列人的得勝中如何看出同心的重要性？

9. 亞摩利 5 王是如何被擒及被殺的？在這事件中，耶和華及約書亞的角色怎樣？這事件又與出埃及和過紅海有何相關的事情？
10. 整個基遍事件與喇合事件有何相同的元素？從這事件中如何看見約書亞作領袖的角色漸漸顯露？約書亞的經歷如何應用在今日教會作領袖的人身上？
11. 在攻打迦南南面一帶地區之時，經文以「徹底擊敗」或「直到把他們滅盡」（十 20）等詞彙來描述這些戰爭。事實上以色列人有沒有真正「滅盡」迦南人？可否以經文支持你的觀點？這些詞彙背後帶著甚麼意思？你對聖經這樣的描述手法有何看法？
12. 若與南面的聯軍相比，北面的聯軍如何優勝？約書亞是如何帶領以色列人戰勝北面的聯軍的？
13. 綜合約書亞所打的 4 場重要的戰爭（耶利哥城、艾城、南面聯軍、北面聯軍），它們之間有何關連？總結這些戰爭中，約書亞能得勝的最大祕訣是甚麼？

釋經短註

❶ 九章 4 節「而他們」原文為 *ḡam-hēmmāʰ*，「和修版」沒有翻譯出來。New Revised Standard Version（NRSV）及 The Jewish Bible: Tanakh（TNK）則譯為 "on / for their part"。這可以理解為對比於其他們迦南諸王預備作戰的行動（九 1～2），「而他們」基遍居民就採取不同的行動。不過，「而他們」也可以理解為回應聽聞約書亞所做而有的行動。

❷ 九章 4 節「假扮使者」的原文 *wayyiṣṭayyārû* 只出現在這裏。基於希伯來文字母 *r* 和 *ḏ* 形狀相近，有學者認為這字應該修改為 *wayyiṣṭayyāḏû*，解作「帶著糧食」（與 12 節「帶出來的餅」相同字根），這與接下來的內容更為配合。

❸ 霍華德（David M. Howard）認為舊約中至少有四處地方都稱為「吉甲」。第一，在約旦河谷中，約書亞記四

至五章常提及的那個地方，而亦記載在其他經文中的（參撒上七16，十一14～15）。第二，在伯特利以北的山區中，以利亞和以利沙曾居住在那兒（王下二1）。第三，在耶路撒冷和耶利哥之間，在猶大支派所得產業的邊界之上（十五7）。第四，這裏所記載約書亞安營之處，應是在以巴路山和基利心山附近（參申十一 29 ～ 30）。參：David M. Howard, *Joshua* (New American Commentary 5; Nashville, Tenn.: Broadman & Holman, 1998), 224。

❹ 九章8節「你們從哪裏來」中動詞「你們來」的原文是 *tāḇōʾû*，以未完成時態（imperfect）表達。這表示約書亞認為他們的行程應該尚未完成。這有別於基遍人自己在6節的用法。在那裏，「我們從遠地來的」的動詞「我們來」的原文為 *bāʾnû*，是以完成時態（perfect）表達，表明他們的行程已經完成，他們的目的地就是以色列人在吉甲的營地。9節基遍人再提及自己的行程時，所採用的「來」（*bāʾû*）也同樣是完成形式。

❺ 九章15節「建立和好關係」這短語的原文（*ʿāśāʰ šālôm*）可直譯為「行和平、施和平」。它以人作為主語，有「與人和好，作朋友」的意思（參賽二十七5）；以耶和華作為主語，則強調耶和華的主權，可隨祂己意施行平和（參伯二十五2；賽四十五7；耶三十三9）。

❻ 九章18節「發怨言」（*lûn*）在聖經中出現了13次，12次在出埃及記和民數記所載的曠野行程中（出十五24，十六2、7、8，十七3；民十四2、27、29、36，十六11，十七5、10），另外1次在約書亞記。這個動詞的意思並不只是停留在口頭上表達不滿，還會有對應的激烈行動，著意推翻權威（參民十四章）。

❼ 九章20節「憤怒」（*qeṣep̄*）及其同字根動詞「發怒」（*qṣp̄*）曾多次出現在民數記及申命記，指耶和華欲在曠野中因以色列人的反叛而擊殺他們（參民十六22；申一34，九7、8、19、22，二十九28）。

❽ 九章21節「和修版」中「讓他們活著」的原文也可翻譯為一個宣告，即「他們要存活！」另有學者指出，因為「領

袖對會眾說」的原文其實是「領袖對他們說」，而這個「他們」並不是指會眾，而是基遍人。所以，這部分的經文應翻譯為：「領袖對他們〔基遍人〕說，讓他們活著。」

❾ NRSV 將 21 節「於是他們照領袖所說的，為全會眾作劈柴挑水的人。」譯為“So they became hewers of wood and drawers of water for all the congregation, as the leaders had decided concerning them”，與「和修版」理解有點不同，TNK 的翻譯也與 NRSV 有相同的取向。

❿ 九章 22 節「你們為甚麼欺騙我們」這個問題在聖經中另外出現 3 次，包括雅各質問拉班為何掉換新娘（創二十九 25）；掃羅質問米甲為何放走大衛（撒上十九 17），以及交鬼的婦人質問掃羅為甚麼隱藏他的身分（撒上二十八 12）。在這 3 段經文中，被騙者都不完全是無辜的，他們各自的錯誤都似乎指出他們受騙是應該的。

⓫ 九章 24 節「確實……告訴」的原文（*huggēḏ huggaḏ*）由兩個相同字根的動詞組成，首先是不定詞絕對形（infinitive absolute），接著是完成式動詞表達。這類的表達形式強調動詞所表達的動作，故在翻譯上以「確實」來加強語氣。

⓬ 十章 1 節「立了和約」（即「講和」）的原文為動詞 *šlm* 的 *hiphil* 語態形式（表達一種主動語態的使役動作），在約書亞記只出現 3 次（十 1、4，十一 19）。同樣的詞也出現在申命記二十章 12 節，正是與這裏的處境有關的律例。

⓭ 十章 8 節「在你面前站立得住」的原文（*lōʾ-yaʿămōḏ ʾîš mēhem bəp̄āneʸḵā*）與一章 5 節（*lōʾ-yiṯyaṣṣēḇ ʾîš ləp̄āneʸḵā*）有兩點主要不同之處。首先，所用的動詞不同，分別是 *ʿmḏ* 和 *yṣḇ*；其次，在「你面」之前的前置詞不同，分別是 *bə* 和 *lə*。而十章 8 節的用法只見於約書亞記（另參二十一 44，二十三 9）。這個用法，似有加強敵意的味道。

⓮ 十章 12 節「說話」這動詞的原文是未完成式。當「那時」（*ʾāz*）後的動詞是未完成式，而經文處境是在過

去，那麼，「那時」所指涉的時間就是之前所記載的行動發生的時間。

⑮ 十章12節「在以色列人眼前」這句原文為「他在以色列眼前說」。有學者認為這個「他」是指耶和華，不是約書亞。不過，12節清楚指出約書亞對耶和華說話，而且14節記載耶和華聽人的聲音。所以，「他」較可能是約書亞，而他在對耶和華的講話中吩咐太陽和月亮。

⑯ 十章13節提及「雅煞珥書」，學者討論究竟這段經文的記載有否引述「雅煞珥書」的內容。他們的論點，可以分為以下類別：

1. 12節下至13節上的詩歌內容是引自「雅煞珥書」。
2. 除了「那時約書亞向耶和華說話」（12節）以外，12至15節都是引述「雅煞珥書」。
3. 由13節下開始是引述那書的。
4. 有學者認為這段經文並不存在引述。「這事豈不是寫在……書上」這類句子亦常出現在列王紀上（參王上十一41〔「所羅門記」〕，十四29〔「猶大列王記」〕，十五7〔「猶大列王記」〕），但甚少學者會認為這些經文內容有引述自這些書卷。所以，這裏的情況也是一樣。

⑰ 十章19節「你們卻不可停留」在原文中，「你們」（即「而你們」）接著的是否定詞「不可」加上動詞「停留」。這動詞的原文（*taʿămōḏû*）已包含主語「你們」，可譯為「你們停留」。所以，這短語應譯作「而你們，你們不可停留」。原文刻意加上獨立代名詞「而你們」（*wəʾattem*）是在這裏用來作出對比。

⑱ 十章20節「直到把他們滅盡」的原文（*ʿaḏ-tummām*）的動詞為 *qal* 語態不定詞附屬形（*qal* infinitive construct；*qal* 是基本主動語態形式），是一個非及物動詞，所以只能理解為「他們消滅、滅絕了」，不能譯為「把他們滅盡」。

⑲ 十章20節「徹底擊敗」的原文由動詞「完成」（*ḵlh*）加上「擊殺」（*nḵh*）和同字根的名詞「擊打」（*makkāʰ*）、形容詞「大」（*gāḏôlāʰ*）和「非常」（*məʾōḏ*）組成，故可直譯為「完成去擊打出一個非常大的擊打」。動詞和

其賓語名詞有相同字根這種表達形式常見於希伯來文中。

⑳ 十章20節「只剩下少許的人」的原文（*wəhaśśərîḏîm śārḏû mēhem*）可直譯為「然而，從他們當中，有一些倖存者（*śārîḏ*）倖存著（*śārḏû*）」。原文在此的動詞及其主語有相同字根，這是希伯來文的特色。

㉑ 有關十章20節「徹底擊敗他們，直到把他們滅盡」這種修辭用的誇張手法，可參小楊格（K. Lawson Younger, Jr.）的著作：K. Lawson Younger, Jr., *Ancient Conquest Accounts: A Study in Ancient Near Eastern and Biblical History Writing* (Journal for the Study of the Old Testament Supplement Series 98; Sheffield: JSOT, 1990)。

㉒ 十章24節「軍官」的原文可直譯為「士兵的長官」。「長官」（*qāṣîn*）一詞只在聖經中出現12次，約書亞記就只有這1次。從字源學角度來看，它的意思是指在軍事或民事上作決定的人。這裏特指與軍人有關，明顯是因為接著的內容有很重的軍事意味。

㉓ 有關整段戰爭記敍的14個元素，可參小楊格的著作：K. Lawson Younger, Jr., "The Rhetorical Structuring of the Joshua Conquest Narratives," in *Critical Issues in Early Israelite History* (ed. Richard S. Hess, Gerald A. Klingbeil and Paul J. Ray, Jr.; Winona Lake: Eisenbrauns, 2008), 3～32。

㉔ 大多數學者都認為當與瑪基大、立拿、拉吉爭戰之時，「約書亞用刀擊殺」。不過，值得留意的是，30節「約書亞攻打這城」的原文（*wayyakkehā*）應直譯為「他攻打它」，而這個「他」亦可以理解為「耶和華」，32節也有類似的情況。所以，經文呈現含糊的地方，似是指約書亞，又似是指耶和華的作為。

㉕ 十章33節提及到基色，這城後來分配為約瑟後裔所得之地（十六3），不過，以法蓮和瑪拿西卻不能趕出其中的居民（十六10）。二十一章21節指出它是利未城，後來卻為非利士人所佔據（撒下五25），後又被

法老所奪取。法老王將這地賜予所羅門作為法老兒女的嫁妝,並由所羅門重建(王上九15~16)。這顯出基色在以色列人歷史中有其重要性。

㉖ 十章40節「山坡」的原文(*ʾăšēḏôṯ*)在聖經中只出現6次,很可能是指中部山區向西或向東的山坡區域。不過,亦很可能是指向東的山坡區域(十二3,十三20;另參申四49)。

㉗ 加低斯・巴尼亞是亞摩利人所管治山區南面的城鎮,當年摩西曾經從那裏差派探子出發(民十三26)。這裏提及這座城鎮,似是暗指約書亞已擊打亞摩利人之地土。

㉘ 十章42節以不同的用詞來描述從擊打到佔領之中,各個不同的階段。十九章47節可以作為一個清楚的例子。「就上去攻取利善,用刀擊殺城中的人,得了那城,住在城中,以他們祖先但的名字將利善改名為但。」經文中的動詞有「上去」、「攻打」、「奪取」(*lḵd*)、「擊殺」(*nkh*)、「得〔即佔領〕」(*yrš*)、「住」和「改名」。從這節經文可見,「攻打」、「奪取」(*lḵd*)和「擊殺」(*nkh*)完成後,才是「得(即佔領)」(*yrš*)和「住」(另參十三1,十八1~3)。

㉙ 除了扇形結構外,亦可把十一章6至9節視為平行結構如下:

耶和華的吩咐:

A [6]耶和華對約書亞說:「你不要因他們懼怕。

B 因為明日這時,我必在以色列人面前交出他們所有的人,都是被殺的人。

C 你要砍斷他們馬的蹄筋,用火焚燒他們的戰車。」

約書亞的回應:

A' [7]於是約書亞和所有跟他一起作戰的士兵,突然臨到他們在米倫水邊,攻擊他們。

B' [8]耶和華將他們交在以色列人手裏,以色列人就擊殺他們,追趕他們到西頓大城,到米斯利弗・瑪音,直到東邊米斯巴的山谷。以色列人擊殺他們,直到沒有留下一個倖存者。

C' [9]約書亞照耶和華所吩咐他的去做,砍斷他們馬的蹄筋,用火焚燒他們的戰車。

㉚ 十一章6節「我必把他們全部交給以色列人殺滅」這翻譯值得商榷。首先，「他們全部」(*kullām*)是「交給」的賓語，連在一起可譯作「交出他們所有的人」。其次，在原文中，「殺滅」(*ḥălālîm*)是形容詞(在約書亞記中只另外出現在十三章22節)，但可作為名詞使用。與「他們所有的人」一字相連，這樣就可理解為「他們所有的人」就是「遭殺滅的人」。最後，「給以色列人」原文（*lip̄nê yiśrāʾēl*）應譯為「在以色列面前」。

第五章

戰爭的總結（十一16～十二24）

- 在約旦河西所得之地土
- 以色列人所戰勝的諸王

以色列人在約書亞的帶領下得以戰勝迦南以南地區和北地聯軍後，經文就總結他們所得到的勝利。如此記載的目的是預備接著來分地予以色列人為業之事。這個總結包括以色列人在河西所佔領的地方和在河東及河西所戰勝的君王。

5.1 在約旦河西所得之地土（十一 16～23）

這段經文總結以色列人在河西所奪取的地方，可以分為 3 部分。首部分記述約書亞以戰爭所奪取過來的地土，以耶和華的幫忙和約書亞的遵命作結束（16～20 節）；次部分則特別針對約書亞殲滅亞衲族人之事（21～22 節）；最後則是這些戰爭的總結，帶出遵命、分地和太平這幾個主題（23 節）。經文可以分段如下：

分段大綱（十一16～23）

一、以色列人藉爭戰奪地土（十一 16～20）
二、以色列人剪除亞衲族人（十一 21～22）
三、小結（十一 23）

5.1.1 以色列人藉爭戰奪地土（十一 16～20）

這段經文以「約書亞奪了那全地」作為開始。「奪了」（*lqḥ*）這動詞很少用於以色列人爭戰得地的處境中。在約書亞記中，這用法只見於總結戰爭的經文中（十一 16、19、23）或是實際佔領產業之中（十三 8，十八 7）。所以，這動詞可能指在「奪取」（*lḵḏ*）城鎮或地土後，進一步的控制行動。與十章 40 節相似，「那全地」所指涉的地土必須按下文較具體的描述來理解。經文以兩個方法描述所奪之地。

- 從地區出發，約書亞奪了 7 個區域。屬於迦南南面的有「山區、整個尼革夫、歌珊全地、低地、亞拉巴」（16 節上），這與十章 40 至 41 節所描述的區域相近；而屬於北面的有「以色列的山區和山下的低地」（16 節下）。在這個描述中，明顯欠缺的是南面或北面的沿岸區域。

- 經文以「從……直到」來記述南面和北面的邊界(17節上)。南面的邊界是「哈拉山」,向東上到西珥那處。哈拉山約在加低斯·巴尼亞和死海南面中間位置,而西珥則大概指尼革夫南面,亞拉巴海西面的區域。所以,這個南面邊界與十章41節的描述相若。北面的邊界是巴力·迦得,位處於黑門山下的黎巴嫩平原。這地點與北方聯軍中希未人所處地區相近(參十一3)。經文接著簡單提及約書亞「擒獲」(*lkd*;原文應譯作「奪取」)這些區域的所有君王,「擊打」他們(「和修版」沒有將這動詞譯出來),並「殺死」他們。

接下來3節的經文澄清一些有關這些戰爭的情況,每節經文都採用「戰爭」(*milḥāmā*ʰ)這個詞。

第一,有關戰爭所需要的時間(18節)。約書亞和所有這些王其實已作戰了「很長的一段日子」(意思是「許多的日子」)。面對「多」的聯軍,「多」的馬與戰車(參十一4),約書亞需要「多」的日子才完成戰爭。十章28至39節和十一章12至14節用了頗短的篇幅來記敍以色列人與南面和北面聯軍之戰,目的是表示以色列人戰爭是快速和順利的。雖然如此,但這節經文則指出原來他們**實際爭戰的日子是多的**。實際上,這日子有多長呢?下文指出這應是5至7年。

若參考申命記七章22節,耶和華命以色列人不可把敵人迅速滅盡,「免得野地的走獸多起來危害」他們(另參出二十三29～30)。

第二,解釋為何要以戰爭「奪來」(*lqḥ*)這些城鎮(19～20節)。經文以兩個角度來解釋:

- 從人的角度:這是因為沒有一座城願意與以色列人「講和」,反而以聯軍對付以色列人。故此,所有城鎮都是以色列人在「戰爭」中「奪來」的。基遍的居民與以色列人「講和」(十1、4)是個例外。這裏所反映的就是申命記二十章10至19節的吩咐。
- 從耶和華的角度:經文以「因為」(*kî*)指出耶和華「使他們的心剛硬」。雖然這個主題在約書亞記只出現1次,但在出埃及記卻出現多次,而申命記也提及這主題。

以下會稍為詳細討論「心剛硬」這個主題。

在摩西和亞倫仍未見到法老以前，耶和華就已預告祂會使法老的心剛硬，以致他不容以色列人離去(出四21；參出七3)。事實上，在耶和華施行的首5個災難時，經文多次提及法老的心是剛硬的(出七13、22，八19)或他使自己的心剛硬(出八15、32)。自第六個災難起，不只他的心仍是剛硬(出九34、35)，而耶和華亦使他的心剛硬(出九12，十1、20、27，十一10，十四4、8、17)。所以，耶和華使法老的心剛硬是因為他的心已經剛硬，也是因為他使自己的心剛硬。耶和華後來的行動似是強化法老已有對他自己愚昧的倚靠。

雖然約書亞記沒有出埃及記那樣詳細的記載有關心硬這個主題，但其他部分的內容亦帶出類似的想法。約書亞記多次提及迦南人「聽見」耶和華或「聽見」以色列人的事迹(二10～11，五1，九1、3，十1，十一1；參六27)，並作出回應。不過，只有喇合和基遍人選擇站在耶和華那邊，而其餘的迦南人則作出相反的選擇，要與以色列人作戰。雖然迦南人知道耶和華的能力，但他們拒絕承認耶和華和祂的心意，祂就容讓他們隨從自己的意願。所以，最後在多場戰爭記敍的總結中，就指出耶和華使他們心硬。耶和華這樣做是回應他們自己的心硬，和他們對耶和華的敵擋。正如法老一次又一次的心硬引來耶和華施加更多的災難，迦南人的心硬就帶來他們一次又一次與以色列人爭戰，最終被滅，這表明耶和華對他們的不悅。原文兩次使用「好使」(*ləmaʿan*；20節；參一18)來帶出耶和華使他們心硬的目的，分別是把他們「全被殺滅」(*ḥrm*)和「除滅」(*šmḏ*)。

經文提及他們得不到「憐憫」。「憐憫」的原文(*təḥinnā*^{h})在聖經出現了25次，在約書亞記中只有這裏出現1次，但其意思更多是指「懇求」(參王上八28、30；詩六9；耶三十六7)。所以，經文並不是指他們「不蒙憐憫」，而是指他們根本不向耶和華作出懇求。他們自己拒絕正面回應所聽到的，以致招來「全被殺滅」和「除滅」的結果。所以，這個課題的重點：人是否尊重耶和華的主權，選擇依靠耶和華。

另外一段經文是申命記二章30節。經文記載耶和華使河東亞摩利希實本王西宏的「性情頑梗，內心剛硬」，好叫他拒絕以色列人「和平的話」(申二26～29)，反與以色列人交戰，被以色列人殺敗。值得留意的是，「內心剛硬」中的

「剛硬」（$^{\circ}m\d{s}$）一詞，與耶和華鼓勵約書亞「剛強壯膽」中「壯膽」一詞相同（參一6、7、9等）。耶和華一方面使以色列的敵人西宏的心「剛硬」，另一方面則讓約書亞「壯膽」地面對他的敵人。由此可見耶和華如何參與在以色列人和他們的敵人中，幫助以色列人。所以，以色列人由開始之時在河東的戰爭，到現在結束河西的戰爭，耶和華都使敵人的心剛硬，這成為以色列人戰爭的首尾呼應。耶和華以這樣的方式行事，以致祂的應許得以應驗。

5.1.2 以色列人剪除亞衲族人（十一 21～22）

這段經文特別提及以色列所擊敗的其中一個民族，就是亞衲族人。「那時」（21節）應是指約書亞與迦南人爭戰期間，在這期間，以色列人成功「剪除」亞衲族人。「剪除」一詞的原文（*k̲rt̲*）與「立約」的「立」字相同。基遍人與以色列人「立約」（九6、7、11、15、16），帶來和平，而不與以色列人「立約」的亞衲族人，就被「剪除」。亞衲族人是強大的戰士（參申九1～2），當年摩西差派探子到迦南地，除了迦勒和約書亞外，其餘探子因看見當中的亞衲族人而驚惶，甚至看自己如蚱蜢，拒絕進入應許之地（民十三22、28、32～33）。亞衲族人是利乏音人在西面的同族，而河東的巴珊王噩就是在河東最後的利乏音人（十二4；參申三11）。以色列人越過約旦河以先，就在摩西的領導下打敗這些在東面的巨人（申三3～7）。越過約旦河後，如今就由約書亞——那位當年並不害怕亞衲族人的探子——帶領以色列人擊敗河西的巨人亞衲族人。經文在這裏刻意提及剪除亞衲族人，就是指出當年以色列人在探子事件中曾因亞衲族人而失敗，但現今在約書亞領導下，以色列人不只面對過去的失敗，還把這失敗扭轉過來，成功除滅亞衲族人。

以色列人攻取希伯崙和底璧，這是在與迦南南面聯軍作戰時發生的（參十36～37、38～39）。以色列人還把亞衲族人從以色列和猶大的山區中除滅，把他們逼到地中海沿岸的迦薩、迦特和亞實突。值得留意的是，後來迦勒和俄陀聶就分別攻取希伯崙（十四13～15，十五13～14）和底璧（十五15～17）。這表明約書亞早期的戰爭並沒有完全除滅它們，但也可能是後來亞衲族人再次居住在它們中間。

亞衲族人和利乏音人

「亞衲族人」(*ʿănāqîm*)是在以色列人進佔迦南以前已定居在迦南的其中一族。「亞衲」一字可解作「頸項」(參箴一9),可能指這族人有長的頸項,他們是巨人。他們的先祖是亞巴,是基列.亞巴(即希伯崙)的創建者(十五13,參二十一11)。聖經明言亞衲族人是巨人(申二10、21,九2),與河東的利乏音人是同族(申二20~21)。雖然他們與希伯崙有關,但約書亞記十一章21至22節則指出他們住在猶大山區和以色列山區,後來他們的餘民住在非利士人的迦薩、迦特和亞實突城。撒母耳記下二十一章16至22節提及,巨人族的後裔很可能就是亞衲族人在非利士中的餘民。

在舊約聖經中,「利乏音人」(*rəpāʾîm*)只以複數出現,這可見於兩個不同的處境中。第一,利乏音人與在陰間的死人有關,關於此點,本欄不會詳述,詩篇八十八篇10節把「死人」與「利乏音人」對應起來(另參伯二十六5;箴二18,九18,二十一16;賽二十六14、19)。在這些情況下,「和修版」一致地把該字翻譯為「陰魂」。

第二,利乏音人是一個巨人民族的名稱。耶和華曾應許亞伯拉罕,會把利乏音人與其他9個民族的地方賜給他(創十五18~20)。摩押人稱利乏音人為「以米人」(申二11),而亞捫人則稱他們為「散送冥人」(申二20)。申命記二章21節指出利乏音人像亞衲族人那樣高大,但耶和華使亞捫人除滅他們,佔領他們的地。聖經有指出巴珊王噩是剩下的利乏音人,暗指利乏音人是個遠古的民族(十二4,十三12;申二11)。

5.1.3 小結(十一23)

這節經文是總結中的總結,它一方面回顧過去,另一方面則展望將來。

首先,經文以「約書亞……奪了那全地」作為總結九至十一章所記載約書亞與迦南人之戰果的開始。這短語與16節的開始完全相同,成為這個總結的首尾呼應。藉此,經文指出那個由耶和華對摩西所「說」(*dḇr*;「和修版」作「吩咐」)的應許,現在已得著應驗了。

23節的「產業」這詞在約書亞記首次出現,在此書共出現49次,其中44次在十三至十九章中。

其次,經文展望將來,指出約書亞「奪了」地土以後,就把地作為「**產業**」(*naḥălā^h*)分給以色列人,這是按著他們支派所應分配得到的地來安排的。所以,接著的十三至十九章的經文都是與分地的記載有關。值得留意的是,在十一章16至23節中,「所有」這詞共出現10次(「和修版」有不同譯法),全都是與約書亞有關。他不只奪了「所有」地,與「所有」王作戰,並奪取「所有」王,把亞衲族人從「所有」猶大和以色列的山區中除去,而且還照著耶和華所吩咐摩西「所有」的話而行。這樣集中使用「所有」一詞在約書亞身上,旨在強調他完全的遵命和完全的成功,也指出這兩者的密切關係。

最後,地就「太平」(*šqṭ*),沒有「戰爭」。「國中太平,沒有戰爭了」可譯作「地就太平,沒有戰爭」。這短語在約書亞記中只另見於十四章15節,也是在描述亞衲族人被滅後出現的。所以,似乎亞衲族人的被滅可象徵以色列人完全得地,以致不再有戰爭。在約書亞記中,約書亞和摩西曾應許過以色列人會得「安寧」或「平靜」(*nûaḥ*;一13、15)。雖然「太平」和「安寧」的原文用詞不同,但意思相近,指出所應許的也得著應驗。

信仰反省

這段經文補充了一些有關以色列人與迦南人戰爭的事情。經文雖短,卻對我們這些仍在人生爭戰中的人有一些提醒。第一,雖然十章28至39節和十一章10至15節以很短的經文記載多場的戰爭,似是指出以色列人與迦南以南地區和北地聯軍之戰是迅速和順利的,但這裏的經文特別指出這些戰爭是用了「很長的一段日子」,就是用了5至7年的時間,整個過程遠比我們想像中勞累和吃力。有很多的爭戰,需要我們預計用很長的時間去面對。整個過程中所要求我們的是忠誠、持久、堅韌,並持定所要達到的目標。有些我們要處理的問題,例如自己在成長過程中的創傷或已破壞的人際關係,都是需要很長的時間才能好好修補和復原的。同樣地,我們對於別人的成長,或在與別人同行之時,也應存忍耐的心,因為上帝也同樣願意用很長的時間,為這些人爭戰,讓他們成長,得著醫治。

第二,如上文的分析所言,迦南人拒絕回應耶和華的作為,沒有向祂作出懇求,而祂使他們心硬,任憑他們停留在自己的心態中,甚至是容讓他們強化已有的心態。這可說是耶和華的刑罰。我們可能並不能完全明白上帝的心意。不過,經文向我們提問,我們有否在某些事情上偏行己意,拒絕上帝的主權呢?我們有否察覺,上帝其實已經多次藉著不同的人和事提醒我們,就如迦南人多次聽聞耶和華的作為那樣,只是我們不願意作出改變,不肯向祂懇求呢?若果我們仍是這樣堅持的話，上帝就有可能任憑我們，讓我們死在罪中。

第三，經文刻意提及亞衲族人，他們是以色列人的傷痛之處。40 年前就是因為他們，以色列人不敢進入迦南地，以致在曠野中漂流。亞衲族人令到以色列人自覺受到威嚇，看自己如同蚱蜢被人吞吃。那麼，甚麼是我們的亞衲族人呢，甚麼是我們傷痛之處呢？有人在權威人物面前自慚形穢；有人在愛情路上受傷害、感自卑，不願再愛；有人常常受人奚落嘲笑，自覺不如人，處處迴避；有人因為一次失敗，不願再作嘗試，既怕會再次失敗，也怕面對失敗的痛楚。我們是否願意面對自己過去的挫敗和恐懼？「在那裏跌倒，就在那裏站起來」，是知易行難。然而，經文就提醒我們，在上帝大能的覆庇下，我們可以面對自己多年未愈的傷口；上帝的大愛可以幫助我們超越過去的恐懼；上帝的接納和同在，讓我們可以擁抱那受傷的自己，以致傷痕雖仍在，但已不再疼痛，能夠得勝有餘了。

5.2 以色列人所戰勝的諸王（十二 1～24）

繼上文提及以色列人所奪取的地土後，這段經文記載以色列人所戰勝的君王。雖然如此，除了西宏和噩以外，經文卻沒有記下這些君王的名字，而只是以他們所管治的地區城鎮來標示他們的身分。1 和 7 節都是以「**這些就是那地的王**」（*wəʾēlleʰ malḵê hāʾāreṣ*）作為開始。接著，1 節「……是以色列人在約旦河東，向日出的方向……所擊殺的……」，是要指出這些君王是「以色列人所擊殺的……在約旦河那邊，向日出的方向」，而 7 節「這些是約書亞和以色列人……所擊殺的……他們的地從黎巴嫩平原的巴力・迦得，直上到西珥的哈拉山……」，則指出這些王是「約書亞和以色列人所擊殺的……在約旦河那邊，向海的方向」。雖然字眼不盡相同，但這兩個標題把這部分的經文清楚分為兩段。首段是以色列人在河東所擊殺的王（1～6 節），次段是他們在河西所擊殺的王（7～24 節）。這兩段經文形成簡單扇形結構如下：

「和修版」譯作「這些是……的王／諸王」。

一、河東（1～6 節）

引言（1 節上）

A　被打敗的君王及佔領的地區之清單（1 節下～5 節）

B　摩西的角色（6節）

X　摩西與以色列人擊殺君王

Y　摩西把地給予兩個半支派的人為業

二、河西（7～24節）

引言（7節上）

B'　約書亞的角色（7節下～8節）

X'　約書亞與以色列人擊殺君王

Y'　約書亞把地給予以色列支派為業

A'　被佔領的地區及打敗的君王的清單（9～24節）

藉此，經文把河東與河西之戰作出比較。這兩場戰爭有不少相似之處，參下文附篇「河西之戰與河東之戰」。

分段大綱（十二1～24）

一、以色列人在河東所戰勝的諸王（十二1～6）

二、以色列人在河西所戰勝的諸王（十二7～24）

5.2.1 以色列人在河東所戰勝的諸王（十二1～6）

經文以「這些就是那地的君王，是以色列人所擊殺，也佔領他們的地」（1節；按照原文的次序）作為開始，接著就以「約旦河那邊，向日出方向」標明是河東之地。經文以「從⋯⋯直到」來指出以色列人在河東所佔領地土的邊界。南面的邊界是亞嫩谷，北面的邊界是黑門山，也加上亞拉巴東面的所有地區。接著就分別記載亞摩利王西宏（2～3節）和巴珊王噩曾管治的地區（4～5節）。❶

西宏王的主要城鎮是希實本（民二十一26），所以先提及這座城鎮，然後再以「從⋯⋯直到」記下他所統治的地區。南面是亞嫩谷的亞羅珥，到北面的是雅博河。基列地則位處於約旦河以東，南面邊界是雅博河，而西宏王所管治是基列以南部分地區。此外，還包括部分從雅博河以北之地，直到「基尼烈海」(3 節；即加利利湖)。其西面邊界則經伯．耶施末，直到亞拉巴海(3 節；即死海)。經文先指出巴珊王疆是利乏音人中剩下的，後指出他的疆界是處於西宏的北面，他的主要城鎮是亞斯她錄和以得來。黑門山是在領土的西北面，而撒迦是在東面。基述人和瑪迦人則在基尼烈海的北面。他所管治的是基列地的北面(4～5 節)。

最後，經文記載摩西所作的事情。6 節的原文，先以「耶和華的僕人摩西和以色列人」作開始，後才指出他們擊殺以上兩王。然後，再特別指「耶和華的僕人摩西」把以上的地「賜給」(或譯作「給予」)呂便、迦得和瑪拿西半個支派的人為「產業」(*yərēšāʰ*)。而且，1 節上也記載他們也確實已「得」(原文可譯作「佔領」)這些地方，而「佔領」(*yrš*)一詞原文與「產業」為相同字根。

為何要在這裏重複河東之戰，包括以色列人所戰勝的王以及佔領的地土呢？答案就是要與河西作出比較，讓人對河西的處理有與對河東的處理相似的期待。由此可以證明摩西在河東所做得到的，約書亞也可以在河西作出來。約書亞是配得作摩西的繼承人。同時，這也表明河東與河西之地都是耶和華所賜予的產業。

5.2.2 以色列人在河西所戰勝的諸王（十二 7～24）

這部分可以分為兩段落作討論。首先是描述河西之地域(7～8 節)，接著是描述在河西之地所擊殺 31 位王的名單(9～24 節)。

5.2.2.1河西之地域（十二 7～8）

經文以「這些是約書亞和以色列人在約旦河西所擊殺的諸王」(7 節原文的次序是「這些就是那地的王，是約書亞和以色列人所擊殺」)作為開始，接著就以「約旦河那邊，向海的方向」標明是河西之地。經文以 3 種方法來描述這地土(按原文次序，「和修版」把第二及三項倒轉)：

- 以「從……直到」來指出邊界(7 節上；按原文次序)，南面的是哈拉山，向東上到西珥那處，而北面的則是巴力．迦得，位處於黑門山下的黎巴嫩平原。這裏所描述的與十一章17節相同，只是次序剛好倒轉。

- 以6個地理區域來描述（8節上；按原文次序），就是「山區、低地、亞拉巴、山坡、曠野和尼革夫」（「和修版」是8節下）。這些區域是指迦南以南地區（十40、十一16）。
- 以6個民族來表達他們原來所在的區域（8節下；按原文次序；「和修版是8節上），就是「赫人、亞摩利人、迦南人、比利洗人、希未人、耶布斯人的地」。在約書亞記中，這6個民族的名單曾出現在三章10節，但次序不同，而與這裏的清單完全相同的，可參九章1節和十一章3節，這兩段經文也就是與約書亞的迦南之戰有關的。在這裏列出這6個族的重點是指出以色列人已完全佔領迦南地土。

需要留意的是，7至8節特別提及約書亞所作的兩件事情，對應摩西所作的兩件情（6節）。首先是約書亞和以色列人擊殺地上的多個王，其次是他把地「給予」以色列支派作為「產業」（*yərēšā^h*），是按著他們支派所應分配得到的地來安排的（參十一23）。

總結而言，這裏的地理描述比較含糊。雖然經文指出這些地方是給予以色列人作為產業的，但卻沒有實際記述他們的得地。接著的經文提及分地（十三～十九章），但對地土的描述同樣是含糊的（尤其是十八至十九章），這也同時指出當地的迦南人仍然住在他們中間（詳細分析可參下文）。

5.2.2.2 河西之王（十二9～24）

接下來的經文則記載以色列人所擊殺的王的名單，共有31位王（9～24節）。其中有16位在六至十一章中明言是被以色列人所擊敗的。他們是：耶利哥王（六章）、艾城王（八章）、耶路撒冷王、希伯崙王、耶末王、拉吉王、伊磯倫王、基色王、底璧王、立拿王、瑪基大王（十章）、瑪頓王、夏瑣王、伸崙．米崙王、押煞王、多珥諸王（十一章）。按目前編排的次序，這個名單可以分為3部分，以對應以色列人在過去3個戰爭階段中所戰勝的王（9、10～16、17～24節）：

- 首個部分（9 節）記載以色列首兩個在迦南地戰勝的城鎮，就是耶利哥和艾城（參六～八章）。這裏特別註明艾城是靠近伯特利的，以此表明艾城與伯特利的關係（參七 2；另參 3.2.1.2「後果：與艾城爭戰失敗〔七 2～5〕」的討論）。
- 第二部分（10～16 節）基本上與迦南以南地區之戰有關（參十章），在此共列出 14 座城鎮的王。經文先記載南面亞摩利聯軍的 5 位王，分別是耶路撒冷、希伯崙、耶末、拉吉和伊磯倫（10～12 節上），次序與十章 3 節相同。接著的 9 座城鎮，列出來的次序原因不詳。當中有 4 座城鎮是在十章 28 至 39 節所提及過的（其餘 3 座可參考 10 至 12 節），以及 5 座在迦南以南地區之戰中沒有出現過的城鎮。這 4 座出現過的城鎮散見於這經段文中，依次是基色、底壁、立拿和瑪基大。那 5 座未有出現過的是基德、何珥瑪、亞拉得、亞杜蘭和伯特利。基德在聖經只出現 1 次，可能是在底壁附近。何珥瑪和亞拉得在尼革夫區，曾出現過在曠野期間的以色列人行程中（參民十四 45，二十一 1～3）。亞杜蘭處於低地，伯特利則在山區。
- 最後一個部分（17～24 節）基本上與迦南北地之戰有關（參十一章），共列出 15 座城鎮的君王。❷ 首 4 座沒有記載在北地之戰中，位處於中部山區，掌管著通往耶斯列平原的通道。接著的 4 座就是北地聯軍中清楚說明地名的 4 位君王，但次序不同（參十一 1）。接下來的 7 座城鎮都沒有記載在北地之戰中。他納、米吉多、基低斯和約念都位處於耶斯列平原。多珥山崗位於西岸邊（「山崗」的原文可譯作「全境」），吉甲的戈印很可能在加利利山區，而得撒則較近於中部山區，屬北地中較南的位置。

作為總結，現提出 3 點。第一，這羣被擊敗的王之地理次序，明顯反映六至十一章的戰爭記載。經文表示約書亞及他的軍隊的行軍路線圖，就是從吉甲到耶利哥城及艾城，然後經迦南南面山區、低地和尼革夫。接著，他們沿往耶斯列平原的通道直到耶斯列平原，再到達迦南北面的平原和山區。

第二，雖然經文記載這些被打敗的王，但他們的城鎮不一定被完全毀滅。事實上，其中一些城鎮只是在後來王國時期才完全被佔領，就如耶路撒冷（參撒下五6~7)和基色(參士一29;撒下五25)。另一方面，上列城鎮清單中有不少城鎮是在以色列人與迦南之戰的記載中沒有出現過的。這就證明十章28至39節所記載戰勝迦南以南地區6座城鎮的敍事，並非是個詳盡無遺的記錄，而只是概要的記載。同樣地，十一章中的記載也應是這樣。所以，從這個角度來看，六至十一章其實只是給予部分的圖畫，並不是要記下以色列人佔地的整個歷史過程。最後，這清單仍未有把以色列人所有佔領地方記錄下來。例如示劍明顯是被以色列人佔領的(參二十一21，二十四1)，但約書亞記中卻從來沒有以色列人佔領它的記載。

第三，約書亞與摩西相同，他們都是靠著耶和華的幫助，擊敗諸王，佔領他們的地土，以致耶和華的應許得以應驗。不過，經文也指出約書亞所佔領的河西之地，並不如摩西所佔領的河東之地那麼完全；而且，約書亞在河西的分地，也不如摩西在河東分地那樣確實執行。這就帶出十三章耶和華指出以色列人仍有許多未得之地。正因如此，耶和華的應許要得以應驗，就不只是停留在約書亞這一代人身上，他以後的世代就要承接著這個使命，繼續面對仍留在地土上的迦南諸族和他們帶來的試探，最終期望可以完全得地，讓耶和華的應許完全得著應驗。

5.2.3 附篇：河西之戰與河東之戰

有學者指出，約書亞記中的戰爭記錄與申命記中河東之戰(申二24~三11)的記載有很多相似之處。❸ 艾城之戰(八1~29)、迦南北面聯軍之戰(十一1~15)，以及迦南以南地區和北地戰爭後的結語(十40~42，十一16~23)都採取相同的戰爭記載結構，而耶利哥城之戰(六1~25)和迦南以南地區諸城之戰(十28~39)也有採用其中多項元素。透過這個記敍方式，河東之戰(戰勝西宏和噩)就可以與河西之戰連結起來，同時亦把在摩西領導下的戰爭與在約書亞領導下的戰爭，看為是連續的戰爭。現先列出申命記中以色列人與西宏和噩之戰的結構及元素：

	與西宏之戰（申二 31～36）		與噩之戰（申三 1～7）
a	31 耶和華對我說：『看，我已開始把西宏和他的地交給你了，你要開始得他的地為業。』	b	1「……巴珊王噩和他的眾百姓出來迎擊我們，在以得來與我們交戰。
b	32「西宏和他的眾百姓出來迎擊我們，在雅雜與我們交戰。	a	2 耶和華對我說：『不要怕他！因我已把他和他的眾百姓，以及他的地，都交在你手中；你要待他像從前待住在希實本的亞摩利王西宏一樣。』
c	33上 耶和華－我們的上帝把他交給我們，	c	3上 於是耶和華－我們的上帝也把巴珊王噩和他的眾百姓都交在我們手中；
d	33下 我們就殺了他和他的眾兒子，以及他所有的百姓。	d	3下 我們殺了他，沒有給他留下一個倖存者。
e	34上 那時，我們奪了他一切的城鎮，	e	4上 那時，我們奪了他一切的城鎮，
f	34下 毀滅各城的男人、女人、孩子，沒有留下一個倖存者。	h	4下 共六十座，沒有一座城不被我們所奪，這是亞珥歌伯的全境，巴珊王噩的國度。5 這些堅固的城都有高的城牆，有門有閂，此外，還有許多無城牆的鄉村。
g	35 只有牲畜和所奪各城的財物，我們都取為自己的掠物。	f	6 我們把這些都毀滅了，像從前待希實本王西宏一樣，毀滅各城的男人、女人、孩子；
h	36 從亞嫩谷旁的亞羅珥和谷中的城，直到基列，沒有一座城是高得我們不能攻取的；耶和華－我們的上帝把它們全都交給我們了。	g	7 只有一切牲畜和城中的財物，我們取為自己的掠物。

a：耶和華宣告把仇敵交在摩西手中；

b：王要攻擊以色列；

c：耶和華把仇敵交在以色列人手中；

d：以色列人擊敗仇敵；

e：以色列人奪去仇敵的城鎮；

f：盡行毀滅所有城鎮；

g：奪取牲畜和財物為掠物；

h：以色列人佔領仇敵的全領土。

約書亞記中的戰爭記錄也有以上的結構和元素：

與艾城之戰（八 1～29）	
a	1 耶和華對約書亞說：「不要懼怕，也不要驚惶。你起來，率領所有作戰的士兵上艾城去。看，我已經把艾城的王和他的百姓、他的城，以及他的地，都交在你手裏。2上 你怎樣處置耶利哥和耶利哥的王，也當照樣處置艾城和艾城的王。
b	14 艾城的王看見了，就和城裏的人清早起來，急忙出去，他和所有的士兵到了所定的地點，在亞拉巴前，迎擊以色列，與之交戰；王並不知道城的後面有伏兵。
c	18 耶和華對約書亞說：「你向艾城伸出手裏的標槍，因為我要把那城交在你手裏。」約書亞就向那城伸出手裏的標槍。
e	19下 直攻入城，奪了它，立刻放火燒城。
d	22下 於是以色列人擊殺他們，沒有留下一個倖存者，也沒有一個逃脫。
f	26 約書亞沒有收回手裏所伸出來的標槍，直到他滅絕艾城所有的居民。
g	27 只是牲畜和城內所奪的財物，以色列人都照耶和華所吩咐約書亞的話，取為自己的掠物。
與北方聯軍之戰（十一 1～15）	
b	4 他們和他們的眾軍都出來，一大隊人馬，多如海邊的沙，並有極多的戰車戰馬。
a	6上 耶和華對約書亞說：「你不要怕他們。明日這時，我必把他們全部交給以色列人殺滅。
c	8上 耶和華將他們交在以色列人手裏，
d	8下 以色列人擊殺他們，沒有留下一個倖存者。
e	10上 那時，約書亞轉回，奪了夏瑣，用刀殺了夏瑣王。
f	11 以色列人用刀擊殺城中所有的人，把他們完全滅盡；凡有氣息的，沒有留下一個。
e	12上 約書亞奪了這些王的一切城鎮，擒獲了這些王，
d	12中 用刀殺了他們，
f	12下 把他們完全滅盡，正如耶和華的僕人摩西所吩咐的。
g	14上 從那些城鎮所奪的財物和牲畜，以色列人都取為自己的掠物。
d	14下 至於所有的人，他們都用刀殺了，直到滅盡；凡有氣息的，沒有留下一個。
與南方各城之戰（十 28～39）	
瑪基大（十 28）	
e	當日，約書亞奪了瑪基大，
d	用刀擊殺城中的人和王，
f	把城中所有人完全滅盡，沒有留下一個倖存者。

a	他處置瑪基大王，像從前處置耶利哥王一樣。
	立拿（十29～30）
b	約書亞和跟他一起的以色列眾人從瑪基大往立拿去，攻打立拿。
c	耶和華將立拿和立拿的王也交在以色列人手裏。
d	約書亞攻打這城，用刀擊殺了城中所有的人，沒有留下一個倖存者。
a	他處置立拿王，像從前處置耶利哥王一樣。
	拉吉（十31～32）
b	約書亞和跟他一起的以色列眾人從立拿往拉吉去，對著拉吉安營，攻打這城。
c	耶和華將拉吉交在以色列人的手裏。
e	第二日約書亞就奪了拉吉，
d	用刀擊殺了城中所有的人，
a	正如他向立拿一切所做的。
	基色（十33）
b	那時基色王何蘭上來幫助拉吉，
d	約書亞就把他和他的百姓都擊殺了，沒有留下一個倖存者。
	伊磯倫（十34～35）
b	約書亞和跟他一起的以色列眾人從拉吉往伊磯倫去，對著伊磯倫安營，攻打這城。
e	當日約書亞就奪了城，
d	用刀擊殺了城中的人。
f	那日，約書亞把城中所有的人完全滅盡，
a	正如他向拉吉一切所做的。
	希伯崙（十36～37）
b	約書亞和跟他一起的以色列眾人從伊磯倫上希伯崙去，攻打這城，
e	奪了希伯崙，用刀擊敗希伯崙、它的王和屬它的一切城鎮，以及城中所有的人；
d	他沒有留下一個倖存者，
a	正如他向伊磯倫所做的，
f	把城中所有的人完全滅盡。
	底壁（十38～39）
b	約書亞和跟他一起的以色列眾人回到底壁，攻打這城，
e	奪了底壁和屬它的一切城鎮，又擒獲它的王，

d	用刀把城中所有的人完全滅盡，
f	沒有留下一個倖存者。
a	他處置底壁和它的王，像從前處置希伯崙，處置立拿和它的王一樣。

所以，約書亞記的記載是以申命記所記載的戰爭內容作為範例，以此描述在迦南地的戰爭。這些共同的元素和框架把河東與河西的戰爭連結起來，同時也把摩西的勝利和約書亞的勝利連結起來。

5.2.4 小結

上文有關河東和河西的戰爭、分地和擊敗的諸王名單這兩個記載中，在內容上有以下 3 個主要分別：

- 在引言中，河東的記載指出這是以色列人擊殺諸王，雖然在 6 節指出是摩西和以色列人擊殺諸王。相對而言，河西的記載則指出是約書亞和以色列人擊殺諸王。
- 河東之戰所記載的地理有較詳細的描述，也清楚指出那裏是屬於亞摩利王西宏或巴珊王疆的。相對而言，河西之戰的記載對地土的描述則較為概括，只記下較大的區域，也沒有提及王的名字。
- 雖然經文都以相同詞彙記述摩西和約書亞把地土「給予」以色列人「為業」（*nṯn yəruššāʰ*），但實際結果只出現在河東的記載中（1 節），也只有摩西才被稱為「耶和華的僕人」。

在上文的附篇中，曾經提及這兩場戰爭有相似之處，藉此把它們連繫起來。因此，這也帶出耶和華既使摩西成功，也會同樣幫助約書亞，使他一樣得以成功，因為耶和華是個信守應許的上帝。此外，摩西是約書亞的模範，約書亞不只遵守摩西所吩咐的，也如摩西般遵守耶和華的吩咐（參一 7～9，十一 15）。

不過，剛剛提及的 3 個分別，則指出摩西和約書亞的不同之處。摩西不只戰勝河東的西宏和噩，還佔領他們的地土，並給予兩個半支派為產業（參十三

8～33），這些都成為約書亞該效法的例子。然而，經文沒有提及約書亞和以色列人已「佔領」河西之地，而且這地理的描述也頗含糊。事實上，「佔領」（*yrš*）一詞也沒有出現在南面地區和北面地區的戰爭記載中。這似乎是指出河西之地仍未確實成為以色列人的產業。因此，約書亞的行動仍然有不完全的地方。事實上，在下文提及有關分地的記載中，經文也多次指出以色列人未能趕出迦南地的諸族（參十五 63，十六 10，十七 11～13）。在約書亞離世以前，他既宣告耶和華必會為他們趕出迦南人，但亦指出以色列人若與這些剩下的迦南人往來，則耶和華必不把這些迦南人趕出去（二十三 2～13）。

經文一方面指出雖然約書亞未有如摩西那樣完全得地，但耶和華仍會成就祂所應許的，那所強調的是耶和華的信實。另一方面，約書亞所未能完成的，與將來世代的人的抉擇是有關係的。縱然約書亞遵守摩西和耶和華所吩咐的，他所做的仍然是不完全的，但接著世代的以色列人仍然要作出相同的抉擇，就是要遵守耶和華的吩咐。這樣，他們那不完全的工作就可以由耶和華來補足，使之得以完全。

信仰反省

經文把河西與河東之戰連結起來，一方面指出摩西所未能完成的，就由約書亞作為繼承者承接下去；另一方面則指出約書亞也有不如摩西的地方，甚至約書亞自己也有未能完成的事情，需要由後來世代的以色列人完成。從這點出發，有些值得反省的地方。

首先，約書亞作為摩西的繼承者，所強調的不是自己的獨特之處或所成就的果效，而是以摩西作為遵命的典範。我們是怎樣看自己與前人的事奉的呢？強調要超越前人的功績，抑或欣賞前人的事奉態度，作為自己學習的對象？其次，約書亞和摩西所作的，其實都是為著回應耶和華的吩咐。我們如何理解自己的事奉呢？是自己的成就，抑或以回應上帝的應許作為出發點呢？最後，摩西和約書亞所做的，都有未完成的地方，是需要後人繼續去做。這讓我們知道，不同的人在不同的歷史時刻中參與在上帝永恆的計劃中，不同時代的人，包括我們每一個人，都有自己的位置、角色和貢獻，不必自傲，以為自己所做的無人能及，也不必自卑，以為自己所做的只是微不足道。

數點這些戰敗於以色列人的王，似乎是數點自己的功績和成就。不過，這些數點更應該是數點耶和華恩典的機會，看看祂為以色列人所成就的。當戰勝一位王，就代表著耶和華能力的彰顯，也是以色列人讚美耶和華的原因。只要仔細數點上帝的各樣恩典，我們便知道祂的恩典是那麼的多和真實。這樣的記載也提醒我們要重溫上帝的應許，以及我們有否對此作出回應。更重要的是，在這個過程中重新發現，當我們回應上帝時，上帝自己就會介入其中，讓我們成就祂自己的旨意。在數點過程中，人的信心得著滋潤、鼓勵，以致更有信心走下去。

也許我們已盡力回應，期望使上帝應許能夠實現。不過，最核心的原來是上帝自己的參與，是祂自己使祂的應許得以應驗。

溫習及思考問題

1. 十一章16至23節如何總結奪地的事情？以色列人先祖與亞衲族人有何關連而遭致被剪除？從經文的表達上，約書亞是怎樣剪除亞衲族人？經文如何表達以色列人用了「很長的一段日子」奪地？這對我們的信仰生活有何提醒？
2. 有關河東和河西的戰爭、分地和擊敗的諸王的名單這兩個記載中，有何主要分別？這些分別至終要帶出甚麼信息？對於後世的人有甚麼提醒？

釋經短註

❶ 關於亞摩利王西宏和巴珊王噩（十二2～4），聖經有某些經文統稱亞摩利王西宏和巴珊王噩為「亞摩利王」（參二10，九10，二十四12；申三8，三十一4），亦有稱西宏為「希實本王」（參九10，十三27；申二24、26、30）。

❷ 有學者參考「七十士譯本」的譯文，認為應該把十二章18節的「亞弗王一人，拉沙崙王一人」理解為「屬沙崙的亞弗王一人」，而「沙崙」是一個區域。若是這樣，則17至24節與10至16節同樣是列出14位王。

❸ 提出這觀點的有霍克（L. Daniel

Hawk），參：L. Daniel Hawk, *Joshua* (Berit Olam; Collegeville, Minn.: Liturgical Press, 2000), 161～165。

第二篇
分配地土（十三1～二十二34）

經文從記載以色列人如何佔領迦南地，轉而記載他們如何在約書亞的領導下分配迦南地。這部分的經文長達 10 章，本析讀將經文分為 4 章作討論：十三章 1 至 33 節、十四章 1 節至十九章 51 節、二十章 1 節至二十一章 45 節、二十二章 1 至 34 節。經文以耶和華吩咐約書亞為以色列人分地作為開始，這部分的經文重述河東支派的得地和地土分配（十三章）；接著記述其餘 9 個半支派在約旦河西的得地。經文清楚分開猶大和約瑟後裔得地的情況與其餘 7 個支派得地的情況（十四 1～十九 51）。前者是在吉甲進行分地（十四 5），後者則在示羅抽籤（十八 1）。除了這些支派的分地外，經文還記載兩個特別處理地方的情況，就是從不同支派中取來一些城鎮作為逃城和給予利未人居住的利未城（二十 1～二十一 45）。最後，討論河東支派和河西支派的合一的問題（二十二 1～34）。

至於這 10 章經文的結構，學者持不同的看法。有學者就建議以下扇形結構表達：❶

A　河東支派的得地（十三 1～33）

　B　猶大支派和約瑟子孫（十四 1～十七 18）

　　C　餘下 7 個支派的得地：引言（十八 1～10）

　　　D　餘下 7 個支派的得地（十八 11～十九 48）

　　C'　餘下 7 個支派的得地：結論（十九 49～51）

　B' 逃城和利未城（二十 1～二十一 45）

A' 河東支派築壇之事（二十二 1～34）

不過，B 和 B' 部分的對應似乎難以成立。而且，A' 的重點也不只是在於河東支派築壇，而在於河東支派與河東支派的合一的問題。❷ 至於本書的理解，可參考接著的析讀內容。

第六章
約書亞分配迦南地（十三1～33）

- 耶和華命分地為業
- 重述河東支派分地

上一章指出以色列人在耶和華－上帝的幫助和約書亞的帶領下，成功戰勝迦南地的聯軍，奪取迦南地不少地方。這章承接這個主題，論及以色列人如何在耶和華的吩咐下，由約書亞和祭司以利亞撒主領分地。經文開始時便提到，耶和華指出以色列人雖有許多未得之地，但仍要按吩咐去分地為業。經文先記敍呂便、迦得和瑪拿西半支派在約旦河東得地，並指出利未支派沒有產業。

6.1 耶和華命分地為業（十三 1～7）

正如十一章 16 節至十二章 24 節的總結所指出，耶和華吩咐約書亞要得應許之地，而第一階段的工作已經結束。隨著約書亞年紀老邁，耶和華先和他總結第一階段的工作，然後要他開展第二階段的工作，就是要把地土分予以色列人為業。經文可以分段如下：

分段大綱（十三1～7）

一、檢討：仍有許多未得之地（十三 1～6 上）

二、應許：必定趕出剩下之民（十三 6 上）

三、命令：分地予各支派為業（十三 6 下～7）

6.1.1 檢討：仍有許多未得之地（十三 1～6 上）

「你年紀老邁」的原文先是獨立代名詞「你」，然後是動詞「你老了」，再加上「你年邁了」。如約書亞記一貫用法，在此作強調之用。

經文以記載「約書亞年紀老邁」作為開始，而「年紀老邁」的原文由兩個短句組成，分別是「他老了」和「他年邁了」（參「新譯本」）。這明顯標示著新的主題。然後，耶和華對約書亞的講話亦確認他「**年紀老邁**」，然後才作出吩咐。這個寫作格式同樣出現於一章 1 至 2 節，先記載「摩西死了」，然後耶和華對約書亞的講話亦確認「摩西死了」；而且，兩者接著都是耶和華吩咐約書亞執行與迦南地有關的行動。

在吩咐約書亞分地以先，耶和華與約書亞檢討以色列人到目前為止佔領迦南地的情況，祂的結論就是「還有極多剩下的未得之地」（1 節）。當十章 28 至

39 節多次指出約書亞沒有「留下」（š'r）一個倖存者，這裏就強調有極多地「剩下」（š'r；原文可譯作「被留下來」），要去「得」（原文即「佔領」）它。接著，經文就以「這是剩下的地」（2 節）帶出仍未佔領的地方。

首先描述的是南面地區（2～3 節），以「從……直到」指出，非利士人的境地皆是非利士人及基述人所有。非利士人位處於沿海區域，而這裏提及的基述人應有別於住在基尼烈湖（即加利利湖）東北的基述人（參十二 5，十三 11、13），他們是位處於非利士人的西南之地（參撒上二十七 8）。所佔據的地土是從南面位於埃及東邊的西曷河起，直到北面的以革倫境地。這地土包括非利士人領袖所管治的 5 座城鎮，就是迦薩、亞實突、亞實基倫、迦特和以革倫，而以革倫位處最北。亞衛人可能在非利士人更南之處（參申二 23）。這些都可視為迦南人的屬地。

其次描述的是北面地區（4～5 節）。這包括沿海地區，由南面屬於西頓人的米亞拉起，以「到」（可譯作「直到」）伸延至北面的亞弗，就是「直到」亞摩利人的境界。經文亦提及其餘北面地區，就是在北面迦巴勒人的地，而「日出方向」（5 節；即指東面）的黎巴嫩全地則由在黑門山下的巴力．迦得「直到」哈馬口。巴力．迦得和哈馬口分別位於黎巴嫩谷的南面和北面之處。接著，6 節上就從東到西再次描述這北面的區域，但著重點轉移到當中的居民。這節經文先以「一切山區的居民」（即是原文所用的「所有山區的居民」）作開始，這與「和修版」的句子次序不同。然後再以「從」在東面的黎巴嫩開始，「直到」西面的米斯利弗．瑪音，來說明這山區的地域。以色列人與迦南北方聯軍爭戰時，就曾把他們追趕到西頓大城的米斯利弗．瑪音（十一 8）。

值得留意的是，這裏所記述剩下之地，就正是以色列人所攻打的迦南地與耶和華應許之地所差異的地區。若比較十章 40 節，這裏所提出剩下之地，就正好是以色列人沒有攻打的沿海之地。若比較十一章 16 至 17 節，這裏剩下之地正好是巴力．迦得以北的地方，也是以色列人沒有攻打之處。因此，這「剩下之地」就是以色列人未有攻打佔領的區域，而這些區域亦是屬於上帝所應許之地（民三十四 7～9；參一 4）。

6.1.2 應許：必定趕出剩下之民（十三 6上）

隨著經文由描述地域轉到當中的居民，耶和華在這裏的應許也是針對當中的居民。經文以獨立代名詞「我」開始，強調耶和華的作為。祂應許祂「必在以色列人面前趕走他們」，而「他們」所指的就是上文所提及「剩下之地」的居民。「趕走」（*yrš*；*hiphil* 語態形式，表達一個帶有主動語態的使役動作）一詞在約書亞記中出現 17 次，首次出現在三章 10 節，指耶和華無條件地應許以色列人，為他們趕走地上的 7 個族人。分地之後，這個應許再次出現在二十三章 5 節，不過會成為有條件的應許。以色列人不應與這地上的諸族結盟，否則耶和華就不會把他們趕出去（二十三 12～13）。事實上，士師記就是記載這樣的情況（士二 20～22）。經文在這裏所強調的是，縱然約書亞未能完全按吩咐佔領應許之地，縱然他已經年邁，距離世之期不遠，但耶和華自己會趕出這些民族，祂自己會成就自己的應許。

6.1.3 命令：分地予各支派為業（十三 6 下～7）

相對於耶和華自己會成就的事情，經文以「只管」帶出約書亞要做的事情(6 節下)。約書亞不必擔心耶和華如何趕出剩下的民族，他需要關注的就只有「抽籤將這地分給以色列人為業」。「抽籤」的原文（*happīlehā*）直譯為「使它掉下來」，並無「籤」一字，而「它」在原文是以陰性後綴出現，若參考上下文，這後綴應指「地土」。這詞的意思較為含糊，有學者認為「抽籤」可解作「藉著使它（指籤）掉下來的方法來分配它（指地土）」。使用抽籤的方法來決定各支派所得之地，就是表明這是出於耶和華主權的決定，而不是出自約書亞或其他領袖個人的愛惡。耶和華指出這是「照我所吩咐的」（照原文更清楚譯作「按照我曾吩咐你的」）。祂何時曾經這樣吩咐過約書亞呢？最可能的答案就是在一章 6 節，耶和華吩咐約書亞要「使這百姓承受那地為業」（參申三 28）。雖然這兩處經文具體的用字不同，但這兩節經文所表達的意思是相近的。此外，可留意一章 6 節使用動詞「使得產業」（*nḥl*；*hiphil* 語態形式，表達一個帶有主動語態的使役動作），這裏則採用名詞「產業」（*naḥălāʰ*），而這兩字有相同字根，加強這兩節的關連。「產業」這名詞在約書亞記共出現 50 次，為全聖經之冠，表明這個主題在約書亞記的重要性，這 50 次之中，有 44 次出現在十三至十九章有關分地的篇幅中，顯明它是這 7 章經文的主題。❸「這地」所指的並不只是剩下未得之地，而是所有應許之地，包括已攻打的地和未得之地。

既然這個吩咐曾經出現，耶和華就接著以「現在」(*wəʿattāʰ*；或作「如今」，有「所以」的意思)帶出約書亞當時要做的行動(7 節)。他要把這地作為產業「分」給 9 個半支派。「分」(*ḥlq*)這動詞在約書亞記只出現 7 次，除了二十二章 8 節外，都是與分地有關(十四 5，十八 2、5、10，十九 51；意思是指「分開為多個部分、分配」)。與「分」這詞同字根的名詞(*ḥēleq*)則出現 9 次(十四 4，十五 13，十八 5、6、7、9，十九 9，二十二 25、27)，指所分出來的不同部分。所以，6 節下強調的是以抽籤的方式給地予以色列人為產業，而 7 節所強調的是實際把地土分開為不同部分，並配予以色列人。

信仰反省

在耶和華未吩咐約書亞進行第二階段的事奉以前，祂先與約書亞作工作檢討。縱然約書亞多年爭戰，攻打了不少的地土，但在他年紀老邁之時，耶和華所作的結語竟是：「還有極多剩下的未得之地」(1 節)。祂指出相對於應許之地來說，約書亞需要檢視還剩下哪些未佔領的地土。或許我們為上帝爭戰多時，為祂做了不少事情，不過，我們有否想過，自己的未得之地是甚麼呢？在哪些方面，我們仍是「有所缺」呢？這些「缺」提醒我們，以色列人有極多的不能，約書亞有極多的不能，我們也有極多的不能。然而，認知到有這些「缺」只是第一步。一直以來，這段經文最為人所關注的就是「未得之地」(1 節)一詞，以及它對每個信徒來說所代表的意義，並以之鼓勵或挑戰信徒繼續為上帝奮鬥，把未得之地爭取過來。不過，經文的重點似乎並不在此。

耶和華並不只是要我們知道自己所缺乏的，還要我們知道祂為我們所成就的。這段落中以 5 節經文(2～6 節)來記錄約書亞和以色列人有極多未得之地，目的就是用來對比耶和華在短短的 6 節上所強調的應許。耶和華點出我們的「缺乏」，目的不是要使我們受挫敗，或叫我們感到沮喪，甚或叫我們起來努力爭取。祂最大目的是叫我們再次轉眼仰望祂，認清只有祂自己才能把這個「缺」變為「有」。祂要我們知道自己的軟弱，也同時要我們知道，只有祂才可以為我們成就祂所吩咐我們去作的，只有祂自己才是祂的應許的成就者。當年祂的僕人摩西死後，祂的應許就臨到約書亞，現在約書亞已經老了，祂的應許仍在。這正指出人的軟弱並不能阻礙上帝的工作。

縱然以色列人仍有極多未得之地，但耶和華仍然吩咐約書亞要把地土——包括那未得之地——分配給以色列人為產業。雖然地土仍未得到，但已經可以分給以色列人為產業了。這是因為耶和華已經應許把這地土賜予以色列人。祂的應許得以成就，絕對不在乎人的能力，更不在乎我們是否成功。我們在各方面都有限制、有缺乏，也是力有不逮，無法完成耶和華所吩咐的。但是，這一切都不重要，重要的就是祂的應許。要把祂所應許的地分給以色列人，就是要告訴以色列人有關耶和華給他們的應許，提醒他們要持守這個應許，並以它作為生活的方向、行事的引領。約書亞不必再擔心得地的問題，他現在就「只管」去分地。同樣地，我們仍有很多不妥當的地方，但是，耶和華會以祂的「有」來補足我們的「缺」。我們既要承認自己是多麼的不足，也要認定耶和華才是那位創始成終者。而我們的回應就是，在我們接下來的人生階段中，「只管」要活在耶和華的應許中，以耶和華的應許為我們生活的導向，並持定祂的「有」。

6.2 重述河東支派分地（十三 8～33）

在約書亞未把河西之地分給以色列人之前，經文先記述河東分地之事。這部分先簡述河東之地的範圍，然後再較為仔細描述呂便、迦得和瑪拿西半個支派在河東所得之地。經文多次重複說，這是摩西把地賜給這兩個半支派（8、15、24、29 節），但亦同時指出摩西沒有把地賜給利未人（14、33 節）。經文可以分段如下：

分段大綱（十三8～33）

一、簡述摩西賜河東之地予兩個半支派（十三 8～14）

二、詳述摩西賜河東之地予兩個半支派（十三 15～31）

1. 摩西賜給呂便支派的地土（十三 15～23）
2. 摩西賜給迦得支派的地土（十三 24～28）
3. 摩西賜給瑪拿西半個支派的地土（十三 29～31）

三、結語：摩西分配河東之地（十三 32～33）

6.2.1 簡述摩西賜河東之地予兩個半支派（十三8～14）

這段經文帶出河東兩個半支派所得之地，先以摩西把地給予他們作為引言（8節），然後是簡述河東之地（9～13節），最後則指出利未人不會從分地中得產業（14節）。

6.2.1.1 引言（十三8）

8節的引言先提及呂便、迦得和瑪拿西半個支派「得」（*lqḥ*；「和修版」在十一章16、19、23節譯作「奪」）他們的產業，以此作為標題（有關「得」的用法，參5.1.1「以色列人藉爭戰奪地土〔十一16～20〕」）。接著，經文兩次提及這產業是摩西給予他們的，這部分的經文可以直譯為「……就是摩西在約旦河東所賜給他們的，正如耶和華的僕人摩西所賜給他們的」。「和修版」把這兩句結合為「就是耶和華的僕人摩西在約旦河東所賜給他們的」。這個重複有3點值得留意的地方：

- 經文強調摩西是負責把地給予兩個半支派的人；
- 摩西所賜給他們的是在河東之地，因此河東之地就成為這兩個半支派的人的產業；
- 摩西是耶和華的僕人，經他手所賜的，也就代表這是耶和華所賜予的，他們循此得的地土也就是合乎祂的心意。

6.2.1.2 簡述河東之地（十三9～13）

經文略述河東之地從南到北的範圍，這部分的內容與十二章1至5節相近。經文以3個方式記載，分別是以地名、諸王統治的區域，以及不同民族佔領的地區。

- 以地名記載的是處於南面的區域。南面的邊界是亞嫩谷的亞羅珥城（參十二2），並在其以北的平原，由北面的米底巴到南面的底本（9節）。
- 接著是連接這南面區域較北的地區，以亞摩利王西宏的統治區域來說明。西宏在米底巴稍北的希實本作王（10節）。經文又特別提及巴珊王噩的領土（12 節），他的主要城鎮是亞斯她錄和以得來，都是位於基列北地，在河東之地的北面。經文再次補充他是利乏音人餘民中所剩下的人（參十二 4）。

- 而亞捫人所管治的區域則是在雅博河以南的基列地（參 5.2.1「以色列人在河東所戰勝的諸王〔十二 1～6〕」）。記載接著再往北移，提及基列北地，以及基述人和瑪迦人所管治的北面區域，包括整個黑門山和整個巴珊，直到撒迦。

與十二章 6 節相近，經文指出摩西擊殺他們，但與之不同的是，這裏提及摩西「趕走」他們，並以此帶出以色列人在河東沒有「趕走」基述人和瑪迦人，容讓他們住在以色列人中間（十三 12 下～13）。這正是要預告在河西的情況，就是以色列人同樣沒有完全趕走當地的人，而他們就成為以色列人能否長久居住在迦南地的威脅。

6.2.1.3 指出利未人不會從分地中得產業（十三 14）

經文以「只是」作為對比，特別指出有別於兩個半支派，摩西沒有「分產業」（「分」的原文應譯作「賜給」）予利未人。這裏所指的應該是河東的地土。相對而言，利未人的產業是「獻給耶和華－以色列上帝的火祭」，這說法可參考申命記十八章 1 節，所指的意思是，利未人會從以色列人所獻給耶和華的祭物中得著部分，歸他們所有。❹ 這節經文也預告在河西的情況，就是利未人在河西也同樣地不會得著地土作為他們的產業。除了這裏以外，約書亞記中另有 3 次提及利未人沒有得地為產業（十三 33，十四 3～4，十八 7），下文會再分析其內容。

火祭

「火祭」的原文（*ʾiššeh*）與「火」的原文（*ʾēš*）相近，所以 *ʾiššeh* 多譯為「火祭」，是指經由火燒而獻上的祭。不過，祭司在平安祭中所得祭牲的胸（利七 30～31、35～36）及陳設餅（利二十四 7、9）都稱為「火祭」，然而這些祭物卻是沒有經過火獻上的。奠祭也稱為「火祭」（民十五 10），但同樣地這些酒並沒有經過火而獻上。相反地，一些必須透過用火來獻的祭就從來沒有被稱為 *ʾiššeʰ*，贖罪祭就是一個例子（但也有例外；參利四 35，五 12）。現代學者多認為 *ʾiššeʰ* 很可能與烏迦列文有關，意思是「禮物」。所以，贖罪祭就不是 *ʾiššeʰ*，因為贖罪祭不可能是禮物。

6.2.2 詳述摩西賜河東之地予兩個半支派（十三 15～31）

簡介河東之地後，經文分別記載摩西賜給兩個半支派的地方。這 3 段落的記載在表達形式上有相似之處（原文略有不同），可表列如下：

	呂便	迦得	瑪拿西半支派
「摩西按著……支派的宗族」	15 節	24 節	29 節
「分產業給……」	15 節	24 節	29 節
「他們的地界是……」	16 節	25 節	30 節
「以上是……按著宗族」	23 節	28 節	
「所得為業的城鎮和所屬的村莊」	23 節	28 節	

6.2.2.1 摩西賜給呂便支派的地土（十三 15～23）

在具體內容上，地方的排列是由南到北。同時，首先提及的呂便地域的記述是清楚的，到後來瑪拿西半支派的是模糊的（下文會再提及這點）。

經文以「摩西……給」（原文應譯作「摩西曾賜給」）作為開始，然後分別記述呂便支派所得之地的地界及城鎮清單。經文提及東面的「地界」（16 節），是「從亞嫩谷」開始（「和修版」沒有將「從」譯出來）直到**希實本**，這個由南到北的描述與 9 節幾乎完全相同。然後，經文列出 11 座城鎮（和「毗斯迦山斜坡」這個區域），由南面的底本開始（17 節），到東面的雅雜、基底莫和米法押（18 節），再到西北面的其他城鎮（19～20 節）。在這些城鎮中，有 4 座可以特別留意。雅雜、基底莫和米法押都是利未城（參二十一 36～37）。伯・毗

17 節開始的「希實本」應與 16 節相連，屬於「從亞嫩谷……直到希實本」這模式。

珥很可能就是當年以色列人中了比珥的兒子巴蘭的計謀，以致受引誘與摩押女子行淫的地方。

接著，經文簡單總結呂便之地包括「平原的各城」和「西宏的整個國土」(21節)，記述當年摩西打敗西宏之事，特別是西宏的5位米甸領袖以未、利金、蘇珥、戶珥和利巴。這些人的名字另見於民數記三十一章8節。最後，經文亦提及以色列人殺死占卜者**巴蘭**(22節)。當年，巴蘭誘使以色列人與摩押和米甸女子在伯·毗珥這個地方行淫，以致耶和華藉瘟疫刑罰以色列人。後來，耶和華差摩西殺敗米甸人和巴蘭，為祂報仇(參民二十五1～18，三十一1～12)。所以，殺敗這5位米甸領袖和殺死巴蘭是兩件相關的事情。在記下地界和城鎮之後，經文特別提及這事，正是要提醒以色列人不要受誘惑敬拜別的神明。得地和信仰的忠誠是同樣重要的。

至於巴蘭的事迹，參：民數記二十二至二十四章，三十一章16節。

然後，呂便所得之地的西面地界，就是約旦河及其邊沿區域，並以「這是呂便人的產業」總結呂便支派按著宗族所得的產業，就是上述的城鎮和屬於它們的「**村莊**」。

「村莊」是指那些沒有城牆的非短暫定居處，多為離城稍為偏遠的農村。

6.2.2.2 摩西賜給迦得支派的地土（十三24～28）

經文同樣地以「摩西曾賜給」作為開始，然後分別提及迦得支派所得之地的地界和城鎮清單。首先是在東面的「地界」，以雅謝、基列南地的各城，以及亞捫人之地的一半作為範圍(25節)。這裏提及的亞羅珥是在亞捫人的主城拉巴「前面」(原文應譯作「附近」)，與在南面亞嫩河谷的亞羅珥不同(參9節)。接著則以南到北方向描述地界，「從」南面的希實本「到」兩個在迦得屬地中部的拉抹·米斯巴和比多寧，再「從」在中部的瑪哈念「到」在北面的底璧(26節)。雅謝和瑪哈念後來都成為利未城(二十一38～39)。

接著提及4座城鎮，同樣地是由南到北，依次是位於約旦河谷中的伯·亞蘭、伯·寧拉、疏割和撒分。最後，籠統地提及「西宏國土中其餘的地」，約旦河及其邊沿地區，「直到基尼烈海的邊緣」，標誌著所得之地的西面地界(27節)。「以上是迦得人……得為業」(原文應譯作「這是迦得人的產業」)，是來總結迦得支派按著宗族所得的產業，就是上述的城鎮和屬於它們的村莊（28節）。相對呂便支派得地的記載，迦得支派的記載顯得較為簡單。

6.2.2.3 摩西賜給瑪拿西半個支派的地土（十三 29～31）

經文再次以「摩西曾賜給」作為開始，但經文對瑪拿西半支派得地的描述則更為簡單。雖然指出他們的地界與迦得相同，是「從」瑪哈念開始（參26節），但卻沒有說明「到」哪裏為止，只提及伸延往西北方向的巴珊全地，是巴珊王噩的國土，也包括「**睚珥的一切城鎮**」，並簡單提及包括「六十」座城鎮（30節）。這裏提及「基列的一半」是指基列北地（31節）。城鎮的清單就只有巴珊王噩的主要城鎮亞斯她錄和以得來，並突然指出這些是給「瑪吉一半子孫的」，既暗示其餘所記下的是屬於瑪拿西其餘半個支派的人，也好像指出在河西之地亦有瑪吉的後裔（參士五14）。

「睚珥的一切城鎮」的原文（ḥawwōṯ yāʾîr）可理解為一個地名「哈倭特·睚珥」（參士十4）。

這裏沒有出現「城鎮和所屬的村莊」這見於另外兩個支派的用語，也沒有類似的結尾。這種由南到北，以及由清楚到模糊的記載模式也反映在記載河西分地的情況中。具體而言，猶大和約瑟分地的記載中，猶大的境界和城鎮是清楚說明的（十五章），但約瑟就較為模糊（十六1～十七18）。接著的便雅憫就稍為清楚（十八11～28），而西緬等（十九章）和但（二十一40～46）就頗為模糊。下面會再提出這點。

6.2.3 結語：摩西分配河東之地（十三 32～33）

這個結語包含兩部分，就如8至14節那樣，包括摩西給地（8～13節）和不給地（14節）兩方面。至於前者，經文總結這是摩西在約旦河東摩押平原所「分配」予兩個半支派的產業，回應8節的內容。不過，這裏所採用的是「分配的產業」（*niḥal*）。「和修版」這短語的原文應該是一個動詞，故譯作「分配為產業」（*nḥl*；*piel* 語態形式，即主動語態中一個加強形動作），它不是經文多次使用的「賜給」（*nṯn*）。這個特別的用法在約書亞記只出現3次，另外兩次都是指祭司以利亞撒、約書亞和族長「分配為產業」予河西9個半支派（十四1，十九51）。所以，在總結時特別使用這個詞語，是為了預告河西的分地也就是如河東的分地那樣。

至於後者，經文提及摩西沒有「賜給」利未人「產業」，也再次指出他們的產業是甚麼；不過，這裏提及的產業與14節不同。那裏所指的是獻給耶和華的「火祭」，而這裏則是「耶和華──以色列的上帝是他們的產業」。同樣的講法可見於申命記十八章2節和民數記十八章20節。按民數記十八章20至24節，耶和華作為利未人，其產業的意思是耶和華把以色列人獻上的十分一賜給利未人。這賜予利未人的十分一，並不是無條件的禮物，而是作為他們在會幕中的工作報酬。不過，這裏應與申命記十八章2節更為接近。若參考申命記十八章3至4節，所指是利未人會從人民所獻的有分，也因此與上文十三章14節的理解相近。所以，14節和33節對利未人所得的產業有相近的理解。

6.2.4 小結

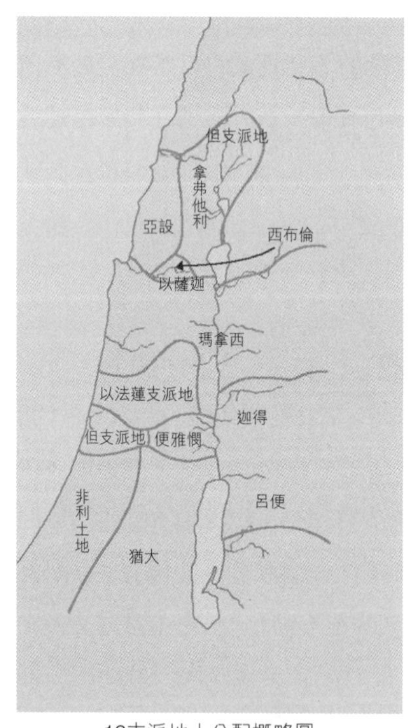

12支派地土分配概略圖

關於以色列12支派地土分配的這段經文，有幾個重要事情須留意的。首先，藉著先提及河東之地，然後是河西之地，表示經文強調以色列人的合一。不論是河東或河西之地，都是耶和華所賜的，以色列人不應因著一河之隔而彼此有所分別。約書亞記二十二章就進一步指出這個問題的嚴重性。

其次，經文指出河東之地，是由摩西所「賜給」和「分配為產業」予兩個半支派的。同樣地，河西之地是由約書亞所「賜給」和「分配為產業」予另外9個半支派的。約書亞所作的，是承繼著摩西所作的，從而顯出約書亞是摩西的繼承者。

最後，經文初步帶出兩件事情。第一

是利未人沒有得地土為產業（14、33節），他們所得的是部分人民所獻的火祭和他們獻上的十分一。不過，這情況並不只是發生在河東，在河西也會是這樣（十八7），因此這也預告有關利未城的設立（二十一章）。第二是提及河東有一些以色列人未能「趕走」的基述人和瑪迦人，他們仍住在以色列人中間（13節）。同樣地，這也不只是發生在河東。在接著所記載有關河西分地時，經文也幾次提及類似的情況（十五63，十六10，十七12；參十九47）。

信仰反省

這段經文明顯是一個回顧。這個回顧一方面訴說過去的成功，就是成功地把河東所得之地分予兩個半支派；而另一方面則把過去的失敗重現眼前，作為提醒。從這個角度出發，現提出以下幾點作為反省。

第一，在這個回顧中，有些地土描述是很具體清晰的，但有些則較為模糊。我們對上帝過去在我們身上的恩典作為也有類似的情況，我們對某些事情會記得很清楚，但有些則很模糊，只餘下一個概略的想法。無論如何，回顧本身就是用來見證上帝的應許已經應驗，這比單單宣稱上帝的應許已應驗來得有説服力。

第二，這個回顧多次提及亞摩利王西宏（10、21、27節）和巴珊王噩（12、30、31節）。這個回顧不只讓回顧的人只集中想著已經得著的好處（有多少地、多少城鎮及村莊），還要透過回顧所經歷的困難，使我們的眼目轉向那位在明在暗都幫助我們的上帝，並從其中得著鼓勵，奔走那條在前面的道路。

第三，除了西宏和噩之外，經文還提及殺死巴蘭和米甸5位族長的歷史。如上文所述，這個片段一方面指出以色列人的失敗，他們因受到引誘而敬拜別的神明。值得留意的是，在民數記的記載中，以色列人在耶和華的幫助下先勝過西宏和噩（民二十一21～35），然後才與巴力．毗珥聯合，違背耶和華（民二十五1～18）。經歷耶和華的恩典不一定會帶來順服，但重要的是在失敗後要願意面對自己的失敗，承受後果。另一方面，經文指出失敗過後以色列人按耶和華的吩咐殺滅敵人，將祂的報應施行在米甸人身上，靠著祂來勝過敵人。這段回顧指出人有弱點，會受誘惑而背叛上帝，但人也可以靠著上帝，勝過誘惑。

第四，這個回顧記下河東以色列人的一個不足之處，就是他們不能趕出基述人和瑪迦人。以色列人也許曾戰勝他們，但至於能否完全趕出他們，卻是另外一回事。或許我們也曾一次、兩次勝過自己的軟弱，但徹底把它趕出去卻是另外一回事。容讓它在我們中間，可能無即時的危險，但其長遠的影響，是不容忽視的，而這也是約書亞在離世前的遺言所特別關心之事情（二十三7～13）。我們還容讓哪些迦南元素在我們中間，以致自己容易受到試探呢？我們會否有持久力和頑強的鬥志，著意除去這些迦南元素呢？

第五，這段經文兩次提及利未人沒有得地土為他們的產業，而他們的產業都是在耶和華那裏，是從祂而來的。這點對所有傳道同工來説特別有意思。利未人所得地上的產業確實在乎以色列人有否忠於耶和華，願意忠心獻上當獻的。不過，重要的是，利未人有否也都忠於耶和華所託付予他們的職事，無論在哪種情況下，仍忠於職守。或許，這個觀念可以延伸到所有信徒，他們的生計很可能掌握在別人手中，但能否時常，尤其是在困難時，仍能忠於上帝，這就是每個信徒所要面對的挑戰了。

以色列12支派地土分配

溫習及思考問題

1. 在分地土之前，耶和華要與約書亞檢視他的政績。耶和華如此行有何目的？經文所指「未得之地」包括哪些地方？
2. 耶和華如何安慰年老的約書亞？祂如何作出命令？整個事件對我們的信仰有何提醒？
3. 為何經文要重提摩西賜呂便、迦得、瑪拿西半支派的地土？他們分地的情況是怎樣的？經文記述這些支派分地的事情，各自有何不同之處？這些不同之處對我們的信仰有何反省？
4. 利未人有沒有得地土？約書亞是按著甚麼的規則對待利未人？
5. 整體而言，這一章對我們的信仰生活有何特別意義？

釋經短註

❶ 有關建議將十三章1節至二十二章34節以扇形結構表達，可參 Mark E. Biddle, "Literary Structures in the Book of Joshua," *Review and Expositor* 95 (1998): 189～201。

❷ 另有學者庫雷瓦（Hendrik Koorevaar）認為十三至二十一章形成扇形結構如下：Hendrik Koorevaar, *De Opbouw van het Boek Jozua* (Heverlee: Centrum voor Bijbelse Vorming Belgie, 1990)。原文為荷蘭文，附以英文摘要。

A 河東支派的得地（十三8～12）
 B 分地的原則（十四1～5）
  C 開始：迦勒的產業（十四6～15）
   D 猶大與約瑟的產業（十五1～十七18）
    E 會幕在示羅與分地（十八1～10）
   D' 其餘7個支派的產業（十八11～十九48）
  C' 結束：約書亞的產業（十九49～51）
 B' 逃城和利未人城鎮設立（二十1～二十一6）
A' 逃城和利未人的城鎮（二十一7～42）

不過，這個結構有更多不清楚的地方。例如：B和B' 的對應點是甚麼呢？若A和A' 的對應只是在於得地，這又是否過於簡單呢？

❸「和修版」的約書亞記中，「產業」一詞翻譯自兩個不同的原文，分別是 *yərēšāh*（一 15，十二 6、7）和 *naḥălāh*。與這兩個名詞有相同字根的動詞分別是 *yāraš* 和 *nāḥal*。按照霍華德（David M. Howard）的研究，這兩個動詞的意思相近，都解作「承受產業」。不過，*yāraš* 較為強調「佔領」的意思，而 *nāḥal* 則較強調所承受的產業是地土，並與分地有關聯。參：David M. Howard, *Joshua* (New American Commentary 5; Nashville, Tenn.: Broadman & Holman, 1998), 300～307。

❹ 從十三章14節「獻給耶和華──以色列上帝的火祭」反映出，約書亞記對祭司和利未人的關係，與申命記的理念相近，但與利未記或民數記則不同。利未記和民數記把祭司的身分侷限於亞倫和他的後裔，而其他利未人則協助祭司在會幕中工作（參民八5～19）。按民數記十六章10節，摩西甚至曾經指責可拉等其他利未子孫覬覦祭司的職分。不過，申命記卻沒有採納這樣的分別。申命記多次採用「祭司利未人」的稱謂（參申十七9、18，十八1，二十四8，二十七9），表示祭司就是利未人，也沒有將他們區分出來。約書亞記十三章14節與申命記十八章1節相同，指出利未人有分於以色列人所獻的祭物。然而，利未記和民數記則指出這些祭物只能是屬祭司所有（參利六14～18、24～30，七1～10、11～18；民十八9）。此外，申命記十章8節提及把祭司的職責分配予利未人。相反地，申命記三十一章9節則指抬約櫃的是祭司，而民數記則把抬約櫃的侷限於利未人中的哥轄族（民四1～20）。申命記十八章6至8節指出，利未人中仍有不是祭司的，但若他們願意，他們還是可以成為祭司。總結而言，申命記似乎沒有區分利未人和祭司。約書亞記在這裏提及利未人時，就如申命記那樣沒有把他們與祭司區別出來。

第七章
指示河西支派分地（十四 1～十九 51）

- 引言：吩咐把河西之地分配為產業
- 在吉甲進行的分地：猶大支派和約瑟子孫
- 在示羅進行的分地：其餘7個支派的得地
- 約書亞的得地
- 結語：完成把河西之地分配為產業
- 小結

回顧摩西在河東把地賜給兩個半支派為產業後，經文便記載約書亞在河西把地給予其餘的 9 個半支派的事件。不過，十四至十九章似乎是包含兩個分地的記載。第一次分地是在吉甲進行（十四 6），而第二次是在示羅（十八 1）。這兩次分地是有不少差異。第一次分地與猶大支派和約瑟的子孫（即以法蓮和瑪拿西半支派）有關（十五 1～十七 18），而第二次則與其餘 7 個支派有關（十八 1～十九 48）。第一次分地是由以利亞撒、約書亞和各家族的首領處理（十四 1），而第二次則只有約書亞負責，並由各支派派人查察地土後，再寫下地理情況，然後才抽籤分地（十八 3～6）。第一次分地包括那些「未得之地」（十三 1），然而第二次的分地則沒有包括這些地土，特別是在北面的地土只是到巴力．迦得區域，而不是直到哈馬口（與十一章 17 節和十三章 5 節作對比）。下文會詳細解釋這些差異（參 7.3「在示羅進行的分地：其餘 7 個支派的得地〔十八 1～十九 48〕」在示羅進行分地的情況）。

7.1 引言：吩咐把河西之地分配為產業（十四 1～5）

這段經文是關於以色列人整體在迦南地承受產業的記載的引言，是回應十三章 6 節下至 7 節中耶和華對約書亞的吩咐。這段落以「這是以色列人在迦南地所得的產業」作為引言，而其內容可用下列簡單扇形結構表達出來，而接著便是按這分段作討論：

A　按照耶和華吩咐摩西分配迦南地（1～2 節）

　B　摩西在河東賜產業予兩個半支派（3 節上）

　B'　摩西在河東沒有賜產業予利未人（3 下～4 節）

A'　執行耶和華吩咐摩西分配迦南地（5 節）

> 「各支派父系的領袖」的意思，可參二十二章 14 節「以色列每個支派在父家中各派一個領袖，這些人每一個在以色列族系中都是父家的領袖。」

一、按照耶和華吩咐摩西分配迦南地（1～2 節）

在 A 段中的引言過後，經文指出是誰來主持分配地土為產業和得產業的方法。首先，這裏指出負責的人是「祭司以利亞撒和嫩的兒子約書亞」（1 節），以及「**各支派父系的領袖**」。這裏的「祭司以利亞撒」在約書亞記是首次出現，甚至當提及他的名字，他是排在約書亞之先，這是要表明分地一事是由耶和華所決定的。事實上，以利亞撒在約書亞記中只出現 8 次，首 4 次都是與分地有關（十四 1，十七 4，十九 51，二十一 1），每次排名都是**先於約書亞**，而其餘 4 次則指出以利亞撒是非尼哈的父親（二十二 13、31、32），並提及以利亞撒的死訊（二十四 33）。這些負責人要「分配為產業」（*nḥl*；*piel* 語態形式，即主動語態中一個加強形動作；參 6.2.3「結語：摩西分配河東之地〔十三 32～33〕」）予 9 個半支派。這樣清楚說明他們的身分，是要表明分地一事確是按著正確程序而作的。

當年耶和華吩咐摩西選定約書亞為他的繼承人時，就已指約書亞必須按祭司以利亞撒的吩咐出入行動（參民二十七 18～21）。

此外，他們得產業的方法是藉著「抽籤」。「抽籤」（*bəḡôral*）在原文的意思為「藉著籤」，而這裏「籤」（*ḡôral*）一詞在約書亞記是首次出現。在此有兩件事情需要留意的。第一，「籤」應是指小塊石頭，也可能是指小木塊。第二，抽籤的過程並不是從容器中抽出其中一塊石頭，而是把小石塊放在容器中，然後透過搖動容器把其中一塊石頭拋出容器外，讓它掉在地上。❶ 這些負責人的名單及方法都與摩西所曾吩咐的相同（參民三十四 13、17～18），這樣正好是「照耶和華藉摩西所吩咐的」（2 節）。「藉摩西」（*bəyaḏ-mōšeʰ*；原文可直譯為「藉摩西的手」）這短語在聖經中共出現 31 次，曾出現於約書亞記的另有 3 次（二十 2，二十一 2、8，二十二 9），多用來強調摩西作為耶和華的工具，並他對耶和華的遵命。經文在這裏提及大祭司和掣籤，表明這是件神聖的事情，其結果是由耶和華作出決定的。

二、摩西在河東賜予及沒有賜予產業（3～4 節）

B 和 B' 都與摩西在河東有否「分」（原文即「賜予」）產業有關，前者指有將產業賜予兩個半支派，後者則指沒有把這兩個半支派中部分產業賜予利未人和解釋不給予的原因，兩者形成對比。這裏是第三次提及利未人沒有得地為產業（另參十三 14、33，十八 7），但原因卻與上兩次不同。這次指出利未支派沒有得地，是由於特別情況的出現。約瑟子孫成了兩個支派（4 節），所以這樣的安排似乎是為了要保持 12（支派）這個數字而沒有把「分地」（*ḥēleq*；原文是

「分配」）賜予利未支派。「分配」（*ḥēleq*）這個名詞在約書亞記中出現 9 次（參 6.1.3「命令：分地予各支派為業〔十三 6 下～7〕」），這裏是首次出現，其意思與「產業」（*naḥălāʰ*）這詞並沒有大分別。經文接著指出利未支派可以有城鎮，但只是作「居住」之用（4 節），他們也擁有「城鎮的郊外」（「郊外」的原文乃 *migrāš*，即「**郊野**」），但不是作為人居住或農務之用，而是作為畜牧和安置財物之用（有關利未人城鎮詳細的討論，參二十一章 1 至 42 節的析讀內容）。

「郊野」一詞在約書亞記共出現 58 次，佔全聖經出現次數的 51%（全書共 114 次）。除這裏外，其餘 57 次均見於二十一章。

三、執行耶和華吩咐摩西分配迦南地（5 節）

A' 重提以色列人按耶和華所吩咐摩西的而作，把地「分」了（*ḥlq*；即「分配」）。這結語應該不是以順時序來表達內容，而是按著約書亞記其他地方的相同表達手法，這是一個預告的內容，指向十九章 51 節結束分地的情況。在這裏先作預告，為表示以色列人遵命的行動。因此，這是對應 A 的內容，成為首尾呼應。

在這個引言中，經文兩次提及耶和華（間接）與摩西，把分地事件看為是羣體遵命、尊重權威，並顯明以色列人與耶和華合一的表現（2、5 節）。值得留意的是，並不只是在爭戰那些危急的情況中，才特別需要的遵守耶和華的命令，而即使在分地這類看似是較為平淡的情況下也是應該這樣做的。

7.2 在吉甲進行的分地：猶大支派和約瑟子孫（十四 6～十七 18）

7.2.1 引言

在全段經文的引言（1～5 節）過後，經文記載迦南分地的情況。他們是在吉甲處理分地這事，而這次分地是先以猶大支派（十四 6～十五 63）和約瑟的子孫（十六 1～十七 18）——即以法蓮和瑪拿西半支派——作為開始，然後到在示羅才分地予其餘 7 個支派。如上文所言，這次的分地包括未得之地。所以，即使分了地，以色列人仍需要不斷爭戰才能確實地佔領迦南人的地土，而且這些戰爭是各支派獨自的行動。經文在此記載猶大、瑪拿西及以法蓮支派有否完成這個使命。

在吉甲分地那兩部分的記載中，除了列出支派所分得之地的地界或所得之城鎮外，還會加上各支派中有人提出得地的要求。這些事情交錯地在這段經文表述出來，其內容可以分兩大段如下：

1. 猶大支派的得地（十四 6～十五 63）
   a. 迦勒要求得地（十四 6～15）
   b. 猶大支派的地界（十五 1～12）
   c. 押撒要求得地（十五 13～20）
   d. 猶大支派的城鎮（十五 21～63）
2. 約瑟子孫的得地（十六 1～十七 18）
   a. 約瑟子孫的地界（十六 1～4）
   b. 以法蓮支派的地界（十六 5～10）
   c. 瑪拿西支派的得地（十七 1～13）
      i. 西羅非哈的女兒求地（十七 1～6）
      ii 瑪拿西支派的地界（十七 7～13）
   d. 約瑟子孫要求得地（十七 14～18）

藉著這樣的表達方式，各支派中個人對得地的期盼和決心，就與該支派的得地情況連結起來。這樣的表達正正挑戰讀者要以怎樣的態度去回應上帝的應許。值得留意的是，猶大支派中要求得地的是由個人提出請求，分別是迦勒和押撒；但在約瑟子孫中要求得地的是西羅非哈女兒或約瑟子孫，他們都不止是一個人。這帶出兩個支派的不同之處。此外，迦勒的故事和約瑟子孫的要求，成為以上內容的首尾，然而這兩段經文正好反映他們對佔地不同的期望。

在內容上，迦勒、押撒、西羅非哈的女兒、約瑟子孫這 4 段有關要求得地的經文，都有不少相似之處。現先以 4 個角度列出他們相似的地方，然後於下文再仔細作分析個別段落。❷

1. 進見：主角進見領導者
   a. 迦勒來見約書亞（十四 6 上）
   b. 押撒慫恿俄陀聶來見迦勒（十五 18）
   c. 西羅非哈的女兒來見以利亞撒、約書亞和眾領袖（十七 4 上）
   d. 約瑟子孫來見約書亞（十七 14 上）
2. 請求：要求得地，提供原因
   a. 迦勒要求得地，提出摩西的承諾（十四 6 下～12）
   b. 押撒要求得南地水泉（十五 19 上）
   c. 西羅非哈的女兒按摩西承諾要求得地（十七 4 上）
   d. 約瑟子孫要求得山地（十七 14 下～16）
3. 准許：同意請求，准予給地
   a. 約書亞把希伯崙給予勒迦（十四 13）
   b. 迦勒同意請求（十五 19 下）
   c. 約書亞給予西羅非哈的女兒產業（十七 4 下）
   d. 約書亞容許約瑟子孫得山地（十七 17～18 上）
4. 結語：准許的後果
   a. 希伯崙成為迦勒的產業（十四 14～15）
   b. 迦勒把上泉和下泉給予押撒（十五 19 下）
   c. 西羅非哈的女兒在基列族人中得地為業（十七 5～6）
   d. 約書亞鼓勵約瑟子孫趕走山地的迦南人（十七 18 下）

分段大綱（十四1～十七18）

一、猶大支派的得地（十四 6～十五 63）
   1. 迦勒要求得地（十四 6～15）
   2. 猶大支派的地界（十五 1～12）
   3. 押撒要求得地（十五 13～20）
   4. 猶大支派的城鎮（十五 21～63）

7.2.2 猶大支派的得地（十四 6～十五 63）

如上文所述，這段經文把猶大支派的兩個人物——迦勒和押撒——對得地的要求和決心，與猶大支派所得之地交錯地表達出來，顯出兩者之間的關係。現按以上分段來析讀內容。

7.2.2.1 迦勒要求得地（十四 6～15）

這段經文主要記載迦勒要求得地，並在約書亞的准許後，得著希伯崙為業。這部分經文可以按上文所列那 4 個角度來作分段如下：

1. 進見：迦勒進見約書亞（6 節上）
2. 請求：迦勒要求得地業（6 節下～12 節）
   a. 重述過去應許得地為業（6 節下～9 節）
   b. 現在請求按應許賜地業（10～12 節）
3. 准許：約書亞同意賜地（13 節）
4. 結語：迦勒獲賜希伯崙（14～15 節）

一、進見（6 節上）

經文以「猶大人來到吉甲，約書亞那裏」（6 節；原文句子的次序是「猶大人來到約書亞那裏，在吉甲」）作為開始。這開始句指出分地的地點是在吉甲，就是一直以來作為以色列人的根據地和大本營的地點。這次主理分地之事的負責人是約書亞，而猶大支派的人可說是首先得著分地。「來到」（*ngš*）在約書亞記除了在這裏出現，也另出現 3 次（三 9，八 11，二十一 1），這動詞是指人走近前來。「來到」這動詞是以第三身單數表達，接著，經文就帶出這個猶大人，也是重點人物——迦勒。❸ 他來到約書亞那裏，主動要求得地（6 節上）。

二、請求（6 下～12 節）

迦勒對約書亞的請求可以分為兩部分，前部分重述摩西的應許（6 節下～9 節），後部分則請求約書亞按這應許賜地予他（10～12 節）。

原文在「你都知道」（$yāḏa^{c}tā$）之前加上獨立代名詞「你」（$^{\text{ɔ}}att\bar{a}^{h}$），作為強調意思。原文是以這句子作開始，「和修版」將它放在最後。

迦勒先指出「**你都知道**」（6 節下；原文應譯作「你，你知道」）作為開始，強調以下所講的是約書亞自己清楚知道的。而且，耶和華對神人摩西所講的不只關乎「我」（即迦勒），也關乎「你」（即約書亞）。迦勒稱摩西為「神人」（6 節），在約書亞記中，只有這裏對摩西有如此的稱呼，這是強調他與耶和華的密切關係，特別是他傳達耶和華話語這職事上，而這就正好與摩西的應許有關。這裏所重複提的事情，就是當年的探子事件（參民十三～十四章）。當年摩西在加低斯．巴尼亞差派 12 位探子窺探迦南地，回來有 10 位探子報噩耗，使以色列人不敢進地，但迦勒和約書亞則鼓勵以色列人不必害怕，只有他們兩人堅持可以進地。所以，迦勒堅稱約書亞必定知道這件事。當年兩人雖同為探子，但兩人身分不同，從一開始，約書亞就已是摩西的侍從。不過，迦勒仍能不亢不卑地向約書亞申說請求。

「和修版」7 節的次序，與原文不同。原文的次序是：「我剛四十歲，耶和華的僕人摩西從加低斯．巴尼亞差派我窺探這地，我把心裏的話向他報告。」迦勒重述這事件時，以「我剛四十歲」（7 節）作為開始，以強調摩西差派他作探子時他自己的年歲有多少，下文會說明這點的重要性。迦勒就把心裏所想的告訴摩西（7 節下），縱然另外 10 位探子所講的與他的不同（參民十三 30～33）。這顯出他是一個忠實勇敢的人。他也把自己的忠誠對比其他探子的不信（8 節）。他先指出那些「同我上去的眾弟兄」（8 節）令到人民的心「膽戰心驚」（$m\bar{a}s\bar{a}^{h}$；原文應譯作「**消化**」）。然後，他以「我」（8 節下）開始帶出對

「消化」（$m\bar{a}s\bar{a}^{h}$）的原文與另外出現 3 次的「消化」（二 11，五 1，七 5）的原文(mss)相近。

比，自我評價為「**專心跟從**耶和華」。❹ 從上下文看，迦勒「專心跟從耶和華」就是表示他一方面沒有如其他探子般使人膽戰心驚，而另一方面則指出他也沒有被這些探子弄致膽戰心驚。「專心跟從耶和華」這短語在這段經文中出現3次（8、9、14節），都是指著迦勒而言。首次是迦勒的自我評價，他以此來描繪他自己的性情，指出他所忠誠的對象是他的上帝——耶和華；第二次是轉述自摩西的評語，帶出摩西的應許，這次指出迦勒忠誠的對象是摩西的上帝；最後一次是敘事者的評價，說明這是迦勒得著產業的原因，而他所忠誠的對象是以色列的上帝——耶和華。民數記十四章24節和申命記一章36節亦記載了耶和華對迦勒有相同的評價，也帶出應許他得地業的原因。由此可見，不同人物對迦勒的評價都是一致的。

原文在動詞「我專心跟從」之前加上獨立代名詞「我」（ʾānōḵî），對比「我的眾弟兄」（ʾaḥay）。

迦勒接著指出，摩西就在「那日」起誓，向他宣告「你腳所踏之地」都要屬於他和他的子孫，直到永遠，並以與迦勒自我評價相同的評價作為原因（9節）。所以，正是因為迦勒「專心跟從耶和華」，他才得著應許，可以承受地土為業。雖然五經並沒有記下摩西這個誓言（參士一20），不過，其內容與耶和華對迦勒的應許相同（參民十四24；申一36）。因此，迦勒所提出來的並不是出於自私之心，而是有根據的。此外，還有兩點值得留意。首先，「你腳所踏之地」的原文在用字上與一章3節記載耶和華的應許，是幾乎完全相同的（另參申一36）。摩西所言的與耶和華的應許是相同的。其次，摩西是說「你腳已經踏過的地」，意即迦勒已經完成「踏」的行動，所等待的只是得著這地為產業而已。

重述之前的應許過後，迦勒把過去帶到現在，重點是指出他現在的情況，並他已準備就緒要得應許之地。在10至12節「**現在**」（*ʿattāh*）一詞共出現4次，其中穿插著「那日」（11、12節上、12節下）和「**今日**」（10節下、11節）。首兩個「現在」與「看哪」連在一起使用，為表達一種逼切性，並帶出迦勒的年歲（10節）。現列出經文所使用4個「現在」來描述迦勒：

「和修版」沒有將12節首個字「現在」譯出來。

「和修版」在10節下沒有將「今日」譯出來，11節「和修版」則譯作「現今」。

- 藉著首個「現在，看哪」，他宣告是耶和華使他存活這「四十五」年，這應是耶和華應許他得地的引申結論（參民十四 24）。
- 第二個「現在，看哪」則帶出他今日是「八十五歲」。這個歲數回應 7 節中他強調當年是「四十歲」的情況。然後，他立即補充「現在」（即「今日」）他仍然是「健壯」，像摩西差派他「那日」那樣，縱然他已經「八十五歲」。當年摩西差派探子，命他們探察當地的人是否「強」（民十三 18；原文應譯作「健壯的」），而其他探子就認為迦南人是比他們「強大」（民十三 31；原文應譯作「健壯的」）。迦勒就在此宣稱他仍然是「健壯的」，絕對可以媲美迦南人。
- 接著，他以第三個「現在」（11 節；即「和修版」的「現今」）指出他的力量與那時一樣，可以出入戰爭。迦勒把「那日／那時」和「今日／現在」並置起來，強調他的力量沒有改變（11 節按原文修改「和修版」）:

  A 今日我仍然是健壯的，
  　B 像摩西差派我的那日
  　B’ 那時我的力量怎樣，
  A’ 現在我的力量也這樣

- 最後，他以第四個「現在」（12 節；「和修版」沒有譯出來）帶出請求，就是要約書亞把耶和華「那日」所應許的山區賜予他。

「和修版」欠譯「縱然」（kî）；另外，原文在「你曾聽見」（šāmaʿtā）之前加上獨立代名詞「你」（ʾattāʰ）作為強調。

接著，他對比約書亞所知道的情況和他面對這事的態度。他以「**縱然**」帶出「在那日」約書亞「**你，你曾聽見**」那裏有亞衲族人和堅固城，但他所要求得的就是這些人所住的地方，而 45 年前以色列人正是因此而不願上去。迦勒現在選擇面對這個挑戰，而他所採取的應對態度是，「或許」（12 節）耶和華會照他所說的與他同在，以致他能把迦南地人趕出去。「或許」並不是沒有信心的一種表示，而是表達謙虛，尊重耶和華的主權和自由，也表達期盼，相信耶和華必按應許行事。從民數記十四章 9 節可見，當摩西差派迦勒作探子之時，他已經堅信耶和華與他（他們）同在。所以，縱然那裏有巨人，迦勒也堅信耶和華的同在，以致他能夠趕出敵人。以色列人曾擊敗在希伯崙的亞衲族人（十一21～22），這裏提及亞衲族人在希伯崙可能指至少有部分亞衲族人回到他們原先居住的地方。在10至12節這3節經文中，迦勒4次提及「耶和華曾說」（參6節），其中2次是「照耶和華所曾說」，可表列如下：

10節　照耶和華所說的，使迦勒存活
　　　　耶和華對摩西說這話
12節　　耶和華說的山區
　　　照耶和華所說的，與迦勒同在和趕出迦南人

這樣的表達形式反映出迦勒對耶和華話語的重視和堅持。另外可以留意的是，迦勒的講話在開始和結束時都把約書亞捲入這件事情中（參6節「指著我和你」及「你都知道」、12節「你也曾聽說」），為要邀請約書亞正視他的要求。

三、准許（13節）

約書亞就應允迦勒，為迦勒祝福，並把希伯崙賜予他為產業。一個人對另一個人的祝福，是以耶和華的名而發出的，以表達兩者都依靠祂的力量，以致受祝福的人得著好處。在約書亞記中，約書亞另有兩次祝福，都是在河東兩個半支派回歸河東時作的（二十二6～7）。在此也要留意迦勒所得之地土在這個過程中的改變。首先，摩西所應許的是迦勒「腳所踏之地」（9節）；然後，迦勒自己所要求的是「山區」和多個「寬大堅固的城」（12節）；最後，約書亞所給予他的就只有希伯崙（13節）。

四、結語（14～15節）

接著，經文以「所以」（*ʿal-kēn*；14節）帶出這次請求的結果，就是希伯崙成了迦勒的產業，直到這日，並以「因為」解釋這事得以成就的原因，就是迦勒「專心跟從耶和華——以色列的上帝」。這裏第三次出現「專心跟從耶和華」，就是要指出因著迦勒這個特質，耶和華對他的應許就可以實現，希伯崙不只是歸迦勒所有，也是屬於他的子孫。這裏的重點是指出事件完滿結束，但沒有清楚指明是何時完成的。後來的經文就再次提及迦勒攻打希伯崙，趕走當地的亞衲族人（十五 13～14）。所以，經文把得產業連結於應許（9 節）、賜予、祝福（13 節），以及遵命（14 節）。

最後，經文指出希伯崙原來叫「基列．亞巴」，意思就是「亞巴的城」，這是因為它是以亞衲族的先祖亞巴（參十五 13，二十一 11）來命名或創建的。經文亦指出「國中太平，沒有戰爭了」（15 節）。這短語在約書亞記只另出現多 1 次（十一 23），指約書亞打敗迦南北面聯軍，特別是擊敗亞衲人之後的結果（參 5.1.3「小結〔十一 23〕」）。所以，這裏很可能是指出迦勒得希伯崙為產業，並趕出亞衲族人，預告了十五章 13 至 14 節的記載。

迦勒的成功就代表猶大支派，代表以色列人應如何才可以得力，其祕訣是就是：「專心跟從」耶和華、對應許（摩西及耶和華的應許：十四 9、10、12）的執著、個人積極立志得地、以行動回應耶和華的應許，以及加上 45 年不斷的堅持。縱然迦勒未必是正統的以色列人（參本章釋經短註❸），但他卻像約書亞記中的外族人喇合或基遍人那樣有勇氣、主動、堅信耶和華的話語，以致可以在應許之地中得地土為業。「迦勒」的字根意思是「狗」，而聖經中對狗多持負面態度（參申二十三 19；撒上十七 43；撒下三 8；王下八 13；箴二十六 11；賽五十六 10），正因如此，迦勒的行為就顯得額外可貴。

信仰反省

迦勒的故事提供一些反省的素材。第一，經文強調迦勒對自己有正確的認識。上文提及無論是他自己、摩西、敘事者，甚至是耶和華，都對他有一致的評價，就是他「專心跟從」耶和華。有不少時候，我們對自己的看法或是過於、或是低於別人對自己的評價，更甚的是，對自己的看法與上帝對我們的看法有差異。與此相關的是，迦勒對自己所持的正確認識，是把自己的身分定位於「專心跟從耶和華」，而不是在於自己的成就，或與他人作比較。正因這樣，他才能不亢不卑地向約書亞請求賜地。

第二，迦勒對耶和華的忠誠是值得留意的。要對上帝忠誠，就要如迦勒那樣勇於講出「心裏的話」，不怕與大多數人不同，不怕走上與眾不同的道路，而只是要專心跟從上帝。這是第一次出現「專心跟從耶和華」時所強調的。我們周圍的人不斷用各樣方法要我們與他們相同，或是利誘、恐嚇、逼害、勸告、誘導、要脅等，要我們就犯。求上主幫助我們站立得穩。

第三，迦勒「專心跟從耶和華」，就讓他得著耶和華的應許（9節）。迦勒所相信及所作的事，全是建基在耶和華所説的話語之上。耶和華怎樣説，他就怎樣相信，怎樣行。有不少時候，我們按著自己的感受或決定而行，並扭曲上帝話語的意思以符合自己的心意。我們甚至把自己的信念置放在對上帝的信心之上，以為只要自己有更大的信心，就凡事都可作。不過，信心的真正對象應該只有上帝。曾經有人這樣説：「所求於我們的，不是對上帝要有大的信心，而是要相信一位偉大的上帝。」（“It is not so much great faith in God that is required as faith in a great God.”）所以，重點不是在於我們信心的大小，而是所相信的是誰。這樣對上帝話語的堅持，是要經得起時間的磨練。要45年以來一直相信上帝的應許，真的一點也不容易。對於上帝給我們的應許，我們有多少堅持和執著呢？

第四，迦勒以耶和華的應許來檢視自己的過去、現在和未來。首先，他認為他可以多活45年，是因為耶和華賜地土予他這應許定必會實現，也因此必保存他的性命直到他得地土為止。這一點就可以印證上帝對人的忠誠。其次，他認為他現在仍然健壯，可以出入作戰，也同樣是出於他相信上帝必成就祂的應許。最後，他認為他可以趕出亞衲族人，同樣也是因為耶和華會照祂所應許的去做，他知道耶和華的應許要在這個時候實現在他身上。迦勒相信耶和華必會在他身上成就祂的應許，同時，藉著「或許」，他也願意把主權交在耶和華的手中。我們有否把自己的一生置放在上帝的應許之中？又是否願意以謙卑期盼的心等候應許的實現？

第五，專心跟從耶和華，帶來的是以積極的行動回應上帝的應許，以致應許得以實現（14 節）。面對亞衲族人，迦勒一點害怕也沒有，反而帶著興奮的心情面對這個挑戰。他指出，「縱然當年有 10 個探子表示害怕，而約書亞你自己也聽過亞衲族人如何可怕，但我則相信因著耶和華的同在，我必能趕出他們」。有人在面對困難時選擇退縮，有人則把困難置放在上帝應許的圖畫之中，視之為契機、挑戰和機遇。迦勒與其他探子不同之處，並不在於他看見不同的現實情況，而是在於他以不同的眼光看待這現實情況，這是因為他相信上帝的應許和同在，並以此作為生命的動力和方向。

第六，專心跟從耶和華讓迦勒甘心接受祂所賜給他的福分。縱然摩西應許把他所踏過的地土賜給他和他的子孫，縱然他已把這應許收窄為山區和多個亞衲族人的堅固城，他也樂於接受約書亞最終決定給予他的希伯崙這一座城。這正正體現上文提及他對耶和華所說「*也許*」那種承認耶和華主權的態度。

7.2.2.2 猶大支派的地界（十五 1～12）

8 個動詞是「是」（hāyā^h）、「通到、出去」（yāṣā’）、「經過」（‘āḇar）、「上到」（‘ālā^h）、「轉到」（sāḇaḇ）、「向著」（p̄ānā^h）、「伸延」（ṯā’ar）、以及「下到」（yāraḏ）。

這段經文記載猶大支派所得之地的地界，這是在 12 支派得地記載中最清楚和詳細的。在描述這地界時，經文採用了**8 個不同的動詞**，這些動詞在這段經文共出現 35 次，再加上不同的前置詞和地理名詞，就像記述一個人實際地走出一個地方的範圍似的，它是回應一章 3 節所提及的「*腳掌所踏之地*」。此外，在這個描述中，「*地界*」（*gəḇûl*）一詞共出現 21 次，剛好佔全書共 84 次的四分之一。這些特點正好指出猶大支派的重要性。這段經文可以分為如下段落：

1. 引言：猶大之地在南端（1 節）
2. 南邊的地界（2～4 節）
3. 東邊的地界（5 節上）
4. 北邊及西邊的地界（5 下～12 節上）
5. 結語：猶大之地的邊界（12 節下）

從這大綱可見經文是從南邊開始以逆時針方向記述邊界，其中東邊和西邊的地界甚為簡單但卻是清楚，而北邊的就最為詳細，如此的記述應該是為了要與處於猶大北面的便雅憫支派所得之地劃分清楚。此外，有些在這裏列出的地名也用來指迦南其他的地區，不應將它們混淆。這些地名包括底璧（7節）、伯·示麥（10節）、亭拿（10節）和西珥山（10節）。

一、引言：猶大之地在南端（1節）

經文以「猶大支派按著宗族抽籤所得之地」作為開始，這是回應十四章2節提及「抽籤分產業」的做法。這裏先指出猶大的得地是「到以東的邊界」，所指的是在死海南面和東面；它又指是「往南直到尋的曠野」，最後指出是在迦南地的「最南端」。

二、南邊的地界（2～4節）

接著是記載南邊的地界（2～4節），這地界與迦南地的南面地界相近（參民三十四3～6）。以色列人是以面對著東面作為出發點，所以南邊就是他們的右手方向。描述以「他們南邊的地界」開始，然後由東向西記述。在東面的「是從鹽海的頂端」起，就是指「朝南的海灣」（原文可譯作「從向南的海灣」）起。然後向西「通到亞克拉濱斜坡的南邊」（出現動詞「通到」），再「經過尋」（出現動詞「經過」），「上到加低斯·巴尼亞的南邊」（出現動詞「上到」），再「經過希斯崙」（出現動詞「經過」），「上到亞達珥」（出現動詞「上到」），再「轉到甲加」（出現動詞「轉到」）。然後，再「經過押們」（出現動詞「經過」），「出到埃及溪谷」（出現動詞「出到」；「和修版」譯作「順著」），向著海一直出去。經文以「這就是你們南邊的地界」作結束，成為首尾呼應。須留意特別之處是，它以「他們」這代名詞作開始，而以「你們」作結束，這看來有點不協調，但後者可能是取自或指向民數記三十四章3至5節所一致使用的「你們」。

三、東邊的地界（5節上）

至於東邊的地界，就很簡單，經文只指出是從「鹽海到約旦河口」（5節上；原文直譯「鹽海直到約旦河的邊端」）。

四、北邊及西邊的地界（5 下～12 節上）

至於北邊的地界（5 下～11 節），則以「北邊的地界」（原文應譯作「向著北面方向的地界」）開始，記述方式先由東面開始（5 節下），稍微向北移（6～7 節上），然後向西直到大海為止（7 下～11 節），其中在耶路撒冷附近的記載尤為詳細。這描述與下文便雅憫支派的南面地界相近（參十八 15～19）。在北面的先是「從約旦河口的海灣開始」（原文應譯作「從海灣起，就是從約旦河的邊端起」）。

然後是稍稍北上（6～7 節上），經過「伯．曷拉」、「伯．亞拉巴」、「波罕的磐石」，再從「亞割谷往北上到底璧」，向著「吉甲」。

地界接著向西移（7 下～11 節），到接近耶路撒冷的「隱．示麥泉」，而「隱．羅結」就在後來大衛之城以南汲淪溪那裏。這地界就上到「欣嫩子谷」，在「耶布斯」（即耶路撒冷）南面經過，上到「利乏音谷的最北端」。離開耶路撒冷地區後，地界繼續向西移，延伸到「尼弗多亞水泉」，通過「以弗崙山」的城鎮，到達「巴拉」（即「基列．耶琳」）。地界再向西移，繞到「西珥山」，經過「耶琳山斜坡」的北面，下到「伯．示麥」，再經過「亭拿」。最後，地界經過「以革倫斜坡」的北面，延伸到「施基崙」，在它南面經過到「巴拉山」和「雅比聶」，直通到「海」為止。最後，西邊的地界就是大海和沿海一帶（12 節上）。

五、結語：猶大之地的邊界（12 節下）

整個猶大地界的描述就以「這是猶大人按著宗族所得之地四圍的邊界」作結束，指出猶大多個宗族已被這些地界所包圍，清楚指出猶大支派在迦南地的位置。

7.2.2.3 押撒要求得地（十五 13～20）

這段經文記載迦勒得到約書亞所賜予他的希伯崙之後（13～15 節），他將女兒押撒賞賜予那能攻打底璧的人（16～17 節），以及押撒求地的事情（18～20 節）。這段內容與士師記一章 10 至 15 節非常接近，其中一個分別是攻打希伯崙的不是迦勒，而是擴展到猶大人。經文可以分為如下段落：

1. 迦勒奪取希伯崙（13～14節）
2. 俄陀聶奪城娶妻（15～17節）
3. 押撒要求得水泉（18～19節）
4. 小結（20節）

約書亞就「**照耶和華所指示的**」（13節）而行，把在猶大人中的「一份」（*ḥēleq*）給了迦勒，就是「基列．亞巴」。這部分的記載與十四章13、15節相近，惟一不同的是這裏補充説，亞巴是亞衲族的祖先。迦勒就「從那裏」把3個亞衲族人「趕出」去（14節），這明顯對應十四章12節提及「這裏」（原文應譯作「那裏」）有亞衲族人和「我就把他們趕出來」。十四章12節是一個預告，十五章14節就實現了。這3個被趕的亞衲族人是「示篩人、亞希幔人和撻買人」（原文應譯作「示篩、亞希幔和撻買」），經文再指出他們是「亞衲族的」（原文應譯作「他們是亞衲的後人」）。他們3人的名字曾出現在民數記十三章22節，而45年後迦勒終於把他們趕出希伯崙。

「照耶和華所指示的」（ʾel / ʿal-pî yhwh）這短句可直譯為「按照耶和華的口」，在約書亞記共出現5次，都是與分地有關（十五13，十七4，十九50，二十一3，二十二9）。

接著，迦勒就從「那裏」上去，❺ 去到底壁的居民那裏。底壁位處希伯崙的西南面約14公里，原名叫「基列．西弗」，意思是「書卷之城」。不過，值得留意的是迦勒並沒有奪取這城。反而，他應許把他的女兒押撒給予那位能「攻打」和「奪取」基列．西弗的人為妻子。迦勒的姪兒俄陀聶就成功奪取了底壁，而迦勒亦信守約定，把押撒給他為妻。所以，迦勒並不是為了要奪取底壁作為自己的產業而提出賜婚的條件，而是藉此鼓勵同族的人上去得地。而且，底壁原本也不是屬於迦勒，以致可容他賜予俄陀聶的。

如上文所言，押撒求賜地的記載可分為進見、請求、准許和結果這4部分。18節上記述當押撒來到她丈夫那裏，她「催促」向她父親要一塊田，❻ 這是指一塊可作耕種用的地土。俄陀聶很可能沒有應允她的要求，以致她要自己作出這個行動。於是押撒進見迦勒，她在迦勒面前的行動很特別，「一下驢」（18節）所指的並不只是她從驢上下來。這個「下」的原文（*ṣnḥ*）在聖經中只出現 3 次，另兩次是在士師記（士一 14，四 21；「和修版」譯作「直釘到」）。學者對此字的用法有不同見解，其中包括：急速滑下來、跌下來、叫喊、放屁。所以，這行動並不是指一般下驢見人，作為表示尊重的動作（參創三十一 35；撒上二十五 23），而是一個較為劇烈、不尋常的行動，但具體意思則難以作定案。押撒的行動導致迦勒問她：「**你要甚麼**？」（18 節；原文意思是「你有甚麼事嗎？」或「你怎麼樣？」）迦勒這樣的發問是要知道為何押撒有這樣異常的表現（18 節下）。所以，押撒這個行動應是用來引發迦勒的關注。接著，押撒就直接提出她的要求。她的講話中 3 次出現「賜、給」（*ntn*），而迦勒的回應也採用這個動詞。她的講話可以小型扇形結構列出如下（稍作修改「和修版」）：

「你要甚麼」這短句的原文為 maʰllāḵ，聖經其他地方也有類似的用法（參創二十一 17；王下六 28；賽二十二 1；拿一 6）。「和修版」的翻譯未能完全反映這個意思。

求你給我福分；

　你既然已經把尼革夫地給我，

求你給我水泉。

「福分」這名詞與動詞「祝福」為相同字根，指向當約書亞「祝福」迦勒，意思就是要給他地業（十四 13）。在這裏也有相同意思，得「福分」就是要得地。「尼革夫地」應是指乾旱無水之地，它很可能是迦勒給予押撒的嫁妝。因此，她原先希望俄陀聶能向她父親另外要求賜予可供耕種之地，但俄陀聶拒絕後，她就自己要求父親在她原先的嫁妝以外，再給她加上水泉。所以，可留意在她的講話中 3 次出現「給我」，故她並不是要求迦勒給地予俄陀聶。而事實上，迦勒答允賜予奪取底壁的人是他的女兒而不是地土。最後，迦勒就答允把上泉和下泉都給予她。

在這段經文中，迦勒、俄陀聶和押撒都是勇於爭取得地的人。迦勒勇於趕出 45 年前未有趕出的亞衲族人，承受希伯崙為產業；俄陀聶勇於奪取底壁，並得押撒為妻；押撒就更為特別，作為一個女子，她勇於向父親在她已有的嫁妝以外，要求水泉，爭取屬於她的產業。這與後來西羅非哈的女兒得產業互相對照（十七 1～6）。這 3 位人物，尤其是這段經文的主角押撒，正顯出猶大支派的勇敢、忠誠、進取，以及對得地的熱切。他們就成為以色列人的模範。

經文到此作出小結（20節），總結十四章6節至十五章19節所記下的猶大支派的產業。「這是……支派（或子孫）……的產業」這類句子在約書亞記出現**12次**（另外1次只見於以賽亞書五十四章17節），都是作為結語，而不是段落的起首句。

另參十三章23、28節，十六章8節，十八章20、28節，十九章8、16、23、31、39、48節。

7.2.2.4 猶大支派的城鎮（十五21～63）

經文接著記下猶大支派所得的城鎮，可分為如下段落：

1. 在南面的城鎮（21～32節）
2. 在低地的城鎮（33～47節）
3. 在山地的城鎮（48～60節）
4. 在曠野的城鎮（61～62節）
5. 未能趕出之民（63節）

這段經文基本上只列出城鎮的名字，除了幾個屬於非利士人的城鎮外（45～47節）。經文把這些城鎮分為11組，每組以列出城鎮的數目和「還有所屬的村莊」作結束。這11組則分屬上列4個區域，南面的有1組、低地的有4組（包括屬非利士人的那組）、山地的有5組，以及曠野的有1組。

在「猶大支派最南端」（21節）的城鎮清單中共列出36座城鎮，但結語中卻指出所有城鎮「共二十九座」（32節）。學者在此提出不同的解釋，主要包括3項：

- 在結合不同城鎮名單時抄寫錯誤；
- 一些不重要的地區沒有數算在總數中；
- 有多座城鎮有不同名稱（參25節；故此結語指總共有29座不同的城鎮）等。❼

在這部分的名單中，其中3次提及的「夏瑣」（23、25節），這應是有別於迦南北面的夏瑣。這名單中有10座城鎮（26、28～31節）是後來歸於西緬支派的，它們是「摩拉大」、「哈薩．書亞」、「別是巴」、「巴拉」、「以森」、「伊勒多臘」、「何珥瑪」、「洗革拉」、「亞因」和「臨門」（十九2～7；7節的「利門」即「臨門」）。

低地的城鎮共有42個，分為4組。第一組是處於北面低地的城鎮，共有14座（33～36節）。❽ 其中「以實陶」和「瑣拉」（33節）也出現在但支派的得地記載中（十九41）；第二組是處於南面低地的城鎮，共有16座（37～41節）；第三組是處於東南低地的城鎮，共有9座（42～44節），其中「以帖」和「亞珊」（42節）後來歸於西緬（十九7）。第四組是處於西南沿海的地區的城鎮，共有3座（45～47節）。這段經文的表達形式與其餘不同，一方面有較多的地理描述，但另一方面則沒有記述城鎮總數。這裏提及的「以革倫」、「亞實突」和「迦薩」（46～47節），都是非利士人的城鎮，在十一章22節指出其中兩座是亞衲人所在之處，而「以革倫」則後來歸但支派所有（十九43）。這裏表達的格式較為特別，用來表示這是屬於以色列人未得之地（參6.1.1「檢討：仍有許多未得之地〔十三1～6上〕」）。在整個記載中，有一些城鎮的名稱同時出現在迦南其他地區，這是不容混淆的，其中包括：「他普亞」（34節；並不是與以法蓮和瑪拿西支派有關的「他普亞」，參十六8，十七7～8）、「隱．干寧」（34節；與以薩迦的同名城鎮，參十九21）、「伯．大袞」（41節；這也有別於以薩迦的同名城鎮，參十九27）、「益弗他」（43節；有別於亞設的同名城鎮，參十九27，「和修版」譯作「伊弗他．伊勒谷」）、「亞革悉」（44節；也有別於亞設的同名城鎮，參十九29）。

在山區的城鎮共有38座，分為5組，大約是由南到北排列（48～60節）。第一組是在南面，共有11座，剛剛位於21至32節所記述的區域以北。接著4組分別有9、10、6和2座城鎮。❾ 與上文描述的相同，這裏也有一些與其他地區同名的城鎮，包括：「耶斯列」（56節；並非以薩迦的同名城鎮，參十九18）、「基比亞」（57節；不是便雅憫〔參十八28〕或是以法蓮同名城鎮〔參二十四33〕）、「基列．巴力」（60節；不是在便雅憫的邊界上的猶大城鎮，參十八14～15）、「拉巴」（60節；不是在河東的亞捫人城鎮，參十三25）。

最後，在曠野的城鎮共有6座，位處於死海的西北面（61～62節）。

雖然按各組別結語所提及的數目加起來是112座城鎮，但這個名單卻列出共122座。其中69座只出現在約書亞記中，58座並沒有出現於這章以外其他地方。因此，學者對這些城鎮幾近一無所知。無論如何，這個名單是所有支派得地記載中最詳細，也是數目最多的，這清楚顯示猶大支派的獨特性。此外，上文曾提及，經文把猶大支派中個人要求得地的記載，與猶大支派所得之地或城鎮以交錯方式表達出來。這個表達方式把得地的決心與所得之地連繫起來。猶大支派中迦勒、俄陀聶和押撒的勇於得地，可在猶大支派的詳細得地描述和詳盡的城鎮清單中反映出來。所以，猶大支派之所以能夠成為以色列各支派之首，也是有其原因的。

雖然猶大支派有這樣得地的決心，但經文亦有指出它的限制。按十八章28節，耶路撒冷是分予便雅憫支派的，雖然其南面的田野是歸猶大支派。所以，猶大支派很可能曾經從耶路撒冷南面攻打此城，但卻「不能把他們【指耶布斯人】趕出去」（63節）。士師記一章8節曾提及猶大支派攻打耶路撒冷城，但那次的勝利可能是短暫的，他們仍未能完全佔領那城。與此相對的是士師記一章21節指出，「便雅憫人沒有把他們【耶布斯人】趕出」。猶大人是「不能」趕出，但便雅憫人是「沒有」趕出，兩者形成一個對比。無論如何，耶布斯人與以色列人一直都共存，直到大衛時期以色列人才成功把耶路撒冷城佔據（參撒下五6～10）。

信仰反省

這段經文以兩種方法記述猶大支派所得的產業，先是地界，後是城鎮。這是以兩種不同的方法來回顧或數算耶和華所賜予的恩典。上文指出記載地界時採用不少動詞，似乎是描述一個人走出地界的行動。人有時候可以從較宏觀的角度來看自己走過的人生路，從一個地方起步，然後走到另一個地方，又從那地方起步，走去另一段路。有時又在這地方拐了一個彎，向著另一邊直上。回顧自己曾走過的路，就是讓自己檢視上帝在自己身上的恩典。然而，地界也就是指出界限和限制。當我們回顧上帝的恩典之時，同時也是在檢視自己的界限是在哪裏，我們的限制是甚麼。又或者可以說，我們是要看看上帝給予自己的，是怎樣的一份恩典。當人感謝上帝，除了感謝祂所賜予的，同時也擁抱自己所得的，並接受祂給予自己的限制。數算城鎮就好比數算具體的恩典，也就是指具體所得可見的賜予。有些恩典是「大」的，且可能是為人所知的，就好比「以實陶」、「瑣拉」、「瑪基大」（33、41節）等城鎮；但是，也有些恩典是「小」的，不多為人關注，這好比那些只出現在這裏的城鎮，就如「利巴勿」、「實忻」和「亞實拿」（33～34節）。有些是可以拿出來作分享見證之用，亦有些則是平凡實在，在日常生活中常常經歷的。無論是怎樣的恩典，這一切都是要數算和為此獻上感恩的。然而，正如上文分析內容指出，當猶大支派對耶和華的應許有更積極的回應時，它所得到的就更多。所以，最重要的是，這些地界和城鎮的記錄是叫我們勇於回應上帝的應許。我們不要懼怕困難，不要受自己過去的經驗所侷限。或許，我們可以從上述的角度來理解「凡有的，還要加給他，叫他有餘；沒有的，連他所有的也要奪過來」（太二十五29）。

這裏再次記載迦勒的故事，指出他不只對耶和華有信心，也是以行動表達他的信心。重要的是，藉著這個行動，迦勒得以經驗他所相信的耶和華「與我同在」。沒有實踐，就不能經驗信心的真實，也不能經驗耶和華的同在。這段經文指出迦勒另外一個特點，就是他鼓勵別人去得地，並允諾把他的女兒嫁給這個勇士。攻佔底璧很可能會對希伯崙的安全有幫助，但迦勒的做法也是為著整個羣體著想。他的鼓勵和獎賞，以及他自己以身作則就能激發其他人起來，回應耶和華的應許。得地絕對不是迦勒那一代人能夠完全完成的，他需要接著的一代人承接這使命。正如約書亞鼓勵他身邊的官長和以色列人起來佔地，迦勒也在他所能的範圍內這樣做。作為領袖，有個人與上帝相交的經歷，又能以身作則，這些當然重要。不過，同樣重要的是要讓使命能夠承傳下去，鼓勵更多人出來回應上帝的召命。這位被迦勒鼓勵起來的俄陀聶，後來就成為以色列人的士師，讓他們得享太平40年（參士三7～11）。

押撒代表猶大支派中另一類勇於爭取的人。她作為女兒，一般而言是不能夠承受父親的產業，但她的堅持卻讓她在合法的情況下，得著父親在賜地之餘也給予她泉水，並且所得的比她所求的更多。她所代表的是那些不因自己的身分地位而退縮的人，也是那些相信自己的父親會正面回應自己需要的人。

7.2.3 約瑟子孫的得地（十六1～十七18）

約瑟的子孫分為以法蓮和瑪拿西這兩個支派，而瑪拿西支派則分為兩半，其中一半在河東得地（參6.2.2.3「摩西賜給瑪拿西半個支派的地土〔十三29～31〕」），另一半則在河西。雖然瑪拿西是首生，但以法蓮的位置卻在其兄長之上（參創四十八13～20），所以，得地的記載中是先記下以法蓮的。雖然如此，經文亦把這兩支派看為一個單位。例如經文提及他們為「約瑟的子孫」，也只有抽籤所得一片地（十六1；參十八11），而後來他們投訴只有一籤之地也正反映這個情況（十七14）。此外，在得地的記載中，只有以法蓮和瑪拿西得地的記述中是沒有城鎮名單的。現按以上分段析讀經文內容。

7.2.3.1 約瑟子孫的地界（十六1～4）

它們是「是」（hāyāʰ）、「出去」（yāṣāʾ）、「經過」（ʿāḇar）、「上到」（ʿālāʰ）、以及「下到」（yāraḏ）。

這段經文記載約瑟子孫的地界，以「抽籤所得之地」開始，但其內容卻只是描述他們所得之地的南面地界。與描述猶大支派的地界的手法相似，這裏也採用**5個動詞**，這段經文共出現6次，從東到西來描述這地界。東邊是「從靠耶利哥的約旦河起」，即由約旦河西面起。這起始點是在猶大北邊地界以北之處（十五5），而便雅憫支派則處於它們中間（十八11）。這地界向西移，經過「耶利哥」以北，往西北方向到「伯特利山區」；再從那裏西南移到亞基人的「邊界」（原文可譯作「領土」），然後到「亞大錄」（十六2）。地界繼續「往西」（原文為「向海」），再下到「押利提人」的領土，然後到「下伯・和崙的邊界」，然後到「基色」，再「通到海為止」。然而，由基色到地中海之間約24公里的區域則沒有提及。所以，與猶大地界的記載相比之下，這裏的較為含糊。這記載的結束再提及「約瑟的兒子」（原文與1節「約瑟的子孫」相同），這短語與1節的「約瑟的子孫」形成首尾呼應。不過，這裏具體說明這子孫是指「瑪拿西和以法蓮」，這裏按照出生的次序記下他們的名字，並指出他們「得了地業」。這是為了引入接著的內容。

7.2.3.2 以法蓮支派的地界（十六5～10）

這段經文記載以法蓮支派在河西所得之地的地界，再加上兩個有關他們地業的附註。如上文所言，先記述以法蓮的地界是要表示這個支派較瑪拿西為重要。經文可分為以下段落：

1. 以法蓮產業的地界（5～8節）
2. 在瑪拿西中的城鎮（9節）

3. 未能趕出基色之民（10 節）

這個描述以「以法蓮的子孫的地界，按著宗族」開始（5 節），並以「這就是以法蓮支派按著宗族所得的地業」作結束（8 節），成為首尾呼應。經文先記述**南面的邊界**，簡單重提 1 至 3 節的內容。這邊界是從東面的「亞大錄・亞達」（應該是指 2 節的「亞大錄」）起到較西的「上伯・和崙」，再通到海（5 下～6 節上）。接著從北界的中間開始，轉到描述東邊地界。這描述先由北界中間的「密米他」起，向東繞到「他納・示羅」，在它與「雅挪哈」中間經過，再南下到「亞大錄和拿拉」，到「耶利哥」，再轉到「約旦河」（6 下～7 節）。最後，從北界中間的「他普亞」（約在「密米他」西南面 9 公里）開始向西移，直通到海，完成描述北面邊界（8 節上）。與 3 節相同，這裏也有兩次只是簡單提及「直通到海」（6、8 節），而沒有詳述中間的區域。經文沒有提及西面的邊界，但這應該是指大海。簡單而言，以法蓮支派所得之地是在迦南地中部的山區。這個地界的描述以「這就是以法蓮支派按著宗族所得的地業」作結束。

「和修版」的「他們地業的東界」應是誤譯。

描述過以法蓮的地界以後，經文提出兩個補充的附註。第一個附註指出在瑪拿西人的產業中間有些城鎮是分別出來給予以法蓮人的（9 節；參十七 9）。因此，以法蓮和瑪拿西支派之間的地界是含糊的，分地也因而不太清楚。出現這樣情況的原因無法追溯，可能是由於以法蓮支派比瑪拿西支派為重要，或是以法蓮支派後來擴展到瑪拿西支派之中。有學者推測這是因為以法蓮產業內城鎮不如瑪拿西多，故此把一些城鎮額外給予以法蓮。

第二個附註則指出以法蓮子孫「沒有趕出住在基色的迦南人」。按十章 33 節記述，約書亞曾經殺了基色王何蘭，但沒有佔領**基色**，故此，這地方應該仍在迦南人手中。雖然這些迦南人住在以法蓮人中間，但他們卻成為「服勞役的僕人」（*mas-ʿōḇēḏ*；10 節）。申命記二十章 11 節指出那些願意打開城門與以色列講和的人，就要為以色列人「做苦工」（*mas*），服事他們。雖然以法蓮使基色的迦南人作苦工的僕人，

基色似乎一直都在迦南人手中，直到所羅門時期。那時，埃及法老奪取基色，並把城賜給他的女兒作嫁妝，作所羅門的妻子（參王上九 16）。

但並沒有與他們講和。所以，按理以法蓮支派要將他們趕出去，這才是應該有的做法。他們與猶大支派相似，都保留著迦南人住在他們中間。

7.2.3.3 瑪拿西支派的得地(十七1～13)

雖然這段經文以「瑪拿西……支派抽籤所得之地」這句子作為開始(「和修版」以「瑪拿西是約瑟的長子」作開始)，但卻沒有如以法蓮支派般立即記述地界，反而重點是記下瑪拿西子孫得地的大概情況。經文可分為兩段，先加插記載西羅非哈女兒求地之事(十七1～6)，然後是瑪拿西支派的地界(十七7～13)。

一、西羅非哈女兒求地(1～6節)

西羅非哈女兒求地之事與迦勒、押撒求地相似(參7.2「在吉甲進行的分地：猶大支派和約瑟後裔子孫〔十四6～十七18〕」)。內容可以分為如下段落：

1. 瑪拿西的男丁得產業(1～2節)
2. 西羅非哈女兒求得地(3～6節)

*「和修版」沒有清楚地將原文 **kî**(「縱然」)一詞譯出來。「呂振中譯本」把這詞譯為「因為」。*

如上文所言，這段經文以「瑪拿西是約瑟的長子，這是他的支派抽籤所得之地」(1節上；原文的次序及譯法應作「瑪拿西支派抽籤所得之地，**縱然**他是約瑟的長子」)。這句子的意思是，縱然瑪拿西是長子，他該得雙分家產(參申二十一15～17)，但事實並非如此，而且他得地的記載還列在以法蓮之後。1節下和2節分別論及瑪拿西支派在河東和河西得地。首先，1節下解釋為何瑪拿西支派會在河東得地。經文引入「瑪吉」這位人物，指出他是瑪拿西的長子，也是「基列」地的主人。❿ 因為他是個「勇士」，所以就得了「基列和巴珊」(參民三十二39～40)。

提及瑪拿西支派在河東得地之後，經文轉而提及「瑪拿西其餘的子孫」(2節)，即是指那些沒有在「基列」和「巴珊」得地的後裔。他們是「亞比以謝」、「希勒」、「亞斯烈」、「示劍」、「希弗」和「示米大」的子孫。⓫ 按民數記二十六章 30 至 32 節，他們都是基列的兒子（參十七 3）。所以，他們都應該是在河西得地。經文特意指出他們是「男丁」，這詞在約書亞記只出現 2 次，另 1 次可見於五章 4 節。這裏採用這詞，明顯是刻意的，旨在對比接下來的內容是與女子有關的。

在基列的子孫當中，經文特別提及希弗的兒子西羅非哈。他沒有兒子，但有 5 個女兒，她們的名字為「瑪拉、挪阿、曷拉、密迦、得撒」（3 節）。這表達形式就好像 2 節那樣列出基列 6 個兒子的名字，暗示這 5 個女兒和那 6 個兒子的地位是相似的。她們來見領袖們，重述耶和華的應許。值得留意的是這些領袖包括祭司以利亞撒、嫩的兒子約書亞和眾領袖（參十四 1）。因為西羅非哈沒有兒子，按當時的做法，歸他的產業就只能由他至近的男性親屬所承受。不過，他的 5 個女兒對此並不認同，並擔心父親的名聲因失去地土而會在族中被除掉，於是向當時的領袖摩西等人要求得地，並在摩西求問耶和華後得著正面的回覆（詳情參民二十七 1～11；另參民三十六 1～12）。如今，**她們再次來到見領袖**，提醒他們當年耶和華透過摩西對她們的承諾，就是讓她們在「弟兄」（原文可譯作「男性親屬」）中得產業。於是他們就「照耶和華所指示的」（參 7.2.2「猶大支派的得地〔十四 6～十五 63〕」十五章 13 節的分析），在她們叔伯中「分給」她們產業。⓬ 經文最後就指出這准許得地會帶來的後果（5 節），並重述其原因（6 節），這兩節經文可有如下的表達（按原文稍修改「和修版」，「和修版」次序是先 B 後 A）：

民數記二十七章 2 節指出當年她們見的領袖是「摩西和以利亞撒祭司，以及眾領袖與全會眾」。現今，摩西由約書亞所取代，而祭司以利亞撒的位置就先於約書亞。

A　有十份的地業是屬於瑪拿西的，

　B　除了約旦河東的基列和巴珊地之外，

A’　因為瑪拿西支派的女兒也在兒子中分得產業。

　B’　基列地屬於瑪拿西其餘的子孫。

A 和 A’ 應與河西之地有關，並把「十份的地業」與女兒得業相連。⓭ B 和 B’ 則指河東之地，尤其是基列地。經文再使用「其餘的子孫」（6 節）這短語，但所指的卻是河東的瑪拿西半個支派。這兩節經文分別提及瑪拿西支派在河西和河東之地，以回應1至2節，形成首尾呼應。

這裏提及西羅非哈女兒求得地，再次指出約瑟子孫中有人對得地為業持熱切的期盼，況且，這些人是女性，就更顯出她們的決心。這段經文指出她們對耶和華應許的堅持、對領袖的尊重、對承諾的執著。這正是西羅非哈的女兒對讀者的挑戰。

二、瑪拿西支派的地界（7～13節）

經文到這裏才記述瑪拿西另半個支派在河西的地界，其表達形式與以法蓮的記載相似，都是先描述地界，然後加上兩個類似的附註，藉此表明這兩個支派是相似的。兩者可比較如下：

	瑪拿西	以法蓮
描述地界	十七7～10	十六5～8
兩個附註		
1. 在別支派中的城鎮	十七11	十六9
2. 未能趕出之居民	十七12～13	十六10

經文先概略指出瑪拿西另半個支派在河西產業的地界，在西北面是與亞設支派相鄰，而在東南面的到「示劍前面的密米他」（7節上）。於是，就接著描述南邊的地界（7節下～10節上），這段與以法蓮北界的描述相似（參十六5～8）。地界從「密米他」向**右邊**到「隱．他普亞居民之地」。須留意他普亞是屬以法蓮的（參十六8），而其附近之地則屬瑪拿西。接著，地界向下到加拿河，再「直通到海為止」（9節；參十六8）。不過，有些瑪拿西的城鎮卻是屬於以法蓮的（**9節**），以回應十六章9節的內容。這南界記述的總結指出分給約瑟之地裏，南邊的是屬於以法蓮，而北邊的則屬瑪拿西（10節上）。西邊地界則簡單指出是「以海為界」，而北邊的地界則分別指出是連於亞設和以薩迦的產業（10節下）。

以色列人計算的方向是以面向東方為出發點，所以右邊就是南方。

9節的原文在此語意不大清楚。

第一個附註指出瑪拿西有城鎮在別的支派的產業中（11節），上文剛提及在它北面的是亞設和以薩迦之內，可分為兩類。第一類提及城鎮的名及「所屬的鄉鎮」，有「伯·善」和「以伯蓮」。第二類則著重居民，以「……和所屬鄉鎮的居民」表達，其中有「多珥」、「隱·多珥」、「他納」和「米吉多」。不過，這兩類的分別可能不大。經文提及「共三個山岡」（11節），其原文的意思不清楚，有學者認它為可理解為「第三個是山岡」，即「隱·多珥」是個山岡（參十一2，十二23）。

第二個附註可用以下扇形結構表達出來（按原文稍修改「和修版」）：

A　[12]只是瑪拿西的子孫不能趕出這些城鎮的居民，

B　迦南人仍堅持住在那地。

C　[13]以色列人強盛的時候，

B'　就叫迦南人做苦工，

A'　確實沒有把他們趕走。

第二個附註承接著第一個附註，指出瑪拿西的子孫不能趕出上述這些城鎮的居民（A），原因是迦南人堅持並決意住在那些地方（B）。與十五章63節和十六章10節不同，這裏特別指出迦南人的角色。然而，經文接著指出，即使以色列人在「強盛」的時期（C），他們也只可以令到迦南人做苦工（B'）。C段一方面似是責難當時的以色列人為何不能「強盛」（原文與「剛強」為同一個動詞），約書亞豈不曾吩咐以色列人要「剛強」（十25），正如耶和華吩咐他那樣嗎（參一6、7、8、9）？另一方面，C段也責問為何當他們後來剛強時，他們仍不去趕出迦南人。雖然他們使迦南人作苦工，但這正反映迦南人仍在這地上，回應他們「堅持住在那地」的心意（12節）。不只如此，瑪拿西人即使在「強盛」之時，也「確實沒有趕出」迦南人（A'）。⓮ 所以，這個扇形結構一方面把這個段落與上下文分別出來，另一方面則把A及A'與C段對比起來。

總結而言，猶大、以法蓮和瑪拿西的分地結語，都同樣地記述迦南人與以色列人同住（十五63，十六10，十七12～13）；然而，所採用的字眼卻有不同。猶大人是「不能」把迦南人趕走，以法蓮人是「沒有」把他們趕走，而瑪拿西起初是「不能」，但到後來即使是「強盛」的時候，卻「確實沒有」把他們趕走。因此，這反映了他們三者之間對執行耶和華要求的意願的差異。與猶大支派相比之下，約瑟子孫的問題不在於軍事的能力，乃在於履行耶和華吩咐的決心，這亦反映在下一段經文中。

7.2.3.4 約瑟子孫要求得地（十七 14～18）

在約瑟子孫得地的記載中，最後記下他們向約書亞要求得地。上文指出這類要求得地的記載共有 4 段，有類似的內容和格式（參 7.2「在吉甲進行的分地：猶大支派和約瑟子孫〔十四 6～十七 18〕」的討論）。

約瑟的子孫，就是瑪拿西和以法蓮支派（參 17 節），來見約書亞（14 節上）。他們提出有關得地的疑問（14 節下）。這節經文在原文的次序與「和修版」不同，在原文他們先質問約書亞為何只分給他們「一籤……一份的土地為業」（參十六 1），顯明這是他們最關注的。接著，他們才說明質問的原因，他們強調的是「我百姓眾多」，並把這現象理解為「耶和華到如今這樣賜福給我」。「百姓眾多」（ʿam-rāḇ）在約書亞記只出現 4 次，除了十一章 4 節是形容迦南北地聯軍外（參 4.3.1「北地聯軍與以色列作戰〔十一 1～5〕」），其餘 3 次都出現在這裏約瑟子孫與約書亞的對話中，以用來形容約瑟子孫的人數（14、15、17 節）。按民數記一章 33 至 35 節和二十六章 34 至 37 節，瑪拿西支派中 20 歲以上可以打仗的人數，在曠野 40 年間由 32,200 增加到 52,700，增幅達 64%，而兩支派合起來也增加了 17%（由 72,700〔民一 33〕增加到 85,200〔民二十六 37〕）。這確實可讓他們把這事理解為耶和華對他們的祝福。而且，他們也很可能期望約書亞認同他們的看法，畢竟約書亞也是屬於以法蓮支派的（民十三 8）。

約書亞的回應以認同他們「百姓眾多」作為開始，並藉此挑戰他們（15 節）。約書亞建議他們上去樹林區，「在那裏開墾」，就是在「比利洗人和利乏音人之地」中的樹林。⑮ 最後，約書亞才以「因為以法蓮山對你們來說太窄小」作結束（「和修版」沒有將「因為」譯出來）。⑯ 約書亞在這裏所指的應該是「以法蓮山」而非「以法蓮山區」（參王上四 8）。約書亞的回應有兩點值得留意。第一，這節經文因為提及以法蓮山，所以這裏所針對的是約瑟子孫中的以法蓮支派。第二，約書亞並不是應允給予他們一塊新的地土，而是透過認同他們人數眾多，而鼓勵他們在已分給他們的產業中，趕出住在其中的迦南人。他指出，既然他們認為人數眾多是出自耶和華的祝福，那麼，他們就可藉此攻擊迦南人，開墾那當時仍未佔領之地方。

約瑟子孫的回應卻反映出他們的決心不足。對約書亞提及的「以法蓮山」，他們卻擴展到「山區」(16 節)，並指出這是他們所「容不下」的(原文意思是「不能擁有、不能佔領的」)。⓱ 所以，就更不用說要求他們擴展到那本已屬於他們在北面的平原，也就是「伯・善」和「耶斯列平原」(參 11 節)。這節經文提及「耶斯列平原」，因此，關注這地方的應特別是約瑟子孫中的瑪拿西支派。他們甚至指出困難是在於那裏的迦南人有「鐵的戰車」，他們好像已經忘記當年以色列人是如何打敗那人數如「海邊的沙，並有極多的戰車戰馬」的迦南北地聯軍(十一 1～9)。

約書亞對他們作進一步的挑戰，他以兩次的講話回應約瑟所有子孫，即包括所有的以法蓮和瑪拿西支派。這次，他不說「如果你百姓眾多」(15 節)，而是直接指出「你百姓眾多」，並說「並且強大」(原文是「你的力量強大」)。因此，約書亞宣稱他們所得的就「不可只有一籤而已」(17 節)。接著，約書亞的講話，是分別對以法蓮和瑪拿西支派說的。對以法蓮支派，約書亞說「那山區也要歸你」(18 節，原文應譯作「確實，山區會歸屬你的」;「和修版」沒有明顯譯出「確實」〔*kî*〕這詞)，以此回應他們宣稱「不能擁有山區」。他再次指出他們可以開墾樹林，甚至得著「邊緣之地」。其次，對瑪拿西支派說話「迦南人縱然強盛，有鐵的戰車，你也能把他們趕出去」(18 節)。在原文，約書亞是以 3 句短語對比他們可以做到的和迦南人的情況。這 3 句短語都以同一個希伯來文字(*kî*)作為開始，依次序表達是「確實地(*kî*)，你會把迦南人趕出去，縱然(*kî*)他們有鐵的戰車和縱然(*kî*)他們是強盛的」。約書亞先鼓勵他們，指出他們一定可以趕出迦南人，然後才指出迦南人的情況。約書亞的講話與當年摩西對以色列人鼓勵相同(參申七 17～23，二十 1)。此外，經文在這裏刻意對比迦南人的「強盛」和以色列人的「強盛」(13 節；原文兩字有相同字根)。迦南人雖然強盛，但約瑟子孫卻不必怕他們。然而，雖然後來以色列人強盛起來，卻仍沒有把迦南人趕出來。約瑟子孫的膽怯和缺乏勇氣與決心，在此就表露無遺了。所以，當約瑟子孫埋怨他們不應只有「一籤」之地時，約書亞則指出無論是以法蓮或是瑪拿西支派，其實是他們自己沒有好好得著耶和華所給予他們的那一籤之地。

信仰反省

若按民數記二十六章的記載，以色列人在40年曠野的生涯終結時，約瑟子孫的以法蓮和瑪拿西支派合起來20歲以上能打仗的人，比猶大支派還要多，但是他們對得地的決心卻比猶大支派為小。他們不是沒有能力趕出迦南人，而是沒有決心，甚至當他們強盛時，他們也完全沒有這樣做，只將迦南人當作「服勞役的僕人」而已。這敘事提醒我們甚麼呢？我們的信仰生命中可能沒有除去我們當中的迦南元素，因為我們認為它對我們是有用的，以為也是我們可以駕馭的。不過，歷史告訴我們，以色列人最終受到他們當中的迦南人所困擾（參士師記），也受這些迦南人所影響，以致信奉他們的神明。不要高估自己的能力啊！當我們有迦南元素，我們就當將之除滅，而不是相信可加以利用。

約瑟子孫以人數眾多作為要求得地的條件，顯明他們是會以耶和華的祝福作為理由，要求約書亞多給他們地土，但同時人數眾多卻不能使他們願意趕出迦南人，來回應耶和華的應許。原來耶和華所賜下的祝福只是成為他們要爭取更多賜予的借口，而不是以祂所祝福的來回應祂的吩咐，為祂冒險和爭戰。擁有更多，是否只成為繼續增加擁有的理由，抑或擁有更多，就是要為上帝獻上更多呢？他們是否已經忘記，上帝祝福他們的目的是甚麼？

約書亞提醒約瑟子孫，原來他們連耶和華所賜予他們的地，他們尚且未有好好得著，就竟然要求更多的賜予。約書亞指出，原來耶和華所賜予他們的地，他們不是一次過就可以完全得著的，他們仍要繼續爭戰下去，才能完全得著的。相比之下，西羅非哈的女子就有這種其他約瑟子孫所沒有的堅持。她們所要求的，是早於摩西帶領以色列人時已經提出，而她們也得著答允。不過，她們仍堅持到底，若耶和華的承諾得不到實現，她們就不罷休。約瑟子孫則過分強調自己的限制，過早放棄耶和華的承諾，以致不能佔領山區，也不能勝過平原上的迦南人。然而，這不是真的承認自己的限制，而只是顯示自己那有限制的信心，表明他們所相信的耶和華原來只是能力有限制的神明。我們是否願意持續地為上帝爭戰？我們是否過早承認自己的限制？我們究竟所重視的是自己能力的限制，還是相信上帝的能力是遠遠超過我們所給予祂的限制呢？我們若不起來行動，就不會、也不能經歷上帝的能力。

與猶大支派得地的記錄相比，這裏無論是地界或是城鎮的記錄，都是較為含糊的。地界是行出來的，領土也是行出來的。原來沒有以積極的心來回應上帝的應許，便會不清楚上帝所賜予自己的東西，也不清楚自己真正的限制。簡單來說，我們就是對自我的身分模糊不認識。原來當我們以行動回應上帝的應許時，我們才能認識自己，尋著自己的身分。

7.2.4 小結

這段經文記載猶大和約瑟子孫所得之地。如上文所言，這段經文提及 4 個有關支派中的人來到領袖面前要求得地的故事，並與所得之地的界限或城鎮交錯地被記載下來。第一個故事所記載的迦勒代表著理想的以色列人，他不怕迦南人的力量，勇敢爭取所應許給他的地土，縱然他的先祖很可能是外族基尼洗人。第二及第三個敍事反映與傳統的父系社會不同的理念，強調由女子得地的狀況。第四個敍事指出約瑟子孫不敢、也不能佔領分給他們的地土。

這段經文首尾分別記載迦勒和約瑟子孫要求得地的事情，並作出對比。前者強調迦勒對耶和華應許的信心，後者則是約瑟子孫的膽怯。迦勒雖然已經 85 歲，但他看重耶和華的話語，期盼祂的幫助和同在，以致自己可以參與在祂的應許中，使祂的應許得著應驗。相比之下，約瑟子孫雖然人多，但卻害怕迦南人鐵的戰車，不敢趕出他們。藉著這個對比，經文指出怎樣行才是合乎耶和華心意的回應。迦勒和約瑟子孫分別成為順命和違命的典範。此外，迦勒和西羅非哈女兒的請求都是建基在耶和華曾作的應許之上。相比之下，約瑟子孫卻是建基在他們的「百姓眾多」之上，而且對抽籤結果表示不滿，這間接對耶和華的決定表示不滿。然而，如上文所言，這些不滿的根源卻是在於他們不相信耶和華的能力。

在首尾的故事中間的兩個敍事，是與女子得地有關。押撒故事與迦勒故事相似，都是與攻地後得地有關；西羅非哈女兒則與約瑟子孫相似，都是在沒有攻打的情況下要求得地。無論如何，這兩個有關女子的敍事都展現這些女子的決心，以致可以在以色列人中間得地。

迦勒屬於猶大支派，他的成功與經文詳細描述猶大支派的地境似有關係（十五 1～12）。經文也詳細記錄他們所得的城鎮（十五 20～63）。相對而言，約瑟子孫的得地只有模糊的記述，界線並不清楚，而他們所得的城鎮也只籠統地說是屬於他們（十六 9，十七 8～9）。更特別的是，他們有些城鎮竟然在別的支派的產業之內，就如一些屬瑪拿西的城鎮是位於亞設和以薩迦境內（參十七 11～12）。

上文提及 3 段有關以色列人沒有趕出迦南人的記載，分別是：猶大支派不能趕出住在耶路撒冷的耶布斯人（十五 63）；以法蓮支派沒有趕出住在基色的迦南人，但卻使他們作苦工（十六 10）；瑪拿西支派不能趕出多座城鎮的迦南人，後來雖然強盛，但只叫迦南人作苦工（十七 12～13）。若比較這 3 段經文的內容，就不難發現當中對這些支派的責難愈加強烈，其中有 3 點：

- 猶大是不能趕出，但以法蓮是沒有趕出，而瑪拿西是即使有能力，也完全沒有這樣做。
- 嚴格來說，耶路撒冷並不屬於猶大支派，所以猶大支派不能趕出當中的人，也不必然是他們的責任。不過，基色屬以法蓮，而瑪拿西所沒有趕出的就不只是一座城鎮，而是多個有戰略性的城區。從以上這兩點來看，以法蓮也確實比瑪拿西優勝。
- 以法蓮和瑪拿西沒有趕迦南人，卻使他們作苦工。申命記二十章 11 節提及，那些願意打開城門與以色列講和的人，就要為以色列人做苦工。這個命令的目的是要以色列人在戰爭中要作應有的自我克制行為，這與以法蓮和瑪拿西的做法大相徑庭。他們使迦南人作苦工更像是為了自己的好處，多過是回應耶和華的吩咐。

7.3 在示羅進行的分地：其餘7個支派的得地（十八 1～十九 48）

十四至十九章中有兩個不同的分地記載，分別是十四至十七章和十八至十九章。這兩個記載有 4 點不同的是，負責分地的領袖、主持分地的地點、接受分地的支派，以及所分之地的範圍。

為何會有這兩次的分地呢？⑱ 上文提及原先所分配的地土是包括未得之地，而需要個別支派繼續爭戰，以奪取這些地土。猶大、瑪拿西及以法蓮支派可以說是大致完成了這個使命（參十五 63，十六 10，十七 12～13）。這些支派所得之地都是在中部山區，差不多都已為以色列人所奪取。然而，其餘 7 個支派似乎並不是這樣。他們沒有繼續戰爭，因為屬他們之地仍未曾被他們所佔領，特別是在巴力．迦得以北直到哈瑪口的地方。為此，約書亞責備他們（十八 3）。既然這 7 個支派未有盡上自己的責任，約書亞就建議進行第二次分地，而所分之地也比耶和華原來所定下的為小，主要是分配以色列人已經佔據的地方，而不包括未得之地。所以，約書亞差遣每支派交出 3 個人走遍迦南地，寫下他們的地業，並分為 7 份，再以抽籤方式決定各支派所得之地。由於猶大支派得地較大，所以餘下 7 個支派在分地時需要從猶大取來部分地方。從猶大而不是從約瑟子孫取地，因為約瑟子孫本身對得地亦抱有遲疑的心（參 7.2.3「約瑟子孫的得地〔十六 1～十七 18〕」中十七章 14 至 18 節的分析）。

正因如此，這也可以解釋為何在十四至十七章的分地記載中，經文把 4 段個別人士來到領袖面前求得地的敘事，與所得之地的地界或城鎮名單交錯地記載，藉此指出他們仍要努力得地，但在十八至十九章的記載中當然就沒有這個必要了，因為所分之地是以色列人已經佔據之地，也因此沒有記下任何這 7 個支派未能得地的事（有別於：十五 63，十六 10，十七 12～13）。⑲

分段大綱（十八1～十九48）

一、在示羅舉行的第二次分地（十八 1～10）

1. 在示羅會幕前的聚集（十八 1～2）
2. 約書亞吩咐以色列人（十八 3～7）
3. 約書亞吩咐劃地之人（十八 8）
4. 按約書亞的吩咐行事（十八 9～10）

二、便雅憫支派的得地（十八 11～28）

1. 便雅憫支派的地界（十八 11～20）

2. 便雅憫支派的城鎮（十八 21～28）

三、餘下 6 支派的分地（十九 1～48）

1. 西緬支派的得地（十九 1～9）

2. 西布倫支派的得地（十九 10～16）

3. 以薩迦支派的得地（十九 17～23）

4. 亞設支派的得地（十九 24～31）

5. 拿弗他利支派的得地（十九 32～39）

6. 但支派的得地（十九 40～48）

7.3.1 在示羅舉行的第二次分地（十八 1～10）

這段經文引介出第二次分地。負責分地的是約書亞；主持分地的地點是在安置於示羅的會幕之前；接受分地的是其餘的 7 個支派；所分之地則有待寫下後再以抽籤方決定。經文可以分為以下段落：

1. 在示羅會幕前的聚集（1～2 節）
2. 約書亞吩咐以色列人（3～7 節）
3. 約書亞吩咐劃地之人（8 節）
4. 按約書亞的吩咐行事（9～10 節）

7.3.1.1 在示羅會幕前的聚集（十八 1～2）

一直以來，吉甲都是以色列人在河西的大本營（參四 19，五 10，九 6，十 7、15、43，十四 6），他們在其中執行過好些宗教禮儀（參四 19～20，五 2～12），也是首次舉行分地的地點（十四 6）。這段經文則首次出現以色列人在示羅進行重要的聚會，可見這裏有強烈的宗教意味。示羅位於耶路撒冷以北約 32 公里，約在北面的示劍和南面的伯特利中間，位於以法蓮支派屬地裏（參十六 6）。這位置幾乎處於迦南地中央，為要各支派到此敬拜耶和華。按聖經所記，示羅也確實成為以色列的敬拜中心達數百年之久，直到後來安放在示羅的約櫃為非利士人所奪（撒上四章），示羅隨後也被毀。

1節的「**以色列全會眾**」（*kol-ʿăḏaṯ bənê-yiśrāʾēl*）這稱謂在約書亞記只出現兩次，而「聚集」這動詞也同樣在約書亞記只出現兩次，都是指「以色列全會眾聚都集在示羅」（另參二十二12）。「**會幕**」在約書亞記也只出現兩次（另參十九51），它與十八章1節形成首尾呼應（參7.5「結語：完成把河西之地分配為產業〔十九51〕」的分析）。約書亞記曾多次提及約櫃在以色列人越過約旦河和佔領耶利哥這些事中的角色，但卻沒有提及會幕。這裏提及把會幕設立在示羅，是代表著耶和華同在的約櫃則置放在其中，顯明以色列人把示羅作為以色列人的敬拜中心。

「以色列全會眾」在聖經中共出現27次，除了兩次在約書亞記外，就只見於出埃及記（8次）、利未記（2次）及民數記（15次）。

有關會幕的模樣，可參出埃及記二十六至二十七章。

透過以上各個用詞，經文指出當時有一個正式的聚會，目的是要嚴肅地處理分地的問題。所以，從以上觀察指出，在示羅的分地的情況和原因應與在吉甲的分地不同。況且，「那地已經被他們征服了」（這短句應譯為「那地可在他們面前被踏上」）。這短句可見於創世記一章28節，這是耶和華對人類的祝福，所以以色列人得地可能被視為他們按耶和華吩咐而行。這短句中的「踏上」是個象徵行為，表示「得著，擁有」。所以，經文在這裏並不是強調有戰爭意味的「征服」，而是與派人去踏上這地，作出劃分，並得著這地有關。⑳ 而這樣做的原因，就是因為有7個支派仍未有分地為他們的產業。至於為何會這樣，在接下來約書亞的講話中就可知道。

7.3.1.2 約書亞吩咐以色列人（十八3～7）

約書亞對以色列人的講話可以分為以下部分：

1. 指責：沒有勇氣去得地（3節）
2. 命令：另立分地的方法（4～6節）
3. 補充：其餘支派的得地（7節）

在這個講話中，約書亞首先指責以色列人不當的行為（3節）。在原文中，他以「**要到幾時呢**」作為開始，這問題往往帶有負面意思，有指責、埋怨或投訴的意思。接著，約書亞指出以色列人「耽延」去承受地為業；「耽延」應理解為「灰心、沒有勇氣」。這個動詞在約書亞只出現3次。首次見於一章5節，指耶和華不會「撇下」約書亞；另一次見於十章6節，是基遍人請約書亞不要「袖手不顧」他們。所以，這7個支派就正好與耶和華或約書亞的作為相反（參4.2.2.1「基遍人向約書亞求助〔十6〕」）。這節經文稱呼那地為「耶和華—你們列祖的上帝所賜給你們的地」。在此有兩點值得留意：第一，「所賜給」是「已賜給」；第二，這裏稱呼耶和華為「你們列祖的上帝」，在約書亞記中只在這裏出現，是強調祂對以色列人列祖所應許的已經應驗，以色列人原只需要承受這已經給予他們的地。不過，他們竟然沒有勇氣去得地。如上文所言，原來約書亞等人分地之時，打算所分之地也包括未得之地，也因此是需要以色列人繼續爭取的，而猶大支派和約瑟子孫對此則各有成敗。不過，餘下的7個支派卻未有這樣做，他們沒有繼續戰爭。為此，約書亞責備他們。既然他們未能盡自己的責任，約書亞就進行第二次分地，並採用其他方法，所分之地也比原來所定下的為小，因為所分配的是以色列人已經佔據的地方，而不包括未得之地。

這問題可出自耶和華（參出十六28；民十四11），或是出自人（參詩十三1～2，六十二3；耶四十七6；哈一2）。

為此，約書亞就命令這7個支派中每支派交出3個人來走遍迦南地，寫下以色列人已佔領的地土，並回報給他。由於仍未為這7個支派抽籤分地，「按照各支派應得的地業」（4節）應是預告性的內容。接著，他們就要把所寫下的已得之地，分為7份。但經文指出，由於猶大和約瑟子孫已經得地，所以分地之時必須保留猶大在南面，而約瑟子孫在北面，各自「住在他的境內」（5節）。接著，約書亞命以色列人把那些劃地之人所分為7份的結果寫下來交給他。他就要在「耶和華—我們的上帝面前」，即是在會幕面前，為他們抽籤，以此決定這7個支派所得之地（6節）。在會幕面前這樣做，就是表明抽籤結果是有耶和華的參與，不容以色列人為所得之地的差異而有所不滿。下文似乎是指出，由於猶大支派得地較大，所以這7個支派分地時需要從猶大支派取回部分地土

（參十九 1～9）。從猶大支派而不是從約瑟子孫取地，這很可能是因為約瑟子孫本身得地亦有困難（參十七 14～18）。

最後，約書亞補充指出其餘支派有關得地的情況（7 節）。首先提及的是利未人，這已是第四次提及他們不會得地（另參十三 14、33，十四 3～4）。利未人沒有在「你們中間沒有分得地業」，即是指他們沒有在河西得地（與十三章 14 節上作對比）。經文在此提出第四個理由，就是因為他們的產業就是「耶和華祭司的職分」。㉑ 其次提及的是河東的兩個半支派，指出他們已在河東得地為業，而這是摩西所賜給他們的。至此，在分地為業之事上，約書亞已經論及所有支派的處理方法。

7.3.1.3 約書亞吩咐劃地之人（十八 8）

這節經文記下他對負責劃地之人的吩咐。這節經文更可能是這樣翻譯：「那些人就起來，他們就去了。而約書亞曾吩咐那些正要去劃那地的人，説……」。所以，這節經文的上部分是記載那些人的起行，下部分則刻意補充約書亞之前對他們的吩咐，作為強調之用。此外，約書亞對他們的吩咐與對以色列人的吩咐相近，可以表列如下（按原文稍修改「和修版」）：

4、6 節	8 節
4 ……他們要起身走遍那地，	……「你們去走遍那地，
按照各支派應得的地業寫明，	把地寫明以後，
然後到我這裏來。	就回到我這裏來。
6 你們要把地寫明為七份， 就要把所寫的帶到我這裏來。	
我要在這裏耶和華—我們的上帝面前，為你們抽籤。	我要在示羅這裏，在耶和華面前為你們抽籤。」

須留意的是，約書亞在重複對劃地之人的吩咐中，特別提及「示羅」的名字，並重複「這裏」和「在耶和華……面前」，目的是強調這個地點作為「在耶和華面前」是重要的。

7.3.1.4 按約書亞的吩咐行事（十八 9～10）

「走過」這詞與 4、8 節中「走過」的原义（*hlḵ*）不同。

約書亞對劃地之人的吩咐打岔原來的敍事次序（8 節下），所以，這吩咐之後，經文重複 8 節上的內容，記載「那些人就去了，**走遍**那地」（原文應譯作「那些人去了，他們經過那地」）。「走遍」這動詞原文與「經過」（*ʿḇr*）相同，這詞多次出現在約書亞記中，多數用來指以色列人「越過」約旦河。這裏採用這個字眼而沒有重複「走遍」一詞，可能是強調以色列人「越過」的行動。以色列人在起初之時「越過」約旦河，進入迦南地；接著，他們「越過」迦南地上多座城鎮，佔領它們。如今，他們繼續以「越過」的行動，劃明要得之地，並把它按著城鎮而分為 7 份，寫在書卷上。接著，他們就按吩咐到約書亞那裏，在這裏再補充為「到示羅營」。約書亞也按所應允的，「在示羅，在耶和華面前為他們抽籤」。然後，他就「按照以色列人的支派，在那裏把地分給他們」（10 節；這句子可譯作「按他們所分配而應得的分，在那裏把地分給以色列人」）。「按他們所分配而應得的分」（*kəmaḥləqōṯām*）的原文是介詞與名詞組合成的名詞，在約書亞記共出現 3 次（另兩次可參十一 23，十二 7），首兩次是預告性質，而這裏則是作為總結，回應早前的預告。

經文接下來記載餘下 7 個支派的所得之地。這 7 個支派的次序，基本上是按照他們先祖的母親，而非按照出生的次序（參創二十九 31～三十 24，三十五 16～18、23～26）。便雅憫的母親是拉結，而西緬、西布倫和以薩迦的母親是利亞，亞設的母親是利亞的使女悉帕，最後，拿弗他利和但的母親是拉結的使女辟拉。從地理的角度來看，這次序也可視為是以與猶大支派得地的距離遠近來作編排。最接近猶大支派得地的是便雅憫，其次是在其中的西緬；其餘 5 個則距離較遠，在猶大北面，而最後的但支派的實際居住之處，則為最遠、最北之處。

信仰反省

這段經文指出約書亞如何處理7個支派那耽延不去得地的情況。第一，這是一件與整個「以色列全會眾」有關的事情，而不只是那7個支派。雖然每個支派有它的地業，不過，卻是整個民族得地，也是整個民族回應耶和華的呼召。因此，約書亞的講話中就有這個對全以色列民得地的關注，不只是這7個支派，也包括猶大、約瑟子孫、利未人，以及河東的兩個半支派（十八5、7）。所以，若應用在今日的信仰羣體，無論是在個別教會，或是普世不同地區的教會，都必須關心其他肢體如何回應上帝的應許的情況。

第二，他們都聚集在示羅這個安放會幕的地方。面對這個情況，表明這件事必須回到耶和華面前處理。得地與否，在於是否回應耶和華的應許，以怎樣的態度去得地，這不只是個別支派內部的事，而全都是與耶和華有關。在示羅的聚集正是要強調耶和華在他們中間，以及這與他們要起來得地有關。經文後來3次指出要在「耶和華面前」為他們抽籤（6、8、10節），就是要讓他們知道耶和華的主權和心意。

第三，耽延不去得地之事必須受到指責。地已經被踏遍，他們只需要走上去得地便可。縱然那地仍有迦南人，仍要爭戰，但以色列人必然得勝，這是他們所經驗過的，也是耶和華的應許。然而，他們卻灰心，沒有勇氣這樣做。他們沒有如約瑟子孫般投訴，但更甚的是他們不願作出任何行動。他們可能缺乏信心，或厭倦了打仗，或不願再被耶和華的應許牽著走，無休止地追逐這似乎不可能達到的目的。無論怎樣，這很可能都是出於以自己的能力和喜好作為出發點而帶來的結果。或許我們應該更正面地看上帝的應許，不應視之為壓力或命令，不應視之為單純是出於自己能力要作的回應，而應視之為上帝的祝福，是與上帝同工，更是祂要為我們成就的，而不是靠自己的功績。

第四，既然這7個支派不願主動得地，約書亞就修改得地的範圍，並以具體方法讓他們再行動起來。他吩咐每支派交出3個人，差派他們走遍並寫下地業，就是讓他們再次動起來，讓他們再次看見那已得的成果，由他們自己把地劃分為7份。約書亞所做的就是要他們再次參與在得地這件事情中，再次看見並數算耶和華的賜予，並接受那將分給他們的份。約書亞並不是只指責他們不去得地，而是透過以上的方法，讓他們能夠回到耶和華的應許中。

7.3.2 便雅憫支派的得地(十八 11~28)

在餘下 7 個支派的得地記載中,關於便雅憫的記述最為詳細,也反映這個支派的重要性。這段記載可以分為兩部分作分析:

1. 便雅憫支派的地界(11 ~ 20 節)
2. 便雅憫支派的城鎮(21 ~ 28 節)

7.3.2.1 便雅憫支派的地界(十八 11~20)

11 節和 20 節都提及便雅憫支派的「宗族」和「地界」,成為這部分經文的首尾呼應。內容可細分如下段落:

1. 引言(11 節)
2. 北邊的地界(12 ~ 13 節)
3. 西邊的地界(14 節)
4. 南邊的地界(15 ~ 19 節)
5. 東邊的地界(20 節上)
6. 結語(20 節下)

這引言指出兩件事,第一是「便雅憫支派,按著宗族抽籤所得之地」(11 節上;直譯為「便雅憫支派按著宗族的籤出來了」)。這應是指約書亞為 7 個支派所拋出來的第一籤(參 7.1「引言:吩咐把河西之地分配為產業〔十四 1 ~ 5〕」的分析)。接著,就指出從這籤所定的地界是在「是在猶大子孫和約瑟子孫之間」(11 節下)。

在描述這地界時,經文與記載猶大支派時的描述相同,採用了 **7 個不同的動詞**,這些動詞共出現 22 次,其描述的詳細程度與猶大支派的記載相若。另外一個相似之處是兩者都是以逆時針方向描述地界。

首先記載的是北面邊界(12 ~ 13 節),由「約旦河」開始,到「下伯・和崙南邊的山」作結束。這裏的內容與約瑟子孫得地的南界相似(參十四 1 ~ 3),縱然所記下的地名並非完全相同。

它們是「是」(hāyā^{h})、「通到、出去」(yāṣāʾ)、「經過」(ʿāb̲ar)、「上到」(ʿālā^{h})、「轉到」(sāb̲ab̲)、「伸延」(t̲āʾar),以及「下到」(yārad̲)。

其次是西面的邊界（14 節），經文是由北到南作出描述。這記述較簡單，從「下伯・和崙」往西少許到「伯・和崙」，然後就轉向南到「基列・巴力」（即「基列・耶琳」）。從這可見便雅憫的得地從東到西較長，而從北到南則較短。

接著，經文記載南面的邊界（15～19 節）。這是四面邊界中最為詳盡的，可能是因為與猶大相鄰，要分得特別清楚。因此，其內容與猶大北面邊界的記載相近（參十五 5 下～11），所有在這裏出現的名字都可見於猶大地界的記錄。不過，記錄的方向則剛好相反。猶大北面邊界的記錄是由東向西，而便雅憫的南面邊界則大致是由西向東。這個記錄由「基列・耶琳」開始，先稍稍向西，然後向東到「**尼弗多亞水泉**」（參十五 9）。餘下的描述與十五章 6 至 8 節相近，惟一的不同是 17 節提及「基利綠」（*gəlîlôṯ*），而十五章 7 節則是「吉甲」（*haggilgāl*）。不過，這兩個名稱的字根相同（*gll*），可能是同地不同名。須留意的是，耶路撒冷是屬於便雅憫支派的（16 節；參十五 8）。這南面邊界最後停在「鹽海的北灣」（19 節）。最後，約旦河就成為它東面的界限。

「這地界往西通到尼弗多亞水泉」的原文應譯為「這地界往西出去，它出於到尼弗多亞水泉」。

這個地界的描述以「這是便雅憫人按著宗族，照著他們四圍的邊界所得的地業」（這句子的原文是先以「這是便雅憫支派的產業」作表達的）作**結束**。在約書亞記中，也惟有這裏加上「照著他們四圍的邊界」，似乎是強調便雅憫的四圍的地界。雖然便雅憫的得地不大，但位處於猶大和約瑟子孫中間。在它的境界之內，有從東面約旦河谷到西面地中海的通道，故便雅憫所得之地有重要的軍事和商業價值。

有關這結束公式，可參考 7.2.2「猶大支派的得地（十四 6 ～五 63）」中十五章 20 節的討論。

7.3.2.2 便雅憫支派的城鎮（十八 21～28）

這段經文記載便雅憫支派的城鎮，可以分為如下段落：

1. 引言（21 節上）
2. 在東面的城鎮（21 下～24 節）
3. 在西面的城鎮（25～28 節上）
4. 結語（28 節下）

在約書亞記中，以「…… 支派的城鎮是 ……」引入城鎮名單的，只有猶大支派（十五 21）和便雅憫支派（十八 21），這顯明便雅憫支派的特別之處。接著引入兩份城鎮的名單，分別是處於東面和西面的城鎮，這兩份名單都以城鎮的總數和「以及所屬的村莊」作結束。第一份名單列出「十二座」城鎮（21～24節），位於東面的地業，包括耶利哥平原、東面山區，以及以法蓮山區。其中最為熟悉的是耶利哥和伯特利。第二份清單列出「十四座」城鎮（25～28 節），位於西面的地業，特別熟悉的有基遍和耶布斯（即耶路撒冷）。便雅憫的城鎮名單的長度排列第三，緊次於猶大（十五 20～62）和利未（二十一 9～40）。

有關這些城鎮，有 3 方面的事情可以留意的。第一，「伯特利」（22 節）和「俄弗拉」（23 節）似乎是屬於約瑟子孫的（參 7.2.3「約瑟子孫的得地〔十六 1～十七 18〕」十六章 1 至 3 節有關約瑟的分地），而「伯・亞拉巴」（22 節）則似是屬於猶大的（十五 61）。有如此的情況出現，可能這些城鎮是由兩個支派所共有的，又或是原先屬於約瑟子孫或猶大支派，但在新的分地方法下，就把這些城鎮歸屬便雅憫支派。第二，有些城鎮與屬於其他支派的城鎮同名。例如：「俄弗拉」（23 節）與瑪拿西的不同（士六 24，八 27）；「拉瑪」（25 節）與屬於亞設的（十九 29）、拿弗他利的（十九 36）、西緬的（十九 8）城鎮同名但指不同地方；「米斯巴」（26 節）則與猶大同名的城鎮不同地方（十五 38）；至於「基列」（28 節）是否與猶大的「基列・耶琳」（十五 60）相同，則未能確定；「基比亞」（28 節）是否指屬猶大的（十五 57）抑或屬以法蓮的「基比亞」（二十四 33）相同，也是不可而知。第三，這 26 座城鎮中有 10 座在聖經中只在這裏出現。它們是「伊麥・基悉」（21 節）、「亞文」和「巴拉」（23 節）、「基法・阿摩尼」、「俄弗拉」（24 節）、「摩撒」（26 節）、「伊利毗勒」和「他拉拉」（27 節）、「洗拉」和「以利弗」（28 節）。

這個記錄最後以「這是便雅憫人按著宗族所得的地業」作結束，既回應 21 節的引言，也可視為回應 11 節的引言。

7.3.3 餘下 6 支派的分地（十九 1～48）

餘下 6 個支派分地的記載都有以下 3 個元素：

- 引言：雖然原文略有差異，但都記載哪一支籤是屬於哪個支派的，然後再加上「按著宗族」(1、10、17、24、32、40節)；
- 內容：記載有關支派得地的地界及城鎮名單(西布倫、以薩迦、亞設、拿弗他利)，或只是城鎮名單(西緬、但)；
- 結語：除西緬支派外(參8下～9節)，其餘5個支派都以「這些城鎮和所屬的村莊是某某(支派的)人按著宗族所得的地業」作為結束(16、23、31、39、48節)。

如上文所言(參7.3.1「在示羅舉行的第二次分地〔十八1～10〕」十八章9至10節的分析)，這6個支派得地記載的次序似乎是與他們先祖的母親，或是依從地理的位置有關。此外，下文會指出西緬及但支派的記載最為混亂，而它們也是只有城鎮的名單而沒有地界的記載，同時它們位於這段分地記載的首尾位置，似是反映這些支派的地界及身分的混亂。

7.3.3.1 西緬支派的得地(十九1～9)

這個記載的引言有兩部分(1節)。第一部分指出「第二籤」是屬於西緬支派「按著宗族」而出來的(1節上)。雖然經文沒有清楚說明，第一籤應該是屬於便雅憫支派(參十八11)。第二部分則特別指出西緬所得的地業是在「猶大人地業的中間」(1節下)。西緬是惟一沒有獨立地業的一個支派，他們是在別的支派中得到個別城鎮作為產業。經文到最後也提出解釋，就是「**猶大人所得的份過多**」(9節)。

「猶大人所得的份過多」這短句或可翻譯為「猶大人的份比他們【其他支派】多」。

至於得地具體的內容，同樣也分為兩部分。首部分記述「十三座」城鎮，都是在南面(2～6節)。首個列出的「別是巴」可說是處於屬以色列最南的城鎮，這可常見於聖經中用來指應許之地的短語「從但到別是巴」(參士二十1；撒上三20)。第二部分有「四座」城鎮(7～8節上)，兩座在南面(「亞因、利門」)，兩座在西面低地(「以帖、亞珊」)，這些城鎮的所屬村莊則伸延到「巴拉．比珥」(即「尼革夫的拉瑪」)。有學者認為這4座城較上文提及的「十三座」

為小，故將之另列出來。在這 17 座城鎮中，有 12 座出現在猶大城鎮的名單中(參 7.2.2「猶大支派的得地〔十四 6～十五 63〕」的討論)。

這個記載的結語分為兩部分(8 下～9 節)，分別回應引言的兩個部分。第一部分以「這是西緬支派的人按著宗族所得的地業」回應引言的第一部分(8 節下)。結語的第二部分強調他們的地業取自猶大支派的土地，回應引言的第二部分。這部分的經文亦以可以簡單的扇形結構表達出來如下：

A　西緬人的地業取自猶大人的土地，

　B　因為猶大人所得的份過多，

A'　所以西緬人從猶大人的地業中取了地業。

A 和 A' 以稍為不同的字眼指出西緬從猶大中得地為業，而 B 則解釋這個安排的原因。

雅各曾預言西緬和利未會分散在以色列中，暗示沒有地界(參創四十九 5～7)。

從以上這個記載中可見，西緬所分得的只有城鎮。由於**沒有地界**，而且部分城鎮似是屬於兩個支派，西緬的身分在此不易確定。

7.3.3.2 西布倫支派的得地（十九 10～16）

這個記載第三籤抽出西布倫支派所得的地業。經文可分如下段落：

1. 引言(10 節上)
2. 地界(10 節下～14 節)
   a. 南面(10 節下～12 節)
   b. 東面(13 節)
   c. 北面(14 節)
3. 城鎮(15 節)
4. 結語(16 節)

引言帶出「第三籤」屬西布倫，接著則記載地界。首先是南面的地界，以「撒立」為起始點，分為兩部分。第一部分由「撒立」向西，經「瑪拉拉」到「大巴設」，再到達「約念前面的河」。第二部分由「撒立」向東，最終到「雅非亞」。其次是東面的地界，指出那地界「往東」（原文是指「向著東面」）經過「迦特·希弗」，以「尼亞」為終點。最後是北面的地界，指出地界「繞過尼亞」，直通到「伊弗他·伊勒谷」。經文沒有記述西面的地界。接著的城鎮名單列出有5座，其中的「伯利恆」與猶大的那座同名的城鎮位置不同。最後，經文總結共有「十二座城」。這數字與城鎮名單中5座的數目不同，也與在地界記述中出現的13座城鎮數目不同。這可能是地界中提及的城鎮只是表示地界接近它們而並不包括它們。不過，由於至今仍未能確定部分城鎮的具體位置，故此，數點「十二座」城鎮的實際原因不能追溯。16節最後作簡單結束。

西布倫支派的地界描述不算詳細，但也較接下來的4個支派為清楚。它所得的地業不大，位於在它南面的瑪拿西、東面的以薩迦、西面的亞設和北面的拿弗他利中間。雖然約書亞記沒有記載，但士師記則指出西布倫支派未能趕出在基倫和拿哈拉的迦南人（士一30）。

7.3.3.3 以薩迦支派的得地（十九 17～23）

這段經文記載「第四籤」抽出以薩迦支派的地業。引言（17節）過後，經文記述城鎮名單（18～21節），後再簡單提及地界（22～23節）。這座城鎮的名單共列出13座城鎮，其中9座只出現在這段經文中。地界的描述都很簡單，只提及在其上的3座城鎮，都是在地業的北面，由西面的「他泊」到東面的「約旦」河為止。經文總結所提及的城鎮共有「十六座」，加上所屬的村莊。

以薩迦的得地比西布倫稍大。它位於瑪拿西北面，西面是西布倫，北面是拿弗他利，而東面則是約旦河。它的地業包括山區和豐沃的耶斯列平原，後者更是一些重要商業通道的交匯點。

7.3.3.4 亞設支派的得地（十九 24～31）

這段經文記載「第五籤」抽出亞設支派的地業。經文可分為如下段落：

1. 引言（24節）

2.　地界和城鎮（25～30節）
   a.　南面（25～26節）
   b.　東面（27節）
   c.　北面（28節）
   d.　西面（29節）
   e.　城鎮（30節）
3.　結語（31節）

引言帶出屬「第五籤」的亞設支派。接著，經文記載地業的城鎮和地界，但在表達形式方面沒有完全區分這兩者。雖然如此，但按城鎮名稱仍大概可知亞設的地界。首先是南面的地界，以「黑甲」作為出發點，提及一系列在南面的城鎮，延伸到西面的「迦密」和「希曷・立納」。其次是東面的地界，包括「伯・大袞」，達到「細步綸」（應譯作「西布倫」），其北面的「伊弗他・伊勒谷」可見於西布倫地界的描述中（參14節），這表明亞設和西布倫地界接壤。再者是北面和西北面的地界，由「迦步勒」直到在地中海邊的「西頓大城」。最後是西面的地界，由北向南描述幾個在西面海岸附近的城鎮如「推羅」、「何薩」和「亞革悉」。這地界的城鎮的記述最後以「烏瑪」、「亞弗」和「利合」作結束（30節上）。這個「利合」很可能與28節的「利合」不同。經文提及城鎮總數是「二十二座」（30節下），不過上文共提及**28個地名**，其中一些地方可能不是城鎮，再加上不少城鎮實際位置已難以追溯，故難以明白所指的是哪「二十二座」城鎮。此外，從士師記一章31節可見「亞柯」、「亞黑拉」和「黑巴」等這3座城鎮都沒有出現在這處的記錄中。

這個數目假設「和修版」29節的「亞革悉一帶的地方」應理解為「亞革悉、瑪哈拉」。

亞設支派的得地是在以色列得地的西北。它的西界是地中海，南面是瑪拿西，東面是西布倫和拿弗他利。雖然約書亞記沒有記載，但士師記則指出亞設未能趕出其中7座城鎮的迦南人（士一30～31）。

7.3.3.5 拿弗他利支派的得地（十九 32～39）

這段經文記載「第六籤」抽出拿弗他利支派的得地。經文可分如下段落：

1. 引言（32 節）
2. 地界（33～34 節）
   a. 南面（33～34 節上）
   b. 其他（34 節下）
3. 城鎮（35～38 節）
4. 結語（39 節）

引言帶出屬「第六籤」的拿弗他利支派的得地，記載的地界由南面開始。經文以「希利弗」作為出發點，先向東面記述直到約旦河為止（33 節）。然後，再從「希利弗」出發，向西直到「戶割」（34 節上）。在描述南面邊界時提及的 7 座城鎮的名字中，只有「撒拿音」曾出現在聖經其他地方（參士四 11）。因此，這南面邊界的描述與西布倫或以薩迦的北界描述難以對應。經文接著指出南邊與西布倫相接，而西邊則與亞設相接。不過，在東邊的「約旦河的猶大」則難以理解，故有學者及有某些譯本省去「猶大」這詞。[22] 經文沒有記述北面地界，但或可從其他經文對應許之地的描述，可略略估計所得之地伸延到哪裏（參十一 17，十二 7，十三 5）。

在分地記載中出現的城鎮名單中，只有這裏稱呼這些城鎮為「堅固的城」（35 節；參十 20，十九 29）。這裏記載的城鎮有 16 座，但總數卻說是「十九座」。這數字可能包括在 33 至 34 節中記載的其中 3 座城鎮。不過，由於絕大部分城鎮的實際位置都不能尋索，難以清楚解釋數字差別的原因。另外，須留意的是，有些屬拿弗他利的城鎮與其他地區的城鎮有相同名字。例如：「雅比聶」（33 節）與屬猶大的名稱相同但不同位置（十五 11）；「拉瑪」（36 節）與屬亞設的名稱相同但不同位置（29 節）；「以得來」（37 節）與河東噩王的都城名稱相同但不同位置（十三 12）；「基低斯」（37 節）與屬猶大的名稱相同但不同位置（十五 23）；「伯・示麥」（38 節）與屬猶大（十五 10）或以薩迦（22 節）的名稱相同但不同位置。

拿弗他利的地業由南到北頗長，但由東到西則較窄。它的西面是亞設支派，南面是西布倫和以薩迦，東面則是約旦河和加利利湖，而北面則是黎巴嫩區。穿梭在這地業中有「沿海的路」（參賽九 1）這條重要通商大道。雖然約書亞記沒有記載這點，但士師記則指出拿弗他利未能趕出其中兩座城鎮中的迦南人（士一 33）。

7.3.3.6 但支派的得地（十九 40～48）

這段經文記載「第七籤」，也是最後一籤，抽出的是但支派的地業。經文可分為如下段落：

1. 引言（40 節）
2. 原來分配的城鎮（41～46 節）
3. 後來安頓的地方（47 節）
4. 結語（48 節）

引言帶出屬「第七籤」的但支派的得地。接著，經文記述屬於但支派的城鎮共 18 座。與西緬支派相同，他們地業的記載就只有城鎮而沒有地界。從這份城鎮名單可見，但支派的得地不是在北面，而是在南面與猶大為鄰。在它的東面是以法蓮和便雅憫，而北面則是瑪拿西。在這 18 座城鎮中，有 7 座只出現在這裏的清單。另有一些則曾提及是屬於猶大支派的，包括「瑣拉」和「以實陶」（參十五 33）、「伊珥．示麥」（十五章 10 節為「伯．示麥」）、「亭拿」（十五 57），以及「**以革倫**」（十五 11、45～46）。此外，「巴拉」（44 節）應與屬西緬的名稱相同但不同位置（8 節）。

有學者認為「以革倫」原屬但支派，他們離去後就歸屬猶大支派。

雖然這些城鎮被分配予但支派，不過，「但的子孫失去他們疆土」（47 節）。這短句的原文直譯為「但子孫的疆土離他們出去」，意思應是如「和修版」的理解。經文沒有提及事情為何會這樣發生，但可能是出自仍留在當地迦南人的攻擊（參士一 34～35）。因此，但的子孫就離開原屬他們的地業，去到迦南地北面的「利善」。他們「上去」，與這城「戰爭」，「攻取」（原文是「奪取」）它，用刀「擊殺」城中的人，「得了」(原文意思是「佔領」)它，「住在城中」，並把地名「改名」(即「稱呼」)為「但」。這些行動原出現在以色列攻打和佔領迦南地的記載中(參十28～43)，但這個階段已成過去。而且，但支派竟把這些行動做在其他地方(指「**利善**」)，而這次打仗也沒有耶和華的吩咐。所以，但支派最終住在不屬他們的地土之上。但這個地方就成為以色列人得地的最北之處，這可「從但到別士巴」這句用以簡單描述以色列人得地的短句可見(士二十1；撒上三20；王上四25)。可能但支派最終在北面得了地，所以就把但支派與其他在北面得地的支派並列在這個記錄中。這個記載最後作出簡單總結。這個結語與47節的內容明顯有衝突，但這個結語正表明耶和華的心意與實際情況之間的差異。

有關但支派這個行動，可參士師記十八章。那章稱呼「利善」為「拉億」。

信仰反省

上文提及，分地或得地絕對不是個別支派的事情，而是與整個以色列民族有關的。在分地的記載中提及祭司以利亞撒、示羅、會幕、「在耶和華面前」，以及抽籤等等，都是強調耶和華在其中的角色。分地並不單純只是分配產業，耶和華的參與就是表明各支派所屬的位置是出於祂的心意。這就是表明各支派在所得之地上不同的位置是出於祂，不同的位置就是顯示各支派在整個以色列民族中有不同角色和身分。整個迦南地和河東之地的分配就表明這個民族是如何組織起來的。耶和華就為當中的人定下身分及界線。這個理解並不只適用於得地為業的12支派，還包括利未支派。經文多次提及利未在以色列人中間沒有產業(十三14、33，十四3～4，十八7)，又指出會設立利未城鎮在全地中(參二十一1～42)，這就證明重點不只在於得了哪一個地方，也在於各支派的相互關係是怎樣的。因此，這些支派的不完整地界就反映這些支派未有依從耶和華所賜予他們的角色和位置，他們有的只是模糊的身分。

今日，我們有否同樣地在各自所屬的羣體中找著或領受上帝給予我們的身分及位置？我們有否勇於領受上帝所賜給我們的那一份？我們如何看待自己與其他肢體各自有的角色，並結合起來成為一個羣體、一個身體？原先各支派在各自的產業上仍需爭戰，趕出迦南人。不過，這7個支派就不願意這樣做了。我們是否願意在上帝所吩咐我們的角色中，繼續為上帝打仗，得著上帝的應許，也把迦南元素趕出去為止？抑或我們不願去承擔上帝為我們所預備的？又或者甚至好像但支派那樣，逃避耶和華的召命，遠走他方，按著自己的心意尋找安身之處，漠視原先耶和華所賜予我們的角色？回應耶和華的應許，就是回應祂賜地的應許，勇於爭戰得地。回應上帝的應許，也就是回應上帝所賜予我們的身分、位置、角色，在各自的崗位上盡忠；回應上帝的應許，就是在各自的崗位中與其他肢體有合一的見證。

7.4 約書亞的得地（十九 49～50）

這段經文記載約書亞得地業的情況。經文可分為如下段落：

1. 約書亞何時得地業（49 節）
2. 約書亞為何得地業（50 節上）
3. 約書亞得甚麼地業（50 節上）
4. 約書亞怎樣待地業（50 節下）

約書亞得地業是在所有以色列人之後。以色列人完成分配地業之後，他們就把產業給予約書亞，而他所得之地是「在他們中間」（49 節）。經文這樣表達，表示約書亞得產業並不是由他自己給予自己，而是以色列羣體同意給予的。以色列人把地業給予約書亞，是由於「照著耶和華的指示」（50 節上；參 7.2.2.3「押撒要求得地〔十五 13～20〕」中十五章 13 節的分析）。這短句（*ʾel / ʿal-pî YHWH*）在約書亞記共出現 5 次，都是與分地有關（十五 13，十七 4，十九 50，二十一 3，二十二 9）。聖經似乎未有清楚記述耶和華的這個吩咐，但民數記十四章 30 節或可解釋為是從耶和華而來的應許。他們所給予約書亞的地業是約書亞所要的，就是在以法蓮山區中的「亭拿．西拉」（50 節上）。㉓ 這地名在聖經中只另出現於二十四章 30 節，這是埋葬約書亞的地方。約書亞本屬以法蓮支派，所以在其所屬區域中得地也很合理。不過，這城鎮並沒有出現在以法蓮所得的城鎮名單中，這可能表明約書亞並非從該支派所得的城鎮中得地。最後，經文記載約書亞建造那城，後來就住在其中。縱然那城是需要修造才能居住，但約書亞仍選擇了那個地方作為自己的產業。

在整個在約旦河西分地的記載中（十四 1～十九 51）中，經文分別以迦勒和約書亞得地作為首尾。這兩段得地的經文指向 40 年前耶和華對他們的應許（民十四 30），現在都應驗了。當年兩名力排眾議的忠心探子，現今雖然崗位各有不同，但耶和華對他們的應許仍以不同方式應驗。以他們得地作為首尾呼應，就是要強調耶和華對自己應許的忠誠，以及以色列人以同樣的忠誠回應耶和華的應許。雖然如此，迦勒和約書亞還是有分別的，至少「亭拿・西拉」似是屬約書亞所有，而迦勒所佔領的希伯崙則是屬於猶大支派的，也是一座利未城鎮（二十一 11、13）。

信仰反省

約書亞得地這段經文雖然只有短短兩節，但也有好些值得我們留意的地方。第一，約書亞得地是在眾支派分地之後，他並不急於為自己爭取利益。不少領袖利用自己的位置先為自己謀求利益，把自身的好處置於所領導的羣體之上。約書亞的行為正是對這類領袖作出無言的指控，並以自己的行動作為示範。第二，約書亞得地並不是出於自己的要求，而是出於耶和華的指示。他所得之地也不是由自己給予自己，而是以色列人按耶和華的吩咐給予他。不少時候，我們為自己爭取利益，認為是自己應得的。我們容易自覺作為領袖，得些好處是應該的。不過，約書亞所堅信和尊重的是耶和華的應許，而不是自己的爭取。同時，他也讓羣體經歷對耶和華的順服，把地給予他，讓他們也同樣經歷祂的信實，就是祂所應許的，祂必會實現。第三，約書亞所要求得的地業並不是屬於他自己以法蓮支派所分配到的城鎮，而是其餘的城鎮。而且，不是任何一座堅固城，而是那座需要修建的「亭拿・西拉」。他並沒有以自己作為領袖的身分奪取羣體所有的，更以身作則，讓好處留給他所領導的羣體，並以所得著的感到滿足。第四，約書亞選擇那需要修建的城鎮，因為他相信耶和華的應許必會實現，就是他必有祂所賜的力量。就如迦勒相信耶和華應許賜壽和賜能力，以致他能承受祂的應許那樣，約書亞也有同樣的信念。而事實上，他在爭戰多年後仍有能力修建那城鎮就正好證明這點。

7.5 結語：完成把河西之地分配為產業（十九 51）

這節經文總結整個分地的記載，它一方面回應十四章 1 至 2 節，另一方面則回應十八章 1 至 2 節，成為在吉甲和在示羅這兩個分地記載的結語。試參考下表列：

十四 1～2	十八 1～2	十九 51
這是以色列人在迦南地所得的產業，就是祭司以利亞撒和嫩的兒子約書亞，以及以色列人各支派父系的領袖所分（*nḥl*）給他們的。	以色列全會眾	這就是以利亞撒祭司和嫩的兒子約書亞，以及以色列人各支派父系的領袖，
他們照耶和華藉摩西所吩咐的，		
	都聚集在示羅，把會幕設立在那裏。……	在示羅會幕的門口，耶和華面前
抽籤分產業給九個半支派		抽籤所分（*nḥl*）的地業。
	以色列人中剩下七個支派還沒有分得（*ḥlq*）他們的地業。	這樣，他們就完成了分地（*ḥlq*）的事。

從上表列可見，十九章 51 節是回應十四章 1 至 2 節中 3 方面的事情：

- 負責的領袖：以利亞撒、約書亞、各支派父系的領袖；
- 分地的方法：抽籤；
- 分地的詞彙：採用「分地」（*nḥl*）這個動詞。

而十九章 51 節是回應十八章 1 至 2 節則在以下 3 方面事情：

- 分地的地點：示羅；
- 地點的特徵：是會幕安放之處，在約書亞記中「示羅」一詞只出現在這兩處；
- 分地的詞彙：採用「分地」（*ḥlq*）這個動詞。

從上文可見，十九章51節擔當兩個總結功用，分別是總結十四章1節至十七章18節在吉甲的分地，和十八章1節至十九章50節在示羅的分地，以「完成了分地」作為結束。最後，值得留意的是，十九章51節並沒有十四章2節的「照耶和華藉摩西所吩咐」這個遵命公式。如果上文的分析合理的話（參7.3「在示羅進行的分地：其餘7個支派的得地〔十八1～十九48〕」的引言），這就顯明在示羅的分地本不屬耶和華原有的心意，而是約書亞按現實情況而作出的修改。

7.6 小結

在示羅進行分地這段經文（十八1～十九48）的結構與在吉甲分地（十四6～十七18）相似。兩者都是以較為詳盡的地界和城鎮記錄作為開始（分別是便雅憫支派和猶大支派），然後是一系列較為含糊的地業記錄。上文指出西緬和但支派作為6個支派得地記錄的首尾，都是只有城鎮名單。而且，兩者的得地情況都異於其他支派的。西緬支派得地是在猶大之中，顯明沒有獨立的地業，而但支派就更特別，竟然放棄自己原先的地業，遠走北方，在分地以外的地方居住。除了這首尾的描述外，在中間4個支派的得地描述也是不清楚的。從所得之地的記述，尤其是但支派的行為來看，就正好反映以色列人是如何缺乏勇氣和決心來得地及回應耶和華的應許。因此，約書亞最初對這7個支派的指責顯然是有理的（十八3）。

經文亦凸顯猶大支派與其他支派的不同之處。現列出以下3點。第一，這與迦勒的角色有關。迦勒在十四章6至12節中重提探子事件、亞衲族人和堅固城，這些都指向民數記十三至十四章的探子事件。同樣地，十八章1至10節約書亞的講話也指向探子事件。民數記十三章18節中摩西吩咐探子察看當地人「是強是弱」，而「弱」一詞與約書亞指責7個支派「耽延」一字是同字根（*rāpā^h*）的。相對而言，迦勒自己宣稱仍然是「強壯的」，他就是全心跟隨耶和華，繼續勇敢地去得地；相反地，7個支派卻是軟弱的，不敢去得地。所以，在猶大、以法蓮和瑪拿西支派等抽籤後，迦勒就提出他要得地的要求；相反地，是在約書亞指責7個支派之後，才有抽籤的情況出現。

第二，這與猶大和 7 個支派的得地有關。上文多次指出，無論是在猶大或是 7 個支派得地的記載中，實際列出來的城鎮總數都是比總結中宣稱的數目為大。例如：

- 十五章 32 節的總結是「二十九座」，但列出來的卻有 36 座；
- 十五章 36 節的總結是「十四座」，但列出來的有 15 座；
- 十九章 30 節總結是「二十二座」，但實際列出來則有 28 座。

雖然如此，這些在總結中出現的數字卻有重要意思。若把猶大得地記載中所有總結提及的城鎮數目加起來，得出的是 29 + 14 + 16 + 9 + 11 + 9 + 10 + 6 + 2 + 6 = 112 座（參十五 32、36、41、44、51、54、57、59、60、62）。同樣地，若把其他支派得地記載中的所有總結提及的城鎮數字加起來，得出的是 12 + 14 + 13 + 4 + 12 + 16 + 22 + 19 = 112（參十八 24、28，十九 6、7、15、22、30、38）。所以，雖然實際列出來的城鎮數目比總結語中的數字為大，但按以上數字的比較，可見只有猶大支派的城鎮總數竟然剛好與另外 7 個支派的城鎮總數是相同的。所以，經文除了直接講出猶大支派勇於得地外，經文亦藉此城鎮數目的相同，間接指出猶大支派的優勝之處，成為眾支派的模範。

第三，這與未能完全得地有關。在吉甲分地的記載中，經文指出猶大、以法蓮和瑪拿西支派仍有未能趕出迦南人的地方（十五 63，十六 10，十七 12～13）。不過，在其餘 7 個支派得地的記載中卻完全沒有類似的記錄（縱然士師記一章有這樣的說法，參釋經短註 ⑲）。猶大、以法蓮和瑪拿西支派的成功或失敗，仍然表明他們在爭戰中。不過，其餘 7 個支派似是為軟弱所勝，不再嘗試與迦南人繼續爭戰，而但支派就更甚，離開所得的產業，遠走北方，佔領「安寧無慮」的人之地（參士十八章）。

溫習及思考問題

1. 在概括內容上，迦勒、押撒、西羅非哈的女兒、約瑟子孫這 4 段有關要求得地的經文，有多少相似的地方？
2. 迦勒憑著甚麼向約書亞要求分地予他？如何看見他對耶和華的信心？他這

次行動對我們有何提醒？押撒為何要求迦勒將地賜予她？她如何作請求？

3. 經文使用了哪8個動詞來描述猶大支派的地界？經文如何記述猶大的地界？
4. 為何約書亞記有如此詳細地記述猶大支派的得地？這與上帝的恩典有何關連？對我們的信仰生活有何提醒？
5. 經文如何描述以法蓮和瑪拿西支派所得的地界？他們的反應如何？以法蓮和瑪拿西支派以甚麼理據要求約書亞再把地土分給他們？
6. 約書亞如何回應以法蓮和瑪拿西支派得地的事？他們的要求如何反映他們得地的決心與猶大支派的不同？他們的行為對我們的信仰有何反省作用？
7. 以色列人為何有第二次分地？這與7個支派有甚麼關係？這7個支派的情況為何比約瑟子孫的情況更惡劣？約書亞以甚麼方法激勵7個支派得地？從這事件上可以看見約書亞作為領袖的哪一種質素？
8. 試列出餘下6個支派分地的情況，但支派的分地有何不同之處？不同的支派領受耶和華不同的份，會有不同的回應。這對於我們的信仰有何提醒？
9. 經文到最後提到約書亞的分地，這有何特別意義？這與迦勒要求的分地有何關連及不同之處？從約書亞所得之地如何看見一個領袖的謙卑？
10. 若將在示羅的分地（十八1～十九48）與吉甲的分地（十四6～十七18）作比較，兩者各自有何特別的地方？對我們的信仰有何意義？

釋經短註

❶ 有關十四章2節提及「抽籤」這詞的解釋，可以參 Anne M. Kitz, "The Hebrew Terminology of Lot Casting and Its Ancient Near Eastern Context," *Catholic Biblical Quarterly* 62 (2000): 207～214。

❷ 有關從4個角度列出迦勒、押撒、西羅非哈女兒、約瑟後裔這4段有關要求得地相似之處，可參霍克（L. Daniel Hawk）的著作：L. Daniel Hawk, *Joshua* (Berit Olam; Collegeville, Minn.: Liturgical Press, 2000), 191～192。

❸ 迦勒屬於基尼洗族人（十四6、14；參民三十二12），也被視為屬於猶大支派的人（6節；參民十三6）。不過，基尼洗族人是以東的後裔（創三十六9～11；11節的「基納斯」是迦勒的兄弟，參十五17）。所以，有學者認為在歷史的發展過程中，基尼洗族人中迦勒的父親耶孚尼早已融入猶大支派中；因此，迦勒也就成為猶大支派中的人。不過，另有學者認為，迦勒被稱為基尼洗人（*qənizzî*）是因為他的先祖名叫「基納斯」（*qənaz*），而這也是迦勒一個兄弟（十五17）和孫子的名字（代上四15）。所以，迦勒與同名的以東後裔無關。

❹ 十四章8節「專心跟從」可直接譯為「充滿著在……的後面」（「呂振中譯本」作「滿心滿懷」）。這短語在聖經中共出現8次，多數用在迦勒身上或對比他的態度（十四8、9、14；民十四24，三十二11、12〔與約書亞〕；申一36）。列王紀上十一章6節則指所羅門沒有如大衛那樣專心跟從耶和華。

❺ 十五章15節「和修版」中「上去，攻擊……」的原文 *wayyaʿal ʾel* 可解作「上去，到……」，而未必有「攻擊」的意思。若是有「攻擊」的意思，則會在動詞 *wayyaʿal* 之後加上前置詞 *ʿal* 而不是這裏的 *ʾel*（參二十二12、33）。

❻ 十五章18節「催促」的原文（*sûṯ*）在聖經中共出現18次，它差不多全部都是帶有負面的意思，因為它解作「引誘、唆使」；但是，在約書亞記十五章18節的用法，並不清楚是否負面。有學者指出這詞的基本意思是「使人作某個與原定相反的行動」。若是這樣，這裏可能指俄陀聶並無意思要向迦勒求田地，他只是受到押撒慫恿而已。

❼ 另有學者認為十五章25節中應該提及4座而不是兩座城鎮，所以共有38座城鎮。其中有9座後來指明是歸於西緬支派的（十九1～9），故除去這9座後剩餘的29座才是真正屬於猶大支派的。參：Reuven Drucker, *The Book of Joshua: A New Translation with a Commentary Anthologized from Talmudic, Midrashic, and Rabbinic*

Sources (ArtScroll Tanach Series 6; Brooklyn, N.Y.: Mesorah, 1982), 331。

❽ 按「和修版」的翻譯，十五章33至36節共列出15座城鎮而非14座。有學者認為「他普亞」和「以楠」(34節)是指同一個地點，「以楠」的原文(*ʿênām*)可解作「它們的泉源」，即是「他普亞」的泉源；亦有學者認為「基底拉」和「基底羅他音」(36節)是指同一個地方(參 New International Version)。

❾ 在古希臘文抄本中，59節後是有另一組城鎮，共有11座。這組別的城鎮在第四組以北，在伯利恆區域，耶路撒冷以南之處。這些城鎮的名單可參 Richard D. Nelson, *Joshua* (Old Testament Library; Louisville, Ky.: Westminster/John Knox, 1997), 183。

❿ 十七章1節「基列的父親」中「基列」的原文(*haggilʿāḏ*)有定冠詞，它應該不是指人名，而是地名，因此是譯作「那基列地」。「父親」在此則引申指其擁有者、管治者。

⓫ 十七章2節列出各族的子孫，似乎是指出示劍應屬瑪拿西(2節)，但亦有經文指是屬以法蓮的(二十一21)。這樣的情況與十六章9節所言相似，指出這兩個支派的界線不清楚。

⓬ 十七章4節「分給」的原文(*wayyittēn*)的主語為第三身陽性單數，這裏沒有明言其指涉對象。「和修版」理解為「約書亞」，但按4節上列出的領袖次序，較可能是指以利亞撒；不過，亦有可能是把多名領袖作為一個整體來理解。

⓭ 有好些學者認為十七章5節「十份的地業」中，有5份是屬於瑪拿西的5個兒子(希弗除外)，而另外5份則是屬於西羅非哈的5個女兒。這理解不大合理，畢竟西羅非哈只是希弗的其中一個兒子，不大可能是他的5個女兒每個所得的與希弗的兄弟所得的都為1份。而且，4節下清楚指出西羅非哈的5個女兒是「在她們叔伯中」得產業，就是在西羅非哈的兄弟中得產業。中世紀猶太釋經學者拉希(Rashi)則認為其中6份是給予基列的6個兒子，另外4份是

給予西羅非哈的5個女兒。這4份中，一份是從父親西羅非哈而來，兩份是從希弗，因為西羅非哈是長子；最後是從她們的叔伯，因為這位叔伯死在曠野時並無子孫。

⑭ 「和修版」的「沒有把他們全然趕走」（十七13），似乎是指沒有把迦南人全部都趕走，但至少有趕走部分迦南人。這短語的原文（*wəhôrēš lōʾ hôrîšô*）以動詞*yrš* 的 hiphil 語態不定詞絕對形（表達一種帶有主動語態的使役動作）開始，接著是否定詞和 *yrš* 的完成式動詞 hiphil 語態形式出現。這個表達形式更可能的解釋是「確實沒有把他們趕出去」，而不是「和修版」的翻譯。

⑮ 十七章15節「比利洗人」在約書亞記中出現6次（三10，九1，十一3，十二8，十七15，二十四11），都是指在河西之地其中一個民族。「利乏音人」常指在河東的巨人族（參專欄「亞衲族人和利乏音人」）。不過，這裏提及的「利乏音人」應該不是指在河東的那民族，而很可能是與在耶路撒冷附近的利乏音谷有關的人（十五8，十八16）。

⑯ 十七章15節「窄小」的原文（*ʾûṣ*）與十章13節的「急速」相同，這詞可引申解釋為「接近」。故此，有學者把約書亞的回應理解為：因為以法蓮山接近瑪拿西人所居住之地，約瑟的子孫應該很容易趕出其中的比利洗人和利乏音人。

⑰ 十七章16節「容不下我們」的原文為 *lōʾ-yimmāṣēʾ lānû*。*mṣʾ* 這動詞加上前置詞 *lə* 的用法更可能是指「擁有、得到」（參申二十一17；撒上十三22；代下二十一17）。從上下文看，約書亞的回應似乎更是針對他們宣稱「不能夠得到」多過「容不下」。

⑱ 約書亞記所記述兩次的分地，其中一些主要觀點參考自：Elie Assis, "'How Long Are You Slack to Go to Possess the Land' (Jos. xviii 3): Ideal and Reality in the Distribution Descriptions in Joshua xiii ～xix," *Vetus Testamentum* 53 (2003): 1～25。

⑲ 雖然約書亞記沒有記述7個支派未能得地的事，士師記則記有除了

猶大、以法蓮和瑪拿西支派未能得地，其他支派也有未能趕出迦南人的事情（士一21〔便雅憫〕，一30〔西布倫〕，一31～32〔亞設〕，一33〔拿弗他利〕，一34～35〔但〕）。

⑳ 有關十八章1節「征服」詳細的討論，可參 Ute Neumann-Gorsolke, "'And the Land Was Subdued before Them ...'? Some Remarks on the Meaning of *kbš* in Joshua 18:1 and Related Texts," in *The Land of Israel in Bible, History, and Theology: Studies in Honour of Ed Noort* (eds. Jacques van Ruiten and J. Cornelis de Vos, VTSup 124; Leiden: Brill, 2009), 73～85。

㉑ 十八章7節「耶和華祭司的職分」的說法值得留意。「祭司的職分」（*kəhunnāh*）在聖經共出現14次，只有1次在約書亞記中。在出埃及記和民數記的記載中（出二十九9，四十15；民三10，十六10，十八1、7，二十五13），「祭司的職分」是屬於亞倫和他後裔的，這有別於其他利未家族。不過，如本書第六章釋經短註❹所言（另參6.2.1「簡述摩西賜河東之地予兩個半支派〔十三8～14〕」），申命記並沒有採取這樣的分別，也因此可以把祭司的職分歸給任何利未人。約書亞記在這裏的看法與申命記相同。

㉒ 十九章34節有關省去「約旦河的猶大」中的「猶大」，猶太學者對此提出不同的解釋。第一，拿弗他利承受整條約旦河為業。所以，拿弗他利的地業與所有以約旦河為界的支派的地業相鄰。經文只提及「猶大」是因為它是處於最南的位置。第二，拿弗他利承受所有約旦河的西邊河岸之地；所以，拿弗他利的地業有一條很窄由北向南之地，也因此與它西邊的猶大相接。第三，拿弗他利東面的邊界是約旦河，與河東的「睚珥」（十三30）相接，而佔領此城並以他的名字命名這城的睚珥，則並不是來自瑪拿西支派（民三十二41），而是猶大。故此，拿弗他利就是這樣與猶大在東邊約旦河相接。

㉓ 十九章50節「亭拿．西拉」中「亭拿」一詞可解作「地域、分」，而「西拉」（*seraḥ*）則有以下的可能性：第一，

按出埃及記二十六章12節，這詞是解作「凸出來之物」（「和修版」譯作「餘下」）。所以，約書亞所得之地是以法蓮山區中凸出來的地區，即起伏不平的山區。亦有學者認為這字應解作「有餘」，故此約書亞是由以法蓮支派得地後所得的「有餘的地域」；第二，士師記二章9節稱呼這城為「亭拿．希烈」，而「希烈」一詞可解作「太陽」，表明這城原來稱為「太陽的地域」，是敬拜太陽的地方。在原文中，「西拉」的拼法則剛好是「希烈」倒過來，表明約書亞把這城改名，除去這地的敬拜偶像的情況。

第八章
特殊處理地土方案
（二十1～二十一45）

- 庇護城的設立
- 利未城的設立
- 分地完畢全境安寧

雖然約書亞已經把地土分配予12支派，但對於地土的安排仍未完全處理妥善。這部分的經文是記載兩個有別於分地的處理地土方案。這兩個方案是與以色列所得的城鎮有關。第一個是耶和華吩咐約書亞設立「逃城」，成為誤殺他人者的庇護所，共有6座（二十1～9）；第二個是從各支派所得的城鎮中取出一些來給予利未人，作為他們居住和牧養牲畜之用，共有48座（二十一1～45）。這兩組城鎮是有關係的，因為逃城必然是利未城。

8.1 庇護城的設立（二十1～9）

這段經文記載約書亞按耶和華所吩咐的設立「逃城」（2節），這詞或應更準確地翻譯為「庇護城」，耶和華也曾對摩西作出類似的吩咐。庇護城可以說是為著以色列羣體內其中一部分人，就是那些誤殺人者而設立的。這段經文的內容論及庇護城的設立及功用，並列出哪些是庇護城。經文可以分段如下：

分段大綱（二十1～9）

一、引言（二十1）
二、吩咐（二十2～6）
三、遵命（二十7～8）
四、總結（二十9）

8.1.1 引言（二十1）

庇護城的設立以「耶和華吩咐約書亞」（1節）作為開始。這節經文出現「吩咐」（*dibber*），四章8節已提及耶和華「吩咐」約書亞，而十三章1節則提及耶和華對約書亞説話（*ʾāmar*）。二十章2節的「吩咐」（*ṣiwwāh*；應譯作「命令」）則已在十三章6節出現。所以，繼十三章耶和華命令約書亞分地予以色列人後，這是首次耶和華對約書亞講話，而其內容仍是與地土分配有關。

8.1.2 吩咐（二十 2～6）

這段經文記載耶和華對約書亞的吩咐，可分為以下段落：

1. 設立庇護城（2 節）
2. 設立的目的（3 節）
3. 處理的程序（4～6 節）

在這個吩咐中，耶和華先吩咐約書亞，要以色列人按祂所吩咐摩西的而行（2 節）。所以，這個吩咐是要以色列人遵照摩西所曾講過的（民三十五 9～34；申四 41～43，十九 1～13；參出二十一 12～14），藉此顯明摩西的權威。這就是要吩咐以色列人設立庇護城。

經文接著指出設立庇護城的目的，就是「使那無意中誤殺人的，可以逃到那裏。這些要作為你們逃避報血仇者的城。」（3 節）它可以扇形結構表達如下（按原文稍修改「和修版」）：

A　<u>使那殺人者可以逃到那裏</u>，

　B　<u>他擊殺人是因為錯誤</u>、

　B’　<u>因為無意</u>，

A’　<u>它們要為你們作離開報血仇者的庇護處</u>。

A 和 A’ 提及地方（「那裏」與「庇護處」對照）和相關的人物（「殺人者」與「報血仇者」對照），而 B 和 B’ 則指出只有哪兩類殺人者才可以逃到這些庇護城。「殺人者」原文字根的動詞是 *rṣḥ*，其意思是「殺人」，既可指「謀殺」，如在十誡中所指的（出二十 13；申五 17），但也可指「誤殺」，如這節經文所指的。「錯誤」（*šᵊgāgāʰ*）這用詞只出現在民數記三十五章 11、15 節中相關的吩咐中，它有兩方面的含意：

- 是與律例有關，即犯事者清楚知道自己所做的是甚麼事，但卻不知道這是違反律例的。
- 是與行動有關，即犯事者清楚知道律例的要求，但卻因為無意或錯誤理解所做的事，以致違反律例。

「無意」(*b*ᵊ*lî-ḏa*ʿ*a*)這用詞只出現在申命記四章42節、十九章4節中相關的吩咐中，可直譯為「沒有知識」，意即犯事者「不知道」，似乎與「錯誤」的第二個理解相同。這節經文似乎結合了民數記和申命記的傳統。不過，至於怎麼樣的行動才算是「因為錯誤」或「因為無意」，經文在這裏則沒有作多解釋，詳細討論可參考民數記三十五章16至23節，以及申命記十九章4至6節。❶「報血仇者」在約書亞記這段有關庇護城的經文中只出現3次(3、5、9節)。因為那殺人者殺了人，就有人為那被殺者報血仇，而庇護城就讓那殺人者逃到那裏，暫時居住，不容報血仇者把他殺死。經文暗指報血仇者不能殺害那躲在庇護城中的殺人者。

報血仇者

「報血仇者」的原文(*gō*ʾ*ēl haddām*)是指「血」(*haddām*)的「報仇者」(*gō*ʾ*ēl*)。「報仇者」的意思並不直接與報仇有關，其原文字根的動詞(*gā*ʾ*al*)指「贖回」。贖回者一個主要的責任是贖回他的親屬因為窮困而變賣的土地(利二十五25；參耶三十二7～15)，或是贖回那些將自己變賣為奴的親屬(利二十五47～48)。此外，他還是「叔娶寡嫂」制的負責人(申二十五5～10；得三13)。若他的兄弟或親屬離世而沒有留下兒子，贖回者就要娶那離世者的妻子，目的是生子來為離世者留名。他亦是承受一個已死親屬該得的賠償的人(民五8)。所以，當一個家族中有成員蒙受損失，贖回者就要負責解決這個損失。因此，若家族中的一個成員被殺、被流血，贖回者就成為「血的贖回者」或「報血仇者」來處理家族中這個損失，而處理方法就是殺死這個殺害其家族成員的人，流對方的血，使對方的家族也蒙受這個損失。這可以說是「以眼還眼」(出二十一23～25；利二十四20)這普遍法則的一個應用。經文有時會簡稱這位「報血仇者」為「報仇者」(民三十五12)。

經文接著就提及具體處理的程序(4～6節)。內容可以扇形結構表達殺人者和城中長老所要做的事情，現列出如下(按原文稍修改「和修版」)：

A　殺人者　[4]殺人者要逃到這些城中的一座，站在城門口，把他的事情陳訴給那城的長老聽。

B　長老　他們就要招聚他入城到他們那裏，給他地方，讓他與他們同住。

B'　長老　[5] 若是報血仇者追上了他，長老不可把他交在報血仇者的手裏，因為他是無意中殺了鄰舍的，並非過去彼此之間有仇恨。

A'　殺人者　[6] 他要住在那城裏，直到他站在會眾面前受審判；等到當時的大祭司死後，殺人者才可以回到本城本家，就是他所逃出來的那城。

A 和 A' 是殺人者所做的事，A 是他由開始逃到庇護城所做的，而 A' 則是由他在庇護城到他離開那城。B 和 B' 是長老所要作的事，B 是接納殺人者，而 B' 則是進一步保護他。

殺人者殺人後若要活命，要就先「逃」到其中一座庇護城，然後「站在」城門口，再把相關事情「陳訴」給該城的長老聽。雖然他當時仍未正式受審訊，但眾長老已有責任把他「招聚」到城內，「到他們那裏」（「和修版」沒有將這短句譯出來），給他安頓的地方，目的是讓他「在他們中間」（原文應譯作「與他們同住」）。經文這樣強調殺人者與「他們」（即長老）的關係，就是要指出在仍未有審判結果之前，長老要接納這殺人者。長老不只接納殺人者在他們中間居住，還要保護這殺人者不被報血仇者的追殺。所以，當報血仇者追到庇護城時，長老不應把殺人者交出來。經文這裏提及這殺人者是「無意中殺了鄰舍的，並非過去彼此之間有仇恨」（5 節；參申十九 4），這是個預告句子，因為審判仍未進行。經文似乎暗示，若殺人者經過審判後被定為有意殺人，則長老就可把他交出城外，讓報血仇者把他殺害（參申十九 11～12）。另一方面，殺人者要住在那城中，「直到」（*ʿaḏ*）兩件事情發生：

- 「直到」他「站在」會眾面前「受審判」，即是指要受判斷為是否誤殺。這裏用「直到」，其意思似乎是指他要離開庇護城到別處受審。民數記三十五章 25 節也有這個含意。不過，至於是在何處受審，則沒有明言。若被判定是誤殺，則他應繼續住在那個庇護城中（參民三十五 25）。
- 「直到」當時的大祭司去世，這樣，誤殺人者才可「回去」。經文以同一個前置詞「到」（*ʾel*）帶出 3 個短句，指出他可以「去」的地方，就是「到他的城」、「到他的家」，以及「到他從那裏逃出來的那城」，意思應是指他可以回到他自己原來的產業那裏（參民三十五28）。因此，大祭司的死似乎是有「代贖」的作用。因著他的死，誤殺人者可以而得以和自己的家（族）、自己的根，再次連結起來。所以，庇護城對誤殺者來說，就只是一個暫時定居的地方。

至於其他與庇護城有關的吩咐，可參民數記三十五章30至34節，申命記十九章11至13節。

最後，可以留意的是，在A和B中提及殺人者的3個行動「逃」、「站」、「住」，這也出現在A' 他的行動中，而且以相反的次序出現，成為倒影關係。藉此，經文完滿地描述如何處理這**誤殺人者的事情**。

8.1.3 遵命（二十 7～8）

這段經記載以色列人如何按吩咐而行，遵守的不只是約書亞的吩咐，更是摩西和耶和華的命令。經文分為如下兩部分：

1. 河西的庇護城（7節）
2. 河東的庇護城（8節）

經文並沒有記載約書亞如何把耶和華的吩咐轉告以色列人，反而是直接記下以色列人遵命而行。當年摩西曾吩咐以色列人在河東設立3座城作為庇護城（申四43），後又指出若耶和華把應許之地賜予他們，他們就必須在河西另立3座庇護城。所以，如今以色列人這樣做就是見證著耶和華的信實。故經文接著提及庇護城的名字時，就先提及河西3座新設立的庇護城，後才重複提及已設在河東的庇護城。

以色列人就從他們所佔領的城鎮「劃分」6座出來，作為庇護城。「劃分」的原文字根 *qdš*，在約書亞記只出現4次（三5，七13〔2次〕），其中多解作「分別為聖」。在這裏的意思是，以色列人把這些庇護城作為神聖的地點，把它們分別出來。所以，庇護城並不只是作為律法上要求保護誤殺人者的地方，也有其宗教意義，顯明耶和華對生命的看重，無論這是被殺者，或是誤殺人者的生命。在河西的迦南地上，他們所分出來的有3座庇護城，依次從北到南列出來。最北的是在拿弗他利山區中的「基低斯」，中間的是以法蓮山區的「示劍」，而在南面的是「希伯崙」。

接著重複提及在河東他們所「交出」的3座城，依次序卻是從南到北列出來。在南面的是屬於呂便支派曠野平原的「比悉」，中間的是屬迦得支派的基列裏的「拉末」，而北面就是屬瑪拿西支派的「巴珊的哥蘭」。這3座城鎮只同時出現於申命記四章43節，是摩西當年吩咐要在河東之地所立的庇護城。

雖然河東和河西各有3座庇護城，但若以支派的數目作比例，則明顯在河東的庇護城比例上較河西的為多。不過，透過河東和河西有相同數目的庇護城，經文更可能是想指出，河東和河西都是耶和華讓以色列人居住的地方，兩地都有分別為聖出來的庇護城。河東與河西雖有一河之隔，一切卻是平等的，而兩地同是成為以色列整個民族居住的地方。而這一點就是接著二十二章所關注的問題。

8.1.4 總結（二十9）

這個總結以「這都是……所指定的城鎮」這句子作為開始（「和修版」加插了「為以色列眾人和在他們中間寄居的外人」這句）。句子接著分為兩部分說出這一點，首部分指出這律例可適用於哪些種族的人，第二部分則簡述具體的程序。

第一，這些城鎮是為「以色列眾人」（即「所有以色列人」），也是為「在他們中間寄居的外人」（原文可直譯為「寄居在他們中間的寄居者而設的」）。「寄居」這動詞在約書亞記只在這裏出現，而「寄居者」則出現3次（另參八33、35）。這些「寄居者」是選擇了與以色列人同住的外邦人，他們大多願意遵守以色列人的習慣及律例。在這總結中經文補充提及這羣人，顯明經文特別關注到這羣人的需要，這樣的表達在約書亞記是少有的。

第二，經文簡述誤殺人者可以逃到這些庇護城那裏，而報血仇者則不能在他未經會眾審判之前把他殺死。❷ 這部分經文回應了3至4節上的內容，成為整段經文的首尾呼應。

信仰反省

庇護城的設立記載於以色列人完成分地之後，目的是說明在以色列人中間有一類人，其與地土的關係是與分地予支派為產業的情況不同。以下列出兩點反省。

第一，經文有3次提及報血仇者。每次提及時都不是指出報血仇者可以在哪種情況下殺死殺人者，反而是要指出盡量不讓報血仇者殺死那殺人者。這明顯有別於民數記或申命記所談及相關律例時的做法（參民三十五27；申十九12）。經文這裏並不是為殺人者是否誤殺及其對應後果如何，作出詳細的討論，而是強調誤殺人者也有其安身之處。經文關注的是地土與人的關係，雖然是殺人者，只要是誤殺，也有城鎮接納他作為其中的一分子。縱然他要離開本家，他也有生存的空間。同樣地，甚至是寄居者，也受這律例保護。經文提醒我們地土對人的重要性，叫我們不要恣意剝奪別人居住在地上的權利。

第二，雖然經文對人和地土的關係有很強烈的關注，但經文也同樣帶出對生命的重視。殺人者，即使是誤殺了人，也要為此負出代價，就是要被放逐到「本城本家」以外的一座庇護城之中。因著他所犯的事，他就要離開自己的產業，他和他的根就此與他割裂。同時，他卻要留在庇護城中，不得離開，直到當時的大祭司離世為止。庇護城似乎是一所大監獄。經文由此所反映的是耶和華的公義和憐憫。祂的公義顯明祂對生命的尊重，誤殺人者即使誤殺了人，他必須為他的行為付上代價，而耶和華的憐憫則容讓他在別處存活，得著保護。上帝的公義和憐憫也顯明在庇護城和誤殺人者的雙重角色身上：這城既是監獄，也是保護；誤殺人者既被放逐，也有臨時的家。

8.2 利未城的設立（二十一 1～42）

這章經文記載利未人來見領袖，要求他們按耶和華的吩咐給予他們城鎮作居住和畜牧之用。他們要求得地與上文提及4段要求得地的經文，在形式上有相似的地方（參7.2.1「引言」）。經文可依此分為以下4個段落：

分段大綱（二十一1～42）

一、進見領袖（二十一1）
二、請求賜地（二十一2）
三、答允請求（二十一3）
四、所得之地（二十一4～42）
1. 簡述所得的城鎮（二十一4～8）
2. 詳列所得的城鎮（二十一9～40）
3. 結語（二十一41～42）

8.2.1 進見領袖（二十一1）

利未人的眾族長「*近前來*」到以色列人的領袖那裏。這些領袖依次是祭司以利亞撒、約書亞，以及以色列「**各支派父系的領袖**」。這個情況與第一次分地時有3個相似的地方。

「各支派父系的領袖」的意思，可參本書頁359至360的討論。

- 惟有在這兩次分地的情況下，以上列出的3類領袖同時出現，因而凸顯事情的重要性（參十四1，十九51）。
- 惟有在這兩次分地的情況下提及，有人「*近前來*」（*ngš*）到眾領袖面前求得地（參十四6）。
- 兩次都是指照耶和華所吩咐摩西的而行。

以上3點相似之處突出利未人和猶大支派的相似之處，顯明它們都勇於爭取耶和華所應許。

8.2.2. 請求賜地（二十一2）

利未人的族長作出要求的地方與猶大支派不同，他們是在示羅而不在吉甲作出這行動。示羅是約書亞為以色列人舉行第二次分地的地點（十八1），因此，示羅已成為以色列人新的敬拜中心。在此值得留意的是，利未人對以色列的領袖所講的話。嚴格來説，他們只是重述耶和華的應許，而沒有向領袖提出請求，這情況與西羅非哈的女兒相同（參十七 4）。他們指出，耶和華曾藉摩西應許給他們生活所需要的，就是使他們有城鎮可以居住，並有屬於城鎮的郊野給予他們的牲畜。他們提及這個耶和華的吩咐，記載於民數記三十五章 1 至 8 節。

8.2.3 答允請求（二十一 3）

對於利未人的請求，作出回應的不是以利亞撒或約書亞，而是「以色列人」。這就如把地土給予約書亞之時，全以色列人也有這樣的反應（十九 49～50）。這表明利未人得城鎮是全體以色列人的責任。此外，以色列人行動的基礎是「照耶和華所指示的」（參 7.2.2.3「押撒要求得地〔十五 13～20〕」中十五章 13 節的解釋）。接著，以色列人是從他們自己的「地業」（*naḥălāh*）中，把城鎮及屬城的**郊野**給予利未人居住和畜牧之用。須留意的是，經文所記載的，一方面表示以色列人確實是從他們自己的地業交出城鎮來，另一方面，經文則從來沒有用「地業」或「產業」等詞來描述利未人所得的城鎮。最後，「給予」這動詞在這章經文中共出現 8 次，除了 1 次是出自利未人之口外，其餘 6 次都是指以色列人把地「給予」利未人（3、8、9、11、13、21 節），而有 1 次是指迦勒（12 節），強調以色列人的責任和他們的遵命。

「郊野」的定義，可參考民數記三十五章 4 至 5 節。

經文沒有暗示以色列人忘記按吩咐給予利未支派城鎮。在記載約書亞等領袖分地予其他支派時，經文已 4 次提及利未人不在眾支派中得地及其原因（十三 14、33，十四 3～4，十八 7），其中 1 次甚至指出會給予利未人城鎮居住之用（十四 3～4），明顯地，利未人分地之事是備受關注的。只是，到了分完各支派的地後才是適合的時間，讓以色列人回應這個需要。

8.2.4 所得之地（二十一 4～42）

經文先簡單地把利未人中間不同宗族是從哪些支派，以及共得到多少座城鎮記述下來（4～8 節），然後再詳細列出具體的內容（9～40 節）。這兩部分都同樣地分為 4 個段落，分別記下不同宗族所得的城鎮。現按經文分段列出內容如下：

各宗族的描述/結語	簡述內容	詳述內容
哥轄族	4節上	9～10節
亞倫的子孫	4節下	11～19節
其餘的子孫	5節	20～26節
革順族	6節	27～33節
米拉利族	7節	34～40節
結語	8節	41～42節

8.2.4.1 簡述所得的城鎮（二十一 4～8）

在這段簡述中，經文先帶出利未支派中有 3 個宗族，並且他們從其餘支派中得城鎮的方法是透過「掣籤」(4 節)，正如在之前提及兩次分地的情況那樣。所以，祭司以利亞撒的出現，加上使用掣籤，就表明耶和華的旨意和祂的參與。不過，經文卻沒有描述如何透過掣籤讓這些宗族得到城鎮。❸

利未有 3 個兒子，按出生次序是革順、哥轄和米拉利(創四十六 11；出六 16；民三 17)。不過，這裏列出來的次序卻是哥轄、革順和米拉利。所以，雖然革順是首生的，但哥轄的位置卻更為重要。此外，哥轄族可分為兩組，分別是祭司和非祭司，而作祭司的只有亞倫和他的後裔。由此，便把利未支派分為共 4 組，這做法也可見於民數記中這 4 組利未人分別在會幕的東、南、西和北安營的位置(參民三 14～39)。

利未支派不同宗族得城鎮的記載都有以下 4 個元素：「……的子孫」、「從……支派」、「抽籤」(米拉利除外)、城鎮的數目。現把經文內容表列如下：

「……的子孫」	「從……支派」	城鎮的數目
亞倫祭司的子孫	猶大、西緬、便雅憫	13
哥轄其餘的子孫	以法蓮、但、瑪拿西半支派	10
革順的子孫	以薩迦、亞設、拿弗他利、住巴珊的瑪拿西半支派	13
米拉利的子孫	呂便、迦得、西布倫	12

從各支派得地的位置來看，可見祭司所得的城鎮都在迦南地中部和中南部，哥轄族其餘的子孫是在猶大支派產業稍北之處，革順族則更北，而米拉利

族則分別在河東及迦南地北面獲分配城鎮。

這段落的總結與3節的內容相近，並作為回應。稍微不同的，是沒有強調以色列人是從自己的地業交出城鎮，但補充的是藉著「抽籤」的方式使利未各宗族得城鎮(8節)。

8.2.4.2 詳列所得的城鎮（二十一9～40）

這段經文詳細列出利未各宗族從其他支派中所得的城鎮和郊野。[4] 這份城鎮名單的詳細程度，是僅次於猶大支派的城鎮名單。這些利未支派不同宗族得城鎮的記載，基本上有以下3個元素，並把基本資料列於之後：

- 引言：「利未人某某宗族的子孫/利未人宗族中某某的子孫」(10、20、27、34節)；
- 內容：「從某某支派」有哪座城和「城的郊外」，共有多少座城；
- 總結：「某某的子孫」，共有多少座城，「以及城的郊外」(19、26、33、40節)。

「……的子孫」	「從……支派」	城鎮	城鎮的數目
亞倫祭司的子孫	猶大、西緬	希伯崙*、立拿、雅提珥、以實提莫、何崙、底璧、亞因、淤他、伯·示麥	9
	便雅憫	基遍、迦巴、亞拿突、亞勒們	4
哥轄其餘的子孫	以法蓮	示劍*、基色、基伯先、伯·和崙	4
	但	伊利提基、基比頓、亞雅崙、迦特·臨門	4
	瑪拿西半支派	他納、迦特·臨門	2
革順的子孫	瑪拿西半支派	哥蘭*、比·施提拉	2
	以薩迦	基善、大比拉、耶末、隱·干寧	4
	亞設	米沙勒、押頓、黑甲、利合	4
	拿弗他利	基低斯*、哈末·多珥、加珥坦	3
米拉利的子孫	西布倫	約念、加珥他、丁拿、拿哈拉	4
	呂便	比悉*、雅雜、基底莫、米法押	4
	迦得	拉末*、瑪哈念、希實本、雅謝	4

有 * 者為庇護城

在把城鎮及城的郊野給予這4組利未人的記載中，稍為特別的是第一組，即祭司亞倫的子孫。首先，經文有引言指出「從猶大支派和西緬支派」的地業中給了城鎮（9節），後才提及是指哪些城鎮。其次，經文提及他們「抽到第一籤」（10節），餘下的3組利未人則沒有特別提及是哪一籤。最後，經文對於他們所交出的希伯崙有些補充資料（12～13節）。因為一方面約書亞把希伯崙給予迦勒（十五13），但另一方面希伯崙又是庇護城（二十7）。所以，經文在這裏清楚地說明這兩者的關係。給予利未人的是這座城和「四圍的郊野」（11節），而給予迦勒的就是「這城的田地和所屬的村莊」（12節）。郊野只作為畜牧之用，而田地則作為耕種，兩者並不相同。11至12節形成扇形結構，目的是對比迦勒和利未人所得的有何不同。現列出如下（按原文修改「和修版」）：

A　他們（即以色列人）給予他們（即亞倫子孫）

　B　基列．亞巴……和四圍的郊野，

　B’　至於這城的田地和所屬的村莊，

A’　他們（即以色列人）則給予迦勒……為業。

A和A’都指出以色列人把地業給予他們當中一些人，而B和B’則記下他們所給予的是哪些地方。對於這座城鎮名單，現作出一些綜合觀察，有如下7點。

1. 這裏所提及交出城鎮的支派，它們的次序與4至7節所記有兩點不同：
   a. 這裏把兩個瑪拿西半個支派排列在一起（25、27節），目的很可能是想表示這兩個瑪拿西半個支派其實是一個支派的兩部分，而不是兩個支派。事實上，它們合起來交出4座城鎮，如其餘大部分支派那樣。
   b. 在米拉利宗族得城記載中，把西布倫支派排列在呂便和迦得之前（34、36、38節）。這可能是按地理盡量先提及迦南地的支派，然後才是河東的支派（瑪拿西半個支派當然是例外）。
2. 在這48座給予利未人的城鎮中，大致上每支派都把4座城鎮交出來，惟有拿弗他利交出3座（32節），而猶大和西緬則合起來交出9座城（13～16節）。如上文所言，河西和河東的瑪拿西半支派合起來作一支派，各交出兩座，合起來是 4 座。

3. 這裏提及的 4 組利未族人，其職責各有不同，因此他們的神聖等次也有所不同。在等次中，祭司最為重要，也因此是最神聖的。利未人協助祭司在會幕中擔當職務，沒有祭司那麼神聖。民數記中提及，在搬運會幕時，利未人也按身分神聖的等次來搬運會幕的物品（參民三 14～39）。哥轄族所負責的物件（如約櫃、燈臺等）是最為重要和神聖的；次之是革順族所負責的（如院子的帷子、幔子和會幕等）；最後是米拉利所負責搬運（如板、閂、柱等）。而他們按著掣籤而得著的城鎮的位置，則反映著他們這個神聖等次。祭司最為神聖，他們所得的城鎮是在猶大、西緬和便雅憫支派中，正是與將來在耶路撒冷所建的聖殿最為接近。其次的哥轄其餘子孫則得城鎮在以法蓮、但和瑪拿西半個支派，是繼猶大、西緬和便雅憫之後離聖殿最近的。革順族的城鎮則更北，甚至包括在河東的瑪拿西半個支派。而最後的米拉利族，則有更多城鎮是在河東。所以，這 4 組利未人所的得城鎮的地理情況就反映出他們的神聖程度。

4. 上列 48 座城鎮多數都曾出現過各支派的城鎮名單中，但也有例外。其中包括便雅憫的「亞拿突」和「亞勒們」（18 節）、以法蓮的「基伯先」（22 節）、河東瑪拿西半支派的「比・施提拉」（27 節）、拿弗他利的「哈末・多珥」和「加珥坦」（32 節），以及西布倫的「丁拿」（35 節）。

5. 6 座庇護城的名字都出現在這 48 座利未城的名單中，並清楚指出是庇護城（13、21、27、32、38 節），惟獨「比悉」是例外（36 節），其原因無法考究。

6. 清單上包括一些非利士人的城鎮，這些城鎮從未被以色列人佔領，例如「伊利提基」和「基比頓」（23 節）或只是在後期才為以色列人所佔有的「基色」（21 節）。這些是屬於未得之地。

7. 有一些城鎮似乎是屬於不同支派，在此卻需要解釋。

   a. 在此描述「示劍」是屬以法蓮的（21 節），它曾經出現在便雅憫地界的描述中（十七 2、7）。不過，以法蓮及便雅憫這兩支派是相鄰的，因此，經文這樣的寫法在此並無矛盾。類似的情況也有出現，就如在此描述「大比拉」是屬以薩迦的（28 節），但它卻曾出現在西布倫地界的描述中（十九 12）。

b. 「迦特・臨門」既屬但支派，也屬瑪拿西半支派（24、25 節）。不過，它只曾出現在但支派的城鎮名單中（十九 45）。學者對此有兩個不同理解，首先，這是兩座同名但不同地方的城鎮；此外，若參照歷代志上六章 70 節，則這座屬瑪拿西半派的「迦特・臨門」應該是指「比連」（*bilᵊʿām*），而這座城與瑪拿西城鎮名單中的「以伯蓮」（*yib̲ᵊləʿām*）相近（十七 11），很可能這是指同一座城鎮。

c. 「耶末」是屬以薩迦的（29 節），但猶大城鎮名單中也曾出現「耶末」（十五 35）。這很可能是同名不同地方的城鎮，而在以薩迦城鎮名單中，「耶末」（*yarᵊmûṯ*）似乎是稱為「利蔑」（*remeṯ*；十九 21）。類似的情況也有：「隱・干寧」，它是屬以薩迦的（29 節；參十九 21），但猶大城鎮中也有這個名字（十五 34），它們也很可能是同名不同地方的城鎮。

8.2.4.3 結語（二十一 41～42）

這兩節經文是一個總結，它包括兩部分。第一部分與利未人所得城鎮有關。它重申所有利未人的城鎮是在以色列人的地業中間，這是回應 3 節的內容，指出以色列人確實按耶和華的吩咐而行。同時，它指出利未城鎮共有 48 座，包括屬城的郊野，也同樣是回應民數記三十五章 7 節耶和華藉摩西所說的吩咐。

第二部分則說明怎樣才算是屬於利未人的「城鎮」，就是每座「城鎮」都須包括該「城鎮」和在它「四圍的郊野」，而這對每座城鎮來說都是這樣。這個說明了一件事，就是當指出一個被提名的城鎮之時，是可以指該城鎮，或是指包括屬該城鎮的郊野，或是包括屬該城鎮的田地。這個說明可能是因為希伯崙的特殊情況，而需要再作補充的（11 ～ 12 節），這可見於約書亞記中只出現於這章 11 和 42 節中的「四圍的郊野」這短句。

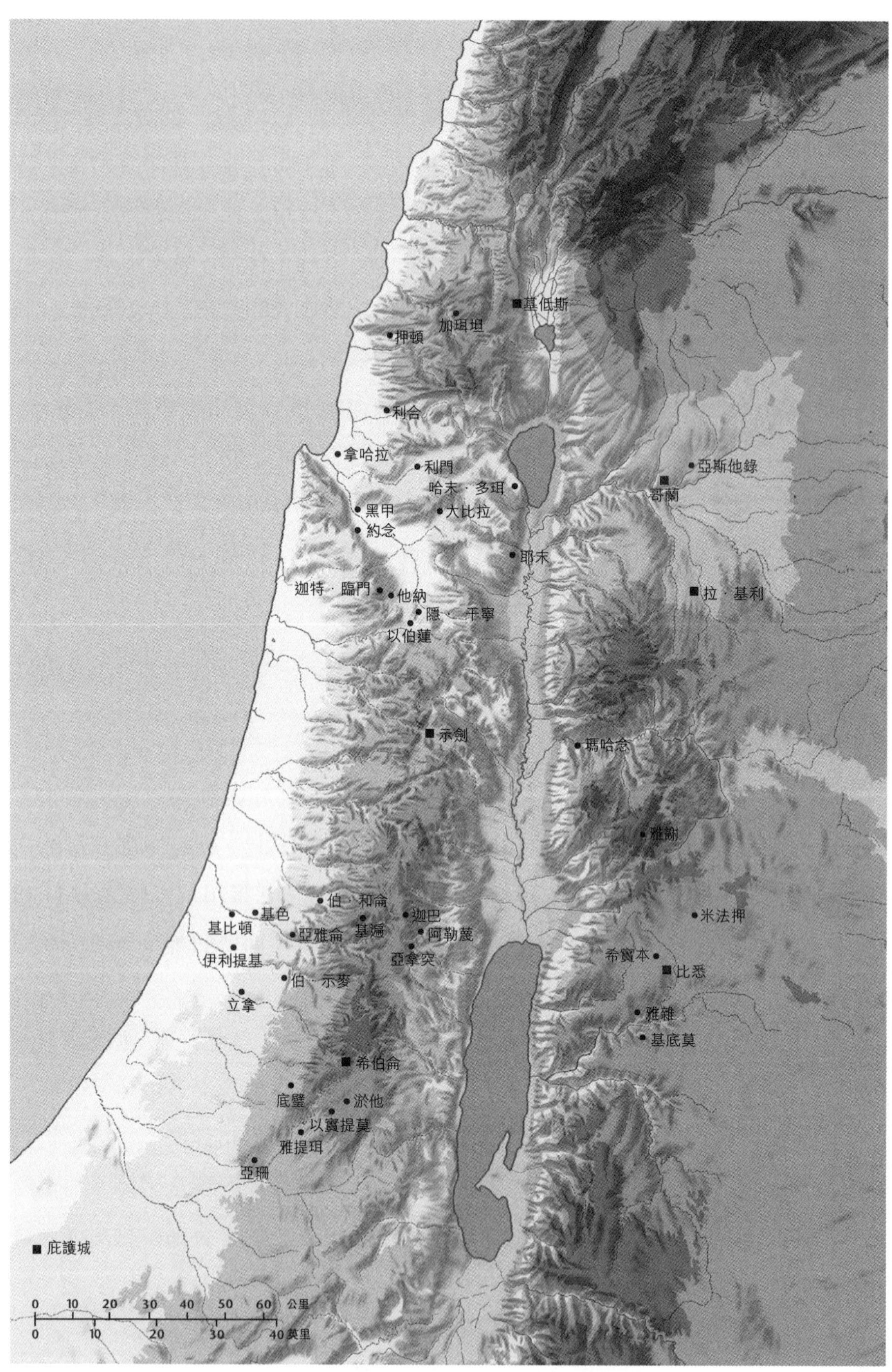

庇護城與利未人城鎮分配

信仰反省

從利未人要求得地這事件中，讓我們反省到我們會否如利未人、迦勒和西羅非哈的女兒那樣，積極要求得到上帝所應許賜予我們的東西呢？不少時候，我們對上帝所應許賜予我們的事物不大了了，所關注的反而往往不是上帝所應許的，而是我們所認為重要的。

留意利未人所要求的是耶和華所應許賜予的，而祂所應許賜予的就是他們所真正需要的。因此他們所要求的就是他們所需要的，也就是住的地方和可以畜牧的郊野。對以色列人所要求的，就是要他們按耶和華的吩咐回應利未人所需要的。不少時候，我們容易以事奉人員「為主受苦」作為借口，未有善待我們的牧者和傳道同工。我們把「人活著，不是單靠食物，乃是靠上帝口裏所出的一切話」改寫為「人活著，不是靠食物，乃是靠上帝口裏所出的一切話」，並把它應用在我們的傳道牧者身上。這肯定不是聖經的教導！

相反地，這段經文強調以色列民的遵命。經文不只明言以色列人按耶和華的指示把地給予利未人（3 節），還先透過簡述內容，然後再加以詳述內容，把利未人所得的 48 座城鎮記下來。藉此，經文指出以色列人是如何仔細地遵行耶和華的吩咐。

再者，經文清楚數點出以色列各支派把哪些城鎮給予利未人，從而一方面點出這是以色列人面對著在他們中間的利未人所應負的責任。上文曾提及經文 4 次記述利未人沒有地業及其原因，指出他們真正的產業是以色列人獻的祭，也就是指耶和華自己。這些事實際上都需要以色列人的支持。另一方面，既然利未城鎮原屬於以色列各支派，以色列人所交出來的就確實是他們所擁有的，而不是其他不屬於他們的，需要利未人自己爭取回來的城鎮。以色列人就是要把耶和華所賜予他們的一部分，獻出來給予祂，讓這些城鎮成為利未人的城鎮。這同樣是對我們的要求。

正因為利未人沒有屬於他們的地業，他們在地上的生活就好像是寄居者那樣。他們的產業是獻予耶和華為火祭、也是他們作為祭司的職分。他們以他們的生活方式見證何謂被耶和華分別出來，他們是有祭司職分的羣體。他們所擁有的和沒有擁有的，正是對我們的一個提醒。難道我們不是在世寄居的嗎？難道我們所得的分，是在上帝以外的嗎？難道我們真正的產業，不就是上帝所賜予我們那祭司的職分，為的是要把人帶領來到上帝面前，並作為上帝與其他人之間的橋梁嗎？事實上，利未城鎮散遍以色列人的產業中間，無論是在河東或河西，這就是要凸顯利未人需要在各處顯明耶和華的同在，要把祂的律法教導以色列人，幫助他們對耶和華有正確的敬拜。分散在全地居住原來並不是一件壞事，反而令到利未人更容易做好所交託予他們的職事。今日，教會就擔當著這樣的角色，每位弟兄姊妹也是如此。

8.3 分地完畢全境安寧（二十一 43～45）

這段經文可以說是總結約書亞記首 21 章的內容。作為總結，經文重點要指出的是耶和華的作為及其後果，而以色列人的行動不但是次要，也只是顯示耶和華作為的結果。這段經文中，「耶和華」這名字出現在每節經文裏，且有 4 次之多，祂的行動主導著整個總結的內容。簡單而言，43 節提及耶和華賜地土和以色列人得地為業，似乎是總結十三至二十一章的內容；44 節提及耶和華把仇敵交在以色列人手中，似乎是總結一至十二章的內容；而 45 節就是上文內容的一個綜合結論。這段經文另有一個特點，就是在短短 4 節的經文中，「所有、一切、全」(*kol*) 這詞共出現 6 次，是用在描述「全地」、「起誓……的一切」、「所有的仇敵」(2 次)、「賜福」(原文應譯作「所有好話語」)、以及「全都應驗了」。❺ 若以耶和華的行動作為出發點，可把經文以扇形結構列出如下：

A　43 這樣，耶和華將從前向他們列祖起誓要給他們的全地賜給以色列人，他們就得了為業，住在其中。

　B　44 耶和華照著向他們列祖起誓所應許的一切，賜給他們全境安寧。

　B’　他們所有的仇敵，沒有一個能在他們面前站立得住。耶和華把所有仇敵都交在他們手中。

A　45 耶和華應許賜福給以色列家的話，一句都沒有落空，全都應驗了。

A 和 A’ 是強調耶和華起誓要把地賜予以色列人，而這事得以應驗；B 和 B’ 帶出耶和華起誓讓以色列人有安寧，而這就是指在沒有仇敵可以攻擊以色列人這事之上。在這 4 節經文中，有 3 次提及耶和華的說話，表明這是經文所要強調的。

經文總結耶和華第一個行動是祂賜予以色列人「全地」，正如祂向他們列祖所起誓的（43節）。「全地」似乎是與上文提及以色列人仍有未得之地，或他們未能趕出當中的迦南人有所矛盾。這可能是經文帶出理想與現實之間的差異，就是耶和華的應許與人的回應之間的差異。約書亞記多次強調耶和華已經把地賜予以色列人，只是等待他們去佔領。這裏的總結與全書在這方面的理解並無衝突。另一方面，以色列人「得了為業，住在其中」，也與上文的經文一致。

耶和華的第二個行動是「賜給他們全境安寧」（44節上；原文可解作「使他們有安寧」）。在約書亞記中，這應許首先出現在一章13、15節，但一章13節中應許的對象是河東支派，而一章15節則是越過約旦河這一代的以色列人。在「五經」裏，耶和華的這個應許可見於申命記十二章10節（另參出三十三14），這是對出埃及的第一代以色列人所說的。所以，耶和華這個應許的對象是「列祖」，所指的並不是指遠古的族長亞伯拉罕、以撒和雅各等，而更應該翻譯為「眾父親」，就是第一代出埃及的以色列人。「使人有安寧」這短句有3點值得留意的事：

- 在「五經」和約書亞記中，這短句多與得地連在一起（參一13、15；申三20，十二10，二十五19）。所以，耶和華的第二個行動與第一個行動是相連的。
- 這短句並不表示以色列人不再有敵人（參申二十五19）。這節經文指出耶和華使以色列人「得享平靜」之時，他們卻要把亞瑪力人的名字除去。這理解也符合約書亞時代以色列人的情況，他們雖已得地，但地上仍有迦南人居住。
- 這短句的意思是指以色列人雖然仍有敵人，但在當時卻不受敵人擾害或攻擊。而這正是接下來的內容帶著的意思（44節下）。所以，「沒有一個【指仇敵】能在他們面前站立得住」（參一5）的意思並不是指沒有任何敵人，而是指敵人中沒有任何人能夠成功擊倒以色列人。同樣地，這理解也符合當時以色列人的情況，雖仍有迦南人住在他們中間，但迦南人卻未能對以色列人造成困擾。

從這個角度來看，43 至 44 節的內容並不是報告以色列人已經把整個迦南地全然佔領，也不是把迦南人全然除去，以致得著太平；而是指迦南地在仍有迦南人居住的情況下，耶和華卻按祂所起的誓，讓以色列人得地為業，也讓他們得安寧而不必懼怕敵人的攻擊。

耶和華第三個行動是對以色列家講出「賜福……的話」(45 節；即「好話語」)，即是祝福的話語。而且，這些話語都「應驗了」。在上下文裏，這些「好話語」就是指耶和華所起誓的內容，就是祂賜地和使以色列人有安寧。

信仰反省

這段經文應該恰當地理解為以色列人對耶和華的讚頌，這讚頌有 3 方面的意思：第一，表揚祂的忠誠，因祂會按著祂所起誓的行出來。第二，稱頌祂的能力，因為祂能使所說的都應驗了。第三，讚美祂對以色列的看顧，因祂所做和所說的好處，都是指著以色列的。

單從以色列人的歷史看，恐怕難以令人相信耶和華賜地的應許會實現。亞伯拉罕、以撒和雅各這 3 個家庭所面對的問題（例如：後裔、饑荒），確實難以令人相信，耶和華的應許會應驗在他們的後裔身上。當以色列人 400 多年在埃及為奴，也難以令人相信他們竟然可以離開埃及。他們在曠野 40 年中所呈現出來的種種叛逆和膽怯，難以令人相信他們竟然可以越過約旦河，甚至戰勝無論在人數和軍器都遠比他們優勝的迦南人，佔領他們的地土，並得以住在其中。不過，這些一切都不能阻擋耶和華的應許要得以應驗。

因著祂的忠誠、能力和看顧，那看來是無可能的都得以成就。這明顯不是出於人的能力，而只是單單出於耶和華自己。因此，祂的看顧也不是要叫我們沒有任何敵人，生活完全無憂，而是可以在敵人威嚇中仍有安寧，在敵人環繞中仍然不倒，以致可以顯明這是出自祂的能力。是的，理想和現實總有差距，我們過去的經驗或許告訴我們，上帝的應許不可能實現在我們身上。是的，無論我們的能力或信心都是不足夠的，但慶幸地我們所能倚靠的並不是我們自己，而是那位「說有就有，命立就立」的耶和華上帝。讓我們轉眼仰望這位上主，並對祂獻上讚頌！

溫習及思考問題

1. 從設立庇護城這事上，如何看見約書亞仍然承繼著摩西的吩咐？約書亞所定設立庇護城的地方是怎樣的？誰是報血仇者？
2. 誰來判斷一個人是誤殺者？在仍未判斷這人之前，這人受到怎樣的看待？在甚麼情況之下這誤殺人者才可以離開庇護城？這城的設立對我們有何信仰上的反省？
3. 經文如何從表達手法上顯出利未人要求得地的重要性？他們如何要求得地？以色列人如何回應他們的請求？
4. 從分地給利未人的方式這事上，可觀察到哪些事情？二十一章41至42節的結語帶出了甚麼信息？從利未人沒有真正得產業這觀念上，對於今日的信徒有何提醒？
5. 在約書亞記中所謂耶和華賜下「安寧」是甚麼意思？這與我們的信仰有何關連？

釋經短註

❶ 有關民數記三十五章16至23節對約書亞記二十章3節「無意」這詞的解釋，可參黃嘉樑：《在曠野中與上帝同行——民數記析讀》(香港：基道，2008)，407～410。

❷ 二十章9節「不至於死在報血仇者的手中，直到他站在會眾面前受審判」，似乎是指出經審判之後，他就會死在報血仇者手中。「直到他站在會眾面前」這短句也出現在6節，不過，這兩句子中的「直到」這詞的用法似乎有不同。在6節中，「直到」確實是指受審的時間。然而，在9節的「直到」所指的應該是受審一事發生之前。

❸ 有學者認為二十一章4節提及掣籤的程序，可能是這樣的：首先將這12支派分為4組，各自交出一些城鎮，交出的共有48座，如耶和華所吩咐的那樣(參民三十五7～8)。然後，才用掣籤的方式把這4組城鎮分予4組利未人。

參：Reuven Drucker, *The Book of Joshua: A New Translation with a Commentary Anthologized from Talmudic, Midrashic, and Rabbinic Sources* (ArtScroll Tanach Series 6; Brooklyn, N.Y.: Mesorah, 1982), 411。

❹ 有關利未各宗族從其他支派中所得的城鎮和郊野，歷代志上六章 54 至 81 節也有類似的記載，但內容與這裏的有好些差異之處。這可參考夏斯達（Adolph L. Harstad）所提供簡單的分析：Adolph L. Harstad, *Joshua* (Concordia Commentary; Saint Louis, Mo.: Concordia), 664～665。

❺ 對於二十一章 43 至 45 節出現 ***kol*** 這詞的討論，可參希斯（Richard S. Hess）扇形結構表達的分析：Richard S. Hess, *Joshua* (Tyndale Old Testament Commenaries 6; Downers Grove, Ill.: InterVarsity, 1996), 284。

A 全地
  B 起誓的一切
    C 所有的仇敵
    C’ 所有的仇敵
  B’ 所有好說話
A’ 全都應驗

他認為藉此結構，經文強調打敗以色列人的敵人，而這是因為耶和華曾這樣起誓。因為這個勝利，以色列人可以得地，而耶和華的應許也可以實現。不過，若按他的邏輯，經文的重點更應在耶和華曾經起誓這點之上，而不是打敗敵人。這正可以證明，即使接納這個扇形結構，其中心點也不必然是經文的重點。

第九章

分地與合一的關注（二十二 1～34）

- 約書亞差遣河東支派回歸
- 河西與河東對合一的爭論

有些學者認為這章經文與二十三及二十四章有一些相連的地方。首先，這3章經文都出現約書亞「召了」(*qr'*)以色列人中不同的羣體來，並吩咐他們；他所召的分別是河東兩個半支派(二十二1)、全以色列的長老、領袖、審判官和官長(二十三2，二十四1)。其次，這3章經文多次關注到以色列人對耶和華的忠誠(參二十二5，二十三6、8，二十四14～15等)。所以，這些學者把這3章經文視為一個整體，代表著約書亞離世以前的3段講話。雖然如此，但二十二章的內容更應稍為與二十三及二十四章分別出來。其理由有如下6點：

- 二十二章載有不少與約書亞無直接關係的敍事，故難以看為是約書亞離世之前的講話。
- 若以「約書亞年紀老邁」(十三1，二十三1)這個引言短句來看，似乎是把經文分為十三至二十二章、二十三至二十四章兩大部分。而且，二十三章1節指出約書亞的講話是在得地後一段時間才出現的，時間上與二十二章提及約書亞在得地分地後不久的講話有些差距。
- 二十二章提及約書亞所召來的只是河東兩個半支派的人，但二十三和二十四章提及所召來的，都是全以色列各方面的領袖，這兩者明顯有分別。這兩者的分別在於召前者來是因為他們要離開迦南地，回到河東，但召後者來卻是因為約書亞自己將要離世。
- 二十二章所關注的忠誠問題主要是針對河東支派，而二十三和二十四章則是指著全以色列來說，經文所關注的對象也有所不同。
- 二十二章6節和二十四章28節都提及約書亞「送……回去」或「解散」(*šlḥ*；原文可譯作「差走」)聽眾，但類似的用詞卻沒有在二十三章出現。所以，二十三和二十四章似乎較為密切地連在一起，且有別於二十二章。
- 按經文內容來看，二十二章所關注的並不只是以色列人或河東支派的忠誠問題，而是河西與河東支派之關的關係，其重點是以色列人合一的問題。而且，這個問題與河東和河西的地理有關。因此，二十二章的內容可以說是分地、佔地完結後所引發出來要關注的事，而這與二十三至二十四章的關注明顯不同。

這章經文可以分為兩個相關的段落如下:約書亞差遣河東支派回歸(二十二 1 ~ 9);河西與河東對合一的爭論(二十二 10 ~ 34)。❶

9.1 約書亞差遣河東支派回歸(二十二 1~9)

戰爭和分地過後,約書亞差遣呂便、迦得和瑪拿西半個支派回歸到河東之地。這段經文記載約書亞的兩個吩咐和河東支派的遵命,可分為 3 大段,並按此作分析:

分段大綱(二十二1~9)

一、約書亞的差遣和祝福(二十二 1~6)
二、約書亞的祝福和吩咐(二十二 7~8)
三、河東支派回歸到基列(二十二 9)

9.1.1 約書亞的差遣和祝福(二十二 1~6)

這段經文記載約書亞對河東兩個半支派的差遣和祝福,經文可從兩個角度表達。首先,是以扇形結構表達;此外,也可以從時間的向度來表達。

一、以扇形結構表達

這個角度可以從以下扇形結構表達出來:

A 約書亞召來河東支派(1 節)
　B 表揚他們曾遵守吩咐(2 節)
　　C 守諾:沒有撇棄弟兄(3 節)
　　C’ 後果:得以回歸地業(4 節)
　B’ 鼓勵他們要遵守吩咐(5 節)
A’ 約書亞差走河東支派(6 節)

在這個扇形結構中,A 和 A’ 提及的行動是相對的,前者是約書亞召來河東兩個半支派，而後者是差走他們，清楚表明開始和結束；B 和 B' 則是表揚這些支派遵守耶和華的吩咐；C 和 C' 則表達因果關係，因為他們沒有撇棄弟兄，以致弟兄得享安寧，而他們亦因此可以歸回屬於自己的地業。

二、以時間向度表達

第二個角度稍稍修改以上扇形結構，以時間的向度來看約書亞的講話內容，著重點略有不同。這可見於以下的分段：

A　約書亞召來河東支派（1 節）
　B　約書亞吩咐河東支派（2～5 節）
　　X　過去：讚揚河東支派遵命（2～3 節）
　　　Y　現在：可以回歸為業之地（4 節）
　　X'　將來：繼續遵守律法誡命（5 節）
A'　約書亞差走河東支派（6 節）

約書亞召來河東兩個半支派，這是繼一章 12 至 15 節之後約書亞再對他們講話。他們聚集的地點很可能是在示羅，因為它已成為會幕所在之處，除了是敬拜禮祭的中心，也是重要聚會地點。在約書亞的講話中，他先以獨立代名詞「你們」開始作為強調，讚揚河東支派的遵命（2～3 節）。經文可列出如下：

A　耶和華的僕人摩西所吩咐你們的，你們都遵守了；
　B　我吩咐你們的話，你們也都聽從了。
　B'　你們這許多日子，都沒有撇棄你們的弟兄，直到今日，
A'　並且遵守了耶和華你們上帝所吩咐的命令。

A 和 A' 的重複用詞有「耶和華」、「吩咐」和「遵守」，而對象則分別指摩西和耶和華自己。雖然 B 亦提及「吩咐」和河東支派的遵守，但採用的字眼則是「聽從了」（原文應譯作「聽從我的聲音」，「和修版」沒有將「我的聲音」直譯出來）。約書亞使用「聽從」這個字眼，明顯是回應他們在一章 17 節的承諾，就是他們會「聽從」約書亞。若從一章 12 至 15 節的內容來看，他們聽從約書

亞的話，就是與他們的弟兄一起作戰，直到他們得地為業，「這許多日子」他們沒有「撇棄」弟兄(3節；參十一18)。所以，B的內容明顯對應著B'。在這兩節經文中，約書亞3次讚賞河東支派的遵命，他們遵守摩西「所有」吩咐的、約書亞說的「所有話」，以及耶和華「吩咐的命令」。值得留意的是，「命令」(*mišᵓmereṯ*)原文的字根與「遵守」(*šmr*)相同，這凸顯他們對耶和華的遵從。所以，他們對他們從前的領袖、現時的領袖，和他們天上的領袖都表現出完全的遵從。

耶和華應許不會「丟棄」(ʿzḇ)約書亞(一5)，而河東支派也沒有「撇棄」(ʿzḇ)他們的弟兄，他們的行動就像模仿耶和華的那樣。

約書亞的關注從過去轉到現在，在4節以兩次「而現在」(*wəʿattāʰ*；「和修版」分別譯作「如今」和「現在」)帶出河東支派過去的遵命所引來現在的結果。這兩個「而現在」所指的重點不同：

- 第一個的「而現在」帶出耶和華使他們的弟兄「得享安寧」，既回應二十一章44節「使他們……安寧」，也回應一章15節約書亞對他們的講話。這詞在這裏的重點則是在於他們與其餘以色列人的合一。
- 第二個的「而現在」帶出他們可以回「自己的帳棚」，到「約旦河東……為業之地」那裏。「帳棚」多指他們在行程中所搭起的臨時住處(參三14，七21)，但這裏可能是指可以定居之處，就是他們在河東之地。這裏使用「為業之地」來稱呼他們在河東之地，又明言是摩西所「賜」的，為要表明這河東之地確是耶和華所給予他們的產業。約書亞的講話也再次回應一章15節的承諾。

約書亞的關注從現在轉到將來(5節)，以一系列的命令吩咐河東支派要繼續對耶和華效忠，其中包括：守誡命和律法、愛耶和華、行在祂的道中、守誡命、「緊緊跟隨」祂，❷ 以及「盡心盡性」事奉祂。約書亞這些吩咐與摩西的命令相近(申十12～13，十一13、22，十三4～5，十九9，二十六16，三十2、20)。當年以色列人在進入應許之地以前，摩西以此來勸勉他們，今日在河東支派回到河東之前，約書亞同樣以此來勸勉他們。約書亞吩咐河東支派不但要在外表行動上跟從摩西所吩咐他們的誡命和律法，也要在內在態度上「盡心盡性」事奉耶和華。這個吩咐有兩點值得留意。第一，過去完全的遵從並不表示將來必然會這樣，正因如此，約書亞才用更多的用詞來勸勉河東支派要繼續，甚至要更多的遵從耶和華。第二，河東支派能否繼續對耶和華忠誠，就正是接下來所發生之事情所關注的重點。約書亞這裏的勸勉，就預告河東支派所面對的挑戰。

約書亞講話完畢後，就「祝福」他們，並「差走」他們。約書亞的祝福可能是一般臨別的祝福，但也可能與他們要在河東得地有關（參十四 13）。「他們就回到自己的帳棚去了」（6 節）是預告性的句子，因為接著的經文才記述他們回到河東（9 節）。這樣的記載方式已多次見於約書亞記中。

9.1.2 約書亞的祝福和吩咐（二十二 7～8）

這兩節經文補充約書亞的講話。不過，在此以先則加插一項有關瑪拿西支派的資料（7 節上）。這個資料以下列平行結構方式表達出來（依原文修改「和修版」）：

A　予瑪拿西半個支派，

　B　摩西賜（地業）在巴珊；

A'　予另外半支派，

　B'　約書亞賜（地業）在他們弟兄中，在約旦河的西面。

這個平行結構帶出瑪拿西作為兩個的半支派，雖然分別在河東和河西得地，但他們仍是一整個支派。經文補充這點，是與下文河東與河西的爭論有關，這是要表示雖然處於約旦河的兩邊，但他們仍是合一的。

補充過後，經文回到約書亞的講話。約書亞在 7 節下的行動（「送」和「祝福」）與在 6 節的行動（「祝福」和「送」）剛好成為扇形結構，表明 7 節上是加插的補充資料。所以，7 節下至 8 節的「他們」是指河東支派，而不只是指瑪拿西支派。約書亞對他們仍有兩個吩咐。第一，命他們帶著許多的財物、牲畜等回到他們的帳棚，目的主要是補充說他們可以帶很多的財物回去。這點所強調的是他們在戰爭中得到許多掠物。第二，他們要把打敗仇敵而得的掠物，分給他們的弟兄，這點所強調的是他們要與其他人分享他們有的。這個吩咐早見於民數記三十一章25至30節。不過，須留意的是第二個吩咐並不是在次序上接續第一個吩咐，所以，他們分享掠物的對象並不只是留在河東的人，而是整個以色列民族。這甚至可以理解為在他們回去以前，他們應按吩咐先與其他以色列人分享掠物。在此要強調的是，這是要指出以色列人的合一，因河東的支派也會與其餘以色列人分享他們的掠物。另外，7及8節都首尾提及「他們/你們的弟兄」，強調以色列人雖有不同支派，但彼此仍為「弟兄」。

9.1.3 河東支派回歸到基列(二十二9)

這節經文記載河東兩個半支派按約書亞的吩咐回到河東的「基列地」，內容可以表列如下(按原文修改「和修版」):

A　X　呂便人、迦得人、瑪拿西半支派的人

A'　　Y　離開以色列人，

　B　　Y'　從迦南地的示羅起行，

　B'　X'　回到他們已得為業的基列地，就是他們藉摩西按耶和華的指示而得的。

經文可從兩個角度來看。X和X'都是與河東支派有關，而Y和Y'則和河西有關。不過，另一方面，A和A'則是河西的以色列人與河東支派的對比，而B和B'也是迦南地和河東的基列地的對比。河東支派既離開以色列人這個羣體，也離開示羅這個會幕所在之處的重要敬拜中心，離開迦南地。所以，透過這兩個對比，經文指出河東支派與河西支派是有分別的。然而，經文又一再指出這河東之地是「**照耶和華藉摩西所吩咐**」(原文應譯作「藉摩西按耶和華的指示」)而得的，帶出河東之地也是合法的地土。

> *「照耶和華藉摩西所吩咐」的原文(ʿal-pî yhwh bəyaḏ-mōšeʰ)中，「耶和華的吩咐」在「和修版」其他地方則譯作「耶和華的指示」(參十九50；另參十五13，十七4，二十一3)。*

總結而言，1至8節有3次提及河東支派回到河東，兩次是受約書亞的差遣，1次是按耶和華的指示。所以，回到河東是合乎耶和華的心意。其次，約書亞肯定河東支

派過去的遵命，對他們的忠誠有很高的評價，為下文他們與河西的爭執提供背景資料。

信仰反省

這段經文記載約書亞對功成身退的河東兩個半支派，所作的嘉許和祝福。既談及「功成身退」，也許這段經文讓我們反省何謂「功成」，又或者何謂「成功」。

第一，雖然得地是出於耶和華的幫助，約書亞仍然嘉許兩個半支派的參與和信守承諾，以及遵命於耶和華及人。約書亞在此作了一個平衡，一方面知道得勝是出於耶和華，並歸榮耀給祂，但另一方面則對耶和華所使用的工具予以肯定和欣賞。這不但是因為耶和華揀選他們成為工具，也是因為他們願意成為祂手中的工具，作成祂的工作。這就是他們的「成功」。

第二，約書亞多次稱讚河東支派的是他們對耶和華和對人的遵命。我們所嘉許別人的會是甚麼呢？恐怕多數會是他們的成就多於他們對上帝的遵命，這反映我們重視果效多於態度，看重結果多於過程中的經歷。或者，再問一個根本的問題，究竟甚麼才算是「成功」呢？有事業，有功績，抑或是對上帝遵命呢？

第三，值得留意的是約書亞講話內容的次序。他先是嘉許這兩個半支派，然後才提出勸勉和吩咐。他的目的是先肯定別人，然後以此來鼓勵或勸勉別人多走一步。而人也不能只停留在過去的「成功」，而是需要當事人延續下去的。他們的功績或在迦南地的責任雖然已經完結，但遵命卻是一生的功課。過去的遵命並不保證可以持續地遵命下去，為此，約書亞用很強烈的字眼鼓勵和勸勉他們繼續遵守命令，甚至強調的不只是外在行動的遵守，更是內心對上帝的渴慕、跟隨和事奉。

第四，約書亞如何看河東遵命的結果呢？他既指出遵命會帶來好的結果，包括使自己的弟兄得安寧，他們也可以回歸為業之地，但他也指出這些同時都是耶和華所賜的，是祂照著應許所賜的。是賜給他們的，而不是他們自己可以爭取得到的。「成功」的果效是出於上帝所賜予的，不是人可以自求的。

第五，約書亞在肯定讚賞他們之餘，不忘強調他們與其他以色列人的合一。他先是指出他們的遵命，帶來弟兄的安寧，後是指出他們應不可以忘記與弟兄分享他們得到的掠物。他所強調的「成功」，可以說不是個人的「成功」，而是用以建立羣體，達致合一，讓整個羣體都得以受惠的「成功」。

9.2. 河西與河東對合一的爭論（二十二 10～34）

經過一輪爭戰及分地之後，各支派應努力各歸各爭取所分給他們的地土。經文在此卻提及一則有關合一的爭論，引發此爭端的原因來自一座壇。這段經文記載河東支派回去後，在約旦河那裏築了一座「高大壯觀」的壇（10 節）。這做法引來河西支派的多個反應，包括他們要預備打仗，派人到河東查詢清楚，並作出建議（11～20 節）。河東支派否定指控，並作出解釋（21～29 節）。河西支派接納解釋，並取消打仗的念頭（30～33 節）。最後以河東支派給所建之壇命名作結束（34 節）。經文可再詳細分段，並形成扇形結構如下，然後按此大綱作分析如下：

河東	A	河東支派築建巨壇	（10 節）
河西	B	河西支派預備打仗	（11～12 節）
	C	差派領袖來到河東	（13 節～15 節上）
	D	指責河東支派叛逆	（15 節下～20 節）
河東	E	河東支派否定指控	（21～23 節）
	F	河東支派作出解釋	（24～28 節）
	E’	河東支派否定指控	（29 節）
河西	D’	接納河東支派解釋	（30～31 節）
	C’	領袖返回河西回報	（32 節）
	B’	河西支派取消打仗	（33 節）
河東	A’	河東支派為壇命名	（34 節）

分段大綱（二十二10～34）

一、河東支派建築巨壇（二十二 10）

二、河西支派作出回應（二十二 11～20）

1. 河西支派預備打仗（二十二 11～12）
2. 差派領袖來到河東（二十二 13～15 上）
3. 指責河東支派叛逆（二十二 15 下～20）

三、河東支派解釋原委（二十二 21～29）

1. 河東支派否認指控（二十二 21～23）

2. 河東支派作出解釋（二十二 24～28）

3. 河東支派否認指控（二十二 29）

四、河西支派接納解釋（二十二 30～33）

1. 接納河東支派解釋（二十二 30～31）

2. 領袖返回河西回報（二十二 32）

3. 河西支派取消打仗（二十二 33）

五、河東支派為壇命名（二十二 34）

9.2.1 河東支派建築巨壇（二十二 10）

經文記載河東兩個半支派「在迦南地」約旦河一帶地方，並在約旦河旁建造了一座壇，經文補充指出這壇「高大壯觀」（原文應譯作「**樣子巨大**」）。「在迦南地」這短語在約書亞共出現 4 次，其餘 3 次都明確是指約旦河西之迦南地（十四 1，二十一 2，二十二 9）。因此，經文指出這壇並不是建造在河東，而是在河西之地。在河西建築這座大壇，目的很可能是要令河西支派的人能夠看到這壇。

「樣子」（marʾeh）原文的字根與「看」（rāʾāh）相同。

9.2.2 河西支派作出回應（二十二 11～20）

這部分經文記載河西支派對河東築壇一事的反應，這段落可分為 3 小段：11 至 12 節、13 至 15 節上、15 節下至 20 節。

9.2.2.1 河西支派預備打仗（二十二 11～12）

經文以兩次「以色列人聽見」（11、12 節）帶出他們初步的反應。這裏稱呼河西支派為「以色列人」，可能只是一種統稱，或可能是暗示河東支派不是以色列人。即使這壇何等巨大，河西支派只是「聽見」，而沒有親眼看見這壇。在第一次「以色列人聽見」後，他們就以 3 種描述來講出河東兩個半支派築壇的地點，分別是「在迦南地對面」、「在約旦河一帶地方」，以及「以色列人的境內」(「境內」的原文 *ʿēḇer* 應譯作「對面」)。除了「在約旦河一帶地方」與10節的描述是相同外，其餘兩個描述都指出這壇是建在約旦河以東的地方。因著這個矛盾，不少學者對於這壇究竟是建於河東或河西有不少爭論。不過，河西支派所講的並不必然與10節有實際上的矛盾，原因有兩個。第一，河西支派只是「聽見」，而沒有看見，所以他們對築壇的實際地點不一定有正確的認識。第二，從河西對河東支派的指責內容來看，河西認為河東築壇是不正確的(16節)，而且河東之地也是「不潔淨」的(19節)。既是這樣，他們很自然因築壇之事而與河東支派劃清界線，故此更加沒有理由認為這壇是建造在河西這邊。所以，他們對築壇地點的描述一方面暗示這未必是事實的真相，但另一方面則反映出他們對這件事情的看法和假設。

在第二次「以色列人一聽見」後，以色列人全會眾「就聚集在示羅」。關於十八章1節的分析(參7.3.1.1「在示羅會幕前的聚集〔十八1～2〕」指出這短句在約書亞記只出現兩次。與十八章1節的分地情況相似，這裏指出他們在示羅這宗教中心有嚴肅的聚會，要決定如何回應當前情況，而他們的回應就是「要上去攻打」(12節)河東支派。在約書亞記中，「攻打」常用於以色列人和迦南人的爭戰，惟有這裏是指以色列人與自己的不同羣體爭戰，甚至似是指出河西支派會攻打河東支派如攻打迦南人那樣。

9.2.2.2 差派領袖來到河東（二十二 13～15上）

在未真正打仗以先，河西支派的人決定先派遣代表團察查清楚情況。這段經文可以簡單扇形結構表達如下(依原文稍修改「和修版」)：

A　[13] 以色列人差派往基列地，到呂便人、迦得人和瑪拿西半支派的人那裏，

　B　有以利亞撒祭司的兒子非尼哈，[14] 和他同去的還有十個領袖，以色列每個支派在父家中各派一個領袖，這些人每一個在以色列族系中都是父家的領袖。

A'　[15]他們來到基列地，到呂便人、迦得人和瑪拿西半支派的人那裏，

關於這代表團，須留意誰是差派者、誰是受差派的人，以及受差去的是哪

個地方。第一，差派者是「以色列人」，但為何不是約書亞呢？第二，受差派的人分為兩批，首先是祭司以利亞撒的兒子非尼哈，這也是他首次出現在約書亞記中；其次就是河西10個支派的領袖，他們都是族系中父家的首領。須留意的是，以利亞撒和約書亞作為以色列人的第二代首領，卻沒有出現在這次事件中，而在這築壇事件中作領導的卻是第三代的領袖祭司非尼哈。差派者由約書亞轉為以色列人，受差派的人由以利亞撒轉為非利哈，這是表示約書亞和以利亞撒已作出交棒的行動。這個代表團以祭司作為帶領，加上10個支派的代表，這顯明河西支派在這件事上的合一回應。第三，他們受差派去河東兩個半支派那裏，就是基列地，而他們也實際來到那裏。

9.2.2.3. 指責河東支派叛逆（二十二15下～20）

這段經文記載河西支派對河東支派的指責，內容鋪排如下：

1. 指責：干犯與悖逆（16節）
2. 先例：毗珥的事件（17節）
3. 後果：耶和華發怒（18節）
4. 建議：要遷回河西（19節上）
5. 吩咐：不可再悖逆（19節下）
6. 先例：亞干的事件（20節）

一、指責：干犯與悖逆（16節）

「干犯以色列的上帝……所犯的是何等的罪！」的原文應譯作「干犯以色列的上帝是一件何等干犯的事」。

河西支派代表團來到河東支派的人面前，以「耶和華全會眾」的名義，用問題的方式提出指責（16節）。他們以多個不同的詞彙責備河東支派。原文句子的排列與「和修版」不同。原文首先出現的是「干犯以色列的上帝……所犯的是何等的罪！」（**「干犯」的原文 *mʿl* 以動詞和名詞形式出現**），指侵犯耶和華的聖物，接著的是「離棄耶和華不跟從他」（原文應譯作「轉離、不跟從耶和華」），最後就是「悖逆」耶和華，即他們的宗主耶和華。他們這樣犯事，是因為他們「為自己築一座壇」。不過，為何築一座壇會被視為悖逆耶和華呢？下文會說明原因。

二、先例：毗珥的事件（17節）

接著，他們以提問方式帶出「毗珥」事件，並以此作為先例（17節）。他們先問「毗珥犯的罪孽……還算小事嗎？」（這**問句**可直譯為「毗珥的罪〔或作毗珥的刑罰〕對我們是小嗎？」）這是一個修辭式的提問，答案當然是「一點都不小」。毗珥事件發生在以色列人仍未進入迦南地，停留在約旦河邊摩押平原之時發生的。當時以色列人受摩押和米甸人影響，與摩押女子行淫，並敬拜巴力．比珥，以致耶和華用瘟疫刑罰他們，當時共死了24,000人，而第一代出埃及的以色列人也就完全在曠野中滅絕了（參民二十五1～18）。他們又指出他們這罪過「甚至到今日都還沒有洗淨」。這句子的意思應該不是指當日犯的罪所得到的刑罰，到約書亞的時代仍臨到他們中間，也不是指他們仍然承擔著當日的罪孽，這裏所指的是他們仍然未脫離這類罪行，仍然會犯這類叛逆耶和華的罪。最後，他們才指出當日發生這事帶來的後果，就是「瘟疫臨到耶和華的會眾」（「臨到」可解作「攻擊」）。代表團提及這個先例的目的似乎要指出，只要以色列人中間有任何叛逆耶和華的事，刑罰就會臨到所有以色列人身上。這裏反映了以色列人那種集體報應的觀念。

原文與「和修版」次序不同，先是一句提問，然後才接著提及這事所導致的結果：「致瘟疫臨到耶和華的會眾，甚至到今日都還沒有洗淨」。

三、後果：耶和華發怒（18節）

承接上節的提問，代表團進一步指出，難道河東支派認為毗珥是件小事，以致他們今日要作一件更大的事，就是「離棄耶和華不跟從他」（18節）。若他們今日悖逆耶和華，那麼，明日祂必向「以色列全會眾發怒」。代表團把毗珥事件所涉及的集體報應，清楚在這節中說明：只要河東支派悖逆耶和華，就可以禍及「以色列全會眾」，所指的當然包括河西支派。「發怒」（*qṣp̄*）這動詞在約書亞記中只在這裏出現，其同字根的名詞則出現兩次（九20，二十二20），是指耶和華因以色列的悖逆而擊殺他們（參4.1.3.2「會眾領袖不能否定他們的立約〔九18～21〕」）。從代表團的講話，可見河西支派仍視河東支派與他們同屬於「以色列全會眾」。

四、建議：要遷回河西（19 節上）

接著代表團作出一個建議（19 節上）。他們婉轉地指出，若河東支派所做不當之事是由於「所得為業之地不潔淨」，即河東之地是不潔淨的，那麼他們可以「過來」（原文是「越過」）到河西，並在其中「得地業」。他們講話中不只重提「越過」這個行動，更藉著採用相同的用詞，對比河東與河西之地，河東是兩個半支派「所得為業之地」（*ʾereṣ ʾăḥuzzaṯᵊḵem*），但河西則是「耶和華之地」（*ʾereṣ ʾăḥuzzaṯ yhwh*；原文是譯作「耶和華所得為業之地」）。河西是屬於耶和華的地方，從耶和華帳幕就是安放在這裏便可證實。從這建議可見河西支派一方面視河東支派為同屬以色列羣體，但另一方面則否認河東之地的合法性。所以，他們認為河東支派在河東那邊築壇，就是要使河東之地成為合法的方法。然而，為著合一的緣故，河西願意放下他們已經得地的好處，為河東支派作出犧牲，與他們分享那已經分配好的迦南地土。若這個建議是合理的話，則暗示這件事應發生在分地之後不久的，而當時各支派仍未久居在各自的地上，以致再次分地仍是可能的。不過，另一方面，河西支派的建議則指出他們認為河東之地是不屬於耶和華所應許的地方，有別於以前的摩西和現在的約書亞，甚至是耶和華的看法。

五、吩咐：不可再悖逆（19 節下）

代表團第三次提醒河東「不可悖逆耶和華」（參 16、18 節），並加上「不可背叛我們」（「背叛」原文與「悖逆」是同一個詞）來強調河東悖逆耶和華一事也可視為是悖逆河西支派，因而讓河西支派受害（19 節下）。❸ 而悖逆的行動就在於他們在原有會幕中的壇以外，另外建築一個壇。在此，河西支派在此才清楚說明築壇是悖逆耶和華的原因，就是以色列人只有一處敬拜耶和華的地方。這個觀點多次出現在申命記（參申十二 5，十四 23，十六 2、6 等），但也可見於約書亞記（參九 27）。不過，這反映出河西支派在沒有親眼看見這個壇的情況下，假設河東築壇是為敬拜或獻祭之用，而這就成為河東支派的回應所針對的地方。

六、先例:亞干事件(20節)

代表團最後再提出另外一個先例,以證明他們的看法是對的。同樣地,他們都是以提問形式表達出來(20節)。他們提及亞干事件時,他們說「亞干豈不是在那當滅的物上犯了罪」。在這裏再次出現「干犯」(*mՙl*)這詞。這詞表達與16節相同,動詞和名詞同時出現,「和修版」譯作「犯了罪」(原文應譯作「干犯了干犯的事」),而這種以動詞和名詞出現的情況,除了這章經文外,也見於七章1節有關亞干犯事的記載中。

再者,他們也提及「憤怒」臨到「以色列全會眾」,並再進一步指出「死**在**他所犯的罪中,不只是他一個人而已」(原文可譯作「因他的罪,死亡的並不是一個人」)。早前亞干犯事,偷去耶和華所指定為當滅之物,以致以色列人在艾城一役中被擊敗,被殺的有36人(參七1～5)。這件事同樣指出以色列人的集體報應觀念。所以,藉著亞干之事,代表團再次表達他們的關注。值得留意的是,毗珥和亞干事件不但與集體報應的觀念有關,也在多方面事情上是互補的,現表列如下:

從上下文的處境中看,「在他所犯的罪中」的「在」(bə)應更準確地翻譯為「因為」。

	毗珥事件	亞干事件
參與人物	集體	個人
公開程度	完全公開	完全私人
發生地點	河東	河西
事情性質	獻祭予外族神明	偷竊耶和華之物
外族元素	向外敬拜外族神明	向內帶來當滅之物

藉著這兩件事情在多方面的互補,代表團就把這兩件事情代表著所有同類事情,並藉此指出事情的嚴重性。

在河西代表團的指責中,多次出現重複的詞彙,以此表達他們的關注。首先,「干犯」作為動詞和名詞,各出現兩次,分別在16節和20節,成為首尾呼應。其次,「悖逆」共出現4次,其中3次的對象都是耶和華,另一次是河西支派。再者，「離棄耶和華不跟從他」共出現兩次（16、18節）。最後，「憤怒」作為動詞和名詞，各出現1次，其主語為耶和華，這是針對以色列人而發作的。

9.2.3 河東支派解釋原委（二十二21～29）

面對河西代表團的指責，河東支派便作出申辯。他們一方面指出自己無意悖逆或干犯耶和華，另一方面則解釋他們築壇的原因。如上文所言，這部分的內容可以分為3小段：河東支派否定指控（21～23節）、河東支派作出解釋（24～28節）、河東支派否定指控（29節）。再者，位處中間河東支派的解釋部分也可再細分並以扇形結構表述。故此，21至29節這整個段落可以扇形結構表達如下（略修改「和修版」）：

A [21]於是呂便人、迦得人、瑪拿西半支派的人回答以色列族系的領袖，說：
[22]「大能者上帝耶和華！大能者上帝耶和華！他已知道，願以色列人也知道，我們若有悖逆的行為，或是干犯耶和華，你今日就不要讓我們活著！
[23]若我們為自己築壇，離棄耶和華不跟從他，或將燔祭、素祭、平安祭獻在壇上，願耶和華親自追究。

B [24]不是這樣！我們做這事的原因是懼怕將來你們的子孫對我們的子孫說：『你們與耶和華—以色列的上帝有甚麼關係呢？

C [25]因為耶和華以約旦河作我們和你們呂便人、迦得人的交界，所以你們在耶和華裏無份。』這樣，你們的子孫就使我們的子孫不再敬畏耶和華了。

D [26]因此我們說：『不如為自己築一座壇，不是為獻燔祭，也不是為獻別樣的祭，

C’ [27]而是為你我之間和後代子孫之間作見證，好使我們也在耶和華面前獻我們的燔祭、平安祭和別樣的祭來事奉他，免得你們的子孫將來對我們的子孫說，你們在耶和華裏無份。』

B’ [28]所以我們說：『將來他們若對我們，或對我們的子孫這樣說，我們就可以回答說：你們看，我們列祖所築的壇是耶和華壇的樣式，這並不是為獻燔祭，也不是為獻別樣的祭，而是作為你們和我們之間的見證。』

A’ [29]除了耶和華——我們上帝帳幕前的壇以外，我們絕沒有意思要為著獻燔祭、素祭和別樣的祭而另外築一座壇，悖逆耶和華，今日離棄不跟從他。」

A 和 A’ 都是河東否認他們是悖逆耶和華，並指出築壇並不是為要在其上獻祭。B 和 B’ 關注到河西支派質疑河東支派與耶和華的關係，以及對此質疑的回應。C 和 C’ 都是關於河西支派認為河東子孫與耶和華無分之事的。D 則重申河東支派築壇的決定。河東支派這個回應能以扇形結構表達出來，為要顯明河東支派事前已作預備和仔細思考，以致面對質疑時能這樣有系統地作出回應。

另一方面，正因為河東支派否認河西支派的指控，他們也甚少採用河西支派所用責備的字眼，其中所用的字眼包括：

- 「悖逆」作為動詞和名詞只各有 1 次（22、29 節）；
- 「干犯」作名詞只有 1 次（22 節）；
- 「離棄耶和華不跟從他」有 2 次（23、29 節）；
- 沒有提及耶和華的「憤怒」。

9.2.3.1 河東支派否認指控（二十二 21～23）

河東兩個半支派就回應河西代表團的領袖。他們先兩次呼叫「大能者上帝耶和華」，這呼叫把 3 個對上帝的稱謂連在一起，分別是「上帝、大能者」（*ʾēl*）、「上帝」（*ʾĕlōhîm*）和「耶和華」（*YHWH*）。這個對上帝的稱呼在聖經中只在這裏及詩篇五十篇 1 節出現，在此反映講話者急切地和強烈地想要顯明自己所講內容的真確性，他們願意耶和華為他們作證和伸冤。接著，他們宣告「**他已知道**」（這「他」是指耶和華，這句子可直譯為「祂一直都知道」），而「願以色列人也知道」（原文可理解為「以色列人會知道」或「以色列人要知道」）。

「他已知道」的原文（hûʾ yōḏēaᶜ）是以分詞形式表達，可理解為「一直知道」。

接著河東支派以「若」（*ʾim*）帶出條件性子句，再加上自願承擔的後果。這是一種自我咒詛的表達，以表明他們的行為在耶和華面前是清白的。這個表達形式連續出現兩次。第一次是以連續兩個「若」帶出這條件性子句，第一個是「若有悖逆」，另一個是「或是干犯」（原文應譯作「若有干犯」），而他們要承受的後果就是「你今日就不要讓我們活著」（22 節下）。這後果中的「你」應是指耶和華，而「活著」的原文應翻譯為「**拯救**」。這句話的意思很可能指耶和華容讓河西支派對他們作出攻擊而不幫助他們。第二次同樣地是以連續兩個「若」帶出條件性句子，就是「若我們……將燔祭、素祭……獻在壇上」（原文是一完整句子「若在壇上獻燔祭和素祭」），另一個「若」是「將……平安祭獻在壇上」（原文是一完整句子「若在壇上奉上平安祭」，「和修版」沒有將這「若」譯出來），而他們要承受的後果就是「耶和華親自**追究**」（23 節）。

「拯救」（yšʿ）這個動詞在約書亞記中只出現 2 次，另 1 次是在十章 6 節（基遍人請約書亞「拯救」他們）。

「追究」亦可以解作「報應」。

雖然河西代表團的講話中從沒有提及在壇上獻祭之事，但河東支派卻將河西支派的含意清楚表達出來。不過，河東支派到此仍未將築壇的目的或壇的用處說明出來。

9.2.3.2 河東支派作出解釋（二十二 24～28）

河東支派的人以強烈的否定詞「不是這樣」作為議題的過渡，以此作開首來解釋築壇的目的（24 節）。他們把所「懼怕」（原文應譯作「憂慮」）的事情說出來，並很技巧地把這推斷為他們考量將來的事情，就是「將來」（或可解作「明日」）河西支派的子孫或會質問呂便和迦得子孫：「你們與耶和華——以色列的上帝有甚麼關係呢？」這樣的質疑並非無緣無故（25 節）。從地理的角度上看，確實以約旦河為邊界，河西支派的人會以此為理由，認為河東這兩個支派「在耶和華裏無分」。更甚的是，河西支派會堅持這地界是耶和華自己所定的，而不是他們。河東支派這樣估計河西支派的說話，似乎暗示河西支派是會選擇性地聽從耶和華，河西支派會接受耶和華以約旦河為界，但可以不接受祂把河東地同樣賜予兩個半支派為業，以此表明祂接納河東的為應許之地！這裏沒有特別提及河東的瑪拿西半支派，可能是因為河西仍有瑪拿西另外半個支派，因此，瑪拿西支派與河西仍算有關聯。當約書亞吩咐河東支派把掠物「分」

（*ḥālaq*）予其他以色列人，以此表示合一之時（8 節），河西支派卻可能會宣稱這兩支派在耶和華裏是無「分」（*ḥēleq*）的，若是如此，這已表示他們的不合一。故此，河西支派的子孫就是使河東支派的人停止去敬畏耶和華了！所以，當河西支派指控河東支派悖逆耶和華時，河東支派反而指出是河西支派自己使河東支派離棄耶和華，甚至河西支派自己認為這也是出於耶和華所定的意思！

因著上述的憂慮，河東支派就決定為自己築壇，但他們立刻強調這並不是為了獻祭之用（26 節），而是作為「證據」（原文譯作「**見證**」較為適合）。對應河西支派以約旦河這界線作為「無分」的理據，河東支派就以築壇作為不是「無分」的理據。這壇不但是作為他們當代的河東支派和河西支派之間的見證，也是為著「後代子孫之間」（27 節）。這壇既見證著河東支派和河西支派之間的合一，也見證著河東之地與河西之地的合一。既然如此，這個見證就可讓河東支派的子孫藉著獻上各樣祭來表示他們仍在耶和華面前事奉祂，也表明真正的獻祭只在河西會幕那裏。這個見證也讓河西支派的子孫在「將來」不會對河東子孫說「你們在耶和華裏無分」。

將這詞譯作「見證」是為了對應 34 節「見證」一詞，因為原文都為同一個詞。

須留意在 C 和 C’ 的對應中，C 是先提及「無分」，後才是不敬畏耶和華，而 C’ 則剛好相反，先是以獻祭事奉耶和華，後才是「無分」。所以，C’是回應 C 所提及無分與敬拜耶和華的問題。另有一點值得留意的是，「**事奉**」這詞用來指對耶和華的服事，這種表達公式在約書亞記是第二次出現，首次是在 5 節約書亞對河東支派的勸勉中。這裏則是出自河東支派之口，這表明他們是遵從約書亞的吩咐。

*「事奉」的原文（*ʿbd*）在這書卷首次出現是在十六章 10 節，是指基色人作「苦工的僕人」，這與事奉神明無關。*

接著的 28 節，河東支派回應河西支派可能提出的質疑（24 節）。若河西支派懷疑河東支派與耶和華的關係，河東支派就已預備好如何回應，指出這壇可以作為見證。他們會先呼籲河西支派的子孫來「看」這個耶和華壇的樣式。這是有別於一開始時河西支派只是「聽到」築壇之事（11、12 節），河東支派的人邀請河西支派的人來看清楚這個巨壇的位置，也看看它是怎麼的模樣，而這正是回應河西支派所說要建築一座「樣子」巨大的壇的目的（10 節）。並且，河東支派第三次指出這個壇不是作獻祭之用。反而，它是為要作見證。它之所以稱為壇，原因只在於它只是有耶和華壇的「樣式」，意思是指其外表看起來像耶和華的壇，但卻不是祂的壇，而建造的人也沒有打算把它與耶和華的壇看齊。因此，它一方面見證著河東支派也是敬拜耶和華的；另一方面，由於它只是個「樣式」，所以河東支派的人不會在其上獻祭，他們反而表示知道真正的祭壇是位於河西耶和華所指定的地方。況且，這個巨壇也是築於河西那邊，若河東支派要在其中獻祭，築在河東才是最自然的做法。最後，河東支派重申這壇是作為「你們和我們之間的證據」(28 節；「證據」可譯作「見證」)。

9.2.3.3 河東支派否認指控（二十二 29）

最後，河東支派作出總結(29 節)。他們先強調他們「絕沒有意思要……悖逆耶和華，今日離棄不跟從他」(原文直譯為「絕對沒有意思悖逆耶和華，今日離棄不跟從他」)，他們不會在耶和華帳幕前的壇以外另築壇作獻祭之用，這是他們第四次這樣的申述。這總結回應他們開始時所宣告的(22～23 節)，也把當中提及的「若……」這個可能性完全否定，改為直接宣告他們沒有這些意圖。

從上文的分析，可見河東支派幾乎點對點回應河西支派代表團的指責，在回應中採用不少出現在指控中的用詞，但逐一予以否定。他們兩方面講話的對應點可見於下表：

河西支派的指控	河東支派的回應
「耶和華全會眾這樣說」(16 節)	大能者上帝耶和華和以色列人知道(22 節)
因為築壇而「干犯」、「離棄」、「悖逆」耶和華(16 節)	雖有築壇，但卻沒有「悖逆」、「干犯」、「離棄」耶和華(22～23 節)
基於集體報應觀念，指出「今日」河東犯罪，引致「明日」以色列羣體受害(18 節)	河西其實並無合一觀念，「明日」河西子孫會否定河東子孫(24 節)
約旦河的界線指出河東地為不潔，河東支派不在「耶和華所得為業之地」(19 節)	約旦河界線並不表示河東支派在「耶和華裏無分」(25、27 節)
「在耶和華—我們上帝的壇以外為自己築壇」(19 節)	所築的壇是「耶和華壇的樣式」(28 節)
「在耶和華—我們上帝的壇以外為自己築壇」是「悖逆」行為(19 節)	在「耶和華—我們上帝的壇」之外築壇並不是為了獻祭，而是作為「見證」，故不是「悖逆」行為(29 節)

在河西支派的指控和河東支派的回應中可見，河西支派視河東支派為同屬以色列民族，但擔心河東支派的築壇行動是一個悖逆行為，因而會連累他們自己，所以提出指控。不過，另一方面，河西支派認為河東之地並非屬耶和華所指定之地。因此，河西支派會因著約旦河作為界限的理由，把河東支派從耶和華會眾裏排斥出來。因此，對河西支派來說，民族真正的合一與地土的合一是不能分割的。河東支派的回應則針對河西支派提出來的，共有 4 點：

- 所築的壇不是作獻祭之用，所以築壇行動並不是悖逆行為。
- 河西支派指控河東支派的築壇行為會連累他們，是基於集體報應這個理念。河東支派沒有否定集體報應這觀念，但反而質疑河西支派是否真的把河東支派當作同屬於以色列羣體。
- 結合以上兩點，河東支派指出築壇行動就是回應這個與合一有關的核心問題。這個所築之巨壇是作為見證，表示河東支派是屬於以色列羣體的。所以，築壇不但不是河東支派的悖逆行動，更是防止河西支派犯上悖逆行動的措施。因此，河東支派把自己作為被告的身分轉過來成為控訴者，而河西支派則由控訴者變為被告。
- 最終河東支派所挑戰的是河西支派認為民族的合一與地土的合一是不可分割的這個假設。

9.2.4 河西支派接納解釋（二十二 30～33）

這段經文記載河西支派聽過河東支派解釋後的反應，可分為 3 小部分：30 至 31、32、33 節。現按此析讀內容如下。

9.2.4.1. 接納河東支派解釋（二十二 30～31）

河西代表團的非尼哈和與他一起的領袖，聽見河東兩個半支派的解釋後都「看為美」，立即同意他們的解釋。並且，非尼哈以代表的身分作出回應。他以「今日我們知道」（31 節）作為開始，表示河東支派自辯時開始的期盼「願以色列人也知道」（22 節）得到實現。他知道「耶和華在我們中間」（31 節），他的意思是這樣：河西支派是擔心耶和華會因河東支派的行動而刑罰他們，而河東支派則擔心河西支派會使他們不再敬畏耶和華。不過，現在耶和華就在河西和河東中間，以致雙方所擔心的事情都不會發生。他指出比起建議河東支派「在我們【河西支派】中間」得地業（19 節），「耶和華在我們【河西及河東】中間」才是更為重要（31 節）。所以河東支派是沒有「干犯」耶和華（以動詞和名詞形式出現）。非尼哈這宣告與他在 16 節曾作出的指控用詞幾乎相同，除了耶和華的名字。這顯明了非尼哈是回應自己之前的指控。現列出如下：

31 節	16 節
məʿalᵊtem byhwh hammaʿal hazzeʰ	*māʰ-hammaʿal hazzeʰ ʾăšer məʿalᵊtem bēʾlōhê yiśᵊrāʾēl*
「你們……沒有向他犯悖逆的罪」	「你們……干犯以色列的上帝……所犯的是何等的罪」
（原文可譯作「你們以這干犯來干犯耶和華」）	（原文可譯作「這干犯是甚麼，你們干犯以色列的上帝？」）

「救」曾出現在二章 13 節指救喇合及其家人，在九章 26 節指救基遍人。

因此，河東支派就「**救**」（*nṣl*）了「以色列人」。在這章經文中，「以色列人」一直是指河西支派。若是這樣，非尼哈在此則重申河東支派沒有悖逆耶和華，因此他們也就不但不會連累河西支派受罰，反而河東支派就是救了河西支派的人（參 18 節）。

9.2.4.2 領袖返回河西回報（二十二 32）

非尼哈等人既然接納河東支派的解釋，也表達過自己的認同，他們就回到河西迦南地那裏。這節經文可以扇形結構表達如下（稍修改「和修版」）：

A　以利亞撒祭司的兒子非尼哈與眾領袖回轉

　B　離開了呂便人和迦得人，

　　C　從基列地

　　C’　到迦南地，

　B’　到了以色列人那裏，

A’　就把這事向他們回報。

A和A' 中的「回轉」和「回報」兩詞的字根相同(*šûḇ*),B和B' 則是人物上的相對,從離開河東支派的人而到了河西支派的人那裏。C和C' 是地理上的相對,就是從基列地到迦南地。B和C與河東有關,而B' 和C' 則是關於河西的。透過這個扇形結構的表達,經文把河東與河西在人物和地理上作出對比。這個對比是客觀,且不可能除掉的,但問題是,這些差異有否成為他們合一的障礙,約旦河這界線是否在地理以外,也成為這兩羣人在敬拜耶和華之中的隔阻?以非尼哈為首的代表團為這個問題提供了否定的答案,不過,河西其餘的人又如何看待這個問題呢?

9.2.4.3 河西支派取消打仗(二十二 33)

這節經文記載河西的以色列人得知回報後的3個反應。

- 他們就「看……為美」,這與代表團的反應一致(參30節)。
- 他們就「稱頌」耶和華。「稱頌」(*ḇrḵ*)這詞在約書亞記曾出現過,被翻譯為「祝福」。它用於約書亞祝福以色列人(八33,十四13,二十二6、7),又或是耶和華祝福以色列人(十七14)。當河西支派認同約書亞對河東的「祝福」(二十二6、7),他們就能夠「稱頌」耶和華。
- 河西支派的人原本打算「上去攻打」河東的人(12節),但現在他們不再提及「上去攻打」之事,表示他們不再去「毀壞」河東支派「所住的地」。「毀壞」(*šḥṯ*)這詞多代表著完全的毀滅,其中包括人、城鎮和地土,其嚴重程度更甚於之前以色列人攻打迦南人,似是反映這是對待悖逆者的方法。在約書亞記中只在這裏出現。

9.2.5 河東支派為壇命名(二十二 34)

整段經文的總結回到那引起糾紛的壇身上。通常築壇和為壇命名是兩件連接的事情,但這兩件事情就被河東支派和河西支派的爭論所分開。呂便和迦得人於是給壇起了名。原文沒有清楚表達這壇的名字,故有些譯本參考古譯本而提供這壇的名字為「證壇」(參「和合本」、「新譯本」)。不過,這節經文「呂便人和迦得人給這壇起了名,因為這壇在我們之間見證耶和華是上帝」,

較自然原文的理解是：「呂便人和迦得人給這壇起了名為『它在我們中間是要見證耶和華是上帝』」。這個翻譯指出壇的名字頗長，其重點是指出這個壇所見證的就是：耶和華是上帝；其意思就是，無論是河東或是河西的人，耶和華都是他們的上帝。河西支派不能以河東支派因住在約旦河東面，便認為他們在耶和華裏是無分的，河東支派的人則承認他們要在耶和華面前的壇上獻祭來事奉祂。

信仰反省

這段經文記載河西與河東支派之間所發生的衝突和其化解的過程。衝突的產生是在於河西的人聽說河東的人築壇。河西的人只是聽說，卻未曾親眼目睹，他們更是先入為主地以為所築之壇是在河東之地，以及所築之壇是為著獻祭敬拜之用。或者更根本的就是他們認為地理上的差異，就代表著信仰上的差異。衝突的產生可以在於誤會，而誤會的產生可在於自己對事情已有假設，並在未清晰理解該事之前，就早已定下結論。

要解決衝突，首先是不容許自己立時作出衝動或過激的回應。很多時候，人在情緒最激動之時（無論是狂喜、興奮、憤怒或悲傷）所作的決定，都很可能是不恰當的。慶幸的是，河西支派縱有攻打的意圖，但未有把這決定付諸行動。為著解決這個問題，河西支派願意在攻打前，先表達他們的看法，這也可理解為容讓河東的人有自辯的機會，這樣的行動重點在於建立溝通的渠道。河西支派的反應包含了對自身和整個羣體的利益的關注。河西支派關注以色列人不應悖逆耶和華這議題是合理的，也是應該堅持的。單單敬拜耶和華是要執著的，不應該有任何的妥協。毗珥和亞干事件正面而言可提醒著他們對耶和華應有的態度，但從負面去看，這兩件事卻反映出他們對事情的理解是受著過去的經驗所侷限，以致容易把其他事情放進已有經驗的框架中。尤其當涉及個人的利益時，人就更容易墮入這個陷阱之中。因著河西支派關心到河東支派的行動對自己的影響，他們就更容易以負面的角度，以過去兩件極度不愉快的經驗，來理解河東支派的行動，並以此把自己的行為看為合理。此外，河西支派似乎並不了解自己把河東之地看為是不潔這個觀點是錯誤的，也輕忽了這個觀點所帶來的影響。雖然河西支派受著自身的利益所影響，他們也不忘記整個羣體的利益，他們願意放棄自己已有的好處，建議與河東支派的人共享迦南地。故此，若要解決衝突，就要願意放下自己一些的好處，來換取雙贏的局面，也就是要願意給別人和自己提出真正的選擇。不過，河西支派的指責反映他們未能質疑自己的前設，包括築壇等於敬拜別的神明，也包括河東之地是不潔的假設。

作為被指責的一方，河東支派的回應並非嚴詞反擊。他們固然否認指控，但重要的是先把這件事情放在雙方所共同相信的耶和華的手中，讓祂成為仲裁者。他們宣稱耶和華知道他們自己的心意，也讓祂對自己的不忠誠（若果有的話）作出判定。其次，他們 4 次指出築壇不等於要在其上獻祭，以此直接針對河西的人對河東支派的假設，但卻沒有明顯地指出他們的錯誤，免得加劇雙方的衝突。他們以「憂慮、關注」來表達自己的觀點，以假設性而不是宣告性的表達形式帶出論點，把問題推到將來會發生的事，而不是當下就出現的，免得河西以為河東針對他們。這既帶出他們的擔憂，也婉轉地指出河西的錯誤。

再者，除了誤會壇的功用外，河東支派的人指出以約旦河作為界線，也令河西的人錯誤地把整個以色列羣體區分為不同部分。不過，河東支派不會只用委婉之詞，也正面地講出築壇的目的是作見證之用，以及他們會在河西支派所認可（也是耶和華所認可）的地點敬拜耶和華。河東支派一方面否認河西支派的指控，揭露他們兩個錯誤的假設，另一方面則點對點回應河西支派所關注的，並不以自己為正義就漠視別人的指控。最終，他們指出築壇就是為著見證耶和華的同在，也是見證羣體的合一。

這段經文提醒我們衝突出現的可能原因，要求我們去檢視自己的假設，提醒自己不要過於容易因著關注自己的利益而對別人有成見。重視大原則是必須的，就如是否叛逆耶和華，這事是不能輕忽的。然而，在重視原則之餘，也應提醒自己不要以與這原則無關的差異（如約旦河，如不同性格、興趣、個人背景等）來為別人劃下界線，排斥別人，甚至把別人看為在上帝裏無分。

這段經文充滿「自己人」與「外人」的對比，就如當中有不少「我們」和「你們」。解決衝突需要雙方坦誠溝通，只有單方面有誠意是不大可能把問題解決的。被人指責當然不好受，但若能正視對方的關注，合理而又顧及對方的感受地作出回應，解釋問題癥結所在之處，以爭取雙方好處的角度出發，或許最終能夠突破彼此之間的鴻溝。人可以透過解決衝突而更進深建立彼此的互信關係，並見證上帝的同在和大能。

溫習及思考問題

1. 為何二十二章要從二十三至二十四章分出來？經文透過哪兩個角度來表達河東兩個半支派的差遣和祝福？
2. 二十二章 7 至 8 節是補充了瑪拿西支派的資料，這是關於哪方面的資料？你認為經文為何作這補充？
3. 約書亞吩咐瑪拿西支派要與他的弟兄分享物資，其用意何在？約書亞對瑪拿西支派的勸勉對我們的信仰有何提醒？
4. 河西支派的人如何知道河東的人築了一座壇？他們的反應如何？他們以怎樣態度處理這事情？
5. 河東支派的人如何回應有關河西支派的人對他們築壇的質詢？從這事件中能否找出約旦河兩岸的人如何處理衝突，這對我們處理人際關係的衝突有何提醒？

釋經短註

❶ 有關二十二章的分析，可參 David Jobling, " 'The Jordan a Boundary': Transjordan in Israel's Ideological Geography," in *The Sense of Biblical Narrative: Structural Analyses in the Hebrew Bible*, vol. 2 (JSOTSup 39; Sheffield: JSOT, 1986), 88 ～ 147；Elie Assis, " 'For It Shall Be a Witness Between Us': A Literary Reading of Josh 22," *Scandinavian Journal of the Old Testament* 18 (2004): 208～231。

❷ 二十二章 5 節「緊緊跟隨」(*dḇq*)的原文指兩件事物緊貼在一起(撒下二十三 10；耶十三 11)。因此，它可用來指親密的關係，如丈夫與妻子「結合」(參創二 20)，這詞亦可有「戀慕」(參王上十一 2)或「效忠、專靠」的意思(參申十 20，十一 12；得一 4)。不過，這種「緊貼」的關係也可以帶著負面意思(參耶四十二 16；結三 26)。

❸ 二十二章 19 節「不可背叛我們」的原文(*wəʾōṯānû ʾel-timʾrōḏû*)有 3 處

困難的地方。第一，「悖逆」（*mrd̲*）這個動詞多與前置詞*bə* 同用，但這裏卻不然。第二，這裏的前置詞*ʾel*（「到」）是在動詞「悖逆」之前，它的意思難以明白，故有學者把它修改為*ʾal*，解作「不可」。第三，有學者認為「悖逆我們」的意思含糊，故此建議把「悖逆」在原文所採用 *qal* 語態形式（基本主動語態形式）修改為 *hiphil* 語態形式（表達一種帶有主動語態的使役動作），這樣的修訂只在原文中改動一個母音，其意思便修改為「你們不可使我們悖逆」。若是如此，「不可背叛我們」便可以解釋為河東支派的悖逆，會延至河西支派也會被耶和華視為悖逆。這樣，以色列全會眾就因而受刑罰。

第三篇

結語（二十三1～二十四33）

這篇內容討論約書亞記最後兩章經文，是全書的總結，其主要內容是約書亞的兩篇遺言（二十三1～16，二十四1～24〔25～28〕），以及3個人被埋葬的記錄（二十四29～33）。在這兩篇遺言中，約書亞不斷重提耶和華為以色列人所做的事，鼓勵以色列人繼續遵守耶和華的吩咐，不要與當地的迦南人結盟，也不要敬拜他們的神明，並警告他們違命的後果。最後，經文記載約書亞、約瑟和祭司以利亞撒被埋葬的事情，以此結束整卷約書亞記。

第十章

遺言與埋葬
（二十三1～二十四33）

- 約書亞的遺言：要與列國有分別
- 約書亞的遺言：選擇事奉耶和華
- 3個埋葬記錄：1個時代的終結

以色列人分地完畢，河東與河西支派的爭執又得以順利解決，以色列人進佔迦南地的事情暫告一段落，約書亞作為帶領以色列人進入應許之地佔地的時代面臨終結。經文記載了約書亞在離世以前，向以色列人宣講兩篇重點不同的遺言。在第一篇遺言中（二十三 1～16），約書亞勸勉和警告以色列人不要與迦南地上剩下的國民來往結親，也不要敬拜他們的神明。這就是說，約書亞吩咐以色列人要維持獨特的身分，不要受這些國民同化。在第二篇遺言中（二十四 1～24），約書亞仔細重述耶和華的作為，多次鼓勵和提醒以色列人要選擇敬拜耶和華，並立志守約。最後，經文記載約書亞、約瑟和以利亞撒 3 人給埋葬的記錄，確認由約書亞作領導的時代已經結束。

10.1 約書亞的遺言：要與列國有分別（二十三 1～16）

這段經文記載約書亞的第一篇臨別遺言。類似的記載可見於創世記四十九章（雅各的遺言）、申命記三十二至三十三章（摩西的遺言），以及撒母耳記下二十三章 1 至 7 節（大衛的遺言）。約書亞的兩篇遺言有好些相同的元素，但具體的內容卻有不少差別，所使用的詞彙也不同。現簡單地以表列出如下 5 點，然後才分析這段內容：

	二十三 1～16	二十四 1～28
講話對象	領袖	眾百姓、領袖
講話地點	可能在示羅	示劍
講話方式	單向吩咐	雙向對話
講話內容 耶和華的作為 對聽眾的勸勉	 佔地分地 與列國有別；警告違背耶和華的後果	 從亞伯拉罕到進入迦南地 選擇去事奉耶和華；作見證針對自己
所用重點詞彙	耶和華你們的上帝、列國、美地	事奉、選擇
非講話內容	無	立約

約書亞的第一篇遺言並不是在佔地分地後不久就講出來的，而是過了一段頗長的日子，很可能是在他接近離世之前才向以色列人宣講的。在他的講話

中，他兩次提及自己年老（2、14節），可以此作為標記把講話分為兩部分。他一方面提及耶和華的作為，這作為主要集中於為以色列人作戰，使他們得地分地之事；而另一面，約書亞則勸勉和警告以色列人，既勸勉他們要跟隨耶和華，不可與地上的眾民結盟，不可敬拜他們的神明，也警告他們違命所帶出的後果。這章經文可簡單分段如下：

分段大綱（二十三1～16）

一、引言：招聚眾人（二十三1～2上）
二、第一輪勸勉與警告（二十三2下～13）
　1. 引言（二十三2下）
　2. 耶和華的作為與人的回應之一（二十三3～8）
　3. 耶和華的作為與人的回應之二（二十三9～13）
三、第二輪勸勉與警告（二十三14～16）

約書亞的講話內容亦可稍為詳細分析如下：❶

	2節下～8節	9～13節	14～16節
年紀已老邁	2節下		14節上
耶和華的作為	3～5節	9～10節	
勸勉 警告	6～8節	11節 12～13節	14節下 15～16節

10.1.1 引言：招聚眾人（二十三1～2上）

這個引言帶出約書亞宣講遺言的場景、時間和人物。經文以兩個方式描述發生這事件的時間。第一，從耶和華的作為來看，祂已使以色列人「得享安寧」，其用詞與二十一章44節相同，而且已經「有很多日子」。由此可見這事件很可能發生在分地之後多年。第二，從約書亞的情況來看，他「年紀老邁」（原文意思是「他老了，他年邁了」），這裏的用詞與十三章1節完全相同。若果這時間就如他下文所說的「今日要走世人必走的路」（14節），而他離世之時是110歲，那麼，若他分地時年齡與迦勒相近，約85歲（十四10），這遺言大概就是在分地25年後宣講的。

那時，他就召來「全以色列」（2節），即是他們的「長老、領袖、審判官和官長」❷，代表著以色列羣體中各方面的領袖，他們都是約書亞講話的對象。值得留意的是，這裏沒有提及祭司以利亞撒或非尼哈。若按民數記二十七章21節，約書亞要按祭司以利亞撒求問耶和華的結果而行事，而祭司非尼哈更是上一章所記載河西支派代表團的首領，是以利亞撒的繼承人。所以，祭司以利亞撒固然是在約書亞之上作領導，而非尼哈也很可能是約書亞離世後與其他領袖作帶領以色列的人。

經文沒有特別提及講話地點是在哪裏，不過，從上下文看，這很可能是示羅（參十九51，二十一2，二十二9、12），也就是耶和華會幕所在的地方（參十八1）。

10.1.2 第一輪勸勉與警告（二十三2下～13）

約書亞在這部分的講話可以分為兩段，分別是3至8節和9至13節，每段都包括講述耶和華的作為，然後再加上勸勉（和警告），而2節下是約書亞說話的引言。

10.1.2.1 引言（二十三2下）

約書亞以「我年紀已經老邁」作為開始（2節下），這與3節的開始形成對比。經文可翻譯為：「至於我，我年紀已經老邁；至於你們，**你們**已看見……」按原文，這兩句子都以獨立代名詞開始，分別是「我」和「你們」。這與「和修版」的句子次序不同。在講話中，約書亞在動詞之前加上這兩個代名詞，是作為對比之用。

「和修版」對「你們」這代名詞的理解有所不同，認為是強調「看見」，故譯為「你們都親眼看見」。

10.1.2.2 耶和華的作為與人的回應之一（二十三3～8）

約書亞在這段講話中提及耶和華的作為，包括祂為以色列人在當時及將來所作的事（3～5節），然後提醒以色列人作適當的回應（6～8節）。

一、耶和華為以色列人所作的（3～5節）

約書亞在此所關注的，是因耶和華對列國所作的，以致以色列人可以得地。經文以簡單扇形結構表達：

A　耶和華的作為（3節）

　B　約書亞的角色（4節）

A'　耶和華的作為（5節）

約書亞指出他的聽眾已「看見」耶和華「你們【指以色列人】的上帝」在過去向「這些國家」(*gôyīm*；原文是「列國」)所做的。這節經文有3件事情須留意的：

- 「你們的上帝」這短語看似簡單，但在約書亞記卻出現29次（申命記出現次數最多，有46次），單單在二十三章就已經有13次，全都是出現在「耶和華—你們的上帝」這短語中。如此多次重複地出現，為要聽眾正視耶和華與他們的關係，並以此作為推動他們回應的基礎。
- 「**列國**」(*gôyīm*)一詞在約書亞記中以複數形式出現，共有7次，都只在這章經文裏（3、4〔2次〕、7、9、12、13節），其中3次是指這些迦南國民是「剩下的列國」（4、7、12節），顯明它是約書亞這次講話的主題。
- 約書亞記中多記述迦南人「聽到」耶和華的作為（參二10，五1，九1，十1，十一1），但對於以色列人，他們卻可「看見」耶和華的作為（另參二十四7）。這表明他們確實與迦南人不同，他們是與耶和華有較親密的關係，耶和華也因此對他們有較大的期望。

*「列國」若是以單數形式（**gôy**）出現，則有5次，都是指以色列民（三17，四1，五6、8，十13）。這更突出了其眾數的「列國」在二十三章的重要性。*

為此，約書亞宣告「那為你們作戰的是耶和華—你們的上帝」（3節；原文應譯作「**是啊**！耶和華—你們的上

*「是啊」翻譯自原文**kî**這詞，「和修版」沒有明顯將這詞譯出來。*

帝，他就是為你們爭戰的那一位」；參十 14、42；原文與申命記三章 22 節相同）。這宣告指出耶和華是以色列人的上帝，也就是為他們爭戰的那一位，因此，他們得勝並不是由於他們自己的能力，也不是靠著其他的神明，而只是耶和華自己。

既然耶和華已經為以色列人戰勝「列國」，約書亞接著就指出他自己的角色。他以「看」（4 節；原文應譯作「你們要看」）作出呼籲，叫以色列人看清他以「抽籤」的方式分地土予他們為業之事。經文曾多次提及約書亞這方面的責任（參十一 23 上，十二 7 下等）。在此，他仍要指出自己曾「剪除」列國，這也是經文曾提及過的（十一 21）。不過，值得留意的是，他並不是說他所分給以色列人的是「地土」，而是「列國」，且不但是「所剪除的列國」，也有「剩下的列國」。既然如此，這些剩下列國中的國民就仍住在以色列人中間（參十五 63，十六 10，十七 12～13），但他們已交付予以色列人了。

接著，約書亞就宣告耶和華將來所要做的事情，以此來回應仍有迦南人在迦南地上，以及以色列人仍有許多「未得之地」這個情況。耶和華會「從你們面前」（5 節；原文或應譯作「因你們的緣故」）把這些人「趕出」（*hḏp̄*），「使他們離開你們」（原文應譯作「把他們**趕走**」），以致以色列人可「得他們的地為業」（「得……為業」的原文是動詞 *yrš*，以 *qal* 語態形式表達；即基本主動語態形式）。由此可見，趕走或除滅剩餘的迦南民族已不再是以色列人的責任，而是耶和華親自處理這些事情。在這短短的 3 節經文中，約書亞的講話多次強調耶和華的作為是「因以色列的緣故」，也為著以色列的好處。這既發生在過去，也會出現在將來。

「趕走」的原文 yrš 是以 hiphil 語態形式表達，即一種帶有主動語態的使役動作。

二、以色列人要作的回應（6～8 節）

因著耶和華這樣待以色列人，約書亞就勸勉他們作出適當回應，這些回應包括應當作的和不應當作的。內容形成簡單扇形結構如下（修改了「和修版」6 節結尾的標點符號）：

A　應當　　[6]你們要大大壯膽，謹守遵行寫在摩西律法書上的一切話，

B　不應當　不可偏離左右，

[7]不可與你們中間所剩下的這些國家往來。

B’　不應當　你們不可提他們神明的名，不可指著它們起誓，

不可事奉它們，也不可敬拜它們。

A’　應當　　[8]只要緊緊跟隨耶和華－你們的上帝，就像你們直到今日所做的。

這扇形結構顯示了A和A’都是正面地指出聽眾應當作的事情，而B和B’則是指出他們不應當作的事情。從另外一個角度來看，A和B都與摩西律法有關，B是進一步解釋A的吩咐；而B’和A’則與敬拜的對象有關，B’指出不應該敬拜的，而A’則指出應該敬拜的。值得留意的是，B兩個「不可」的原文為相同用詞（*ləḇilʾtî*），而B’4個「不可」的原文也是相同用詞（*lōʾ*），但與B的不同。

約書亞鼓勵他們「大大**壯膽**」（6節；原文應譯作「大大剛強」），謹守所有寫在摩西律法上的吩咐。耶和華也曾對約書亞作出類似的吩咐（參一7），而現在他就對領袖作出同樣的吩咐。但是，怎樣才算是做到這樣的要求呢？這就在B中以兩個「不可」（*ləḇilʾtî*）作出說明。第一個是指「不可」轉離律法的教導，無論是向左或向右都不能。「左右」是重言法，表示所有，即在任何方面都不能轉離律法書。第二個是指「不可」與這些剩下的國家「往來」。「往來」這用語常指人與人較密切的相交，包括結親在內（參詩二十六4；箴二十二24）。

「你們要……壯膽」（waḥăzaqʾtem）這動詞應譯為「你們要剛強」（參一6、7、9、18等）。

接著，約書亞以4個「不可」（*lōʾ*）帶出絕對的禁令，吩咐以色列人與迦南神明也不可有交往。這4個「不可」分為兩對。第一對以不同用字指出不應指著這些國家的神明來**起誓**（7節），❸ 因為這樣做就表示信靠它們和承認它們的能力。第二對則指出不可事奉或敬拜（或作「跪拜」）它們，即不能聽從它們，以它們為主人。約書亞接著的講話中，分別再提及與迦南人往來（參12～13節）或敬拜他們的神明（參15～16節）所帶來的惡果。既然不可與別

7節「不可提他們神明的名」應譯為「不應以他們神明的名字起誓」。

「緊緊跟隨」在約書亞記只出現3次（參二十三12）。

的神明交往，那應該要怎麼樣呢？約書亞以「但只是」（*kî ʾim*）作出強烈對比，指出要做的是「**緊緊跟隨**耶和華」，即與祂有很親密的關係。約書亞讚賞以色列人，指他們「直到今日」就是這樣與耶和華緊緊在一起（8節）。不過，將來又如何呢？這就是約書亞所關注的。

在3至8節這段落中，約書亞提及耶和華為以色列人爭戰得地，並以此成為以色列人作回應的基礎，來勸勉他們要遵守律法，其目的是要與耶和華建立親密的關係，與列國劃清界線。耶和華曾以類似的說話吩咐約書亞遵守摩西律法，而目的是為要得地分地。這裏雖然重提遵守摩西律法，但其目的卻有所不同，就是不可與列國來往。所以，這裏的重點已不是佔地分地，因為這個階段基本上已成過去。他們要面對的反而是與列國一同在地上生活時，要如何與他們分別出來。摩西律法就為以色列和列國這兩個羣體劃下分界線。當以色列民跨越這條界線，與列國交往並敬拜他們的神明時，以色列民就成為他們的一分子，也因此會離開與耶和華—上帝的合一。所以，守律法的目的是為了保持羣體的整全性和獨特性，與列國分別開來。

10.1.2.3 耶和華的作為與人的回應之二（二十三9～13）

在9至13節中，約書亞同樣以宣告耶和華的作為開始（9～10節），重點也是在於祂曾為他們作戰；接著是提出勸勉及警告（11、12～13節）。

一、耶和華為以色列人所作的（9～10節）

這兩節經文，可以扇形結構表達如下（稍修改「和修版」）：

A　[9] 耶和華**因你們的緣故**已經把又大又強的列國趕出；

　B　至於你們，直到今日，沒有一人能在你們面前站立得住。

　B'　[10] 你們一人必追趕千人，

A'　因為耶和華—你們的上帝，他就是為你們爭戰的那一位，正如他向你們所應許的。

原文沒有「因為」這連接詞。另外，「從你們面前」或應譯作「因你們的緣故」。

A 和 A' 指出耶和華為以色列人爭戰，趕出列國。B 和 B' 則指出以色列人可勝過敵人；正正因為耶和華的行動，以致在「過去」（「已經」）列國不能敵擋以色列民，而「將來」（「直到……」）他們亦可以一人敵千人，正如過去他們以有限的軍兵戰勝無數的迦南聯軍那樣。申命記三十二章 30 節就指出，以色列人可以這樣勝過敵軍是因為耶和華交出敵軍（另參利二十六 7～8）。

這裏描述耶和華的兩個行動，剛好與 3 至 5 節的次序相反（稍修改「和修版」）：

X　3 節　　……耶和華—你們的上帝，他就是為你們爭戰的那一位……

　Y　5 節　　耶和華—你們的上帝必因你們的緣故趕出他們……正如耶和華—你們的上帝向你們所應許的。

　Y'　9 節上　　耶和華因你們的緣故已經把又大又強的列國趕出；

X'　10 節下　　因為耶和華—你們的上帝，他就是為你們爭戰的那一位，正如他向你們所應許的。

X 和 X' 中有完全重複的句子，重申耶和華是為以色列人作戰的戰士，Y 和 Y' 則指出祂「因你們的緣故」而「趕出」列國。3 至 5 節和 9 至 10 節都有說明耶和華照祂所應許的行事。約書亞透過剛好相反的次序來重複述說耶和華的作為，為要強調耶和華按祂的應許為以色列人爭戰，指出祂是個既信實，又有能力的上帝。

二、以色列人要作的回應（11～13 節）

接著，約書亞不但提出勸勉（11 節），還加上警告（12～13 節）。約書亞勸勉聽眾要「分外謹慎」（*wənišᵊmarᵊtem məʾōḏ*；11 節），其意思是指要非常小心關注，全心留意。這短句在約書亞記只出現在這裏，顯明了其重要性。原文接著也加上「為著你們的性命」（*lənap̄ᵊšōṯêḵem*）（「和修版」沒有將這句子譯出來），強調這樣做的重要性。而且，他們要以「愛耶和華—你們的上帝」這種態度行事。這個吩咐也可見於約書亞對河東支派的臨別贈言中（參二十二 5）。

這句子的原文（*šôḇ tāšûḇû*）是由不定詞絕對形（infinitve absolute）加上未完成式動詞來表達，用作強調「轉回」這個行動。

勸勉過後，約書亞首次在這段講話中提出警告，內容比勸勉為長。這警告以條件性句子表達。他以「若」帶出以色列人離棄耶和華，與列國結盟這個前題，來回應之前所勸勉的內容（7 節上）。這個前題以「斷然轉離」（原文可譯作「**你們確實轉回**」）開始，接著便提出兩個行動，剛好與 7 至 8 節所吩咐的內容相反，而其次序也是相反。現表列如下：

P　7 節　不可與你們中間所剩下的這些國家往來……

　Q　8 節　只要緊緊跟隨耶和華—你們的上帝……

　Q’　12 節上　你們若斷然轉離，緊緊跟隨你們中間所剩下的這些國家，

P’　12 節下　彼此結親，互相往來，

若他們「緊緊跟隨」剩下來列國的餘民，而不是「緊緊跟隨」耶和華（8 節）；若他們與這些民「彼此結親」，甚至「互相往來」，而不是「不與他們往來」（7 節），那麼他們就要面對嚴峻的後果。

這句子的原文（*yāḏôᵃᶜ tēḏᵊᶜû*）是不定詞絕對形加上未完成式動詞，用作強調「知道」這個行動。

約書亞以「確實知道」（13 節；原文可譯作「**你們確實知道**」）帶出後果，對應前題的「你們確實轉回」（12 節）。既然以色列人要與這些民族來往結親，放棄自己獨特的身分，成為他們的一分子，那麼，耶和華就沒有必要再繼續「趕出」這些民族了。這樣，留在地上的餘民就會成為傷害以色列人的工具。那些列國如何成為傷害以色列人的工具，可分為兩類作討論。

首先，這些國是以色列人的「羅網」和「圈套」。這兩樣東西用以捕捉雀鳥和獵物，在捕捉獵物時都是隱藏起來（參箴七 23；傳九 12；摩三 5）。這代表著以色列人不知道，也看不見這樣的危險，直至他們發現之時，就已經太遲了（參詩六十九 22）。若參照其他經文，「圈套」（*môqēš*）可比喻為迦南人誘使以色列人背叛耶和華，轉而敬拜他們的神明，所指的是一個宗教的問題（參出二十三 33，三十四 12；另參申七 16；士二 3，八 27）。

其次,「肋上的鞭」和「眼中的刺」。這「鞭」和「刺」雖然細小,就如迦南列國的餘民可能人數不多,但卻會直接地和明顯地造成傷害。類似的比喻只見於民數記三十三章55節,其上下文指出這是與迦南人擾亂以色列人有關。所以,這裏所指的是政治、軍事問題。

「鞭」(šōṭēṭ)這詞的原文在聖經只出現1次,其意思無法確定。

總結而言,若以色列人與迦南人建立密切的關係,那麼,迦南人就在宗教和政治方面都會對以色列人做成傷害。最終的結果就是以色列人會在這美地上滅亡,而不是他們使這些餘民在這地上滅亡;以色列人最終不是失去這地或被逼離開,而是他們根本再沒有人可以承受這地土。這就是約書亞對他們的警告。

10.1.3 第二輪勸勉與警告(二十三14~16)

在這部分的講話中,約書亞作出更強烈的警告。他以「看哪」作開始,叫聽眾留意他的講話內容。接著,他重提自己年邁之事,以宣告今日「要走世人必走的路」(14節上;原文可譯作「**我正走**在世人的路中」),其意思是指他快要離世。❹

「我正走」的原文是獨立代名詞「我」(ʾānōḵî)加上「走」的分詞(hôlēḵ)。這組合加上「看哪」多表示快將發生的事情。

接著,他就提出勸勉,吩咐聽眾「要知道」,包括以哪種態度去知道和所知道的內容,而所要知道的內容則以簡單扇形結構表達出來如下(稍修改「和修版」):

態度:	你們要一心一意知道:
內容:	A　沒有一句話落空, 從耶和華─你們的上帝關於你們所說的所有美話中; 　B　所有都臨到你們, A'　沒有一句話從它中落空。

在態度方面,以色列人要「一心一意」(14節)地知道。「一心一意」這短語在約書亞記也只見於約書亞對河東支派的臨別勸勉中(參二十二5;這節譯

作「盡心盡性」)，意思是指要全心全意的知道。「知道」在這裏的意思並不只是知識上的認知，也包括認信、宣認的意思，意思就是不但不可以有絲毫懷疑，行事為人也要按著所知道的。在內容方面，他們要認信耶和華的作為，就是對他們所說的「福氣」(原文可譯作「美事」)都臨到他們，一點都沒有落空。透過首尾呼應的表達形式，約書亞指出耶和華完全的施恩，以及祂的信實和能力。類似的講法在約書亞記中只見於二十一章 45 節，其上下文是指耶和華使以色列人得地和分地。這很可能也是這裏的含意。

勸勉過後，約書亞提出嚴厲的警告，回應上文的勸勉(7 節下)，其內容可以簡單扇形結構表達如下(稍修改「和修版」)：

A　[15] 耶和華－你們的上帝所應許的所有美事怎樣臨到你們身上，耶和華也必照樣使所有惡事臨到你們身上，
直到他把你們從耶和華－你們上帝所賜給你們的這美地上除滅。

B　[16] 你們若違背耶和華－你們上帝吩咐你們所守的約，去事奉別神，敬拜它們，

A'　耶和華的怒氣必向你們發作，
使你們在他所賜給你們的美地上迅速滅亡。

A 和 A' 都包含耶和華以負面行動對待以色列人及其結果，而 B 則指出引致有 A 或 A' 出現的原因。從這個角度來看，B 這個條件性行動可以說是有雙重功用，既與 A 有關，亦與 A' 有關。透過首尾呼應，這個講話強調耶和華的信實，祂說過會作審判，必完全確實地施行審判，並有能力使以色列人滅亡。

15 節上承接 14 節提及的「一切福氣」(原文可譯作「所有美事」)，約書亞先指出正如「臨到你們身上」的是「福氣」(這是指「所有美事」)，而接著則預告耶和華亦會使「各樣災禍」(原文意思是「所有惡事」)「臨到你們身上」。原文清楚地將「美/好」與「惡/壞」的事作對比，又重複提及「〔使……〕臨到你們身上」，明顯帶出過去的美事與將來惡事的對比，並這些事與以色列人的關係。藉著「惡事」，耶和華把以色列人從這「美地」上除滅(15 節)。經文把

「美事」(*haddāḇār haṭṭôḇ*)和「美地」(*hāʾăḏāmāʰ haṭṭôḇāʰ*)並列，同時強調是耶和華親自「除滅」(*šmḏ*)他們。這裏先提及後果，才提及前設(16節上)，正是要讓聽眾正視這後果的嚴重性。以色列人要「除掉」(*šmḏ*；原文譯作「除滅」)當滅之物(七12)，表示祂也曾這樣對付迦南地諸王(十一14、20；參九24)。耶和華也會這樣對付以色列人，正如他們對付迦南人那樣。

甚麼原因令耶和華這樣做呢？就是當以色列人「違背」耶和華之「約」的時候，這個指控在約書亞記只曾出現在亞干事件中(七11、15；參3.2.1.4「指示：耶和華吩咐尋犯〔七10～15〕」)。在那事件中，「違約的事」就是指偷去當滅之物，而這裏指的則更嚴重，就是「事奉**別神**」和「敬拜它們」(16節)，因此帶來更嚴重的後果。亦因為這樣，「耶和華的怒氣……發作」(*wəḥārāʰ ʾaḇ-yhwh*；16節)，約書亞記中這情況也只曾出現在亞干事件中(七1；參二十二20)，以致以色列人不但在「美地上……滅亡」(正如13節所言)，更是「迅速」滅亡。不過，13節提及以色列人「**滅亡**」(*ʾbḏ*)的原因，是因為迦南的餘民對他們造成傷害，而造成這樣的則是出於耶和華自己。基於此，耶和華使以色列人「迅速」滅亡。

「別神」在約書亞記只出現兩次(二十四2、16)。

在原文中，「你們事奉」(waʿăḇaḏʾtem)和「你們滅亡」(waʾăḇaḏʾtem)相差只一個字母，發音幾乎相同，經文藉此強化這兩者之間的關係。

10.1.4 小結

這段經文記載約書亞離世之前第一篇遺言，講話的對象是以色列民中所有的領袖，當中可分為3段講話。首兩段提及耶和華的作為，主要是提及耶和華作為以色列人的戰士，並以此作為勸勉以色列人的理據，第三段則綜合耶和華應許的應驗。至於勸勉或警告的內容，第一段講話中沒有任何警告，而其勸勉則集中在要求以色列與剩下的列國和他們的神明分別出來，既不可與他們往來結親，也不可敬拜這些神明。雖然耶和華會把迦南餘民趕出，但當他們仍在以色列民中間之時，重要的就是以色列人要保持獨特的身分。第二和三段講話則除了勸勉外，還加上警告。

從第一段的勸勉中提及以色列人要與迦南人分別出來，第二段的勸勉則重提「謹慎」的要求，但其警告則特別針對他們與迦南人的關係這點。以色列人若不與迦南餘民分別出來，而與他們相交的話，以色列人就會在宗教和軍事政治上受到傷害，最終在這美地上滅亡。第三段講話中的勸勉更進一步強調以色列人要「盡心盡性」知道耶和華的信實，而其警告則比第二段的更為嚴厲。這個警告再沒有提及迦南人的作為，而是只在於指耶和華的作為。

第一、二段提及耶和華過去善待以色列人，第三段則是祂將會惡待以色列人，兩者成為強烈的對比，而這也是經文提及的「福氣」(即「善事」)和「災禍」(即「惡事」)對比。這裏甚至以「違約」來形容以色列人的行為，而其結果就是耶和華自己向他們發怒，親自除滅他們，以致他們「迅速」在這美地上滅亡。約書亞以上的講話內容當然適合於每一個以色列人，但對以色列的領袖來說更富挑戰性。這些領袖作為以色列民的帶領者，比以色列民更要謹慎，更要以身作則緊緊跟隨耶和華，不可因為個人利益的緣故與迦南人結親，反要領導以色列人過與迦南餘民有別的生活方式。

信仰反省

一個人臨終前所講的往往是他最關注的事情。這樣，從約書亞的遺言內容中，能否發現他所關注的是甚麼事情呢？這段講話對我們有甚麼提醒呢？在他的講話中，他以耶和華為以色列爭戰作為開始，以祂對以色列人行審判作為結束。約書亞提醒我們，上帝滿有恩典的作為，這些是我們所親眼見過的，這既不容我們否定，也成為我們回應祂的推動力。

要回應上帝的作為，就是要在世上活著之時，過著以祂的律法為依據的生活方式。要知道，謹守律法並不容易，我們要「大大剛強」。這種遵從摩西律法的生活方式一方面叫我們面對現實的狀況，就是仍有剩餘的迦南民族在我們中間，但另一方面則指出我們不能與這些餘民混在一起，反而要與他們分開，好保持那獨特的上帝子民這身分。以色列人如何與迦南地上的餘民共處呢？就是要劃清界線。這界線並不是在於地理、種族、性別、貧富、性格等的不同，而是在於生活方式和信仰的不同。

生活方式方面，不可與世界往來，不可與它建立密切的關係，也不可接納這世界為自己的一部分。保羅就曾提醒我們不要模仿這個世界，被這世界所同化，反要察驗甚麼是上帝的旨意，甚麼是美好和蒙祂悅納的事情（羅十二2）。有時候我們緊緊跟隨世界是出於懼怕，但也可以是出於喜愛。我們可以因為害怕這世界比我們強盛，而不得不與它結盟來保存性命。但是，我們也可以因為喜愛這個世界而與它結盟，因為它能提供好些我們渴求的東西。然而，與世界結盟的結果就不是得以存活，或得以滿足，而是被世界所同化，墮入它的網羅中而不自知，結果被它攻擊以致滅亡。當這世界的人以為謊言說上千萬次就成為真理的時候，或他們毫無廉恥地講出連自己都不能相信的謊話時，又或他們不斷地作出不公義的事並以此為傲之時；我們就要堅守真理，不要與他們往來，不要向他們低頭。凡要救自己生命的，要喪失生命；凡為上帝喪失生命，要得著生命。這是主耶穌的教訓（參太十六25）。我們不可忘記上帝曾應許過要成為我們的爭戰者。

在信仰方面，倘若我們敬拜世界的神明，如權力、名聲、金錢、成就，並期望換取別人的肯定和欣賞，以致行事有所偏差，違背與上帝所立之約，離開律法的吩咐，最終只會導致被上帝親自除滅。不要以為我們做甚麼事情都會得到上帝的支持。祂已指示我們何謂對錯和善惡。律法書上所寫的是不容我們偏離左右的。祂的信實，既顯明在祂施恩之上，也見於祂審判之上。祂的能力既可以為以色列人爭戰且得到勝利，也可以令以色列人從美地上滅亡。保羅就曾清楚指出上帝是有恩慈的一面，也有嚴厲的一面（羅十一22），讓我們不要輕看我們上帝的吩咐。然而，我們緊緊靠著祂也可能只出於懼怕的心。讓我們與祂建立密切的關係，而這並不是出於懼怕，而是出自內心對祂的愛和渴慕。

約書亞離世之前的第一篇遺言所講的是甚麼呢？從上文可見，他沒有暢談自己的豐功偉績，沒有叫人懷念自己的對以色列人這個羣體的貢獻。他亦沒有安排接班人，以致可以延續名垂千古的建國大業。他所關心的就只是這個他曾領導的羣體會否繼續敬拜耶和華，他們可否不受那處於他們中間的迦南餘民所引誘，簡單而言，在離開這個羣體之前，約書亞心中所記掛的不是自己的成就，也不是自己對這個羣體曾有的影響力和貢獻，而是這個羣體能否執著於他們與耶和華的關係，以致可以持守獨特的身分。

10.2 約書亞的遺言：選擇事奉耶和華（二十四 1～28）

這部分經文記載約書亞離世以前的第二段講話（1～24 節），他也邀請以色列人與他立約（25～28 節）。這篇遺言的主題包括重述耶和華的作為（2～13 節）和對聽眾的勸勉（14～24 節）。不過，約書亞這次講話並不是單向的，而是和聽眾有多次對話，其重點是要求以色列人對事奉耶和華，以祂為他們的上帝，作出清楚考慮和委身，以致對話後最終帶來約書亞與以色列人立約的行動。❺ 由於 2 至 24 節的內容是約書亞與人民的對話，故此，也可按此把這些經節理解為一個段落。這部分的經文可分段如下：

分段大綱（二十四1～28）

一、引言：招聚眾人（二十四 1）

二、回顧與抉擇（二十四 2～24）

1. 第一段講話：回顧耶和華過去的作為（二十四 2～13）
2. 第二、三段講話（二十四 14～18）
3. 第四、五段講話（二十四 19～21）
4. 第六、七段講話（二十四 22）
5. 第八、九段講話（二十四 23～24）

二、立石作見證（二十四 25～27）

1. 為人民而立約（二十四 25）
2. 寫下立約之言（二十四 26 上）
3. 立石作為見證（二十四 26 下～27）

四、結語：解散眾人（二十四 28）

10.2.1 引言：招聚眾人（二十四 1）

這個引言帶出約書亞第二篇遺言。有別於二十三章 1 節，這裏先提及約書亞「召集」以色列眾支派。雖然「召集」（*ʾsp̄*）這詞並不是第一次出現在約書亞記（參二 18，六 9、13，十 5，二十 4），但這裏是第一次，也是惟一的一次由約書亞召集眾人，表示這次聚會的重要性。

其次，這次聚集的地點是示劍，而不是示羅。雖然經文從沒有明言以色列人曾攻佔示劍，但它卻出現在分地的記載中（十七7，二十7，二十一21）。除此以外，這裏是第一次提及他們確實在示劍這地方。約書亞選擇在示劍舉行這次集會不是沒有原因的。當年亞伯拉罕踏足迦南地之後，第一個落腳點就是示劍，而耶和華也在那裏應許賜地予他的後裔，他也在那裏築第一座壇（創十二6～7）。後來，雅各也在那裏買了一塊地（創三十三18～19），並除掉和埋葬外邦神像（創三十五1～4）。約書亞則曾在示劍區域內的以巴路山上築壇和宣讀律法，與人民一同向耶和華立志委身（八30～35）。這些主題重現在這次的聚會中。

約書亞所「召」來的人與二十三章2節的相同，都是以色列人中不同類別的領袖。不過，最特別的是經文指出「他們都站在上帝面前」。「在上帝面前」這短語在約書亞記只在這裏出現，其餘地方則有相似的「在耶和華面前」（四13，六8、26等），這也是顯出這次聚會的獨特性。這短語的意思很可能就是指「在約櫃面前」。所以，很可能以色列人為了這次聚會特意把會幕和約櫃搬移到示劍。從26節提及「耶和華聖所」，便可以支持我們有這樣的理解。在約櫃面前舉行今次的集會，又召來以色列所有支派，以及所有領袖，其意義定必非常重大。

10.2.2 回顧與抉擇（二十四2～24）

這次約書亞的講話對象並不像上次那樣只是官長和領袖（二十三2），而是所有人民。如上文所言，這段經文是約書亞和人民的對話。按此理解，可發現在2至24節共有9段講話，其中7段是以「……說」帶出講話內容（2、16、19、21、22上、22下、24節）。❻ 在這7段講話中，有3段是約書亞說的，其餘4段是人民說的。除了以「……說」開始的講話，還有兩段以「現在」作為開始（14、23節），都是由約書亞講出來的。另外，第一段講話是約書亞以耶和華的代言人這身分發言，以第一人稱講述耶和華過去為以色列人所作的事情。餘下的8段則可分為4輪對話（14～18、19～21、22、23～24節），都是由約書亞先説，後人民作出回應。這9段講話可以列出如下：

1. 第一段講話：回顧耶和華過去作為（2～13節）
2. 第二段講話：除掉神明事奉耶和華（14～15節）
3. 第三段講話：經歷帶領事奉耶和華（16～18節）
4. 第四段講話：不能事奉的不蒙赦免（19～20節）
5. 第五段講話：重申決定事奉耶和華（21節）
6. 第六段講話：作出選擇以自己作證（22節上）
7. 第七段講話：願意作證以此來回應（22節下）
8. 第八段講話：除掉神明歸向耶和華（23節）
9. 第九段講話：事奉耶和華聽從祂話（24節）

在這9段講話中，第一、二、四、六、八段由約書亞講出，其餘則是人民的回應。如上文所言，只有第二和八段講話是以「現在」（*wəʿattāh*；或作「如今」）作為開始，而特別的是，也只有在這兩段講話中，約書亞勸勉以色列人「除掉」外邦神明。

這4輪對話中（14～24節），明顯有3個詞彙出現次數頗多，這是值得留意的：

- 「事奉」（*ʿbḏ*）這詞共出現14次（在二十四章另出現於2、31節），而14至15節就已出現7次，而第七次就出現在15節那句為人所熟悉的「至於我和我家，我們必定事奉耶和華」之中，第十四次就是出自人民之口。相對而言，「事奉」在二十三章就只出現兩次（二十三7、16）。
- 「耶和華」這個名字也在這4輪對話中出現14次（在二十四章共出現21次），而其中第十四次是出自人民之口，宣告「我們必事奉耶和華」。
- 「上帝／神明」（*ʾĕlōhîm*）這稱謂在這些對話中共出現11次（另有5次在二十四章其他段落），第七次則是約書亞宣稱耶和華是「神聖的上帝」（19節）。在這11次中，有6次指外邦神明，餘下5次中有3次是人民稱呼耶和華為「我們的上帝」（17、18、24節）。有別於二十三章，當中「你們的上帝」共出現13次，但這裏只出現1次，並在這些講話之外（27節）。

綜合以上觀察，這些對話集中在討論人民是否選擇事奉耶和華或其他神明之上。約書亞並沒有以耶和華是「你們的上帝」來鼓勵人民作出正面回應，因為其支持的論點已在 2 至 13 節的歷史敘述中宣告出來。現按以上分段分析內容如下。

10.2.2.1 第一段講話：回顧耶和華過去的作為（二十四 2 ～ 13）

在第一段講話中，約書亞以「使者公式」（即「耶和華……如此說」）開始宣講。這公式多為先知所採用，來表明自己是耶和華的使者，其責任乃在於宣講祂所吩咐的。因此，所講的並不是出於自己，而是耶和華的話語。所以，這段講話是以第一人稱「我」作出宣告，重述耶和華曾為以色列人所做過的事情。這個歷史重述可以分為以下階段：

1. 族長時期：從大河到迦南地（2 ～ 4 節）
2. 埃及時期：出埃及住在曠野（5 ～ 7 節）
3. 曠野時期：在河東除滅敵人（8 ～ 10 節）
4. 迦南時期：在河西得賜美地（11 ～ 13 節）

須留意的是，這個歷史回顧的重點並不是重溫以色列人的歷史，而是耶和華為他們行事的歷史。在這段經文中，以「我」為主語的動詞共出現 20 次。從經文開始，耶和華就從拜偶像的眾族長中帶走亞伯拉罕。一直以來，耶和華從未停止施恩予以色列人。在這 12 節經文的歷史回顧中，「賜予」（*ntn*）這字共出現 6 次（3、4〔2 次〕、8、11、13 節），由後裔、地業、勝利，到以色列人所需所擁有的，無一不是出於耶和華的賜予。耶和華才是以色列人歷史的中心。這個回顧指出以色列人在列國中是獨特的，無論是埃及、河東的亞摩利、摩押，以及河西的迦南 7 族都與以色列有別，都不能敵擋以色列人，但這也只是出於耶和華自己，與以色列人無關。所以，這個歷史回顧就是耶和華恩典的回顧。現分析這 4 段歷史。

一、族長時期：從大河到迦南地(2～4節)

耶和華由族長時期開始重述祂的恩典作為。首先，經文似乎只是把「他拉」與「列祖」並列，不過更可能的是，「列祖」是指他拉和他的兩個兒子亞伯拉罕和拿鶴。所以，他拉父子3人住在「大河」(即幼發拉底河)那邊，也在那裏「事奉別神」(2節)。雖然他們事奉別的神明，但耶和華卻將亞伯拉罕從大河那邊帶走，使他走遍全迦南地。祂把以撒賜予亞伯拉罕，以及把雅各和以掃賜予以撒，而使亞伯拉罕有眾多的子孫。縱然以掃是長子，經文仍是先提雅各，後提以掃，因為耶和華所揀選的是雅各；縱然亞伯拉罕事奉別神，耶和華對他仍有不少的關顧。所以，不是亞伯拉罕揀選耶和華，而是祂揀選亞伯拉罕；不是他自己選擇離開大河那邊，也不是他自己走遍迦南地，而是耶和華帶領著他。耶和華既改變他所居住的地方，也扭轉他無後裔的境況。從創世記的內容可見亞伯拉罕得後裔確實是出於耶和華的恩典(3節)。

「和修版」4節若修改標點符號，會較為合宜，就是將「以撒」後的標點應改為句號，而「為業」之後的應改為逗號。

接著，耶和華又看顧以掃，把「西珥山」賜給他為業。正當讀者期望約書亞指出耶和華會給予雅各甚麼東西之時，他卻以「但」帶出雅各和他的後裔下到埃及之事(**4節**)。至於祂賜予的東西，將於13節說明出來。那不被揀選的以掃所處之地已經落實，但那被揀選的雅各所處之地仍在改變中。經文沒有提及雅各下到埃及是出於耶和華的帶領，但這卻成為耶和華再次主動行事的一個機會，讓祂再一次改變以色列人所在的地方。

二、埃及時期：出埃及住在曠野(5～7節)

耶和華第二階段的作為與以色列人在埃及有關，內容包括由埃及地所做的到出埃及，直至紅海，最後到曠野為止。約書亞有提及耶和華差遣摩西和亞倫，卻沒有說要他們做的事情。接著是講及耶和華「降災」(*ngp*；一般理解為「擊打」)埃及。耶和華接著的幾個行動可表列如下(稍修改「和修版」)：

5 節下	然後把你們領出來。
6 節	我領你們的祖宗出埃及， 你們就到了紅海。 埃及人帶領戰車騎兵，追趕你們的祖宗到紅海。
7 節	他們哀求耶和華， 他就用黑暗把你們和埃及人隔開了， 又使海水衝向埃及人，淹沒他們。 我在埃及所做的，你們都親眼見過。 你們在曠野住了很多日子。

在第一個時期的重述，耶和華以「你們的列祖/祖宗」(2、3 節)來指族長，以「他/他們」稱呼他們。不過，到了這裏耶和華行事的對象，可以是「你們」，也可以是「你們的祖宗」；因此，發生在「你們」身上的事情，也發生在「你們的祖宗」身上。「你們的祖宗」哀求耶和華，但祂卻是用「**黑暗**」把「你們」和埃及隔開(7 節)。這些講法指出「你們」和「你們的祖宗」並無區分。藉著這樣的用詞，耶和華指出這兩代人的合一。這樣的說法，也可見於越過約旦河的記載中(參四 19～24)。

「黑暗」在這裏所指的應該是當時帶領以色列人的雲柱，它對著埃及人那邊是黑暗的，但對以色列人那邊卻是光明的(參出十四19～20)。

7 節提及「**我在埃及所做的**」。這裏重提「在埃及」確實有點奇怪，因為上文已記載在紅海發生的事。在此可以有兩個處理的方法。第一，視這句為總結的說話，為要回應 5 節上提及「**我在埃及中間所做的**」。它成為首尾呼應，總結了整個有關埃及的階段。第二，把「在」(*bə*)一詞理解為「攻擊」。所以，這句也是總結語，但卻是總結在紅海發生之事。無論是以上哪一個解釋，這裏提及的「你們」其實都是指過紅海時第一代的以色列人。

這兩句子的原文十分相近：ʾăšer ʿāśîṯî bəmiṣʾrāyim(7 節)；kaʾăšer ʿāśîṯî bəqirʾbô(5 節上)。

這階段的記載以以色列人在曠野住了「很多日子」作為結束，所指的應該是他們因著探子事件而被罰在曠野漂流 40 年之事(參民十三～十四章)。不過，因為這裏是耶和華強調祂對以色列的恩典行為，所以省略了這些內容。從上文可見，以色列人不會永久居住在埃及，也不是在紅海，也不是在曠野。耶和華要帶領他們，一直在改變他們所在之處。因此，祂的引領從未停止。

三、曠野時期：在河東除滅敵人（8～10節）

耶和華第三階段的作為發生在以色列人停留在曠野直到越過約旦河之間。經文仍是強調耶和華為以色列人所做之事情這主題上。在此首件記下之事，是耶和華帶以色列人到河東亞摩利王之地。縱然亞摩利王主動攻擊以色列人，但耶和華「賜下」勝利，而藉著以色列人的參與，他們就可得到亞摩利人之地為業，而祂自己則「在你們面前」（即「因著以色列人的緣故」；參 The Jewish Bible: Tanakh〔TNK〕）把亞摩利人「除滅」。這段歷史所指的是民數記二十一章 21 至 35 節的內容。若把這兩段經文相比，便可見在這裏以色列人惟一做的事就是得地為業，而耶和華所做的就是主宰著整段歷史的發展。

第二件記下的事情就是巴勒召來巴蘭咒詛以色列人一事。這事的詳細記錄可見於民數記二十二至二十四章。這裏也同樣指出是巴勒主動攻擊以色列人，用的不是戰爭的方式，而是藉著巴蘭帶來咒詛。不過，同樣地因為耶和華的主動干預，祂的「不願聽」，引致巴蘭的咒詛變為「連連祝福」（10節）。❼ 這樣，耶和華就「**救**」（*nṣl*；*hiphil* 語態形式，即一種主動語態的使役動作）以色列人離開巴蘭的手，離開他的攻擊。須留意的是，在這次的戰爭中，以色列人並沒有參與其中，整個過程完全由耶和華操控。

「救」這詞在約書亞記只出現在二章 13 節、九章 26 節、二十二章 31 節。

以上兩件事情都指出當有敵人主動攻擊以色列人之時，無論是如亞摩利王般明顯的攻擊（需要以色列人作出參與），或是如巴蘭般的暗戰（不需以色列人作出參與），耶和華都提供保護，以致他們不但不會遭到傷害（就如他們在紅海之事中），反而從其中得著好處，或是得地為業，或是得到祝福。有以色列人在河東得地，但其餘的以色列人則仍在耶和華的帶領下繼續走動。

四、迦南時期：在河西得賜美地（11～13節）

耶和華第四個階段的作為發生在以色列人越過約旦河到迦南地上之時。接著，以色列人就越過約旦河，到了首個面對的城鎮耶利哥。他們同樣地面對首批敵人「耶利哥人」，然後，再來迦南7族的人主動攻擊；同樣地，耶和華把他們交在以色列人手中。約書亞曾宣告耶和華會趕出這迦南7族的人，現在再次回應説這事已經成就（三10）。

不但這樣，耶和華還差遣「瘟疫」在以色列人前面（12節）。「瘟疫」（「和合本」、「新譯本」譯作「黃蜂」）這詞在聖經中只出現3次（參出二十三28；申七20），都是指由耶和華差派出去的事物，以致迦南地上的人滅亡，以色列人可以得地。把「瘟疫」理解為「驚懼」似乎是最合理的（參專欄「瘟疫」）。

瘟疫

學者多把「瘟疫」（ṣirəʿāh）這字翻譯為「黃蜂」，但對其用法則未有一致意見。他們的觀點可簡單歸納如下：

1. 採取字面的理解，即耶和華確實差派黃蜂到迦南人中間攻擊他們。支持這個看法的學者指出耶和華也曾使用蝗蟲、蚊和蠅等昆蟲作為祂攻擊人的工具（參出八～十章）。
2. 採取非字面的理解，把「黃蜂」一詞看為比喻。這點看法也有兩類不同觀點：
   - 有學者指出由於埃及法老的象徵是黃蜂或蜜蜂，所以，「黃蜂」這詞代表埃及，其意思就是指耶和華曾藉埃及攻擊迦南地上的人，為要預備以色列人的來臨。
   - 有學者把這詞比喻為「疾病」或「驚懼」。由於這詞的字根與「大痲瘋」（ṣāraʿaṯ）相同，故引申為疾病或瘟疫。至於解作「驚懼」，這是因為經文多次指出迦南人在以色列人未來臨以前，就已經懼怕他們（參二9～11，五1，九24；出十五14～16）。此外，值得留意的是在出埃及記二十三章27至28節中，「驚慌失措」和「瘟疫」似乎是平衡用詞，可以看為意思相近。總結而言，這個解釋似乎最合理。

這節經也提及「亞摩利人的兩個王」（12節）。這短句容易被認為是指被以色列人所滅的河東西宏和噩這兩個王。不過，若是這樣，這歷史重述便弄錯了歷史時序，因為8節就已經提及過他們。所以，有學者認為這句是個重述句，即提及在河西的勝利後（11節），重述河東的勝利（12節）。除了這個看法，另有兩個意見可作參考。第一個可能性是，這裏所指的兩個亞摩利王是指當年迦南南部和北部聯軍的領袖，分別是亞多尼．洗德和耶賓，至少亞多尼．洗德等王被稱為亞摩利王（參十 5、6）。第二個可能性是把原文理解為「我派遣驚懼在你們前面，將他們〔即迦南人〕從你們面前趕出去，就如亞摩利人的兩個王那樣」（參 The Jewish Bible: Tanath〔TNK〕）。這個理解不會把句子視為重述句，而是作為比較之用，指出耶和華在河西為以色列所做的，就如祂在河東所做的一樣。這節經文的結束特別強調這些一切都與以色列人的刀或弓無關，得勝並不在乎以色列人本身的兵力。

最後，耶和華總結以色列人現在的境況與祂作為的關係（13 節）。祂指出祂所賜的地，不是他們「開墾」（應譯作「勞動或爭取」）而得的。「勞動」（*ygᶜ*）在約書亞記中只另見於七章 3 節。當時，約書亞認為攻打艾城不必「勞動」太多人，於是只派約 3,000 人上去，結果是失敗而回。在這對比之下，經文在這裏是要指出，以色列人之所以不必「勞動」是與敵人軍力多少無關，而只在於耶和華的大能。此外，這段經文也提及以色列人所住的城鎮，也不是由他們所建造的；他們「**得吃**」（原文應譯作「現正所吃」）的葡萄和橄欖，也不是他們栽植的。簡單而言，以色列人現在所得的任何東西，都不是他們憑著自己的能力得來的，這全都是耶和華所賜給他們的。這節經文所宣告的，就是申命記六章 10 至 11 節的應許已經應驗，而這些全都是出於耶和華的恩典。

「得吃」的原文為分詞，表示持續的或正在進行的行動。

信仰反省

甚麼是上帝恩典的行動呢？就是當亞伯拉罕仍在事奉別的神明之時，耶和華已經揀選了他，並帶他離開那裏。這並不是他自覺有錯，轉而事奉耶和華，而是耶和華要將他帶出來，使他走遍迦南地。當我們仍在犯罪之時，上帝已經拖帶我們，走上恩典之路。上帝要使亞伯拉罕「子孫眾多」（3 節），但他有的卻只是以撒，而且要等待 25 年才得的兒子；然後，經文再記下雅各和以掃，都是指出以撒要等候 20 年才有的兒子。由此可見，上帝以祂的時間行事，而不是以人的計劃和眼光來看事物。上帝的恩典作為，是有祂的時間，我們要定睛在祂的應許之上，而不是這應許有多快地應驗。以掃得地，但同時耶和華所揀選的雅各竟然下到埃及，而且還要等430年耶和華才派遣摩西和亞倫領他的後裔離開埃及。因此，上帝的恩典作為再一次超越我們有限的想法。恩典是當以色列人面對前無進路，後有追兵的完全無助景況時，耶和華以黑暗、海水幫助他們。有誰會想到黑暗和海水竟然可以成為祂行事的工具，來幫助以色列人呢？恩典就是當我們感到完全無助、毫無盼望，只能單單仰望上帝時所經歷的幫助；而且，這幫助是以人想像不到的方式臨到，並施行救助。恩典讓以色列人在那荒蕪的曠野中，在常常面對缺水缺糧時，還可以住上許多日子。當以色列人在山下與巴力．比珥聯合時，在山上的耶和華就把巴蘭的詛咒變為「連連祝福」（10節）；恩典就是縱然我們仍在無知及犯罪之中，上帝已經保護我們。恩典就是能夠不靠自己的刀和弓，就可攻陷那擁有堅牆的耶利哥，擊敗那軍力如海邊的沙那樣多的迦南聯軍。恩典就是得著住的、吃的，卻不是自己勞苦而得來的。當我們以為目前我們所擁有的，是我們勞苦得來的時候，有否想到，原來這一切都是上帝賜給我們的，既非我們自己因勞苦而得？又或即使我們也有勞苦，但這也不必然可得著的呢？原來無論是在那荒蕪的曠野，或是在那滿有葡萄和橄欖的城鎮中，恩典叫人知道上帝的供應既是足夠的，也是不停止的。

當我們回顧自己的過去，我們是否只集中於自己肉眼所能看見、肉身所經歷過的事情，抑或是當我們回想自己的歷史時，可從其中看見上帝的作為，甚至這全是上帝恩典作為之旅呢？若果沒有上帝的恩典，我們的歷史仍有甚麼可說的呢？我們仍可活著嗎？

10.2.2.2 第二、三段講話（二十四 14～18）

約書亞以耶和華使者的身分重述耶和華看顧以色列人的歷史後，便開始與以色列人進行對話。這裏是第一輪對話。

一、約書亞的講話（14～15 節）

約書亞的講話可以分為以下 3 部分：

1. 應有的回應：敬畏事奉耶和華（14 節）

A　現在你們要敬畏耶和華，誠心誠意事奉他，

　B　除掉你們列祖在大河那邊和在埃及事奉的神明，

A’　事奉耶和華。

2. 不同的回應：事奉耶和華不好（15 節上）

前題： 若你們認為事奉耶和華不好，

結果： 今日就可以選擇所要事奉的：

是你們列祖在大河那邊所事奉的神明，

或是你們所住這地亞摩利人的神明呢？

3. 個人的回應：必定事奉耶和華（15 節下）

至於我和我家，我們必定事奉耶和華。

約書亞的講話以「現在」(*wəʿattāʰ*；或作「如今」) 開始。這詞有「所以」的意思，即從上文歷史重述後而得到的結論，帶出以色列人應有合理的回應。這回應以正面和負面方式表達。正面而言，以色列人這刻就應該敬畏耶和華，也就是應該「誠心誠意事奉祂」。「事奉」是這段對話的鑰詞，在 14 至 15 節裏就已出現 7 次，在這 4 次對話中（14～24 節）佔總出現次數的一半。要事奉耶和華，這個吩咐早見於約書亞對河東支派的勸勉中（二十二 5），而其負面命令「不可事奉別神」則可見於二十三章 7、16 節。所以，這裏是首次正面地指出全以色列人要事奉耶和華，而事奉祂的態度就是要「誠心誠意」，其原文用詞為「以完全和以誠實」。「**完全**」(*ṯāmîm*) 常用來指獻上的祭牲要是「無殘缺」，也用來指挪亞是「完全人」（創六 9；對亞伯拉罕的吩咐，則參創十七 1），意即「無可指摘、公義正直」。「誠實」(*ʾĕmeṯ*) 在約書亞記中只另出現在二章 12、14 節，指喇合要求探子給予她一個「確實」的憑據，而探子也答允以「誠信」待她。所以，正因為耶和華全心全意對待以色列人，以色列人就要完完全全、滿有誠信、忠誠地回應耶和華。負面而言，以色列人要「除掉」他們列祖在大河和埃及所事奉的神明。在亞干事件中，耶和華命以色列人「除掉」在他們中間的當滅之物，免得他們在仇敵前站立不住（七 13）。在這裏提及別的神明，不但是在大河那邊，如上文曾提及（參 2 節），也有在埃及中別的神明。雖然出埃及記沒有明言以色列人在埃及中敬拜別的神明，但亦有經文作出這樣的指控（參結二十 7～8；另參利十七 7；申三十二 16～17）。所以，不但以色列的

「完全」在約書亞記中只另見於十章 13 節，指太陽有「完整一日」沒有落下。

族長曾事奉別的神明，在埃及的以色列人也曾也樣做。最後，約書亞再呼籲以色列人要事奉耶和華。

不過，或會有以色列人作出另外的回應。約書亞以「認為……不好」（原文應譯作「在你們眼中是惡的」）作出開始，帶出這個可能的看法。若有人視事奉耶和華為惡的，那麼，這些人就可以作出「選擇」，或是列祖在大河那邊的神明，或是他們「所住這地」上（「所住」的原文應譯作「**你們正在居住**」）那「亞摩利人的神明」。經文沒有提及以色列人現正事奉亞摩利人的神明，只是指出這些神明仍在迦南地上。至於「選擇」一詞，聖經中常提及的是耶和華自己「選擇」人的行動，而這裏叫以色列人作出「選擇」是罕有的。申命記三十章19節摩西吩咐以色列人要選擇生命而不是死亡。不過，這裏卻清楚指出，若有人認為事奉耶和華是不好的，那麼，他們就只能夠在其他神明中作出選擇。這裏的「選擇」並不是在耶和華與別的神明之間作出區分，而是只能在不同的別的神明中作出選擇。

「你們正在居住」（ʾattem yōšᵉḇîm）的原文為分詞，有正在進行或持續進行之意。

最後，約書亞便宣告自己個人的回應。他以獨立代名詞「我」，再加上「和我家」作為開始，強調這是他自己和他家的回應。「家」這裏所指的並不只是他的妻子和兒女，也包括以他為首的近親，在他的帶領下，他們「必定事奉耶和華」（15節）。他所宣告的不只是他的決心，也有他對耶和華的信心和委身。他似乎是指出，縱使其他以色列人認為事奉耶和華是惡的，他還是會決意事奉耶和華。

二、以色列人的回應（16～18節）

以色列民就對約書亞的挑戰作出正面的回應，內容可簡單分為以下部分：

1. 宣告：不離棄耶和華（16節）
2. 理由：耶和華的保護（17～18節上）
3. 結語：必事奉耶和華（18節下）

人民以「絕不」開始，強調他們從沒有「離棄」耶和華而去事奉別的神明這個想法。既然耶和華應許不「丟棄」(ʿzḇ)約書亞(一5)，他們的回應就是不會「離棄」(ʿzḇ)耶和華。這個「不離棄」可以說是與約書亞早前勸勉他們「緊緊跟隨」相似(二十三8)。接著，他們就提供這個宣告的理由。他們以「因為」開始，作出宣認「耶和華──我們的上帝」(17節；原文應譯作「耶和華是我們的上帝」)，接著提及耶和華在歷史中為以色列人所作的4件事情：

- 第一件是耶和華使「我們」和「我們的祖宗」(若對應上下文，這短語可譯作「我們的父親」)從埃及地「為奴之家」上來。從這裏可見，當代的以色列人認同他們的父親，就是第一代出埃及的以色列人。
- 當約書亞提問事奉耶和華在「你們眼中」是否惡時(15節)，他們就回應耶和華在「我們眼前」行了「大神蹟」(*hāʾōṯôṯ haggəḏōlôṯ*；原文可指「大記號」)。「神蹟」一詞的原文是複數，其單數用詞在約書亞記曾指喇合要求探子給予的「憑據」(二12)，或是越過約旦河時以石頭為「記號」(四6)。但是，若是耶和華所做的，又稱為「大」的，這應該是指祂在埃及地所作的事情(參申六22，二十六8，二十九2～3；參出七3)。
- 耶和華在以色列人的行程中，以及所「越過」的列國人民中「保護」他們。約書亞曾讚許河東支派「遵守」耶和華的吩咐(二十二3)，又鼓勵以色列人「謹守」摩西律法和「謹慎」愛耶和華(二十三6、11)，而耶和華就曾「保護」他們。這些用詞的原文都是同一個動詞(*šmr*)。藉此，經文表明兩者的相互關係。
- 耶和華又把那些住在地上的民族趕出去。他們特別提到亞摩利人，可能是回應約書亞提及「亞摩利人的神明」，以此表示既然耶和華趕出亞摩利人，就沒有理由事奉他們的神明。

以色列民提出這4點，基本上是撮要地說出約書亞的歷史回顧。在以色列民的回應總結中，他們以「也」加上獨立代名詞「我們」開始，指出不但約書亞你和你家定意事奉耶和華，「我們也必事奉耶和華」，並再以「因為他是我們的上帝」作結束，對應開始講話時的宣認。現把這兩個對應列出如下：

18 節下	我們也必事奉耶和華 *gam-ʾănaḥʾnû naʿăḇōḏ ʾeṯ-yhwh*
15 節下	至於我和我家，我們必定事奉耶和華 *wəʾānōḵî ûḇêṯî naʿăḇōḏ ʾeṯ-yhwh*
18 節下	因為他是我們的上帝 *kî-hûʾ ʾĕlōhênû*
17 節上	因為耶和華是我們的上帝 *kî yhwh ʾĕlōhênû*

信仰反省

約書亞的講話提供一些反省的地方。第一，人可以經歷過上帝的恩典，但不一定會因此願意事奉上帝。即使願意事奉祂，也不一定會願意以整個人、完完全全、滿有誠信地事奉祂。很多時我們都是「不完全」地事奉上帝，既事奉祂，又沒有除掉其他的神明。約書亞指出，事奉耶和華就是要除掉別的神明，就是要全心全意，在這兩者中間並無落墨之處。第二，若人經歷過上帝的恩典，而仍不願意事奉祂，那麼，人就只能在先祖所事奉的神明，或是在現今的神明中作出選擇。這就是說，人不能避免地敬拜事奉某位神明、某些事物。不事奉耶和華的人，只能夠在偶像中作出選擇。所以，從這個角度來看，這些「選擇」其實並不是真的作選擇。第三，作出選擇的時間就是「現在」。不要以為這個抉擇可以拖延，因為現在若不去決定事奉上帝，就是決定以事奉上帝為不好，進而選擇的就只有別的神明。這個抉擇是一個承諾，願意委身予所事奉的對象，也是我們需要作的抉擇。

人民對約書亞的回應也值得我們深思。我們有否以耶和華為「我們的上帝」，而不是其他人的上帝？我們有否建立我們與祂的關係？或者，更重要的是，我們為甚麼宣認祂是我們的上帝？以色列民提出的原因是耶和華在過去對他們的帶領、保護，和看顧。我們事奉上帝，以祂為我們的上帝，是否就只在於此呢？

10.2.2.3 第四、五段講話（二十四19～21）

這段經文記載約書亞與以色列民第二輪對話。對於以色列人這樣堅定地立志事奉耶和華，並兩次清楚宣認耶和華是「我們的上帝」(17、18 節)，約書亞在第二段講話裏的回應卻是出人意表的。

一、約書亞的講話(19～20 節)

他開始第一句就説：「你們不能事奉耶和華」(19 節)！約書亞並不是不准許以色列人事奉耶和華，而是強調他們沒有能力事奉祂。這樣的説法在聖經中是獨一無二的。接著，約書亞就解釋為何以色列人「不能事奉耶和華」。他以「因為」帶出耶和華的兩個屬性。首先，耶和華是「神聖的上帝」(*ʾĕlōhîm qədōšîm*)，祂是無可比擬的，是與萬物有別的，是分別出來的。祂的神聖與人的不潔和犯罪，形成強烈對比。祂一方面召喚人去仿效祂的神聖(參利十九 2)，但另一方面卻指出只有祂才能使人成為神聖(參利二十一 8)。人靠著自己的力量是無法回應祂的這個召喚，也因此不能事奉祂。其次，耶和華是「忌邪的上帝」(*ʾēl qannôʾ*；另參出二十 5，三十四 14；申四 24，五 9，六 15)。「忌邪」的意思是「嫉妒」，即耶和華不能忍受敬拜祂的人心中仍有別的神明，祂要求的是絕對忠誠。祂不願與其他神明或事物，分享人對祂的事奉。祂所要求的也不只是人遵守律法誡命，因為這些誡命並不能完全反映祂與人所建立的關係會帶來的要求。祂要求人在這個神人關係中全然付上。然而，以色列人對耶和華的敬拜難以單純和專一。所以，以色列人也確實沒有能力事奉這位上帝，亦因為此，祂也「必不赦免」他們的「過犯罪惡」。「過犯」(*pešaʿ*)一詞在約書亞記中只在這裏出現，其意思多是指故意違約；「罪惡」(*ḥaṭṭāʾṯ*)在約書亞記中也只出現在這裏，而其動詞則可見於亞干記述中(七 11、20)，指違反耶和華的吩咐。約書亞刻意使用這兩個詞，強調違約的罪行，並指出這是耶和華所不會「赦免」的。這裏所宣告的，正正是與出埃及記三十四章 7 節的相同，就是「萬不以有罪的為無罪」。

縱然以色列民宣稱他們「絕不離棄耶和華去事奉別神」(16 節)，約書亞則以「若」帶出這確實是可能發生的(20 節)。以色列民確有可能事奉「外邦的神明」，這個稱呼應該是指那些在迦南地上的神明(參創三十五 2、4；申三十一 16)。採用這稱謂是要強調這些神明不只是「別神」，更是異類，他以此回應耶和華的神聖和忌邪的排他性情。若他們這樣做，耶和華則會在「**降福**」（*hêṭîḇ*；可譯作「行好事」）予他們之後，回轉過來，而「**降禍**」（*wəhērāᶜ*；「行惡事」）予他們，結果是「滅絕」他們。約書亞這裏提出「不能事奉耶和華」和「離棄耶和華」，就與上一段人民宣認「不離棄耶和華」和「我們也必事奉耶和華」剛好相反（16、18節），約書亞藉此挑戰人民所作的宣稱。在14至15節，約書亞是從過去的歷史來挑戰以色列民，但在19至20節，他則是從將來的角度來對他們作出挑戰。

「降福」（hêṭîḇ）和「降禍」（wəhērāᶜ）的原文分別用了「好」和「惡」的動詞。

二、以色列人的回應（21節）

對於約書亞的警告，人民先以「不」重申他們不會離棄耶和華，接著再堅持耶和華自己才是他們要事奉的對象（21節），❽ 似乎是強調他們事奉耶和華並不是因為渴望得保護，或是懼怕受刑罰。

信仰反省

面對以色列民那樣正面的回應，約書亞本可表達認同或讚賞。不過，他不但沒有這樣做，反而強烈指出以色列民沒有能力事奉耶和華。這樣的回答似乎不合常理。約書亞不是剛剛就要求以色列人下定心意事奉上帝嗎？為何立即就説他們沒有事奉上帝的能力呢？對於約書亞來説，以色列人決意事奉一個曾經保護他們的上帝，並不是一件甚麼特別的事情。約書亞要指出的是，人若決意事奉上帝，就必須知道這決定並不能只是因為過去上帝曾經幫助過他。事奉上帝並不是「等價交換」，若是這樣，人就不能持續事奉上帝。除此以外，更重要的是，他們必須知道上帝的本性是怎樣，祂也是一個怎麼樣的上帝。

約書亞要以色列人立志事奉上帝，但同時也要他們知道，縱然他們願意事奉上帝，他們的意願只能顯出他們是無能力事奉這位上帝的。所以，人若要事奉這位上帝，除了要全心全意事奉祂，要徹底地與所有別的神明絕交以外，更需要這位上帝的恩典，以致人可以事奉祂。因為在世上我們難以停止行惡犯罪而單單事奉祂，也難以不會向別的神明屈膝。雖然以色列民看似有這樣的堅定，不過，士師記的記載就清楚指出人的承諾是多麼的脆弱。我們也同樣是這樣。而上帝的神聖和忌邪的性情，亦會因此對我們施以懲罰。所以，事奉上帝並不能只靠自己的意志，而人也不要高估自己的事奉上帝的決心。縱然我們要立志事奉祂，但亦需知道這並不是一次過的行動。我們需要定時重新檢視我們與上帝的關係，重新立志跟從祂，認知到最終能夠事奉祂也只能夠是出於祂的恩惠。

10.2.2.4 第六、七段講話（二十四 22）

面對以色列民這樣的堅持，約書亞就指出他們必須為自己的決定負責任（22 節上）。所以，他開始第三輪的講話。

一、約書亞的講話（22 節上）

「和修版」似乎沒有翻譯原文「針對著你們自己」（bāḵem）中前置詞 bə 的意思。

約書亞開始就說：「你們自己作見證吧」（原文應譯作「你們是見證，**針對**著你們自己」）。這句話的意思就是，以色列民自己就是見證人。若以色列民果真違背耶和華，他們就要成為自己犯罪的見證人，指證自己，並接受耶和華所降的禍。所以，他們所作的見證，是針對著自己而作的。他們要作的見證，就是「你們選擇耶和華，要事奉他」（原文的意思是「你們自己為著你們選擇耶和華，為要事奉祂」）。原文以獨立代詞「你們」（*ʾattem*）加上動詞「你們選擇」（*bəḥarᵊtem*）開始，後又加上「為著你們」（*lāḵem*；「和修版」沒有譯出來），清楚強調這是「你們」所作的行動，也是你們為著自己所做的。這完完全全是以色列民的選擇，與別人無關，因此其後果也由他們自己承擔。

二、以色列人的回應（22 節下）

以色列民的回應甚為簡單（22 節下），他們斬釘截鐵地講出他們願意「作證」（*ʿēḏîm*；原文譯作「見證」），在原文其實只有「見證」這一個詞，這要顯明他們的決心。

10.2.2.5 第八、九段講話（二十四 23～24）

第八段的講話如第二段那樣，以「現在」（*wəʿattā*^{h}）開始，並提及「除掉」

別的神明。在約書亞這段最後的對話中，他重提這個吩咐，並稱呼這些別的神明為「外邦的神明」（參20節）。不過，他特別指出這些神明是在「你們中間」的（23節）。所以，這些神明已不是如14節所提及的他們列祖在大河那邊或是在埃及的神明，而是那些實在地存在於以色列人中間的別神，或是在他們心中的別神。接下來的吩咐就似乎是針對後者的情況。約書亞進一步作正面的吩咐：「專心歸向耶和華－以色列的上帝」（原文可直譯「你們要使你們的心趨向耶和華—以色列的上帝」）。「使……的心趨向」（*nāṭāh*；以 *hiphil* 語態形式表達，即帶有主動語態的使役動作），這用語指出人的心是可以受影響的，或是被自己，或是被別人；它也可以被引導向善，或是向惡。當年所羅門的妃嬪就使他的心「趨向」別的神明（王上十一2～4），但他曾請求耶和華使人民的心「趨向」祂自己（王上八58）。詩人亦有請求上帝使他的心「趨向」祂的法度（詩一一九36），而不是「趨向」惡事（詩一四一4；另參箴二2）。約書亞則在此吩咐以色列人要關注自己的心，使它「趨向」耶和華，而不是外邦神明。所以，約書亞這裏的吩咐有兩個層面，一方面是除掉內心的偶像，另一方面則是使內心「趨向」耶和華。

以色列民第三次宣告他們必事奉「耶和華—我們的上帝」（24節）。❾ 這是首次把「耶和華」與「我們的上帝」並置起來（參10.2.2.2「第二、三段講話〔二十四14～18〕」17節的分析），他們如此回應約書亞提及的「耶和華—以色列的上帝」（23節），以表示耶和華確實不是「外邦的神明」。他們的回應最後加上「聽從他的話」，來回應約書亞吩咐他們「要使你們的心趨向」耶和華這一點。

信仰反省

約書亞與以色列人最後的兩輪對話雖然簡短，但也有一些讓我們反思的地方。第一，約書亞三番四次要求以色列人正視他們抉擇事奉耶和華這件事。這個抉擇不能停留在只因為耶和華曾經施行幫助這個歷史因素之上，而是同時需要認識到祂那神聖和忌邪的性情，並我們無力事奉祂這個事實之上。正因這樣，約書亞就多次提醒以色列民，並叫他們自己為此作見證，顯明他們的決心。今日，讓我們再次正視自己曾作過的抉擇，再省察自己的決定，看看我們是否願意作見證針對自己，以此測試自己的決心。第二，我們必須注意，人若揀選耶和華，就表示他接受自己獨特的命運，也表示他要與別的神明斷絕關係，否認它們的重要性。事奉上帝就表示尊祂為我們的上帝，我們的主，並只聽從祂的話。第三，只是除去外在的偶像或神像並不等於事奉上帝，核心是我們事奉的心在哪裏，這就是「你們中間外邦的神明」的意思。甚麼是我們內心裏的神明呢？是金錢、物質、名聲、讚譽、權力、滿足感？這是我們要多反省的。第四，約書亞勸勉以色列人要使他們的心「趨向」耶和華。這個呼籲在聖經中是獨一無二的。其他經文或是指人使其他人的心「趨向」偶像，或是求耶和華的幫助，使人的心「趨向」祂，惟有這裏是人使自己的心「趨向」耶和華。約書亞一方面指出人無能力事奉耶和華，但另一方面卻勸勉人叫自己的心「趨向」祂。他所指出的就是我們信仰生命中的張力。既要知道自己的限制和不足，那向耶和華許下堅守要事奉祂的承諾脆弱得不堪一擊，轉眼就忘掉那曾經承諾要除掉別的神明的立志。不過，另一方面，我們仍是可以靠著信心選擇事奉上帝，仍可以大大剛強地謹守律法，仍可以使自己的心趨向上帝。這些固然是我們的責任，但既然這樣吩咐我們，就正好表明我們還是要這樣做的。

10.2.3 立石作見證（二十四 25～27）

這段經文記載約書亞以立約的方式來回應以色列民作所的決定。他的行動可以分為以下部分：

1. 為人民而立約（25 節）
2. 寫下立約之言（26 節上）
3. 立石作為見證（26 下～27 節）

10.2.3.1 為人民而立約（二十四 25）

約書亞三番四次提醒以色列民要想清楚是否事奉耶和華，而以色列民也 3 次表明他們必定事奉耶和華，甚至願意為此作見證。因此，約書亞就在那日「為」人民立約。25 節「與百姓立約」似乎是指，立約的雙方分別是約書亞和百姓。不過，經文應是指約書亞代表人民立約，也為著他們的好處而立約。這約也很可能不是雙方的，而是以色列民單方面向耶和華作出承諾和委身，以表示他們願意單單事奉祂。因著耶和華在歷史中為以色列民所作的事，以色列民就為此向祂許下這承諾。所以，這裏所關注的並不是耶和華對以色列民的責任。約書亞就在示劍為人民「制定律例典章」(25節)。「律例」和「典章」在這裏的使用是重言法，以兩個字來表達同一件事或意義，它所指的應該不是摩西律法中的各樣條文，而是指把以色列民對耶和華的承諾，形式化為一條律例，一條定規。⑩

10.2.3.2 寫下立約之言（二十四 26上）

接著，約書亞就把「這些話」寫在「上帝的律法書」上。「這些話」所指的可能是上文剛提及的條文，或廣義而言，是指約書亞與以色列人之前幾輪對話的內容。「上帝的律法書」這稱謂除了在這裏出現外，就只見於尼希米記(參尼八8、18)。這裏採用這名稱並不是指那較常見的「摩西律法書」(八31，二十三6)，它可能是指出，重點並不是只在於謹守遵守律法，正如約書亞記中多次提及的(參一7，二十二5等)，而是在於這裏所特別關注的主題，就是以色列人選擇事奉的對象——耶和華他們的上帝。

申命記三十一章24至26節記載摩西在書上寫下律法後，就吩咐利未人把這書存放在約櫃旁作為見證。雖然經文在這裏沒有特別提及約書亞接著如何處理這律法書，但若參考摩西的做法，約書亞的處理手法也可能是照著摩西這樣的手法。

10.2.3.3 立石作為見證（二十四 26下～27）

約書亞第三個回應以色列人決心事奉耶和華的行動，就是立石作為見證。經文先記載他立石的行動(26節下)，然後是他解釋這行動的意義(27節)。

一、立石行動(26節下)

約書亞立石的行動有3件值得留意的事情：

第一，他先取來大石，後把它「立」(*qûm*；*hiphil* 語態形式，即主動語態的使役動作)起來。「立(大)石」這行動在約書亞記中已出現多次(四9、20，七 26，八 29；參十 27）。在聖經中立石作為紀念某件事情是普遍的行動（參創二十八 18，三十一 45 等），但在約書亞記中，除了作為紀念外，這個行動基本上都有作為見證的意思。

第二，約書亞把石頭立在「橡樹」下。聖經中有幾次提及在示劍的橡樹下所發生的事情，包括：耶和華曾在示劍那裏的摩利橡樹下向亞伯拉罕賜下應許（創十二 6～7）；雅各把外邦神明埋葬在「示劍那裏的橡樹」（創三十五 4）；示劍居民在示劍**橡樹旁**的柱子立亞比米勒為王（士九 6）。所以，顯明這地點的特別之處。

除此以外，聖經還記載一些是在大樹旁發生的事情（參創十三 18；士四 5，六 11；撒上十 3 等）。

第三，這石頭也是在「耶和華聖所」的旁邊。如在 1 節所言，很可能是把那原先在示羅的會幕及約櫃搬到示劍來，為的是要表明這次聚會的重要性。

二、解釋意義（27 節）

接著，約書亞就對所有人民解釋這個立石行動的意義，其內容或可用以下平行結構表達出來（稍修改「和修版」）：

A　作見證　看哪，這石頭可以<u>在我們中</u>作見證，

　B　原因　　因為它聽見了耶和華<u>與我們所說</u>的一切話；

A’　作見證　這石頭將<u>針對</u>你們作見證，

　B’　功用　　免得你們<u>否認</u>你們的上帝。

A 和 A’ 都提及這石頭作為「見證」的性質，B 和 B’ 則分別論及這石頭可成為見證的原因（過去）及功用（將來）。

約書亞先以「看啊」呼籲人民留意，然後以「這石頭」作開始，宣告它「可以作見證」（原文應譯作「在我們中成為見證」）。⓫ 而它可以成為「見證」（ʿēḏāh），是因為在過去「它聽見了」耶和華與人民所講的「一切話」。石頭之所以能夠「聽見」，當然是一種象徵表達的手法。而「**耶和華所吩咐我們的一切話**」（原文應譯作「耶和華與我們所講的一切話」）在上下文的處境中，就是指耶和華藉約書亞

「和修版」的「所吩咐……的一切話」，似乎就不是正確的翻譯了。

所重述有關以色列人的歷史的內容（2～13節）。所以，這石頭所見證的就是耶和華為以色列人所作的，而不是以色列人對祂的承諾或責任。作為見證，石頭其實是人可見的標記或提醒。從這個角度來看，石頭的功用就與當以色列人越過約旦河時由代表他們的12個人所扛在肩上的石頭的功用相同，都是見證著耶和華為以色列人所作的奇事（參四6～7、9、20～24）。

約書亞最後指出這石頭會作為見證「針對」人民，意思是當以色列人否認耶和華之時，這石頭藉著見證耶和華的大能作為，就指控以色列人的不是。所以，約書亞期望這石頭的存在，可以提醒以色列人將來不要「背叛」他們的上帝。「背叛」一詞在約書亞記中另外見於七章11節，其基本意思是「說謊、裝假、否認」，在這裏採用這個詞就顯得很貼切。這是因為約書亞和以色列民的4輪對話都是環繞以色列民對耶和華的認信和事奉，所以，「否認」耶和華就可以說是否定自己的承諾。

須留意的是，約書亞並沒有在石頭上刻上任何東西，這與八章32節的情況不同。雖然這石頭實質上沒有任何改變，但只因為它在這個立約禮儀中的位置，它就成為見證。

10.2.4 結語：解散眾人（二十四28）

這部分開始之時是約書亞「召集」（1節）眾人，而結束時他則「解散」眾人，兩者首尾呼應，表明事情完滿結束。「解散」（*šlḥ*）一詞與二十二章6節他把河東支派「送……回去」（原文應譯作「差走」）一詞相同。這節經文指出約書亞所差他們去的地方就是「自己的地業」，這指出最後各人都有自己的地業，是耶和華所賜予他們，而且可以代代相傳下去，不應遭奪去的。

信仰反省

這段經文指出，我們必須以不同的方法來提醒和幫助自己，信守對上帝的承諾。不少人會認為這類立約禮儀是沒有必要的。他們認為，如果人要守信用，即使沒有這些禮儀他們都會守；若他們不守信用，這些禮儀也是起不到作用。這段經文正正指出事實並非這麼簡單。它指出我們確實需要3方面的幫助來守信。第一方面是從人而來的。以色列民作為一個羣體要立約事奉耶和華。每個人都從自己所屬的羣體中得著支持和提醒，持守對耶和華的忠誠。第二方面是從耶和華而來的。耶和華的律法書和耶和華的聖所正正是要用來表示祂的同在，祂才是我們的關注點，是我們眼目注視之處。上帝的同在提醒我們心之所繫的是誰，是上帝還是其他神明。第三是那塊大石頭。我們每個人都需要一些具體事物提醒我們，它可以是家中或頸上的十字架，或是那塊寫上「至於我和我家，我們必定事奉耶和華」的仿石紙鎮；或是那本受洗時別人送的，而直到如今仍經常閱讀的聖經；或是每日起來對上帝的一個禱告，立志每天為祂所用。這些都見證著上帝的恩典，提醒我們對上帝的承諾。

值得留意的是，這石頭所見證的是耶和華的恩典，而不是人的承諾。人要看見的是上帝的恩惠，而不是自己如何「偉大」地向祂許諾。祂的恩典是一生之久，而我們的承諾是我們無力堅守和兌現的。我們不可忘記，上帝曾在示劍的橡樹下應許亞伯拉罕「我要把這地賜給你的後裔」（創十二7），但這應許在約600多年後才得實現。上帝的話語確實是永不落空，但這是按著祂的時間，祂才叫祂的應許得以應驗。所以，人要學習的就是持續地事奉上帝，忍耐等候祂的再臨，堅信祂的應許永不落空。在世上所有重要的諾言和委身，都是需要我們堅持遵守的。宣告「我願意」只是一瞬間的事情，但其後果卻是一生一世的。每日每時的生活都挑戰著我們要去持守這個承諾，而這才是對我們的考驗。

10.3 3個埋葬記錄：1個時代的終結（二十四29～33）

作為全書最後的總結，經文記下3個埋葬記錄，現按此分段析讀內容：

分段大綱（二十四29～33）

一、埋葬約書亞（二十四29～31）

二、埋葬約瑟的骸骨（二十四32）

三、埋葬以利亞撒（二十四33）

10.3.1 埋葬約書亞（二十四 29～31）

這段經文記載有關約書亞的死亡，其內容比下文有關約瑟和以利亞撒都要長，這似乎是作為約書亞一生的總結。這裏所記下的有 3 件事，分別是約書亞的死訊（29 節）、他的埋葬（30 節）和他的影響（31 節）。

一、約書亞的死訊（29 節）

這個記載以「這些事以後」作為開始。在上下文中，「這些事」就是指約書亞的兩篇遺言，特別是在示劍與以色列民的對話並立約之事。不過，這短語指出這些事已發生了好一段時間，它的重點不在於標明這段時間有多長。經文稱呼約書亞為「耶和華的僕人」，這在約書亞記是首次，也是惟一的一次。上文曾指出在聖經中，「耶和華的僕人」這稱謂出現最多在約書亞記中，但其餘 14 次都是指摩西，只有這裏是指約書亞（參 1.1「名稱角色」）。約書亞記在開始時，約書亞只是被稱為「摩西的助手」（一 1），他的身分是由摩西來定義的。然而，到他離世時，他就得著這個稱號，表示他一生所行的讓他配得有摩西那樣的尊榮。他死的時候是「一百一十歲」，而這也是約瑟的年歲（創五十 22）。若假設他的年齡和迦勒相若，則他的一生就大概可以分為以下幾個階段：約 40 年在埃及，約 40 年在曠野，其餘 30 年則在迦南地。

二、約書亞的埋葬（30 節）

以色列人把他埋葬在他的地業之中（30 節）。按十九章 50 節記載，他的地業是在「以法蓮山區的亭拿．西拉」，而這裏則補充指出這城鎮是在「迦實山的北邊」。然而，迦實山的實際地點卻無法追溯。

三、約書亞的影響（31 節）

作為對約書亞一個讚賞，經文指出以色列民確實仍繼續有「事奉」耶和華，正如他們所承諾的那樣。經文首先指出在「約書亞在世的日子」，其次是在約書亞離世後，而那些仍然在生的長老在世的日子，以色列人都事奉耶和華。這些長老是那些「知道」耶和華為以色列民行事的人。因此，不只是約書亞那一代，也是他下一代的領袖，都能帶領以色列民事奉耶和華，這是因為他們知道耶和華的作為。這說法回應 27 節提及那石頭，它也同樣知道耶和華的作為。能夠知道耶和華對以色列人的所有作為，與以色列人是否忠心是有關係的。所以，約書亞的影響並不止於他在生時，甚至在他死後，他的影響仍在。不過，經文的表達卻暗示以色列民這樣的事奉是有時限的。

經文沒有指出約書亞離世前指派甚麼人作領袖，也沒有指出他離世後會有甚麼人帶領以色列民。不過，或許上文提及過的「以色列長老、領袖、審判官和官長」(二十三 2，二十四 1) 將會擔當著這個角色，而祭司以利亞撒的兒子非尼哈也應是以色列民的領導者 (參 9.2.2「河西支派作出回應〔二十二 11 ~ 20〕」)。不過，或許更重要的是，約書亞沒有指定繼承者就是要以色列人以耶和華作為他們的領袖。

10.3.2 埋葬約瑟的骸骨（二十四 32）

這節經文提及約瑟的骸骨得以埋葬在迦南地。約瑟在離世以前，曾要求以色列人起誓，要把他的骸骨從埃及地帶上去到上帝起誓賜給他們的地方那裏 (創五十 24 ~ 26)。約瑟這臨別之言表明他對耶和華的信心。不過，最終這骸骨得以回歸迦南地是需要多方面的努力才能成事。這包括以下 3 件事：

- 他的骸骨在埃及地得以保存 400 多年，確實是一件不容易的事，這應是以色列人的功勞，顯明他們代代相傳，人仍信守著當年的誓言。
- 當年以色列人匆忙離開埃及時，摩西沒有忘記把約瑟的骸骨一起帶離埃及地 (出十三 19)。
- 由於摩西不能進入迦南地，所以，這責任就似乎交託予其他以色列人。而在曠野的 40 年間，以色列人仍然保存著約瑟的骸骨。

這 3 點指出，縱然以色列民有許多的不是，但在他們當中仍有人對耶和華賜地的應許滿有信心，仍然尊重這位先祖要他們所起的誓言。

約瑟的骸骨所安葬之地，是當年他父親雅各在迦南地中第一塊買來的土地，是雅各向示劍的父親哈抹的子孫，用了一百「**可錫塔**」買來的（參創三十三19）。另外，猶太傳統指出當年約瑟是在示劍區域被賣給米甸人，再被賣到埃及去（創三十七13～36）。所以，他的骸骨回歸示劍就很意思了。示劍區域是在以法蓮山區（二十7），在分地記載中是屬於瑪拿西半個支派的（十七7），所以，「這塊地」也就確實成了約瑟子孫的產業。⓬

「可錫塔」只出現在約書亞記和創世記，其具體價值有多少卻不詳。

經文在這裏刻意記下約瑟骸骨的安葬，很可能不是因為約瑟和約書亞的死亡年齡都是110歲，也不只是因為約書亞作為以法蓮支派的人，是約瑟的後人，而是藉此表明約瑟及其他以色列人如何持守他們對耶和華的信心，也指出耶和華賜地的應許，縱然經過數百年之久，但最終仍是會應驗的。

10.3.3 埋葬以利亞撒（二十四33）

整卷書最後記載以利亞撒的死亡和埋葬作為結束。經文**以「以利亞撒」的名字先行**，接著指出他是首任大祭司亞倫的兒子，再提及他的死亡。「以利亞撒」這名字在約書亞記共出現8次，其中4次是與負責分地有關（十四1，十七4，十九51，二十一1、3），另外3次則指出非尼哈是他的兒子（二十二13、31、32）。而最終，他埋葬的記錄則結連這兩方面的內容。經文記載他被埋葬在他兒子非尼哈的小山上，而這個小山是在以法蓮山區，是「非尼哈所得」（原文應譯作「是給予非尼哈的」）的，即是分配予他的產業。以利亞撒作為分地的負責人之一，他最終被安置在他兒子所得的產業中。⓭

希伯來文句子一般以動詞先行，後才是主語。這節經文則剛好相反，目的為要凸顯這位人物，而不是單純述敘一件死亡之事。

經文記載約書亞和以利亞撒的離世，標誌著出埃及的第二代以色列人領袖的過去，這個時代也終結了。經文沒有預告以色列人的將來會是怎樣，他們究竟會否如約書亞所警告那樣離棄耶和華，落入列國的羅網和圈套中，而最終在地上被耶和華除滅呢？不過，在最後總結的3個埋葬記載中，都帶出對地土的關注，因為這段經文提及「**地業**」和「**產業**」，而且也指出這些領袖最終都可安葬在自己的產業

30節的「地業」和32節的「產業」，其原文為同一個詞（naḥălāh）。

中，並因此指出耶和華的信實，祂的應許必定會實現。

信仰反省

這段經文記載 3 個埋葬記錄，首尾是第二代出埃及的以色列人的領袖，分別是約書亞和以利亞撒，而置中的則是約瑟。約書亞的埋葬記錄，對我們也有一些提醒。首先，經文以「這些事以後」引入他的死訊，約書亞是在完成耶和華所交付予他的使命後才離世。能夠在世上的日子完成耶和華所交託的，能夠被祂使用去成就祂的計劃，人生還有比這更美好的嗎？上帝交予我們各人的使命都有所不同，然而，重要的是，縱然經歷不少的困難，我們是否可以守著當守的道，走完當走的路，然後才離開世界，向我們的上帝交帳。正正因為約書亞可以如此，此書卷就在約書亞的生命終結時，尊稱他為「耶和華的僕人」。假若在我們人生終結時，可以得著這個稱號，那就是我們所得最大的獎賞了。

其次，約書亞得以葬在自己的地境內，既是耶和華的恩典，但也見證祂的信實，因祂按照祂所說的，把地土賜予遵守祂吩咐的以色列人。約書亞的埋葬就是一個見證耶和華作為的機會。最後，約書亞忠心的事奉，對以色列人帶來正面影響（就是叫以色列人事奉耶和華），這並不止於在他在世時，還延續至他死後。我們對自己的人生有否相似的期盼，就是能夠盡忠完成上帝所交託的，並能帶領人事奉耶和華？

相比於約書亞來說，以利亞撒在約書亞記中出現不多。不過，值得留意的是，以利亞撒同樣是在完成耶和華所給予他的使命後（就是分地之事）才離世。因此，他的離世和埋葬也同樣見證著耶和華應許的實現。

如上文所言，約瑟埋葬的記錄，一方面指出約瑟和在多代以色列人中有不少人仍堅持著對耶和華的信心，仍相信祂的應許必然會實現，以致保留著約瑟的骸骨達 400 多年之久。另一方面，經文又指出耶和華確是信實的，縱然對不少人來說，祂應許得以應驗的日子似是遙不可及，不過，這日子必會來到。這個埋葬記錄，挑戰我們對耶和華的信心的程度有多大、有多持久，以及有多委身。

這些埋葬記錄讓我們更多認識到這些人物對上帝的忠誠和信心，也對上帝的信實有更多的體會。然而，更要留意的是，上帝本來就不需要約書亞和以利亞撒去完成讓以色列人得地和分地的工作，祂也不需要藉著約瑟使以色列人的先祖得以在饑荒中存活。祂本來就可以憑著自己的能力成就一切，但祂卻願意讓人參與在祂的救恩計劃中，讓人在這個過程中透過回應祂的應許，而得以經歷祂的大能和信實。這一切一切全都是上帝的恩典！約書亞記就是要見證一位這樣的上帝。

溫習及思考問題

1. 約書亞臨終前所講兩篇遺言的中心信息彼此有何異同？在第一篇及第二篇遺言，他如何表達耶和華的作為？這於你有何提醒？
2. 約書亞如何勸勉及警告以色列人不可離開耶和華？若真的離開耶和華，以色列人會遭受甚麼結果？
3. 約書亞的遺言與今日普遍人講的遺言有何不同？你為你下一代留下甚麼最重要的遺產？
4. 在二十四章 2 至 24 節中，約書亞共有多少段講話？這些講話彼此有何關連？
5. 在第一段講話中，約書亞回顧哪幾段有關耶和華過去對以色列人的作為？
6. 我們應以甚麼態度回顧我們的信仰所經歷的事情？「回顧」如何鞏固我們的信仰？
7. 約書亞要求以色列人在信仰上怎樣作抉擇？以色列如何抉擇？為何約書亞要求他們必須「現在」作抉擇？你有沒有曾經在上帝面前作過類似的抉擇？
8. 約書亞立石的目的為何？他如何立石？這事件如何應用在我們的信仰生活中？
9. 在約書亞記的結語中，記載了哪 3 個人的埋葬？經文記載了約書亞對以色列人的影響，這對以色列人有何意義？當你離開一個事奉崗位之後，你的事奉有否對別人仍帶來正面的影響？試反省之。
10. 記載約瑟的埋葬有何特別意思？以利亞撒的埋葬，又帶出了甚麼觀念？經文以埋葬為約書亞記全書的總結，這對你的信仰有何提醒？

釋經短註

❶ 對於約書亞講話的內容（二十三2下～16），亦有學者建議以下扇形結構：

A 留心耶和華已成就的應許（2節下～5節）
  B 要求：遵行耶和華的吩咐（6～8節）
    C 重申：耶和華已成就應許（9～10節）
    C' 重申：人所需的回應（11節）
  B' 警告：轉離耶和華的結果（12～13節）
A' 應許的成就帶來警告（14～16節）

不過，這結構似乎不能正確反映經文的內容。

❷ 有關二十三章2節這些領袖的資料：「長老」（七6；參3.2.1.3「抗議：約書亞埋怨上帝〔七6～9〕」）；「領袖」（十四1；參7.1「引言：吩咐把河西之地分配為產業〔十四1～5〕」）；「官長」（一10；參2.1.2「約書亞對官長的吩咐〔一10～11〕」）；「審判官」（八33；參3.2.2「除滅外在的敵人：艾城事件〔八1～29〕」）。

❸ 有學者指出二十三章7節的原文（*ûḇəšēm ʾĕlōhêhem lōʾ-ṯazʾkîrû*），不應翻譯為「不可提他們神明的名」，而應譯為「不應以他們神明的名字起誓」。參 Willem F. Smelik, "The Use of *hzkyr ḇšm* in Classical Hebrew: Josh 23:7; Isa 48:1; Amos 6:10; Ps 20:8; 4Q504 III 4; IQS 6:27," *Journal of Biblical Literature* 118 (1999): 321～332。

❹ 二十三章14節「世人的路」的原文（*ḏereḵ kol-hāʾāreṣ*），直譯是「全地的路」。這短句在聖經中只出現3次（另參創十九31；王上二2），其具體意思是由上下文來決定。創世記十九章31節中羅得的大女兒，以此短句指正常（而非亂倫）的男女之間的性關係。列王紀上二章2節所指的與約書亞記相同，是大衛向所羅門講出自己快要離世。

❺ 有好些學者把約書亞記二十四章的內容與古代近東盟約的形式作出比較。現只列出門登霍爾(G. E. Mendenhall)的看法作為一個參考。他指出當時的赫人條約有以下6個元素：

(1)序言：說明立約的人物；

(2)歷史前言：述說兩立約者的過去關係；

(3)條文：附庸對宗主的責任；

(4)存放和宣讀；

(5)見證：神明成為見證者；

(6)咒詛與祝福：神明會按人有否守約而發出咒詛或祝福。

(參 G. E. Mendenhall, "Covenant Forms in Israelite Tradition," *Biblical Archaeologist* 17 [1954]: 50～64。)

有學者如基切(K. A. Kitchen)按這些元素理解這章經文如下：

(1)序言(1～2節)；

(2)歷史前言(2～13節)；

(3)條文(14～15、16～25節)；

(4)存放和宣讀(26節)；

(5)見證(22、27節)；

(6)咒詛和祝福(參19～20節)。

(參 K. A. Kitchen, *Ancient Orient and Old Testament* [Downers Grove, Ill.: InterVarsity, 1966], 96～97。)

另有學者持相反意見，認為經文並無仔細對應這立約形式的內容。

❻ 有關二十四章經文的一些結構特色，參 Charles H. Giblin, "Structural Patterns in Jos 24, 1～25," *Catholic Biblical Quarterly* 26 (1964): 50～69。更進深的研究，可參 William T. Koopmans, *Joshua 24 as Poetic Narrative* (JSOTSup 93; Sheffield: JSOT, 1990)。

❼ 二十四章10節「連連祝福」的原文由「祝福」(*b̠rk̠*)的 *wayyiqtol* 結構，加上相同動詞的不定詞絕對形(infinitive absolute)，意思指連續的行動。

❽ 二十四章21節「我們要事奉耶和華」的原文(*ʾet̠-yhwh naʿăb̠ōd̠*)與18節下「我們也必事奉耶和華」(*ʾănaḥʾnû naʿăb̠ōd̠ ʾet̠-yhwh*)稍稍不同。前者沒有使用獨立代名詞「我們」，也把賓語「耶和華」置於動詞之前，因此這句子所強調的是事奉的對象，而

不是指事奉的人。

❾ 二十四章出現 3 次「必事奉耶和華—我們的上帝」這短句，它的用詞彼此之間略有分別，現列出如下（稍修改「和修版」）：

18 節：而我們，我們也必事奉耶和華，因為祂是我們的上帝。
21 節：而耶和華，我們必事奉。
24 節：而耶和華—我們的上帝，我們必事奉；祂的聽音，我們必聆聽。

18 節強調「我們」也會如約書亞那樣決意事奉耶和華，並以「祂是我們的上帝」作為理據。21 節則強調是耶和華，而不是其他神明才是他們要事奉的對象。24 節把「耶和華」和「我們的上帝」並置，為要回應約書亞所講的「耶和華—以色列的上帝」（23 節），所強調的是耶和華，也就是他們自己的上帝（*ʾĕlōhênû*），而不是「外邦的神明」（*ʾĕlōhê hannēḵār*），才是他們立志所事奉的對象。

❿ 二十四章 25 節「制定律例典章」（*śîm ḥōq ûmišᵓpāṭ*）這短句在聖經除了於這節經文出現，也只見於出埃及記十五章 25 節。當年以色列人出埃及後因為瑪拉的苦水而向摩西發怨言，後來他按耶和華吩咐把樹丟在水中，水就變甜。耶和華就在「那裏為他們定了律例、典章」，其內容就是：「你若留心聽從耶和華—你上帝的話，行我眼中看為正的事，側耳聽我的誡令，遵守我一切的律例，我就不將所加於埃及人的疾病加在你身上，因為我是醫治你的耶和華。」（出十五 25～26）另外，類似的短句可見於撒母耳記上三十章 25 節，指出大衛定下的規則，就是出去作戰的人應該把戰利品與沒有出去的人平分。所以，這短句的用法是指定下規則或定例。

⓫ 希伯來文句子一般以動詞開始，然後才是主語。二十四章 27 節則剛好相反，目的是要聽眾留意「這石頭」這主語。「在我們中」（*bānû*）的原文亦可解作「針對我們」，這或許是「和修版」的「向我們」的意思。

⓬ 二十四章 32 節「這塊地成了」在原文（*wayyihᵓyû*）的意思是「他們/它們成了」。在經文的上下文，這動詞的主語很可能是約瑟的骸骨。所

以，按原文解釋，這節經文很可能是指，約瑟的骸骨就成為約瑟子孫的「產業」，即是留下給予他們珍重的遺產。

⑬ 二十四章33節提及非尼哈擁有產業。既然以利亞撒是祭司，他的兒子非尼哈也應是祭司，按律法理應不會有產業。那麼，為甚麼非尼哈竟然可以擁有產業呢？猶太傳統對此有不同的解釋。有認為是以色列人特別給予非尼哈的，也有認為這產業原是由他妻子從家族中承繼得來的，在她死後就由非尼哈所承繼。